教师教育系列教材

ZHONGXUE
LISHI JIAOYUXUE

U0659705

中学历史教育学

赵亚夫 ◎ 著

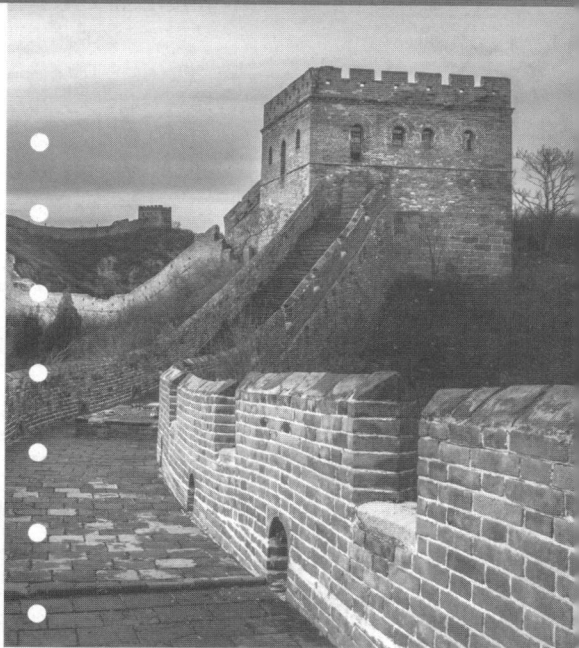

北京师范大学出版集团
BEIJING NORMAL UNIVERSITY PUBLISHING GROUP
北京师范大学出版社

图书在版编目(CIP)数据

中学历史教育学 / 赵亚夫著. —北京：北京师范大学出版社，2019.7(2023.5 重印)

教师教育系列教材

ISBN 978-7-303-24754-7

Ⅰ. ①中… Ⅱ. ①赵… Ⅲ. ①中学历史课－教学研究－师范大学－教材 Ⅳ. ①G633.512

中国版本图书馆 CIP 数据核字(2019)第 103311 号

图书意见反馈：gaozhifk@bnupg.com 010-58805079
营销中心电话：010-58802755 58800035
北师大出版社教师教育分社微信公众号 京师教师教育

出版发行：北京师范大学出版社 www.bnup.com
　　　　　北京市西城区新街口外大街 12-3 号
　　　　　邮政编码：100088
印　　刷：天津市宝文印务有限公司
经　　销：全国新华书店
开　　本：787 mm×1092 mm 1/16
印　　张：23.25
字　　数：460 千字
版　　次：2019 年 7 月第 1 版
印　　次：2023 年 5 月第 4 次印刷
定　　价：48.00 元

策划编辑：王剑虹　　　　　　责任编辑：赵媛媛　李丁丁
美术编辑：李向昕　　　　　　装帧设计：李向昕
责任校对：李云虎　　　　　　责任印制：马　洁

前 言
FOREWORD

　　这是一部尽可能简洁地陈述中学历史教育原理的教材。我写这部教材是出于三个方面的考虑：第一，针对历史教育研究者，反映学界在构建中学历史教育学的过程中已研究的问题和所积累的重要成果；第二，基于中学历史教育专业发展的现实需要，适时地弥补师范院校长期缺乏此类教材的缺憾；第三，着眼中学历史教育的现实问题，为广大的一线历史教师提供可资借鉴和应用的历史教育原理。

　　一言以蔽之，正是考虑到现实的多种需求，以及中学历史教育理论与实践的丰富性和复杂性等因素，本书不做长篇大论，而是在写作中力图做到：问题鲜明务实、结构逻辑清晰、内容简明扼要、概念明确易懂。

　　本书的立意相当明确：它是一部教材，研究范围是中等学校的历史教育，包括初中和高中；它的研究内容是中学历史教育原理，中学历史教育学是一种实用性理论，中学历史教育内在地包含中学历史教学，抑或是中学历史教育学内在地包含中学历史教学论。中学历史教育学离不开全球教育科学发展的大背景，也无法完全对应国外任何一家的历史教育学说或学派，无论它们是叫作"历史教育学"，还是称为"历史教学法"。根据实际的国情和未来的学科走向，以及历史教育的现实难题和历史文化的深厚传统，我们首先要立足于中国的中学历史教育学。

　　自 20 世纪 80 年代末我国诞生首部《历史教育学》专著以来，历史教育学的发展经历了至少两代人的学术积累，产生了各种名目的"中学历史教育学"著作，例如，《历史教育学》《历史教学论》《历史课程与教学论》等。但是，如此多的专著，并没有成为建设相关教材的基础。究其原因，一是新生的"中学历史教育学"需要一个较长的学术成熟期，特别是，要使其从"中学历史教学法脱胎出来"，就必须构建属于自己的学理体系和实践系统；二是中学历史教育学的建设，主要解决的还是理论问题，但是作为"实用理论"，它不能脱离丰富且真实的实践活动，抑或是历史教育者的思想和行为不能被"现实问题"所束缚，反之，如果只注重操作性和技术性的"实践研究"，根本就不需要历史教育学；三是专著能够让作者依照自己的研究方向自由写作，而教材编写工作则要求编写者必须考虑诸多标准，如概念的规范性、体系的完整性、学理的自洽性、知识的基础性、材料的典型性、观点的科学性、文字的可读性、学习的拓展性、内容的实用性，甚至选择何种作品作为论据，以及推荐哪些作品作为阅读资源等都不能随意，而且还要考虑一些其他影响因素。因此，尽管我们能找到可以暂且充当教材的专著，但是那毕竟不是严格意义上的教材。到目前为止，我国还没有出版适于各级师范院校培养历史教师，以及适于各类机构和组织培训历史教师专属的"中学历史教育学"教材。或者概括地说，我国极缺适用于养成合格的历史教师的"中学历史教育学"教材。本书愿意定位为"中学历史教育学教材"，并尝试着先行做些努力。但是，本书也决不敢自诩是标准化的教材。

本书旨在述明中学历史教育的基本原理。读者将在以下五方面获得应有的认识：第一，确切地说，中学历史教育学，既不是历史学和教育学拼接出来的历史的教育学，也不是历史学的教育或历史学的教育学，它是一种跨学科研究，其学术体系具有独到的学理价值和实践意义；第二，中学历史教育学也是一个研究领域，涉及中学历史教育的关键问题，研究范围涵盖完整的中学历史教育教学过程，包括师生应有的学科能力和行为，但它并不直接解决历史教学的技术性或操作性问题；第三，完善中学历史教育学体系需要解决诸多的观念、概念乃至信念、行为和方法等方面的难题，这是一个长期而且艰苦的探索过程，包括理论假设、研究范式、实践模型、经验积累、批判反思等复杂性实践与验证，本书作为教材能够呈现的内容与其说是研究成果，不如说是通过部分的研究成果为读者提供认识和研究问题的角度；第四，建构中学历史教育学的初衷，在于帮助读者获得有用的历史知识，发展他们的历史思维能力，形成充满人文性、科学性和时代性的历史意识；第五，中学历史教育学秉承历史学一贯的求真态度和实证方法，并以此为基础务实地提升历史教育教学的水平。

据此，本书在编写方面与一般教材有所不同。

第一，每章都由内容提要开始，以简洁的形式概括本章内容的核心观点。

第二，设置"学前预习"和"学后复习"两部分。"学前预习"关注读者的学前理解，有定义术语、识别概念、积累经验、拓展实践、学习目标、理解内容六个方面，其中"理解内容"是对每节重点内容的概括，需要指出的是，它们既是观点，也是问题。这些内容不仅帮助读者意识到自己已有的知识和经验，而且提示他们对其进行提取和组织，以便其进入正式学习时，能够更有效地掌握学习内容，即读者并非对本书内容全然无知，他们的相关知识或是来源于其他书籍，或是通过相关学科的课堂教学与交流，或是在自己的学习和生活经验中已有所涉及。"学后复习"包括回顾、重点思考、批判性思考、应用概念、技能练习五部分，皆呼应"学前预习"，但角度不同，它们侧重的是读者学习本章内容以后，理应掌握的关键知识和技能，以及延伸思考的重点问题和认识。

第三，鉴于历史教育学体系仍在探索中，本书若像其他教材那样，完全用"自己的话"描述或阐述成熟的基本原理未必不行，但于我而言，或许不是最好的写作方式。其一，对历史教育学体系内的所有命题，都进行肯定的"是什么""为什么"的回答，我力不从心。其二，我更愿意讨论历史教育学的问题，避免把历史教育学视为一个已定的知识体系。所以，与其复制式的谈老生常谈的话题，或是赶时髦地对应时下流行的观点与主张，不如从中学历史教育应有的规范、规律中提炼出核心要素，并由此建构一定的学理结构，以供读者拓展其内容。另外，就目前历史教育学的学术积累看，历史教育学还没有成熟到能够自说自话的程度。因此，在陈述某一内容后，本书常常列出一些资料，或从知识维度印证书中的观点，或从推理维度挑剔书中的观点。抑或说，本书的重点是澄明概念和提供认识。赵恒烈说他的《历史教育学》一书是"未经磨制的毛坯"，本书又何尝不是！

第四，"参考书目及简释"是针对读者理解基本问题给出的阅读指引，是范例而非指定书目。这样做，对本科生和初为人师的历史教师而言，或许更有用处，毕竟读什么书关乎自己的专业成长。本书在"学前预习"的"积累经验"部分，列出两部学习本章的入门书，还在"学后复习"后专辟"参考书目及简释"部分。我对可以精读的书籍做了简要的内容说明，所有参考书以清单的方式呈现。考虑到中学历史教育学研究基础宽、阅读范围广的特点，我也对参考书做了粗略的分类。当然，这不是严格的学术分类，而是出于实用的目的：一是强调读者理应涉猎哪类或哪些书；二是养成读者进行跨学科学习的意识；三是便于读者做拓展阅读。

第五，本书的脚注远多于一般教材，这是因为：师范院校的"历史教育学""历史教学法"系列课程开课较杂，致使学生对历史教育教学的基本知识、经验、问题缺乏系统认知，尤其对观念和概念的源流缺少探究意识，本书以此做出引导；传统的历史教学法偏重教材教法，普遍不重视理论建构、学术规范和学术争鸣，所以即便是比较严谨的"历史教育学""历史教学法"专著，也难以满足读者刨根问底的要求；越是跨学科研究，越需要我们有条理地梳理问题，并讨论解决问题的思路，寻求知识来源；读者在开始接触历史教育学时，从引证的材料中认识问题的性质和视角是非常必要的；与其在每章或书后列举读者难以核实的参考书目，不如采用脚注形式，引导读者关注作者为什么呈现如此的观点与事实；本书针对历史教育学学术性弱的事实，导向一种严肃论证的学术品质。

第六，历史教育学的大量概念源于外语，为了避免读者在理解和应用它们时产生歧义，本书用括号形式标注出关键的概念和外国人名的原文。具体做法是：关键的概念和人名第一次出现，皆标出原文；针对重点概念阐释原义的地方，重复标注原文；按照新的出版规范要求，本书对原译者未做翻译的人名，尽可能加附中文。另外，在书的最后附有"重要人名对照表"和"重要概念及术语中英文对照表"。当然，这些都是本书追求规范性、学术性的体现。

最后要说明的是，本书的所有内容并不是什么"新主张"，我在各种培训会和讲座中，都已反复讲过这些内容。抑或说，这些内容至少经历过十年的思考和传播，也包括对同人的成果的吸收、理解和消化。另外，我在1997年曾出版《中学历史教育学》（中国建材工业出版社）一书，它是20年前的讲义。该书的体系不够严整、事实论证不足、判断时常突兀、文字讹误较多。不过，其中所体现的公民教育、人格教育主旨，以及研究方向和课题，仍然是本书所坚持的。另外，之所以不把本书作为它的修订版，主要原因是：本书的内容全部经过重写，即便是保留了某些内容，它们所处内容结构的位置也发生了变化；本书不再是讲义，而是为做教材量身打造的基础理论和有学术要求的作品。

我对中学历史教育始终抱有热望和特殊的学术诚意。两度撰写中学历史教育学，既是学术实践，又是对自我研究的不断修正。这次，希望本书能够作为教材得到认可，希望它能够服务于中学历史教师的培养和培训。如果它发挥了教材的功能，并且可以持续修订的话，那么不仅是我的荣耀，也是中学历史教育界的幸事。在今天奠基这块基石时，我首先要感谢首都师范大学教学基金给予的资助，感谢北京师范大学出版社对我的学术支持，感谢高等教育与学术著作分社的王剑虹及编辑对本书付出的辛苦。

2018年3月14日于梅堂

目 录

CONTENTS

第一章　中学历史教育学是什么

○历史教育学阐释原理性知识
○历史教育不等于历史学教育
○历史教育学要做跨学科研究

学前预习 ▶ ∙∙

定义术语：历史教学、历史教育；历史教学法、历史教育学。

识别概念：教化的历史、科学的历史；臣民的历史教育、公民的历史教育。

积累经验：于友西、叶小兵、赵亚夫：《历史学科教育学》，北京，首都师范大学出版社，1999；叶小兵、姬秉新、李稚勇：《历史教育学》，北京，高等教育出版社，2004。

拓展实践：了解现行中学历史教学法的基本内容及实施效果。

学习目标：

1. 知道历史教育学产生的时代背景和学术取向。

2. 理解历史教育学的内容构成体系及核心要素。

3. 认识历史教育学的多学科合作特征和跨学科属性。

理解内容：

争议焦点——历史教育学（historical pedagogy 或 historical education）是否就是"理论化"的历史教学法（history teaching 或 historical didactics）；历史教育学与历史学的教育（history education）是否应该加以区分；历史教育学的学科属性是历史学还是教育学。（第一节）

公民教育与人格教育——由公民教育（civic education）和人格教育（character education）定位的学校历史教育与传统历史教育的主要区别在于，学生获得的知识须满足其认同人类共同价值观的需要，学生获得的技能和能力须满足其——作为公民社会的主体——参与社会事务、适应社会并使个人生活有意义的需要。为此，历史教育不仅具有基础性、人文性，而且还内在地包含着义务性和批判性。学生从历史教育中得到的知识与理解、技能与能力、态度与价值观，既是学生成为良好公民且具有健全人格的人的必备条件，也是他们理性地解决诸多社会问题的工具。（第二节）

研究方向——历史教育学的研究课题覆盖所有的历史学科教育和教学的原理性问题，理解学校"历史教育的原点是'什么是历史学习以及如何学好历史'"，其视角多样而且随着时代的进步，不同视角的教与学的观念又促使诸多的研究方向发生变化。（第二节）

第一节　从历史教学法到历史教育学

"历史教育学"的历史不长。从 1989 年我国出版首部《历史教育学》到现在，也不过 30 年的时间。关于"历史教育学"的名称，现在仍处于模棱两可的状态，有"历史教育学""历史课程与教学论""历史教学论"等多种称呼，甚至连"历史教学法"也发展到了与其趋同的地步。至于它是一个学科、一个专业，还是一个研究方向，人们同样难有明确的看法。于是，有人指出"历史教育学""历史课程与教学论""历史教学法"都是一回事，或干脆说就是"豆腐一碗、一碗豆腐"的关系。显然，这种现象不利于历史教育学发挥其应有的功能和价值。

一、历史教育学是时代的产物

"中学历史教学研究的面太窄，视野应该放宽，要把'历史教学'改为'历史教育'。"①因为，"'教学'指课堂活动而言，'教育'则包括课内外和校内外的一切活动"②。这是把"历史教学法"提升为"历史教育学"的最初想法，尽管那时人们的动机是朴素的，但是这个理由的确是历史教学法得以转向的直接动力。

（一）"教学法"不能满足改革开放后的育人需要

2017 年 11 月，顾明远在首届京师"学科教育创新发展"高峰论坛上，做了题为"讲讲学科教学论建设的故事"的发言，他说："中华人民共和国成立初期，我们学习苏联模式，师范院校培养师范生，必修教育学、心理学、教材教法。教材教法是一门实践性很强的课程，不仅要向师范生分析中学所设学科的教材，传授教学方法，还要指导学生到中学去实习。这是一门培养教师专业化的重要课程，但却一直得不到师范院校的重视，教授这门课的教师也得不到应有的尊重。专业学科教师往往看不起教教材教法的教师，评职称也会受到歧视，他们不认为教学法也是一门科学。……改革开放后，我国学位制度的建立，为改变教材教法学科的命运带来契机。1983 年 7 月，第一届学位委员会第二次学科评议组会议在北京召开。当时北京师范学院以及华南师范学院（物理）③申请'教材教法研究'硕士授权点。④ ……既然北京师范学院和华南师范学院都申报了教材教法研究硕士点，这个学科在北京师范大学、

---

① 赵恒烈：《历史教育学》序言，石家庄，河北教育出版社，1989。
② 赵恒烈：《历史教育学》序言。
③ 北京师范学院（现首都师范大学）就所有学科整体申报学科教材教法硕士点，送教育组批准；华南师范学院（现华南师范大学）申请物理学科教材教法硕士点，送物理组批准。
④ 教育组评议组成员有陈立教授、刘佛年教授、王焕勋教授、顾明远教授等。

华东师范大学、东北师范大学应该是力量最强的①，尽管它们没有申报，但也应该给他们以授予权。于是，这一届学科评议组通过了北京师范大学、华东师范大学、东北师范大学、北京师范学院全方位及华南师范学院物理单科的教材教法研究硕士授权点。这些学校可以招收硕士研究生并授予学位，这就是使师范院校教材教法课程的地位提升了一个台阶。"②

我们从中可以解读出几层意思：第一，教材教法是当时我国学习苏联的一个成果，它替代了原来的教学法；第二，教材教法尽管直接关系到教师的专业化，但是在大学的专业地位很低③；第三，1983 年始有转机，主要体现在有些院校设立了学科教材教法硕士学位点；第四，北京师范学院和华南师范学院是申报各学科教材教法硕士学位点最早的单位；第五，北京师范大学、华东师范大学和东北师范大学倚赖学校的历史优势及学术方面整体的资源和影响力自然地取得教材教法硕士点④。

具体到历史学科，则在 1981 年成立"全国历史教学研究会"时，人们就已经把"由'教材教法'转向到'教学法'"的想法付诸行动了。正如第一任会长白寿彝先生在成立大会上所说："历史教育和历史教学，这两个名词的含义不完全一样。历史教学，可以说，只是历史教育的一部分。历史教育，在历史教学之外，还可以有各种方式。"⑤无论历史教学还是历史教育，都要达成历史教育的目的和任务，这就是"讲做人的道理""讲历代兴衰得失之故""历史前途的教育"。⑥ 据此，别说是教材教法不能再维持现状，就连传统的教学法也显得勉强了。

再者，学科教育最早的倡议者之一北京师范学院，恰是在 1983 年提出全面升格教材教法的，这与当时新上任的院长仓孝和⑦不无关系。仓孝和在上任初始就召集20 世纪五六十年代从事学科教材教法课和研究的教师约 20 人座谈，讨论学科教学法的现状和改革。他强调学科教学法是师范院校的特点和优势，而且要着眼学科教

---

① 就当时而言，一是这三所大学的历史长、学术底子厚、学科资源也比较丰富，二是它们的教育学全国最强，三是在学科教材教法方面则未必最好，起码在语文、地理、历史、政教、音乐、美术学科教学法方面，三校都不是最强的，数学、物理、生物也谈不上最好。就历史学科而言，20 世纪 80 年代的北京师范大学、华东师范大学、东北师范大学未必最强，北京师范学院、南充师范学院、上海师范学院、西北师范学院、南京师范学院、杭州师范学院的研究实力也不俗。

② 顾明远：《讲讲学科教学论建设的故事》，载《中国教师》，2017(21)。

③ 考虑到当时的教材教法教师从属于学科系列，即历史教材教法教师在历史系，语文教材教法教师在中文系。所谓"不受学校重视"，具体指两方面：一是本学科的其他专业教师不重视教材教法教师，戏称这是"好汉子不干，赖汉子干不了"的差使；二是学校教育整体、特别是教育理论界不重视教学法，认为它"不专业"，主要是指其学术性不强。

④ 学术力的强弱和影响力，主要从三个方面判断：第一，是否有旗帜性的人物；第二，是否有足够分量的学术作品，包括数量和质量；第三，是否得到本专业人士的普遍认可。

⑤ 白寿彝：《白寿彝文集：历史教育·序跋·评论》，61 页，开封，河南大学出版社，2008。

⑥ 白寿彝：《白寿彝文集：历史教育·序跋·评论》，61、63、64 页。

⑦ 仓孝和(1923—1984)，1945 年中央大学毕业。1955 年任北京师范学院教务长；1978 年调任中国科学院，后任自然科学研究所所长兼党委副书记；1983 年 3 月，任北京师范学院院长。参见周秉仁编：《教育必须先行——仓孝和教育思想言论集》序一，2~3 页，北京，北京师范学院出版社，1987。

育研究。根据当年参会者周发增的会议记录，我们可以知道如下情况：

教师们较相同的认识是，旧的学科教学法传统已陈旧，现今个人或几校联合新编的学科教材、教法教材，从总体上看仍未脱传统教材教学法的窠臼。如何从教材教法的内容、丰富结构上突破，是当前急需解决的问题。有的教师提出，突破的关键是教学理论上的提升，方法上的创新，对现代学科教育教学理论的借鉴。……改变过去教学法与心理学分离的状况……课程综合化，是当今世界教育改革的发展趋势……因此，教材教法的名称已显陈旧，已不适应现今教学发展的需要。院长仓孝和教授，对以上的发言予以肯定，并倡导大家从事学科教育学的研究特别是要加强理论性和师范性的研究。

1986 年 8 月，北京师范学院向国务院学位委员会[今学位管理与研究生教育司（国务院学位委员办公室）]提出了《关于变更授予硕士学位学科、专业目录中"教材教法研究"专业名称的请示报告》。10 月，北京师范学院在济南召开了全国高师理科教学法学科建设研讨会，其《会议纪要》写道："学科教育学的孕育和诞生是教学法学科的发展和升华"。12 月，国家教育委员会负责人在全国高师师资培训工作会议上说："我们不但要建立自己的教育学，还要建立自己的学科教育学。"[1]紧接着，北京师范学院成立了全国第一个"学科教育学研究中心"，各系先后将"教材教法"课程更名为"学科教育学"课程。[2] 与此同时，其他院校也推动了学科教育研究和建设。[3] 总之，北京师范学院历经四位校长[4]的努力，不仅在全国率先提出学科教育学的概念、推进学科教育学建设，而且出版了最早的研究成果，如《学科教育学初探》（1988 年）、学科教育学大系丛书中的《历史学科教育学》（1999 年）。[5]

为什么用"学科教育学"而不是"学科教学法"替代"学科教材教法"呢？从最初研究者的论述看，主要有以下理由：一是教学法学科的理论基础薄弱，特别是在现代教育理论和学科知识系统的结合方面尤为不够[6]；二是学科教学法的起点低，理论陈旧，脱离甚至落后于教学实践[7]；三是国外学科教育发展经验激活了学科教育专

---

① 以上内容参见周发增、赵素珍编著：《周发增教育与教学文集》自序，2～3 页，武汉，武汉出版社，2010。

② 第一批课程于 1988 年开设，即褚亚平教授的"地理学科教育学"、乔际平教授的"物理学科教育学"、周发增教授的"学科教育学概论"。历史学科教育学则于 1990 年开设，但之前已将"历史教材教法"改为"历史教学法"。

③ 自 1988 年始，一些院校先后在北京、大连、长沙、福建、烟台、上海等地召开了"学科教育学研讨会"，北京师范学院是牵头单位之一。然而，到 20 世纪 90 年代末，几乎所有围绕学科教育学建设的活动戛然而止。首都师范大学的学科教育研究中心亦不存在。究其关键原因：获得教育学一级学科较晚，长期缺少一级学科支持是其一，学校修改发展方向转型为综合性研究型大学是其二。

④ 按照出任校长的前后顺序，依次是仓孝和校长、杨传伟校长、齐世荣校长和杨学礼校长。

⑤ 尽管这类作品比较粗糙，在整体上缺乏理论深度，但是其思考和实践非常可贵，很值得继承和发扬。

⑥ 参见褚亚平：《学科教育学的研究与探索》，见北京师范学院学科教育学研究中心编：《学科教育学初探》，8 页，北京，北京师范学院出版社，1988。

⑦ 参见阎立钦：《试论学科教育学的建设问题》，见北京师范学院学科教育学研究中心编：《学科教育学初探》，18 页。

家的思想①。其实，还有两个不能忽视的事实在起作用。一个是"学科教学法"的概念在 20 世纪 20 年代已被人们接受，上述观点所指"教学法"应是苏联式的"教材教法"；另一个是在现实中"教材教法""教学法"的概念是混用的，人们习惯把它们看成是一回事，于是"教材教法"的缺陷也就引发了"学科教学法"的问题。②

那么，"学科教育学"又解决什么样的问题呢？仅从《学科教育学初探》一书看，不同学科研究者对其研究任务和对象的认识存在着较大差异。着眼大家共识的部分，我们认为以下三点值得关注：一是研究者们的研究都涉及课程论、教学论和学习论等理论，特别是课程论，因受泰勒原理(the Tyler Rationale)的影响，研究者们强调将其从教学论中分离出来，作为一个单独的研究方向；二是研究者们把系统论(systems theory)、控制论(cybernetics)、信息论(information theory)看成是构建学科教育学的理论基础，重视整体地把握学科教育目标、内容、评价或内容、能力、方法；三是研究者们提出教学要与学生的现实生活相联系，应重新界定学习论、学生论的研究范畴③，并运用哲学、逻辑学、心理学原理夯实学科教育的研究基础，超越传统的教学法。④

一言以蔽之，传统的学科教学法不能满足新的发展需要。不过，我们要真正理解这句话，除了要掌握上述列举的事实外，还必须认识到发生"需要"的前提和条件。①在改革开放初期，人们迸发的热情和智慧，具有探索和补偿的特性。所以人们的想法多于研究，思辨大于分析。②尽管大家都认为，学科教育应该超越传统的教材教法。但是，它究竟是"学科教学法""学科教学论"还是"学科教育学"，教育理论专家和学科教学专家对此都比较茫然，他们之间有不同看法，但并不代表谁的见解更具有学术性，而恰恰是谁都没有静下心去做系统的、必要的实证性研究。③国外的相关研究并没有为我们提供充实的例证，即便我们主观上要植入新概念和新理论，在客观上也很难实现，因为发达国家面临的问题和我们类似。所谓学科教育学的出现，在他们那里，也是 20 世纪 70 年代甚至到 20 世纪 90 年代才有的事。⑤

---

① 至于有哪些成果，限于当时的研究环境和条件，所列并不具体。例如，苏联的斯托利亚尔的《数学教育学》(1984 年)；王铎全主编的《历史教育学》(1996 年)；日本的冲原丰的《比较教育学》(1984 年)；日本的平田嘉三的《以新的社会科为目标——新的历史教育学》(1969 年)，赵恒烈的《历史教育学》。

② 其实，在民国时期，何谓教授、何谓教学就已有区分。概括地说，"教授"乃是"教学"的旧称。"教授"最初源自日语，后来人们直接把英文 teaching 译为"教学"。日语的"教学"，除"教授"外，则更多使用"授业"这个词。"教学法"，写作"授业の方法"，但这个词在汉语界并未流行。参见朱伯思等编：《最新教育常识问答》第四章"教学"，上海，乐华图书公司，1937。也可以说，经过几十年的"教育革命"，教育观念和教育实践都有严重的断层，上文所说"基础薄弱""起点低"等，都是指特殊时期的特殊情况，而不是着眼教育史做出的判断。

③ 参见杨善禄：《生物教育学研究初探》，见北京师范学院学科教育学研究中心编：《学科教育学初探》，94 页。

④ 参见张君达：《学习理论在数学教育学中的地位与作用》，见北京师范学院学科教育学研究中心编：《学科教育学初探》，67 页。

⑤ 比如在英语世界里 teaching method，仍是教学法最常用的术语，而不是 methodology of history teaching 或 history in education(这两个词引自赵恒烈：《历史教育学》，5 页)。

（二）理解"历史教育学"的概念

"历史教育学"是从"历史教学法"脱胎出来的，而且它还是基于中国的教育改革，并且带有较强的传统意识的概念。为什么这样说呢？第一，从现已出版的《历史教育学》《历史课程与教学论》《历史教学论》看，这些著作都涉及"历史教育学"的流变问题，虽然只是笼统地陈述了从"历史教授法"到"历史教学法"、再到"历史教育学"的过程，但是，无论是"历史课程与教学论""历史教学论"，还是"历史教育学"，自身的"历史教学法"烙印十分鲜明；第二，或许是对于做出"历史教育学乃是历史教育发展的必然趋势"这样的定义，仍缺少足够的学理依据①，我们只能说"历史教育实践"和"教育科学发展"的客观需要的确存在，而且这种客观需要导致了"历史教育学"为了实用的目的不得不与"历史教学法"合流，反之也是②；第三，"历史教育学"没有直接对应的国外经验，即便是被列举最多的日本的"歷史教育学"③，它也是社会科（Social studies）中的"歷史教育学"。换言之，不研究社会科课程，就难以理解"歷史教育学"。所以，直至今日我们仍有必要探究"历史教育学"是什么或不是什么的问题。

1. 了解"教学"和"教育"的基本内涵

在甲骨文中，就有"教""学""育"三字。𦘒，④ 字形如同手持木杖在教子，其本义也是教子。《说文解字》解释为"上所施，下所效也"⑤。"学"字，初时指传授技能，后来才指传授知识，其用做"教书"或"教学"的意思，时间就更晚了。如《孟子》卷一《梁惠王上》："谨庠序之教，申之以孝悌之义。"𦥑，字形如双手结罔（渔网）。《尚书大传》释义为"效也"，也就是学着做的意思，故"非学之不能结"。又因为"学"有一个从不懂到懂的过程，所以《说文解字》解释成"觉悟"。《论语》卷六《雍也》："有颜回者好学"、《论语》卷十三《子路》："樊迟请学稼。"显然，学知识和技能是"学"的基本功能。𥫏，字形如一妇女在生孩子，其本义是生育。不过，因"育"同"毓"，侧重繁殖过程。加之，"育"离不开"养"，因此《说文解字》的解释是"养子使作善也"。据此，

---

① 诸如，英文 teaching method 一词，既可以译为"教授法"，也可以译为"教学法"，而"教授法"和"教学法"在中文语境中，则显然是两种教学取向。在20世纪二三十年代，"教授法"如同灌输模式，"教学法"理当是启发模式。如果说，"从历史教授法到历史教学法"是历史教育发展的必然趋势，人们容易理解（尽管如此，也必须知道启发式教学自古就有）。但是说，"从历史教学法到历史教育学"是历史教育发展的必然趋势，就有些勉强了。因为不是只要冠以"历史教育"的名称，就是"历史教育学"了。尤其是在现实教育中，"历史教育"常常是个虚词。真正要实现历史教育，阻力甚大，即学科教育教学的功利性，很难让人们理解将"历史教学法"提升为"历史教育学"是必然趋势。再就是我们用于理解"历史教育学"的国际背景严重不足，我们用作论据的事例，主要依赖与国外个别学者和团体的交往，视野相当狭窄。从我国教育科学自身发展看，最终作为二级学科设置博士、硕士点的名目是"课程与教学论"，而非"学科教育学"。在这里，"历史课程与教学论"是否就是"历史学科教育学"，则需另当别论。

② 例如，于友西主编的《中学历史教学法》第3版，在体例上与"历史教育学"无异。

③ 日文写作"歷史教育学"，我们很容易直接用于中文，但就其本义而言，两国学者的意图往往不同。

④ 这里涉及的甲骨文，其字形不止一个。若查找出处可参考马如森：《殷墟甲骨文实用字典》，84、327页，上海，上海大学出版社，2008。

⑤ 参见（东汉）许慎撰：《说文解字》，69、310页，北京，中华书局，1978。

我们在理解古籍中"教学相长""得天下英才而教育之"（《孟子》卷十三《尽心上》）等内容时，则不会臆断和曲解了。①

现代汉语"教学""教育"的含义，虽然皆与外文的输入有关，如 teaching 的旧称是"教授"，指教师与学生的互动，本义是教师对学生进行学习指导；education 则有广义和狭义之分，前者指所有影响人类身心发展的活动，后者必须具备一定方案和目的，乃至特定组织和范围等。

中西方对教育、教学理解的最大差异是什么？有学者认为，西方的"教学"观侧重于掌握知识，尤其重视"教学"是一门技艺；中国的"教学"观则侧重满足生活需要。西方的"教育"观基于宗教的道德信仰，引导人追求真善美；中国的"教育"重视维持应有的伦理，重点是培养人的良知。② 其实，最关键的一点，还是教学方式的不同，而教学方式的本质是思维方式。③

如夸美纽斯（Comenius）在《大教学论》中讲到的"教和学的要求"以及"诸原则"，既强调"教学法要激起对知识的爱好"，又要求教师把握"教学法的通用的艺术"；④赫尔巴特（Herbart）的《普通教育学》和《教育学讲授纲要》，则把教学作为"经验和交往的补充"，并以实践哲学和心理学为基础，主张在传授知识的同时，拓展学生的思想范围，发展他们的个性⑤。如何区分"教育"和"教学"的概念呢？我们在这里仍采用素有"教学法之国"的德国经典作家的说法。

教育（erziehung）这个词是从训育（zucht）与牵引（ziehen）两词来的，因此人们往往根据这个名词把它的主要部分看作是我在现在接近论文结束时才开始探讨的内容。

教学的概念有一个显著的标记，它使我们非常容易把握研究方向。在教学中总是有一个第三者的东西为师生同时专心注意的。相反，在教育的其他一切职能中，学生直接处在教师的心目中，作为教师必须对他产生影响的实体，而学生对教师须保持一种被动的状态。

这就是教学与真正的教育之间作出分工的原因。⑥

教育学是整体，而教学论则是教育学的分支。⑦

---

① 这些都是熟句，不再一一注明。参见（清）阮元校刻：《十三经注疏》（下册），2665、2477、2506、1523、2763 页，北京，中华书局，1980。

② 参考辜鸿铭：《中国人的精神》，黄兴涛、宋小庆译，19～78 页，海口，海南出版社，1996；林语堂：《吾国与吾民》，90～120 页，北京，宝文堂书店出版，1988；蔡元培：《中国人的修养》，159～179 页，北京，中国工业出版社，2008。

③ 这是着眼整体的教育史所做的判断，并不能就个别的教育家或某一特定时期的特殊事例进行比较。

④ 参见［捷］夸美纽斯：《大教学论·教学法解析》，任钟印译，北京，人民教育出版社，2006。譬如《大教学论》第 16、17、18、19 章；《教学法解析》上篇"通用教学法"。

⑤ 参见［德］赫尔巴特：《普通教育学》，李其龙译，41～104 页，北京，人民教育出版社，2016；［德］赫尔巴特：《教育学讲授纲要》，李其龙译，30～77 页，北京，人民教育出版社，2015。

⑥ 参见［德］赫尔巴特：《普通教育学》，李其龙译，133 页。

⑦ ［德］斯多惠：《德国教师培养指南》，袁一安译，71 页，北京，人民教育出版社，2001。另，该书不少地方涉及教育学、教学论、教学法的区分问题。概括地说，教学论是教育学的一部分，而教学法又是教学论的最为实际的操作或技艺的部分。

中国最早的教学论经典作品是《礼记》。其总纲就是"学为君之道"，即"君子欲化民成俗，其必由学乎！""教化百姓""培养美俗"，既是政治目的，也是教育的本义。[①]

应该说，中西对教学的理解，即对教育价值取向的把握，各有侧重点。梁漱溟先生明确地说："中国人的教育偏着在情意的一边，例如孝弟……之教；西洋人的教育偏着知的一边，例如诸自然科学……之教"。[②] 然而，如果我们把教育教学作为教育科学（science of education）来理解的话，那就只能按照西学的根源来讲。他们从教育教学的目的论、内容论和方法论等方面，展开全面且系统的研究，形成了家庭教育学、学校教育学、儿童教育学、初等教育学、中等教育学、高等教育学、特殊教育学等门类，以及社会教育学、实验教育学、学科教育学、比较教育学及教育社会学、教育现象学、教育解释学等种种学科。教育教学不仅帮助青少年完成社会化的过程，到今天还形成了"后喻文化"的特征[③]，以及对"全球素养"（global competence）的追求。再往后，中西的教育、教学观念在本质上或许不能泾渭分明地划清界限，从古至今一切合情合理的主张，都将相互融会贯通为一体，虽然不排除在使用具体概念、设计具体计划时，不同区域、国家、民族会存在差异，但是就发展趋势而言，这些差异不应产生负面影响，恰恰需要积蓄促进全面且自由发展的人的动力。

总之，教育、教学是特殊的人类活动，它关乎人类经验的传承并基于一定的经验形成特定的文化。历史教育是有关人类过去的部分经验和认识，它传授一种知识类型，还是一种思维方式。

2. 确认"历史教育学"的概念

了解"教育""教学"的概念，不是厘清"历史教育学"概念的终点。清楚了何谓"教育""教学"，目的还在于更准确地定位何谓"历史教育学"。所以，我们依然需要考察"历""史"二字的含义。

"历"的甲骨文写作𣅀，看上去"象足行经禾林之处，以示走过的地方，本义是经过"。《说文解字》也解释为"过也"。𠂇字，是合体象意字，"像手持笔之形，以笔写事为史官，本义是手持笔。"《说文解字》释义为："记事者也。从又持中，中正也。"[④]

---

① 参见赵亚夫：《〈礼记·学记〉教育论的现代意义》，载［日］《三重大学教育学部研究纪要》（人文·社会科学版），第46卷，1995。

② 梁漱溟：《东西人的教育之不同》，见马秋帆编：《梁漱溟教育论著选》，8页，北京，人民教育出版社，1994。

③ 比如1992年，法国社会学家涂尔干在《教育与社会》一书中，提出的从个体人向社会人转变的教育概念；1970年，美国人类学家玛格丽特·米德在《文化与承诺》一书中，所划分的"前喻文化时代"和"后喻文化时代"，参见［美］玛格丽特·米德：《文化与承诺》，周晓红、周怡译，石家庄，河北人民出版社，1987。

④ 甲骨文仍摘自马如森：《殷墟甲骨文实用字典》，40、74页；（东汉）许慎撰：《说文解字》，14、454页。"持中""中正"，皆可理解为"直书"，不曲笔。

显然，汉语"历史"的本义是记事，而且强调如实地记事。①

英文 history 一词的词源，可以追溯到希腊文 *istoria*，"这些词源早期具有询问（inquiry）的意涵，后来引申为询问的结果（results of inquiry），最后则带有知识的记载、纪录（account of knowledge）之含义。"以下摘自英国著名文化评论家雷蒙·威廉斯（Raymond Williams）的考证：

从 15 世纪以来，history 的词义指向一个过去的真实事件之纪录，而 story 则朝向另一种意涵，包含对于过去事件较不正式的纪录及想像事件的描述。15 世纪末开始，history 被视为"关于过去的有系统的知识"（organized knowledge of the past）。

Historian（历史学家）、historic（历史上著名的）、historical（历史的、史学的）这些词是取其广义的意涵，虽然有些词义指的是实际的书写记录。

Historicism（历史主义），正如同它在 20 世纪中叶被使用一般，包括三种意涵：（一）对于一种研究方法——倚赖过去的事实，并追溯当前事件的前例——所采取的比较中性的定义。（二）刻意地强调各种不同的历史状况及脉络情境；通过这些历史状况及脉络情境，所有的特殊事件必定可以得到解释。（三）具有对抗性的意涵，亦即抨击根据"历史必然性"（historical necessity）或"历史演变的一般法则"（laws of historical development；参见波普尔）所做的各种解释及预测。

historical 这个词通常是——但并非绝对——带有'过去'的含义。history 这个词保有其广泛意涵，它通过不同层面，将知识——一大部分的可知的过去以及几乎每种可以想像的未来——传授或显示给我们。②

这样看，中西方对"历史"一词的定义并无根本区别。在西方，"历史"不仅是通过知识——系统的且趋向客观的知识，它本身也是研究——知道真实的过去，倚赖其判别证据、去伪存真。如希罗多德（Herodotus）所宣称的"为了保存人们的所作所为而不被遗忘，为了让希腊人与野蛮人的壮举不会丧失他们应得的荣耀之赞。"或是修昔底德（Thucydides）撰写历史的信念："在我的历史中没有趣闻轶事，恐难引人入胜。"或是塔西佗（Tacitus）声称的："我的旨趣不是面面俱到记叙每一件事情，我只记叙声名远扬的壮举或臭名昭著的劣行。让高尚的行为不会被人遗忘，让恶言恶行者痛感到后人谴责的恐惧，我认为这是历史的最高职能。"③中国史学则有"述往事，

---

① "历""史"连用，首次出现在梁启超的《新史学》一文，也是从日文译介过来的新词。参见李福长编著：《20 世纪历史学科通论》，155 页，济南，齐鲁书社，2012。

② 参见［英］雷蒙·威廉斯：《关键词：文化与社会的词汇》，刘建基译，204～207 页，北京，生活·读书·新知三联书店，2005。

③ 参见陈嘉映等译：《西方大观念》（第一卷），555 页，北京，华夏出版社，2008。另，因版本或翻译时间不同，译文的差异会较大，如谢德风所译修昔底德的《伯罗奔尼撒战争史》，这样写道："我这部历史著作很可能读起来不引人入胜，因为书中缺少虚构的故事。但是如果那些想要清晰地了解过去所发生的事件和将来也会发生的类似的事件（因为人性总是人性）的人，认为我的著作还有一点益处的话，那么，我就心满意足了。我的著作不是只想迎合群众一时的嗜好，而是想垂诸永远的。"参见［古希腊］修昔底德：《伯罗奔尼撒战争史》，谢德风译，18 页，北京，商务印书馆，1978。

思来者"的传统。如班固赞司马迁："迁有良史之才。服其善序事理，辩而不华，质而不俚，其文直，其事核，不虚美，不隐恶，故谓之实录。"①以后人们逐渐将"史才、史学、史识"及"史德"确立为史家的标准。② 这些标准都包含了教育的功能和意义。

概言之，"历史能使人聪慧"这句话，③ 不是说"学点历史知识"就能变得"聪慧"，而是能够习得历史智慧方使人聪慧。其实，无论 teaching 还是 education，都关乎历史智慧（有用的经验）的问题。甚至说，历史教育并不把增长历史知识作为目的。即便是为了提升学识的历史教育，其目的也是在充实人类的经验、传承人类的文化。再讲得直白些，历史知识要帮助人成为一个社会上的明白人、一个有文明教养且见多识广的人。有效地传输历史知识、运用史料和方法、理解延续和变迁、探究事实和真相，才是历史教育的追求。我们之所以要考察相关的词源，也是因为要找到"历史"的本义。所以历史教育学需要把历史的研究功能和教育功能关联起来。④

因此，现代历史教育强调对"所授""所学"知识的理解（understanding），以及基于知识生成的高阶思维（thinking）和运用知识形成的务实行为，否则历史知识就不是自己的、有用的，甚至还有可能是无聊的、有害的。另外，"现代历史教学"和"传统历史教学"的区别，也为历史教育学的建构提供了理据。因为历史教学法无论如何发展，都只是围绕各种教学方式展开的研究⑤。而事实则一再证明，如果不能超越"历史教学法"——它在理论和实践两方面，都相当局限而且已经僵化——或不能由"历史教育学"导向"新的历史教学法"（the new history didactic），诸如养成历史理解（historical understanding）、历史解释（historical interpretive）、历史思维或历史思考（historical thinking）、历史意识（historical consciousness）这类学科素养，历史教育和教学就不具备发现、探究、反思等历史学科原本就有的特质。基于历史文化（historical literacy）、历史维度（historical dimension）展开的"做历史"的活动，也难以得到充分地实施。当然，也就无所谓达成"有效的历史教学"或实施"历史教学的有效方法"（effective methods of teaching history）。所以，笔者指出"历史教育学"不是要造一个时代的噱头，它在于根本地改造传统的历史教学，用历史教育去呈现"活历史"，并据此植根于历史学科的公民教育——运用历史知识和技能形成独立思考的品质、

---

① （东汉）班固：《汉书》卷六十二《司马迁传第三十二》，2735、2738 页，北京，中华书局，2007。

② 参见（唐）刘知几撰：《史通》，（清）浦起龙通释，吕思勉评，1～12 页，上海，上海古籍出版社，2008。另，参考梁启超：《饮冰室合集》文集之九《新史学》，北京，中华书局，1989。该著作中有关于"历史"概念的表述。

③ ［英］弗朗西斯·培根：《培根论人生》，徐奕春等译，220 页，北京，中央编译出版社，2009。

④ 课程教材研究所编：《20 世纪中国中小学课程标准·教学大纲汇编：历史卷》，北京，人民教育出版社，2001。可参见该书中各时期教学目的、目标及要求。

⑤ 参见中央教育科学研究所比较教育研究室编译：《简明国际教育百科全书·教学》下册，241～261 页，北京，教育科学出版社，1997。

发展历史学科的批判性思维能力、具有积极参与社会公共事务的能力。这也是自民国以来历代历史教育研究者的追求。

当历史与公民联系在一起时，历史教学才有真活力、真用处。因此，"历史教育学"处在上位，"历史教学法"处在下位。所谓"上位不清，下位糊涂"①，便是在强调"育人（价值的）"与"功利（工具的）"的关系不能混乱。在基础教育领域，"育人"首先指的是培养公民成为有健全人格的人。当然，历史教育不同于政治教育。历史教育所着眼的公民知识、公民能力、公民行为和公民意识等，必须通过扎实的历史知识和技能来达成，万万不能依靠灌输的途径和手段。在历史教育中，认同的内容（身份、民族、历史、文化等）也好，认识的概念（多元文化、共同价值观、参与及批判意识等）也罢，都建立在理解人类的过往经验和认知事实的基础上。因此，"做（历史）"的意识和技能尤为关键。没有"做"和由此产生的自动、自主的探究行为（发现和解决问题），就不能带来真正的历史教育。因此，历史教育言及"素养"（competence②）时，不能不特别关注其内核——"能力"或"关键能力"——所确定的专业性特征。历史教育学偏离了应有的历史知识和技能去谈素养，就与传统的历史教学法没有区别。要知道，传统历史教学法的短板恰恰是弱化了学科的知识与技能，所以它不能形成真正的认识（也是学术的）力量③。

毋庸置疑，历史教育学是跨学科研究，以有效传输历史知识并使其真正作用于公民智识和行为为己任。然而，仔细考察相关的历史教育学专著，我们不难发现两个倾向：一是依照历史教学法研究路数扩展历史教育学，如教学法没有单独设置"教材学"，于是就把"教材学"放进来成为学科教育学；二是试图包含教育学领域的所有内容，如分为家庭历史教育学、学校历史教育学、社会历史教育学等，但它们恰恰忽略了"历史教育学"依然平庸的问题。从学理看，其性质仍旧是教学法。所以，我们仅仅从教授法——教学法——教育学的角度推理历史教育学"应该是什么"远远不够，甚至把历史教育学"毋庸置疑"地归并于教育学，也不能完全解决问题。我们需要首先从学理上定位清楚何谓历史教育学。

其一，依据中英文互译的材料，"历史教育学"的英文通常被译为 historical education 或 history in education（历史教育）、historical pedagogy（历史教育学）、historical didactics（历史教学论）。其中，historical pedagogy 是中文译稿最常用的词

---

① 任鹏杰：《历史教育必须走出上位不清下位糊涂的窘境》，载《中学历史教学参考》，2015(10)。

② 英语是 competence 或 competency，德语是 kompetenz，法语是 compètence，芬兰语是 kompetenss，共通的意思是强调"new basic skills"，即指向"新能力"。其内涵不仅强调技能，而且包括知识和态度等；基于知识社会（knowledge based society）着眼于所有学习者的基础技能和态度，如运用母语和外语、数学计算和信息处理、掌握学会学习的方法、融入社会和自我规划等；具体的技能或能力，才是"素养"的内核。

③ 在公民教育指导下，历史教育要完全摆脱传统的贵族式、精英教育模式，变历史教育为公众教育，让公众享有历史知识、历史智慧的权利。因此，学什么知识，用什么方法学知识，学了知识有何用处等问题，就是非常重要的历史教育研究课题了。

汇。不过，它的不足也显而易见①。historical didactics 即历史教学论，尽管它也讲些学理或原理方面的内容，但是主要内容是具体的教学方式和方法，技术性或操作性是其本来面貌。historical education 则较为确切和灵活。"确切"是指其研究的范畴，"灵活"是指其可以同时兼具历史学和相关学科的特点。这样的话，"学"就不单是"学科属性"的问题，更重要的、也最现实的是它昭示出历史教育理应构建自己的学术体系。即"学"强调的不是教育学的学科，而是历史教育自身独立的学术和思想体系。根本地说，它是有关历史教育之所以重要、具有独特的学习价值和意义的学术、思想体系。

其二，笔者将"历史教育学"的性质定义为：基于历史学知识和方法，以养成公民智识和健全人格为目标的人文历史教育。在基础教育中，作为公民的必修课程，它具有义务性、人文性、学科性和批判性的特点。①义务性决定了历史教育不针对任何特殊人群，而必须面对所有在校学生，它内在地包含着公民的义务和权利，也同时体现了公民作为现代人理应具备的历史素养。②人文性决定了历史教育的本体只能是人及人的历史活动，它理应反映历史经验所特有的教育价值。当然，它也具有确定的思想性。③学科性主要表现为历史的知识与理解、技能与能力、态度与价值观以及行为与表现等方面。公民素养越是确定，学科性越容易得到强化。④批判性则是历史思维的具体化，它也体现为与思维品质和人文精神直接相关的学科性。②

其三，历史教育学无论体现哪种学科取向，其整个教育系统都必须是开放的，包括思想体系、内容体系、方法体系、评价体系等。所谓历史教育原理，就是通过各种体系之间的内在联系和作用，实现针对公民智识和健全人格的人文教育。所以，历史教育学即便强调专业性，也是历史学科教育的专业性，而不仅是历史学或教育学的专业性。就如我们所知道的那样，不是每个学生都喜欢历史、都有学好历史的愿望，谁都不能强迫学生喜欢历史，但是历史教师有义务引导学生走进历史的发现之旅，抑或是维护他们获得历史知识并且应用历史知识进行思考的权利。所以，历史教育比历史教学更具有宽容度，其视野更大；它更重视教师投入了哪种情意和智慧，因为教师扮演着帮助学生探寻真相、认识真理的角色；它更在意学生获得了怎样的历史知识和技能，以及让历史知识和技能如何在现实生活中发挥作用。

其四，历史教育学不必拘泥于是从属于教育学还是隶属于历史学的问题，而需尽可能从历史教育的大视野考究自己必须做什么和能够做什么，其着眼点如下。①无

---

① 只要考察历史课程与教学论的硕士、博士学位论文，我们就会发现，它们大多没有"史学"特色，实证性偏弱。当然，理论性、学术性和创新性同样不足。若将历史教学法、历史教学论、历史教育学专著与历史学著作、教育理论著作进行比较，我们就会发现：前者几乎对所论证的东西不注出材料来源，除非读者对作者所述内容极为熟悉，知道学术脉络或渊源，否则无法判断哪些是别人的观点、哪些是作者的创新；前者多套用教育学原理、概念和策略，极少运用历史学科的教育教学原理、概念和策略，故针对性和实用性较弱；前者所述内容主要基于课堂教学事例阐发自己的想法，很少运用系统理论（无论何种理论）对教育教学实践进行学理分析。

② 因此，叫"历史学教育"也未尝不可。笔者不赞成这一说法，更多的考虑是它在现实中的负面影响。

论是历史学还是教育学，都不再是单一的"教知识""学知识"及"如何教知识""如何学知识"的学科，跨学科知识和跨学科研究是其显著特征。事实上，历史教育中所有的关键问题，也必须运用跨学科知识和跨学科研究来解决。②实践证明，凡有效的历史教学，要么具有"内容主义"特征，要么呈现"价值主义"特性，纯粹功利的教学反倒不见得有好的效果，尽管它可以部分地服务于功利的目的，如考试文化。总之，历史教育有助于发展有效教学，因此历史教育学理应对所有有效的历史教学予以理论支持。③历史是人文学科（humanities），理当行人文教育（humanities education），而且当它成为博雅教育（liberal education）时，才能显见出最真实的学习价值。如果历史教育学被束缚在一种思想观念、一种教育理念、一种知识体系之中，那么其所表现出来的专业性，也一定是简单化、概念化、程式化的东西，它与基于自由精神、独立思考且能够激发批判意识、养成求真态度的历史教育相去甚远。

二、历史教育学的发展及其问题

我们要理解历史教育学就不能不知道它的发展史，至少要了解自近代学校历史教育成立以来，历史教育研究者和实践者都做了哪些重要工作。一方面，把握历史教育学的发展源头，有助于我们认识历史教育学应该是什么的问题；另一方面，着眼历史教育学的发展历程，也有助于我们进一步理解研究历史教育的根本方向和解决深层次的问题。

（一）学校历史教育发展的几个关键性节点

1. 20 世纪 20 年代到 20 世纪 40 年代的历史教育：生动与不安

"普通所谈的教授法往往非常广泛。普通最喜用的话，就是所谓'注入'式同'启发'式。……我的意思就是要大家明白：第一层，普通所讲的教授法容易流于空泛的一方面；第二层，注入同启发，各有好处，各有互助的关系，不能偏废。"①这是何炳松在 1925 年写《历史教授法》一文时所做的判断，说明那时的学者不仅注意到了"教学法"和"教授法"的区别，而且对二者在教学现场发挥何等作用也比较敏感。何炳松、陶行知等一批留美学者，当然知道"教授法"与"教学法"在英文（teaching method）里并无区别，为什么还要做刻意的区分呢？

首先，我们通过考察何炳松的主张可以看出：第一，他不赞成把教授法等同于教教科书的方法；第二，他所提倡的"活现"历史的途径与其所译约翰生（Johnson, H.）的《历史教学法》②一脉相承；第三，他的教授法不是针对特定的教科书所讲的教材教法。也就是说，何炳松只是采用了"teaching method"的旧译法，他使用的"教授法"和同时期人使用的"教学法"无异。

其次，强调"教活历史"是那个时代进步思潮的一个反映。如徐则陵所说："历史

①　何炳松：《历史研究法　历史教授法》，81 页，上海，上海古籍出版社，2012。
②　［美］约翰生·亨利：《历史教学法》，何炳松译，上海，上海古籍出版社，2012。

不是数千年来的陈迹，是活的。除非不承认现在的生活是活的，那么可说过去都是死的。否则，吾人既承认现在生活是活的，那么过去的也必是活的。因为没有过去的文化，哪里会有今日的文化？教历史的人须认定过去是活的，有了活的教材、教法，便有有生气的希望。"简言之，"历史活不活，就看你取材的眼光了。"[①]

20世纪20年代到20世纪40年代，教学法的概念逐渐深入人心，不是因为它包括了教授法，恰是教学法概念中蕴藏了——让学生学什么以及怎样学——新理念。例如陈安仁在《历史教学法的理论》中，指明它所"指示历史的夸大性""当免除历史事迹的附会性""教历史者，该有平等力，当不可武断历史事实，……不应以个人轻率的意见而武断，引起学生以已见为是的态度""教历史者应有精密的观察力""教历史有时要参考他国的之历史，勿为国史之记载所囿""教历史要参考他民族之历史，勿为民族之成见所囿""教历史应注重时代的精神""教历史当指导学生知道固然所住之地位"等；[②]梁绳筠在《历史的研究法和教学法》中，从教学法的角度，指出历史教学价值的标准："（甲）就被批评的本质观察，以判定其价值；（乙）就被批评的功用观察，以判定其价值。功用之有无，视其能否满足人生之需要；功用之大小，视其满足需要的程度。"故"就历史的本质"（批判）而言，其价值有四："历如真理的性质"；"历如真理的证明"；"历如真理的旁证"；"历如真理的享用"。"就历史的功用"（批判）而言，其价值有八：资鉴的；道德的；爱国的；宗教的；训练的；保存的；文学的；艺术的。[③]即教学法起码是要活化双边——师（教）生（学）——关系，不是采用启发（式）还是注入（式）那等简单地选择教法的问题，还有深究为何教学、如何教学的法则性问题的必要。[④]用陶行知的民主教育方法来概括，就是"要使学生自动，而且启发学生使能自觉，要客观，要科学，不限于一种，要多种多样，因材施教，要生活与教育联系起来"。为此，教学法要做到六大解放：解放眼睛；解放双手；解放头脑；解放嘴；解放空间；解放时间。[⑤]

2. 20世纪50年代到20世纪90年代的历史教育：定型与复苏

20世纪50年代，我国全面学习苏联，在教育领域形成了"教材教法"模式，其特点和作用有以下三点。①以国定制教科书为中心，统一教学思想和教学内容，教学方法也基本一致。如强调教育工作者必须加强学习苏联先进经验，不但要学习苏联教

---

① 徐则陵讲述，潘之赓、卫士生记录：《历史教学法》，载《教育汇刊》，1921(2)。

② 参见陈安仁：《历史教学法的理论》，载《现代史学》，第4卷，第3期，1941。

③ 参见梁绳筠：《历史的研究法和教学法》，载《教育丛刊》，第4卷，第8期，1923。

④ 今天，西方许多国家依然采用历史教学法的概念。一方面的原因是他们的研究还不能与时俱进，整体水平并不高；另一方面的原因是他们把研究视野局限于教的效能，尽管较多地融合了心理学的方法，但其实践仍以获得学业成就见长。还有一个原因是，针对课堂教学而言，作为教学环境的社会生活，作为教学媒介的教材，作为教学条件的教学设备等，在当时和现在，同被视为教学研究的重要内容或实施条件。

⑤ 参见陶行知：《实施民主教育的提纲》，载《战时教育》，第9卷，第2期，1945。另见，陶行知：《中国教育改造》，195～196页，北京，东方出版社，1996。请注意，如此的教学法就是公民教育所追求的教学法了。

学工作的先进方法，更重要的是要学习苏联先进教学经验的精神和实质。① ②通过教材教法强化教学规程。实际上，教材（指教科书）与教法结合得越紧密，历史教学内容的思想性就越强。因此，中学历史教学便成了"提高学生的政治觉悟"的课程，它"既从积极方面培养学生的爱国主义、集体主义与从事劳动的热情，还从消极方面克服学生各种非社会主义的思想"。② ③教材教法的确对课堂教学具有规范作用，并定型了一整套的教学路数。如赵恒烈所说的那样："苏联的经验促进了我国中学历史教学走向规范化的道路。重视系统的历史科学知识的传授，重视发挥教师的主导作用，严格地进行课堂教学，面向全体学生，全面提高历史教学质量。"③

经过 20 世纪 70 年代末的拨乱反正，到 20 世纪 80 年代，历史教学法再度活跃，一方面是师范大学的教材教法课程得以恢复，中学历史教学也已走上正常化的轨道，另一方面，有学者明确提出以"历史教学法"替代"历史教材教法"的主张，随之冠以"历史教学法""历史教学论""历史课程与教学论""历史教育学"名称的著作纷纷出现。

3. 20 世纪 90 年代末到 21 世纪的历史教育：改革与探索

20 世纪 90 年代，在教育科学迅猛发展以及基础教育改革全面展开的背景下，历史教育实践与研究进一步活跃。特别是进入 21 世纪以后，历史教育实践与研究可谓有了质的突破，主要表现如下：①课程改革一直在进行，一线教师不仅是课程改革任务的主体承担者，也是历史教育教学的深化者；②研究课题空前广泛，研究范围涉猎历史教育教学的所有关键问题，如课程、教材、教学、学习、评价、教师教育等，代表性的作品有赵恒烈著《历史教育学》（河北教育出版社，1989 年）、周发增等主编的《历史教育学新论》（广东教育出版社，1993 年）、金相成主编的《历史教育学》（浙江教育出版社，1994 年）、于友西等著《历史学科教育学》（首都师范大学出版社，1999 年）等；③一些学者合作出版了较高水平的历史教育作品，如赵亚夫主编的"历史新课程研究系列"丛书（高等教育出版社，2003 年）、黄牧航主编的"历史教育硕士丛书"（长春出版社，2011 年）、于友西和赵亚夫主编的《中学历史教学法》（高等教育出版社，2017 年）；④基础性研究有了长足进步，如朱煜主编的《历史教材学概论》（江苏人民出版社，1999 年）、陈志刚著《历史课程本体研究》（天津教育出版社，2012 年）、赵亚夫主编的《国外历史课程标准评介》（人民教育出版社，2005 年）、赵亚夫、张汉林主编的《国外历史课程标准评介》（上下卷）（北京师范大学出版社，2017 年）、姚锦祥和赵亚夫主编的《历史课程与教学研究（1979—2009）》（南京师范大学出版社，2014

---

①　参见《迎接新学年的开始，加强历史教学工作》，载《历史教学》，1953（9）。另据《人民日报》的一份统计，到 1956 年底，苏联专家编写的教材有 629 种；到 1957 年上半年止，为中国培养的研究生和进修教师 80285 人，并开设了 443 门课程。仅在人民大学苏联专家开设的课程就有 140 多门，有 100 多门课程的教材是苏联专家编写的，全校一千多名教师中，有 700 多人直接或间接接受了苏联专家的培训。

②　管听石：《中学历史教学法》，35 页，杭州，浙江人民出版社，1957。

③　赵恒烈：《中学历史四十年来的教学实践》，载《中国教育学刊》，1989（5）。另参见［苏联］卡尔曹夫：《中学苏联历史教学法概论》，章恒、于同随译，北京，人民教育出版社，1955；［苏联］叶菲莫夫主编：《近代世界史教学法》（上下册），梅溪译，北京，人民教育出版社，1956。

年)等；⑤史学研究者深度介入基础教育，在推进课程改革和提高教科书编制质量等方面做出了贡献；⑥教科书多样化，在促进课程改革深入发展的同时，也实际带动了教学观念的变化；⑦研究生教育多元化；⑧课程环境和资源明显改善。

1981 年，西北师范学院（现西北师范大学）获得首批"教学论"博士点；北京师范大学、华东师范大学为首批"教学论"硕士点。1997 年，教育部颁布新修订的《授予博士、硕士学位和培养研究生的学科、专业目录》，将"教学论"改为"课程与教学论"。

1984 年，北京师范学院（现首都师范大学）获得首个"历史教材教法"硕士点，齐世荣教授担任导师，1985 年招生。上海师范学院（现上海师范大学）、西北师范学院（现西北师范大学）、南充师范学院（现西华师范大学）、华中师范大学首批招收的"历史教材教法"硕士，皆在北京师范学院授予学位。2003 年，教育部允许在备案的一级学科范围内自主设置学科和专业，于是华东师范大学在教育学一级学科下自主设置"学科教育"。2004 年，华东师范大学首次招收"学科教育"专业"历史课程与教学论方向"博士研究生。2013 年，首都师范大学在中国历史一级学科下自主设置"历史教育学"方向，2014 年开始招生。

（二）历史教育学的发展难题

历史教育学发展到现在是幸运的。一是课程改革需要它；二是全球环境相对积极，历史教育学的发展方向是比较确定的；三是历史教育实践自身积累的经验，足以使它逐步地自我完善。与此同时，历史教育学存在的问题依然突出。笔者曾提出："历史教育如果可以称为'学'的话，应具有独立的研究对象和方法，应具有独立的学问系统。即一个比较成熟的学科教育理论诞生，应形成一套完整的知识逻辑体系，以及鲜明的学科属性和学科使命。"①现在看，我们要完成这样的任务并不容易。

1. 在认识方面

历史教育学从创建伊始，就把历史学、教育学、心理学这三大领域的原理性知识和操作性知识作为自己的学术基础。三十年过去了，历史教育学是否夯实了自身的学术基础了呢？没有！它所面对的挑战十分严峻。比如历史教学法习惯上借助史学史、史学理论的相关原理来说明历史教育的社会功能和育人功能。仅从观念到观念的理解或许是可以的，因为未进入历史教育理论和实践系统前，"讲"是普通的做法。然而，一旦理论与具体的历史教育难题结合起来时，便会出现学理悖论②，以至理论往往有背离实践的倾向。如同历史教育方面的学者想以卡尔（Carr，E. H.）的

---

① 齐健、赵亚夫主编：《历史教育价值论》，6 页，北京，高等教育出版社，2003。
② 严格地讲，历史教育自身并没有什么"原创"的理论，它要提高自己的理论层次，往往就是直接借用相关的历史哲学、史学理论和史学史资源。好处是，这的确使历史教育在原理方面得到某些"硬货"，为探索历史教育理论打通了道路；问题是，①理论难以落实到实践②道理与事实貌合神离③因理论常常是临时抱佛脚的结果，所以难以有针对性地解决问题。换个角度看，与其说新理论派上了用场，不如说被理论包装的教材教法发挥了作用。

《历史是什么》作为例证，试图说明历史教育可以依此建立更为科学的认识基础①，而历史理论方面的学者已在指摘《历史是什么》一书的偏见和错误②。这里不是说历史教育学者的引证错了，而是说他们并没有或不能看到所引证内容背后的真实状态（学术批评和变化），也忽略了自身研究的真实问题。进一步说，历史教育学者为了打造自身理论，如果缺少了对论证对象的潜心研究，不仅理论会空疏，而且历史教育学是否能够把握正确的认识论也成问题。其他，像如何认识世界史教学③，以及如何对待后现代主义史学的影响④等，都是同一性质的问题。如何贯彻唯物史观，更是复杂的理论与实践问题。

　　和在历史学遇到的知识类问题相比，历史教育学所涉及的教育学、心理学方面的问题更为直接和突出。这是因为，历史学提供了历史教育的学科知识，无论研究者对历史教育的认识处于何种层次，只要其传授历史知识的方法还算妥当（如讲故事）、内容比较扎实（如讲课本），就有历史教学可言。这也是历史教学特别看重讲述法的原因。但是，如果历史教学要通过研究课程编制、教材编制这类"原理性知识"解决"为什么教历史"的问题，或通过研究教学设计、教学过程这类"操作性知识或技术性知识"解决"学生需要什么样的历史课"的问题，或通过研究学习心理、学习行为这类"实验性知识"解决"怎样做才叫获得了历史知识"的问题，仅仅靠教学者、研究者的"专业性知识"——即历史知识——显然已经不能解决问题了。事实上，经过了十余年课程改革的历练，人们非常清楚课程、教材、教学、学习等一系列教育教学问题的专业性。如"研制课标"的过程，已充分反映了主导者和参与者在相关经验和知识上的缺失，而且史学研究者、学科教育研究者、一线教师各自的占位不同，导致他们对历史教育的认识有颇多分歧。因此，有了历史知识或做实了历史内容便能够从事健全的历史教育的观点，在复杂的历史教育事实面前也已经不能自圆其说了。

2. 在研究方面

　　研究什么问题，反映了历史教育者对本专业认识的广度和深度。应该说，随着历史教育学概念逐渐成熟，20世纪90年代以来的研究成果呈现出了丰富多彩的状态，像课程论、教材论、评价论、教师论这类课题，已经成为专门的研究方向，而学科教育的比较研究正在深入展开，教学设计等技术性较强的研究也有长足进步。在这种情况下，研究者们着眼研究方面存在的问题，重点当不在于广度，而是深度、格局和视野，抑或着眼更为具体的专业性、科学性、学术性和有用性课题。以《历史教育学》著作的内容结构为例，我们可以从发展脉络和解决问题的思路上得出结论。

---

①　参见赵恒烈：《历史教育学》，34～35页。

②　参见[英]迈克尔·奥克肖特、[英]卢克·奥沙利文编：《历史是什么》，王加丰、周旭东译，257页，上海，上海财经大学出版社，2009。另，奥克肖特的文章发在1961年。

③　参见徐蓝：《20世纪以来世界历史观念的发展与中国的世界史教学》，载《课程教材教法》，2013(10)。

④　参见黄红霞、陈新：《后现代主义与公众史学的兴起》，载《学术交流》，2007(10)。

(1)历史教育学研究的对象和方法；历史教育的哲学思考；历史教育发展史；历史教育的功能；历史教育过程与教育原理；历史教育的内容和教材编纂；讲授专题教材的方法论；时空观念的形成；发展学生思维的途径；培养学生的自学能力和自我教育能力；历史资料的功用；历史课堂教学；教学方法改革评述；历史课外教育活动；历史复习和考试；备课是教师创造性的活动。①

(2)历史教育学的产生及其意义、对象和研究任务；历史教育史；历史教材论；学校历史教育；社会历史教育；历史教师论。②

(3)绪论；中学历史教育目标(上下)；中学历史课程设置；中学历史教材；历史知识特点和历史教学原则；中学历史教学过程；中学历史课堂教学的一般方法；中学历史课堂教学方法的运用；中学历史课堂教学模式；中学历史的传统直观教具和现代传播技术；中学历史课的巩固与复习；历史教师的备课；中学历史课外教育活动；中学历史的学习指导；中学历史的学业评价与教学评估；教学观摩与教育实习；中学历史教师的素质；历史教育研究的主要方法；历史教育研究的发展与现状。③

(4)总论(沿革、对象、任务、性质、框架结构、研究方法)；历史教学的任务(依据与原则、教学任务、能力培养、任务的运作系统)；历史课程的设置；历史教材与历史教学；历史教学理论；历史教学的学习；历史教育的学科评价；历史教育与历史教师。④

(5)中学历史教育目标论；中学历史课程论；中学历史教材论；中学历史学习论；中学历史教学论；中学历史课程评价论；中学历史教师论；中学历史教育研究论。⑤

值得分析的问题有：第一，历史教育学的内容体系是零乱的，或者说是残缺不全、无章可循的；第二，课程论、教材论虽属新的研究方向，但研究视野和方法并没有超越教学法的认知水平，相对而言，基于教学法的教学研究则是扎实的；第三，即便研究者搭建了比较完整的内容体系，我们深究其具体内容的话，还是搞不清楚历史教育学的定位；第四，不讲学术逻辑是个普遍现象，有研究者把不同层次、不同领域的问题混搭在一起，表现出了较大的随意性；第五，过于强调"实用性"，历史教育学需要认识什么样问题，不能解决什么样的问题⑥，似还未被研究者深思熟虑。

总之，上述历史教育研究成果，对于提升历史教育品质、服务于课程改革而言，所能发挥的作用很小。如果这是初创时期的情况，我们当然不能苛求；如果这样的

① 参见赵恒烈：《历史教育学》，石家庄，河北人民出版社，1989。
② 参见周发增、张显传、崔粲主编：《历史教育学新论》，广州，广大教育出版社，1993。
③ 参见王铎全主编：《历史教育学》，上海，上海教育出版社，1996。
④ 参见于友西、叶小兵、赵亚夫：《历史学科教育学》，北京，首都师范大学出版社，1999。
⑤ 参见叶小兵、姬秉新、李稚勇：《历史教育学》，北京，高等教育出版社，2004。
⑥ 其实，历史教育学本来就不是用来解决"实际问题"的。它不仅是针对教育现象研究教育方法的学问，而且还是透过现象认识本质、价值、意义的学问。概言之，历史教育是文化教育事业，它自身就是一种有关文化——首先是理解人的文化以及如何选择和继承文化的问题——的研究。

情况，随着时间的推移被逐步改善，也值得肯定，起码我们从中能够获得学科发展的信心。但是，事实上这样的情况并不表现为一种正向的继承性关系，而是前者的优点很少被后者发扬，后者见长的则是重起炉灶。所以，人们看待历史教育学的研究状态，总像是时刻保持着站在起跑线的样子。

3. 在实践方面

认识和研究方面存在的问题，直接影响了历史教育实践。总体来说，历史教育实践存在的问题有三类。一是重视教学，轻视教育。历史教师对历史教学的认识普遍偏低、偏窄，主要集中在如何完成课本指定的教学任务，以及如何满足考试需要两方面。二是习惯复制他人的经验，懒于自我探索，导致历史教师缺乏自主学习的动力，也缺乏独立的教学信念和能力。三是强调同质化的教育教学理念，忽略个性化的教育教学行为。这三类问题可以衍生很多具体表现，如知识域狭小，知识观陈旧等。深究其背后的原因，无外是思想禁锢、环境封闭、学术梗阻、交流不畅。说到底，历史教学没有体现文科教育的基本特性，诸如最为重要的自由、尊重、科学、批判的观念。怎样体现历史教育的应有价值呢？当然要依靠有意义的教学来实现；怎样做到历史教学是有意义的呢？一定要深究何谓有价值的历史教育。教学研究，如果从根本上就排斥教育研究，它就只能算是一种工具性研究。这种研究从理论方面说，既可以服务好的教育目的，也可以服务坏的教育目的。例如在教学设计、同课异构等新形式包装下的"教学研究"，因为不能基于现代历史教育理论形成开放的、多元的、有批判性的实践活动，结果使教学现场，要么易变，要么易废。说到底，作为文化的或人文的历史教育（教学），只能依靠不断地开发文化的或人文的历史知识成就有智识的历史教育（教学）。

第二节　历史教育学的性质与内容构成

"教授历史，当以学生之生活需要为主体也。"故需"养成其天生之个性，使为活泼灵敏之人，富有改良环境，认识社会种种征兆之原理，具解决社会种种问题之能力"。"教授历史，当以平民之生活为中心点也。"故需"注意下列诸点：如人民居宅之布置，公共卫生之保护；又如风俗，职使，农林，家制，宗教，娱乐，法庭，学校，监狱，聚会；他如战争之结果，瘟疫之传染，及民族之特性等；均须三致意焉"。"表扬伟人，政治家与科学家发明家当并重也。""历史之范围易扩张也。""教授历史，不可不使儿童存解决问题之态度。……历史之用意，在取先世之经验，解决现在之问题。非然者，则历史与生活离，失其本意矣。"[1]

---

[1] 蒋梦麟：《历史教授革新之研究》，见周靖主编：《百年中国历史教育箴言集萃》，21～23页，上海，学林出版社，2012。

这是蒋梦麟1918年为革新历史教授法提出的主张，我们现在看仍能醍醐灌顶。一是他揭示了现代历史教育性质和传统历史教育性质的根本区别；二是他所申明的历史教育功能直到今天我们还在为之努力。

一、历史教育学的性质

关于历史教育学的性质问题，我们难以一概而论。以往的历史教育学力图着眼于将应用型的学科教学法提升为理论与应用相结合的学科教育学，所以定位历史教育学为"应用理论"，这已是非常重大的突破了。然而，历史学科与历史教育似对冤家，当它突显教育学的功能时，历史学的功能就易被削弱；如果偏倚历史学特质，教育学的特质就显得无足轻重。这类问题，我们在实践中看得非常清楚，根本原因是理论的单薄和模糊。今天的历史教育理论，别说与百年前学者们提出的学校历史教育的愿景相比仍存在较大差距，就是为了推进目前的历史课程改革，我们也难说它就是"应用理论"，更何况以"核心素养"为中心的历史教育所面临的问题，都牵涉对学科性质的再认识。

(一)确定历史教育学的性质应为跨学科研究留下空间

不是所有的历史教育学专著都涉及"历史教育学的性质"的问题，这从一个方面说明了"作为学科"的历史教育学还未成熟[①]。当然，所谓历史教育学的"学科性质"，不过是一种假说而已。更准确些说，它是基于"历史教学法"的研究思路，尝试着把"历史教学法"引向"历史教育学"的一种学理上的准备。例如：

对于历史教育学的学科性质，大致有以下几种观点：第一是分支说。认为历史教育学的产生是从母体中分化出来的。它的研究对象、内容、任务与其母体学科有许多相似的地方，因而它是一个分支学科。至于历史教育学属于哪门学科的分支，又有两种观点。一种观点认为，历史教育学以史学为主干。……另一种观点认为，历史教育学研究的是教育现象，探索的是教育规律，概括的是教育的原则、原理，目的是为了改进教育工作，由此而产生的新学科，自然应该属于教育科学。第二是边缘或交叉说。认为不能把历史教育学简单地划为某一种科学的分支。理由有两点：其一，历史学的内容具有综合性的特点，它不仅反映着社会科学的种种历史材料，而且也包含着自然科学各学科的研究对象的历史。……（历史教育）要研究社会全体成员的历史教育问题。其二，历史教育学是建立在多种学科之上，具有边缘学科、交叉学科的性质，它是多种学科理论综合的产物。[②]

持"新型交叉学科"的学者认为，历史教育学是一门以研究历史教育规律为任务，以育人为直接目的的学科，涉及研究并阐述历史教育的原则和方法等理论问题。因

[①] 笔者把历史教育学作为一个专业来对待，它有着多个研究方向。作为学科的历史教育学还有待在理论体系方面做很多努力。现在的理论显得较丰富，但基本上都是嫁接性的理论，还不能反映历史学科教育的独特性。

[②] 周发增等主编：《历史教育学新论》，8页，广州，广东教育出版社，1993。

而把它的性质定为新型交叉科学是准确的，也是恰当的。①

持"应用教育理论学科"的学者认为，所谓应用理论，一是指历史教育学处于历史学科与教育学科的交界处，它综合这些学科理论，并依靠它们来解决自己的问题，形成自己独特的历史教育理论；二是指它的理论来自历史教育、教学实践，又反映在指导历史教育、教学实践上，并以此检验它的理论价值。②

概括地说，一是分支说，二是交叉说，三是应用理论说。更具体的说法是：①历史教育学从属于教育学，属性是学科教育学，无论它是侧重于原理型教育理论，还是强调应用型教育理论；②历史教育学从属于历史学，其属性是历史学中的历史教育③，无论它是侧重于接受历史知识（倾向"历史学教育"），还是主张理解（或解释）历史知识（倾向"公众历史教育"）；③历史教育学跳出任何学科强调多学科合作或跨学科学习（一种表现是粗浅的"交叉学科"解释）。

现在，多数学者持"历史教育学是学科教育学的一支"的观点，强调它是教育学的分支。这样，"教育学——学科课程与教学论——学科教学法"就在一条线了（见图 1-1）。之所以能够形成这一"共识"，国家制定的学科目录所起的作用远大于学术研究产生的影响。

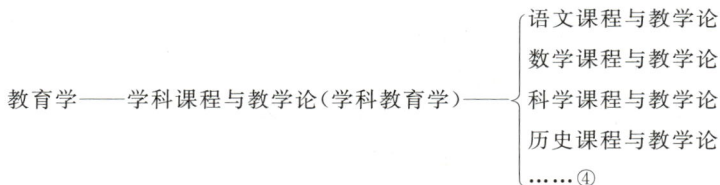

教育学——学科课程与教学论（学科教育学）——
   语文课程与教学论
   数学课程与教学论
   科学课程与教学论
   历史课程与教学论
   ……④

图 1-1　教育学与历史教育学的关系

人们强调，历史教育学是学科教育，是一种实用型或应用型理论。但是，正如《历史教育学新论》所说，历史教育不仅指学校历史教育，当然也不只是解决课程、教材、教学方面的问题。尽管现有的有关历史教育学的作品，有《学校历史教育学》或《中学历史教育学》等，但是"应用"的实质和范围，还不能因是针对学校教育就清晰起来。恰恰是学校历史教育的内部结构越来越复杂，反倒要求我们不能简单地或绝对地为历史教育学定性，如同解决蒋梦麟提出的问题，不管它以哪些途径和方式，都刺激学校历史教育超越非此即彼的思维模式。

换句话说，中学历史教育学有自己的研究边界，可在界内包容各种可能的探索，

---

① 除了上述《历史教育学新论》提出的观点外，还有赵亚夫的《中学历史教育学》（中国建材工业出版社，1997 年）也倾向这一观点。

② 金相成主编：《历史教育学》，11 页，杭州，浙江教育出版社，1994。

③ 参阅白寿彝先生的"历史教育论"。如果结合民国时期的历史教育史资料来看，早期的历史教育研究也多是倾向这样的观点。

④ 这个系统与日本学者 1968 年提出的历史教育学系统类似。参见赵亚夫：《中日历史教育学研究之我见》，载《首都师范大学学报》（社会科学版），1996(1)；廉悫：《试析日本社会科（历史）教育学的理论建设》，载《首都师范大学学报》（社会科学版），1996(5)。

如接受上述三种界说的任何一种。理由有三个：①学者们在阐释历史教育学的性质时，会因学者（或学派）的哲学来源不同而产生具有较大文化差异的教育、教学理论；②历史教育实践系统既然是开放性的，那么我们就应该为不同的理论研究创造尽可能大的应用空间和尽可能多的实践机会；③无论"历史"还是"教育"，都难以局限于单一领域，如第一节中对术语本义的考察，我们若将二者关联起来并着眼于实践的话，研究的视野越宽阔，就越有助于健全中学历史教育体系。为此，我们必须把握几个与理解中学历史教育学性质相关的研究范畴。

（二）确认历史教育学性质需处理好以下关系

1. 社会科学与人文科学

笼统地讲，历史是人文社会科学领域中的重要学科。① 横跨历史科学和教育科学两大领域的中学历史教育学（暂且这样看），无疑具有社会科学和人文科学的双重属性。然而，在现实中，针对学校历史教育的属性问题，一旦较真，就会产生"作为科学/学术的"历史教育（侧重历史学的"学问性"），以及"作为教化/教育的"历史教育（侧重教育学的"养成性"）两个分野。前者看重知识内容，"科学的"或"科学性"都是围绕历史知识提出的，所谓"求真求实"，也是从历史研究的角度来比附历史知识的传授过程；后者重视通过教育模式和方法赋予历史知识素养的作用，强调在遵循各种教育规律的基础上，使历史知识成为达成特定的历史认识的工具。

"作为科学之一的历史"与"以教育为目的的历史"之间，究竟有何差别之处？……凡称为"历史"的书，或"历史"这一名词，就已经是包含了有教育的意义。……何况中国古来都是将历史视为是"温故而知新"的学问，唯其温"故"，所以方能使我们知道"新"的。这不是"教育的历史"，是什么？……历史学本身原来是不含有什么伦理批判的性质在内的，……这样的史学方法和史实，我们若应用到历史教育里去，却是一件危险的事。②

教化（bildung）：德语词汇，基本意思是"形状"或"形成"。不管用在何处，"教化"一词总是指一个与时俱进的变化或发展过程。例如，就这个词最常见的含义"教育"而论，教化概念是指一个完整的学习过程，通过这一学习过程，一个人成长为成熟、理性的成人。③

其实，无论是"作为科学/学术的"还是"作为教化/教育的"历史教育，若非是包容的、开放的就都有缺陷。而且在实践中，它们也难免不相互交叉或相互作用。

---

① 西方普遍算它是人文科学抑或是精神科学、经验科学，犹如诗学或文学。我国学界则更愿意承认它是社会科学，一个重要理由是，马克思主义理论是社会科学，以唯物史观为指导、将发现和掌握历史发展规律作为自己目的的历史学，理当属于社会科学。不过，最近几十年来，我们也越来越强调历史学的人文性，起码不否认历史学是人文学科的事实，如把历史解释看成是历史学的特征。当然，科学需要实证和理性。但是，历史教育又不能排斥经验和感性。作为"科学"还是"教化"这是历史教育说不清楚的问题。所以，二者兼容才符合事实。

② 参见吴绳海：《历史教育之本质》，载《教与学》，第 1 卷，第 4 期，1935。

③ 参见［美］彼得·赖尔、［美］艾伦·威尔逊：《启蒙运动百科全书》，刘北成、王皖强编译，64 页，上海，上海人民出版社，2004。

例如，自然科学、社会科学、人文科学并不是同时产生的学问。人文学或人文教育作为人类学问的历史最长，它也蕴含着自然科学。在文艺复兴以后，人文主义（humanism）才使人文学与自然科学逐渐分离，但在哲学家眼里，近代自然科学（the Natural Sciences）仍是"人文主义的女儿"。① 而社会科学（the Social Science）在 19 世纪成熟，它是近代自然科学与技术革新兴起和发展的产物。几乎在同一时期，德国哲学家狄尔泰（Dilthey，W.）把 humanities 视为"精神科学""人类科学"——人文科学，他使其成为超越自然科学题材之上的那些研究领域。同时代的哲学家李凯尔特（Rickert，H.），则强调人类科学是"表意的"，具有专门探讨一定文化背景和人类环境中的个别现象的独一无二的价值。② 但在德罗伊森（Droysen，J. G.）看来，"自然与历史是两个最广泛的概念，人们借着这两个概念，掌握世间一切现象。"③

把自然科学、社会科学、人文科学的研究对象分别归入宇宙及物质、人类社会、人的精神及内心活动三大门类，是 19 世纪的研究者完成的学术工程。从后果看，这样的现代知识还有那些被认为处于每一门类内部的学科，都持续不断地在几条不同的战线（如学术战线、思想战线和政治战线）上作战，以维护他们各自对于普遍性的宣称，并且任何一门学科（或较大的学科群）都必须以学术要求与社会实践的某种特殊的、不断变化的融合为基础。④ 所以，人们能够在理论上区分它们（如研究对象），可在实践活动中（如涉及具体方法）则难以做到泾渭分明，特别是难以在社会科学和人文科学之间做出本质的区别。⑤ 也正如马克思曾推断的那样，"科学只有从自然界出发，才是现实的科学。……历史本身是自然史的即自然界成为人这一过程的一个现实部分。自然科学往后将包括关于人的科学，正象关于人的科学包括自然科学一样；这将是一门科学。"⑥因此，教育科学既是社会科学，也关乎自然科学，如它采用实验法、数学法和系统科学方法等剖析教育现象和探索教育规律。历史本来就是介于人文科学和社会科学之间的学科。依照历史唯物主义（historical materialism）的理解，凡是运用唯物史观从事历史教学和研究，就都与历史科学（historical science）——人类活动的展开——相关。

---

① ［德］文德尔班：《哲学史教程》下卷，473 页，北京，商务印书馆，1997。

② 美国不列颠百科全书公司编：《不列颠百科全书》，国际中文版（修订版）第 8 册，242 页，北京，中国大百科全书出版社，2007。

③ ［德］德罗伊森：《历史知识理论》，胡昌志译，7 页，北京，北京大学出版社，2006。

④ 参见［美］华勒斯坦等：《开放社会科学》，刘锋译，52～53 页，北京，生活·读书·新知三联书店，1997。

⑤ 冯·赖特认为，"人文主义"与"人文科学"同源，词根都是拉丁语，既有知识探求的意思，也是关于人的观点——有关人的潜能以及对潜能的适度培养。他自己则把"人文科学"理解为"对于作为文化存在物的人的学术研究"。并且说，"作为人文主义者的马克思，他强调人从剥削和奴役中解放自身以及克服异化的可能性；作为历史唯物主义者的马克思，他在社会革命中看到了有关生产力和生产关系之间相互影响的'铁的法则'在起作用。"按照一般理解，他指出的恰是马克思对社会科学的贡献。参见［芬］冯·赖特：《知识之树》，陈波、胡泽洪、周祯祥译，89、96 页，北京，生活·读书·新知三联书店，2003。

⑥ 《马克思恩格斯全集》第 42 卷，128 页，北京，人民出版社，1979。

学习历史有三种目标：（一）学术的。完全是客观研究，正如其他纯粹科学一样，不加入任何道德的致用的观念在内。（二）应用的。……历史便是社会科学的基础，社会科学是以人类社会为研究对象，而历史便说记载过去人类活动的记录，所以社会科学离了历史就站不住脚。（三）教训的或教育的。教训的历史观本来是一种陈旧的学说，在纯历史科学来说，历史不是实用的也不是教训的，因为历史不会重演。可是另外一方面说来，人类是善用经验的动物，经验丰富成了一个人所以有能力的条件，而一部历史便是一个民族或全人类的经验的总积。①

据此，在学理和实践两方面，并没有严格区分"作为科学/学术的"或"作为教化/教育的"历史教育的必要。况且今天乃至未来的中学历史教育，既需要科学、学问以磨炼学生自身追寻真相的本领，也需要教化、养成来帮助学生发现真理，二者是相辅相成的关系，不可分离。要知道，历史教育的本质在于追寻和理解真相。社会科学和人文科学于历史教育而言，只能是相互融通的关系。

2. 公民教育与人格教育

公民教育是现代学校历史教育的母题。无论古代社会如何②，学校历史教育都是近代社会的产物，其教育内容和方法也与国家的近代化（modernization）相适应。其表现为如下几点。①在普及义务教育的同时，学校历史教育力图通过历史知识增进学生自身的国民身份认同、文化认同以及民族和国家认同③。因此，凡是近代的主权国家都希冀借助历史教育强化民族国家意识。于是，"以民族主义为中心"的历史（教育），也成为近代学校教育体系中最早设立的课程和最为重要的公民教育。②近代公民教育涵盖了古代公民教育的所有优良品质，包括政治性、道德性、知识性、世俗性和审美要求。但是，近代公民教育与古代公民教育仍有本质区别，如对公民的认定、与普通教育的有效结合，以及不断强化的人权意识等。凡是以人民主权为执政原则的国家，都把国民教育视为公民教育，而且这样的公民教育，一定是与臣民教育相对立的。③现代国家公民拥有权利和义务，不仅通过宪政获得了公民身份（citizenship），也依赖宪政确定个人与国家之间存在着某种固定的法律关系，而且必须通过特定的教育体制或系统——首先是义务教育或基础教育——来提高公民资质并

---

① 参见苏沉简：《论历史教育》，载《经世》（战时特刊），1939(5)。

② 从社会制度和法律上说，中国古代没有"公民"只有"臣民"。公民（citizen）是近代社会的产物。在西方，"公民"的概念很复杂。简单地说，"公民"源于古代希腊的城邦社会。关于它的含义，在亚里士多德以前已有多种变化。其本义是"属于城邦的人"。从古希腊、古罗马的法律看，公民的（主要指身份和资格）范围逐渐扩大。17世纪、18世纪资产阶级思想家以"天赋人权""主权在民"的观念确立近代社会理念以后，再经历19世纪、20世纪，现代意义上的"公民"概念逐渐确立。当然，针对公民身份、资格、品行的公民教育的内容也全然不同。有关公民与国民、平民、市民、人民，公民教育与国民教育、义务教育、基础教育等概念的辨析，参见蓝维、高峰、吕秋芳、邢永富：《公民教育：理论、历史与实践探索》，3～30页，北京，人民出版社，2007；赵亚夫：《学会行动：社会科课程公民教育的理论与实践》，12～57页，北京，高等出版社，2004。

③ 柄谷行人认为，"现在先进资本主义国家中运行的，是'资本—国族（nation）—国家（state）'三位一体的系统。"事实上，其公民教育自一开始就被纳入了这一系统。参见［日］柄谷行人：《世界史的结构》，林晖钧译，36页，台北，心灵工房，2014。

认同公民权利。④现代公民教育始终伴随着人权观念的进步，如"第一代人权"对应的是人身自由权和政治权；"第二代人权"对应的是扩大和保障公民的经济、社会和文化权利；"第三代人权"对应的是更为广泛的、以当代问题为中心的各种权利，诸如国际组织颁布的与人类生存发展息息相关的环境保护、可持续发展、维护和平等重大问题的法律①，都需要公民教育发挥作用。⑤现代公民教育必须通过系统、科学、务实的学科课程（含跨学科）落实相应的知识和技能，即公民知识、公民意识、公民道德、公民视野和公民行为，需要非常具体的知识和技能来养成（或训育），离开了公民（行动）所必备的知识和技能，任何"素养"的概念都难以成立，也没有什么教育意义。

无疑，学校的历史教育即在公民教育的范畴进行专门的教育。其意义在于，它能帮助学生拥有历史知识，形成健全的历史意识和历史思维，发展个人的行动能力。其作用在于，它必须将国家意志、社会要求和个人发展需要相互协调，而且其所言的思想性、人文性、学科性、学术性、综合性，也必须受公民教育的制约。我们说，学校的历史教育不等于历史学的教育，是因为过于艰深的历史认识、过于专门的历史知识以及过高的历史学业水平要求，不仅在现实中无法达成，更为重要的是它容易与公民教育理念背道而驰。反之，由于师资、教学环境和条件的限制，不断降低历史教育的要求和水平，使学生仅记住一些零碎的、极简的知识线索以及僵化的历史观念，同样违背公民教育的准则。

还有，公民教育忌讳成为道德道场或德育教育阵地。极端的例子，如纳粹德国、军国主义日本时期的历史教育②，将国家、民族的命运连同历史、文化全部捆绑于对外侵略的战车。作为警示的例子还有很多，如阿伦特（Arendt，H.）的《艾希曼在耶路撒冷》、米尔顿·迈耶（Mayer，M.）的《他们以为他们是自由的》和古斯塔夫·勒庞（Le Bon，G.）的《乌合之众》③。

既然历史教育不能排斥针对所有受教育者的政治思想教育，必须运用正确的史

---

① "第一代人权"始于资产阶级革命时期，主要着眼于保护公民自由。"第二代人权"大致兴起于第一次世界大战以后，主要由国家颁布法律或各种政策实现公民的经济、社会和文化权利。"第三代人权"指20世纪60年代以来的人权发展。重要文献：联合国《世界人权宣言》(1948)《经济、社会和文化权利国际公约》(1966)《儿童权利宣言》(1989)。另见"人的安全网络"组织编写：《人权教育手册》，李保东译，北京，生活·读书·新知三联书店，2005。

② 参见［德］古多·克诺普：《希特勒时代的孩子们》，王燕生、周祖生译，156页，北京，人民文学出版社，2006。

③ "我想亲眼看一下这类可怕的人：纳粹分子。我想和他交谈并倾听他的话语。我想尝试去理解他。他和我，两者都是人。在拒绝纳粹种族优越论的同时，我不得不承认他有可能就是我的样子；导致他沿着他采取的路线前行的事物也可能会引导我。"这是［美］米尔顿·迈耶在《他们以为他们是自由的》（王崇兴、张蓉译，北京，商务印书馆，2013）一书前言中的表达，全书记述的1933—1945年间十个德国人的经历发人深省。［法］勒庞的《乌合之众》最精彩的地方在于阐述无个体意志的群体如何产生极端化、情绪化、低智能的行为。再如阿伦特提出的"平庸的恶"。

观和史实培育理性，那么它也应内在地包含人格教育①。不是将其与公民教育对等，以避免被狭义的政治思想教育所裹挟，而是让它与公民教育形成你中有我、我中有你的关系。其实，历史教育所培养的人格即公民的人格。从实施角度看，公民教育着眼于学习者群体的历史素养，人格教育则更侧重于学习者个体的历史素养；在理念上，公民教育着眼于认同、包容、参与、协作等品质和行为（社会性人格），人格教育则更强调自由精神和独立思考（自我性人格）。概言之，良好的公民社会或人们对美好社会的追求，有赖于人格健全的公民去实现。同理，以人的生存和发展的价值和意义为探究对象的历史教育，要能够帮助学生理解和解释人的精神世界和意义世界，而历史知识既是内容也是视角，历史思维既是方法也是观念。所谓历史的有用性，归根结底还要植根于公民个体人格所表现出来的判断能力、思考能力、表现能力和行动能力。

一言以蔽之，历史教育不能有悖于公民教育，实行公民教育也不能剥离人格教育。这样的历史教育的视野，会让历史教育有更好的未来。

3. 历时性与共时性

如何将上述认识具体到操作层面解决问题，包括如何编制课程、编写教材以及进行教学设计等，既需要区分"科学/学术的"和"教化/教育的"历史教育的"学的系统"②——尽管二者并没有质的区别，也有必要据此研究实施历史教育的技术，毕竟历史教育不是专门教授历史学的学问。专门教授历史学的学问在大学，不在中小学。因为它要把历史当成专业来教，它教出来的人才，无论是从事历史研究，还是从事历史教学，都应以历史专业打基础③。

历史教育专业，既是由实践确认的，也是由国家意志和社会需求决定的。它要求学生在拥有基础的学科知识和基本的学科技能的同时，必须将知识和技能转化为公民智识（观念）和行为（能力）。因此，中学历史教师的工作与历史学家的研究存在着很大差异，他们所承担的学科教育任务（如具备把历史知识与公民教育联系起来的能力），不属于历史学家的素养。抑或说，历史学家能够专注于历史的客观性、学术性，其工作的价值在于发现历史问题和还原历史事实。而"求真求实"对中学历史教师而言，与其说是学科目的，不如说是一种学科态度，他们的工作重点是能否通过"被选择的历史知识"为学生提供了解人类社会和认识自己的机会，以及在多大程度上能够让这种机会有助于发展学生用于生存、生活的关键能力。历史教育之所以成为专业，就在于它能够通过历史教学促进学生的公民能力。具体些说，就是让学生

---

① 关于何谓人格、何谓人格教育，《历史教育学》专著都或多或少讲到（如于友西等：《历史学科教育学》"历史教学的任务"，92～96 页）。另，各时期的历史教学大纲、历史课程标准都有具体事例。还有，许多哲学家、心理学家以及马克思主义经典作家都有界说。

② 指历史教育学的"学"，即系统地研究历史教育的学问体系，其认识论和方法论都服务于有效的历史教育。

③ 所以今天国内师范大学的历史学院，师范专业学生即历史学专业学生。

获得利用历史材料解释历史证据的能力，如理解真实的信息在形成理性的历史认识中发挥的作用，以及在进行公正判断和分析过去与现在的因果关系时，历史思维、批判性思维（critical thinking）所施加的影响。因为无论是作为历史解释对象的教育内容，还是作为认知过程的教学方法，学生需要掌握的知识和技能，都是围绕着特定的政治和社会环境——作为人类活动的具体的文化环境——展开的。

　　然而，传统主义的历史教育者热衷于强调历史知识（即对过去）的不可复制性，他们把"时序性"放大，有意使教学内容成了过去实际发生的一切。结果是，"时序性"不但没有变成"一种历史思维方式"，反而变成了糟糕的线性记忆。现代主义的历史教育者，则主张用"时空观点"[①]代替单纯强调"时序性"的做法，他们强调学生要理解的不只是时间顺序，更重要的是随时间而发生的变化。甚至可以说，作为思考方式的"时序性"如果被绝对化，无论它是运用于课程、教材还是贯彻于教学，都是危险的。[②] 因此，用纵、横两种认识视角呈现人类社会发展的基本内容，成了现代的历史教育的主流。概括地说，纵向地看人类文明是历史，横向地看人类文明是社会。[③] 在实践中，"社会科"[④]用历时性方法和共时性方法，将这两种视角转化成了学校历史课程模式，进而不仅区分了单一课程和综合课程，更为重要的是为深化学校历史教育改革开辟了道路。

　　我们把上述内容联系起来思考，采用历时法和共时法解决问题的长处有五点。第一，兼顾历时性和共时性的方法，能够平衡传统主义和现代主义历史教育的尖锐对立，如学校可以选择通史课程，也可以选择专题史课程。今天的主流课程，则以通史为纲，主题为骨，即普遍采用了主题构建方式。第二，历史教育不仅是为了传授知识，更在于发现问题和解决问题，其表现形式是由历史教学形成历史话题，进而组织为探究活动。以主题为例，历时法能够在主题内按照时间顺序展开学习内容，如让学生考察"新航路开辟"与现在某些全球性疾病的关系，及其对人类文明的影响。[⑤] 共时法则便于处理某一特定时期的几个不同主题，如探究抗日战争的历史进程时，将国共两党的冲突与合作、全民族抗战、中国共产党的作用、世界环境、科

---

　　① 之所以采用"观点"而非"观念"的概念，是因为在历史教学原理中，人们应用"时空观（点）"这个术语时，主要指观察历史现象的立场和视角。

　　② 事实上，仅依靠"时序"的观点并不能解释历史事件。如果借它强化通史课程、教材和教学的系统性，不仅涉及线性思维问题，更会影响到历史观问题。概言之，中学历史教学所选定的内容带有明确的教化意图，其学习次序（时序）以及由此反映的因果关系（认识），除有学习时间、环境以及学生智力、认知特征等制约因素外，最重要的部分都是由课程和教学目标决定的，即时序本身就不是用于"求真求实"的客观的东西。

　　③ 用李大钊的话说："同一吾人所托以生存的社会，纵以观之，则为历史，横以观之，则为社会。""按他（指马克思）的意思，社会的变革，便是历史；推言之，把人类横着看，就是社会，纵着看就是历史。"李守常：《史学要论》，1、8 页，北京，商务印书馆，2010。

　　④ "社会科"的"社会"是"人文社会学科"的总体，"科"代表"学科群落"，即"社会科"表明此课程是"人文社会科学"知识的整合性课程。以美国的社会科最有代表性。目前，世界上大多数国家在义务教育阶段都把社会科作为主干课程，因社会科课程的形式多种多样，历史课程的形态也各异。参见赵亚夫、张汉林主编：《国外历史课程标准评介》（上卷），286～291 页，北京，北京师范大学出版社，2017。

　　⑤ 参见赵亚夫、唐云波主编：《国外历史教育文献选读》，193～198 页，长春，长春出版社，2012。

技与国力等方面的因素进行综合分析，即通过共时法将这一时期复杂的政治关系、经济和社会现象，以及军事问题交织在一起考虑，让学生把焦点集中到对该事件的独特性的研究上。① 第三，无论是历时法还是共时法，都须避免出现平面化的历史观和尽可能减少一些历史偏见。为此，提供多方面的材料，激发多角度思维问题，不仅必要而且必须。以知识为中心的课程，对此往往没有建树。第四，当历史教育由知识中心课程转向问题中心课程、素养中心课程后，历史教育过程方可发生种种变化，这也是历史教学法难以企及的。因为教学法理论不能支撑这样的教学。第五，出于公民教育的思考，它们也是一种让公民实际应用历史知识的有效方法。

处理好历时法和共时法的关系，还是运用唯物史观的需要，它在促进历史教育加剧变化的同时，也开辟了历史教育的新途径，使其能够更好地反映全面发展的人的根本需求。

4. 历史思维和批判性思维

历史学习需要特殊的理解和思考方法、智力习惯和认知过程，以促使学生能够接近过去的事实，比如，使用证据，特别是原始材料；了解历史学家如何运用证据编写历史作品，理解偏见的产生以及基本观点；理解历史学家为什么会对同一历史事件做出不同的解释，以及如何就历史问题展开讨论；学会分析并阐述自己的观点；学会做历史调查，能够准确表述自己研究过的问题；关联历史现象的连续性及其变化；客观评价历史事件的过程和意义等。人们把这些理解和思考方法统称为历史思维。

历史思维需要嵌入大量的事实性知识，而且包含着对时间（延续与变迁）和变革（理解与解释）的理性思考。从历史意识的角度说，历史思维既让学生把握过去与现在的独特性，也有助于学生识别过去、现在和未来之间的依存关系。历史思维高于个体记忆，即历史思维能够促使学生自觉地通过其他人的记忆去认识世界，还能够通过筛选其他人的记忆审思历史（如历史反思）。

历史思维会根据当时人的价值观、视角去理解特定的时代和人们。一切把目前的价值观强加于历史的行为，都与历史思维无关。其中，时序和年代学对学生的历史思维虽有影响，但真正作用于历史思维的因素还是史事和史观。比如说，学生在理解"历史是过去的现在，现在是未来的历史""没有对未来的考虑，过去将沦为怀旧之情""没有过去，人类的未来就不能从过去的文明中受益"这类话，时序和年代学知识所发挥的作用是很有限的，学生应该基于时段中的确凿事实，以及经过对事实进行实证并分析后，才能获得理解。

"长时段"归因于人类不能掌控的规律性的趋势。个人和社会团体都不能控制结局，因为与重大事件相比，历史进程变化的速度和冰川形成一样缓慢。

---

① 参见[美]埃德蒙·帕克三世、[澳]大卫·克里斯汀、[美]罗斯·E. 杜恩：《世界史：大时代》，杨彪等译，上海，华东师范大学出版社，2012。

"中时段"注重个人发挥自主性或者是人们一致认定已经发生的事实之间的关系。"短时段"几乎都是适时地直接的发生，甚至包括意外事件。①

历史思维不依赖课本和讲故事，它重视把握知识内容的各种"关系结构"。正因为历史思维拒绝简单或简化的思考方式，它也被当作是矫正自我中心的有效方法。据此，当历史思维服务于公民教育时，对过去的多重解释和对证据的批判性思考，都将通过多元的学习视角②，帮助学生形成应有的判断能力、理解能力和解决问题的能力。这样的历史思维当然需要专门的训练。

如何有效地展开历史思维的专门教学是一个难题。一是传统的内容主义习惯把教师的历史思考等同于学生的历史思考，甚至"以讲带思""以考定思"。至于学生"是否在思考""是否在用历史思考"，并不是教师关心的重点。二是有些教师拒绝在历史思维中渗透批判性思维，主要表现在以下几方面。①照本宣科。有教师认为中学历史教学内容是确定性的，无须"节外生枝"。②教师认为学生的历史认知逻辑，就是教科书逻辑，所以就忽略了事实逻辑，更不能培养学生的论证逻辑。③教师不知道批判性思维是一个积极主动的脑力活动过程，既把归纳、演绎、推理、分类、分析等方法简单化（如只针对备考），也没有能力帮助学生对各种历史现象及其关系进行解释。④把"critical thinking，CT"翻译为"批判性思维"，容易使教师误以为它就是质疑或逆向思维，忽略了它在现实生活中以及对职业胜任力至关重要的作用。⑤思维的确不是教出来的，但它是可以培养的，这需要教师为学生创设良好的学习环境，但是至今的历史教学设计仍只是满足于教师如何把课上得漂亮，而非是培养学生的历史思维和批判性思维。

如果历史教学必须培养时空意识、历史理解和解释等能力，那么历史思维也一定蕴含其中。但是不等于说，其中也有批判性思维。批判性思维作为一门研究推理、论证的学科，历史教学对它是很陌生的③。然而，从全球教育发展趋势看，历史教学要拥有未来，仅研究历史思维是不够的，需要使批判性思维也成为历史思维的特质。这是因为，①历史思维本应包含批判性思维。传统的逻辑和论证观以及方法论，都可以包装历史思维，而批判性思维恰恰是要打破传统的历史思维，让知识教学转为问题教学或探究性学习。②批判性思维是创新思维的前提条件，也是人天生就有的潜能。历史思维则偏向于学科特征。批判性思维可以不依赖历史思维而存在，但历史思维需要批判性思维，如历史知识建构必定要使用批判性思维，而人们在传统

①　赵亚夫：《美国学者眼中的历史思维及其对我们的启示》，载《历史教学》，2011(4)。请同时参考相关的美国《历史课程标准》（《国外历史课程标准评介》）。

②　包括知道"我是谁""我怎样做"等认识论和方法论内容，我把其视为唯物主义的世界观或唯物史观的本体论。

③　参见吴坚：《批判性思维：逻辑的革命》，载《北京理工大学学报》（社会科学版），2007(5)。该文由从形式转向内容、将有效降为合理、从确定走向不确定、从书斋走向社会四部分组成，较为系统地陈述了批判性思维的内涵和特征。

上对历史思维的认识，都与建构无关，甚至认为，学生根本没有建构的能力。③没有哪种方法可以包揽任何历史思维和批判性思维，但培养批判性思维的视野、途径和方法显然比历史思维要多，特别是面对现实社会和问题时，批判性思维所选择的情境和技能往往能使历史思维得到拓展，这与批判性思维的非中心、非本质特点有关。④批判性思维不仅是一种思考方式或习惯，它还能够影响人的生活方式。在国外的教育实践中，有研究者认为它能够让学生用一切可能的方法去面对问题，或者说生活中处处可以用到批判性思维。① 而历史思维则需基于文本进行思考，即便是运用批判性思维，也要遵循一定的思考范围和顺序。能否突破已定的思考模式，使历史思维更广泛地应用于人们的社会生活，这是学校历史教育面临的严峻挑战。

（三）多学科合作与跨学科研究

有关历史教育学的定义，以及对历史教育学性质若干关系的剖析，已使历史教育学的多学科（multidisciplinary）合作与跨学科（interdisciplinary）研究的特征显露无遗。我们可以确认，历史教育学不是历史教学法的升级版，它既是历史教学自身反省的结果，也是以知识为中心的历史教学转向以人的健全发展为中心的历史教育的必然趋势。或者说，历史教育的"教育"或"教育学"，首先源自其构成理论的丰富性和自洽性（self-consistent），而非得益于教学法所赋予的技术性和操作性。

开始时，多学科合作和跨学科学习是"综合课程"（这里指社会科）的专利。只有综合课程内的历史课程或教学，才特别强调多学科合作和跨学科视野。作为单一课程的历史课程似乎总享有一些一劳永逸的教学模式，这使行为主义理论（behaviorist theory）大行其道。比如，人们"相信学问的发生仅仅是对事件（或刺激物）的适当强度范围内的反应"，"相信学习的动机是依赖外部奖励为基础的外在因素"等。② 因此，人们也特别坚定地维护直接教学法（direct instruction）。然而，我们暂不管教育领域的认知理论（cognitive-developmental theory）或建构主义理论（constructivism）如何改变了教育、教学和课堂，只看 20 世纪的历史学，是不是也足以获得多学科合作和跨学科研究的理据呢？如鲁滨孙（Robinson，J. R.）的"新史学派"，以布洛赫（Bloch，M.）和布罗代尔（Braudel，F.）为代表的法国年鉴学派。再如微观史学（micro history）、新文化史（new cultural history）、新社会史（new social history）、计量史学（quantitative history）、口述史学（oral history）、心态史学（history of mentalities）、公众史学（public history）等，哪个不做多学科合作和跨学科研

---

① 我国有关批判性思维的研究，近年出现很多成果，如古振诣、刘壮虎的《批判性思维教程》（北京，北京大学出版社，2006）、杨武金的《逻辑和批判性思维》（北京，北京大学出版社，2007）等。美国是批判性思维概念的诞生地，从 20 世纪 70 年代以来，该研究在理论和实践两方面都逐渐成熟。在学校教育方面，其社会课都是以批判性思维来贯穿的，并具有十分丰富的教学经验，如［美］大卫·A. 威尔顿：《中小学社会课教学策略》（第七版），吴玉军等译，第十二章，北京，华夏出版社，2004。

② 参见［美］帕米拉·J. 法丽丝：《美国中小学社会课教学实践》（第 3 版），张谊、王克译，31 页，北京，华夏出版社，2003。

究与实践呢？[①]

其实，以"核心素养"导向课程改革势必成全多学科合作和跨学科课程。无论是在综合课程实施历史教育，还是在单一课程内实现历史内容的综合，只要把知识、技能、态度和价值观统合为学科素养，那么灵活且适时地应用多学科合作和跨学科研究便是自然而然的事，因为这是将知、行、为乃至教学和评估整合为高度有效的历史学习的良策[②]。

(四)历史教育学的性质决定历史教育的走向

综上所述，历史教育学不是对课程、教材、教学、教法、评价等"本体性知识"(subject-involved knowledge)另加解释，更不能对课程、教材、教学、教法、评价做孤立的研究，学校历史教育的所有问题，都有其本源及可为其定位的教育原理，而且这些问题都具有综合的、跨领域的甚至是跨学科(transdisciplinary)的特点。比如，研究课程论问题，不能只编制技术、运作流程，不能把课程设置处理成"课程设置演变"的流水账，要深究学科课程编制的学理，课程设计需要考虑历史和现实、理论和实践、教育与教学等多个维度，因此课程的本体论无异于课程的认识论，课程的方法论则呈现为确定的课程本体论或认识论指导下的方法论。

历史教育学应放弃"研究历史教学全过程"的说法，它着眼学校历史教育的全过程，这个整体性自然涵盖历史教学的全过程。在理论上，历史教育学比历史教学法更全面、系统地反映历史教育教学的本质、特征和规律。其研究任务，从根本上说有两个方面：一是有效运用历史材料和情境，启发和发展学生的历史思维，二是发挥学科内在的批判性教育能力，培养学生的社会行动能力。不管你是叫它"学科核心素养"，还是"学科的关键能力"。

历史教育学的研究对象，包括学校历史教育中的所有重要问题。历史教育学与传统历史教学法研究的根本区别还在于，它强调认识问题的原理以及原理本身的应用基础。比如在研究教学设计(instructional design，ID)时，它必须熟稔这一"科学型的技术"(science-based technology)的基本原理，并从原理的视角去理解 ID1、ID2、ID3 的操作性问题。与此同时，研究者必须秉持开放、务实、专业的态度，去探索学科教育、教学的规律。

最后，需要郑重强调的是，上述讨论的所有内容，都是为了使历史教学成为历史教育的目的。引申说，历史教育的元问题只能是历史教育的问题，不能是政治的、经济的、地理的或其他的教学问题。之所以要创立历史教育学，就是要解决好作为

[①]　具体内容可参见李福长编：《20 世纪历史学科通论》，235～296 页，济南，齐鲁书社，2012。

[②]　参考[加]德雷克(Drake，S. M.)、[美]伯恩斯(Burns，R. C.)：《综合课程的开发》，廖珊、黄晶慧、潘雯译，17 页，北京，中国轻工业出版社，2007。另需特加注意的是，国外没有"历史学科素养"这个东西，为什么？

教育的历史究竟是什么的问题（或应该是什么）。所以，归根结底历史教育学的原动力是历史学。但是，笔者不赞成使用历史学的教育的说法，因为那样会把历史教育简单化。历史教学研究排斥理论和虚化理论的传统①，其结果已经证明没有理论的历史教育研究走不出"教教材"的藩篱。

二、历史教育学的内容构成

历史教育学的研究对象源于历史教育实践活动，其教育原理凸显历史学科的人文性和实践性。从内容体系方面说，历史教育与历史教学相互关联，但不能以教学代教育，因为教育层面的问题多属于原理性问题，教学层面的问题则更侧重于技术性和操作性的问题。抑或说，教育问题远比教学问题复杂而深刻，甚至"好的教学"（如以应试标准论之）也不一定含有好教育的元素。

（一）历史教育学的内容是个整体

历史教育学不孤立地研究所属内容，这是它与传统历史教学法的显著区别。如历史教学法中的课程论着眼的是课程的纵向问题，无论是"课程论"包含"教学论"，还是"教学论"包含"课程论"，或者是使二者相互兼容，大致都有课程设置、课程功能、课程的类型与结构、课程标准（或教学大纲）等内容，而像课程研究取向（如哲学观念）、学科课程开发及设计基础（如社会学、心理学基础）、课程模式及类型（如社会科）、课程评价（如学生获得的真实的学习成就）等内容则很少涉及。再如历史教育评价，更多的是集中在学业评价和考试测量方面，还难以冲破程式化的课堂教学和考试研究的障碍，去广泛地涉猎价值观评价、课程质量评价，以及针对各种评价工具的评价等。总之，历史教育学的每个研究方向都是交叉的、相互作用的，需要一种整体的研究意识。

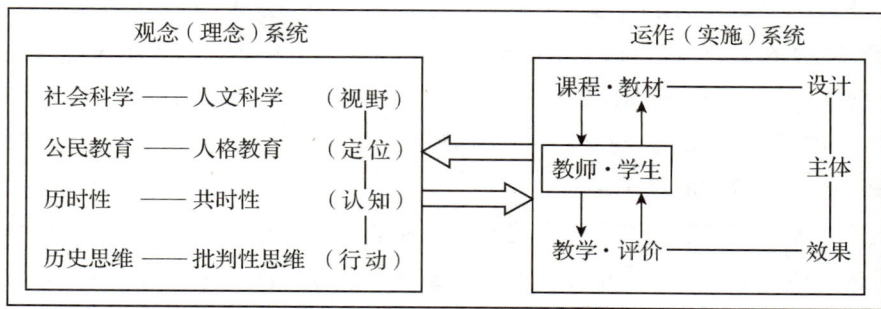

图 1-2　历史教育学内容两大系统关系图②

---

① 在教学中，即便是运用唯物史观也多是贴标签，如何能够自觉地将理论和实践结合起来，前提是对理论有所理解。

② 第一个方框表示学校历史教育是一个整体；其中的两个方框表示观念系统和运作系统各自作为一个整体互为关系；若干子系统之间的关系不再呈现。

(二)历史教育学的基本内容

1. 历史教育哲学

历史教育离不开哲学，否则不能确认作为教育的"史观"以及"史论""史心""史法"等问题，这也是历史教育研究者和实践者的常识了。一是作为学科的历史本身也是理性的发展史，它表现出三个特征，"一曰真实性，即所谓历史自身之存在，与写作的历史微有差别；一曰整个性，即所谓历史的事实是相关的，应从整个去认识，不可孤立地去把握；一曰生长性，即发达的观念，史的发展如流水，抽刀断流，而流不断。而历史的因果相连亦复如此。史观则帮助我们认识历史特性的工具。"[①]二是唯物史观就是历史教育的哲学观，历史教育有何种功能(社会的和教育的[②])，是由历史教育的哲学观决定的。三是源于实践的根本性问题，如"为什么学历史""学历史有什么用""学什么样的历史"这类问题，深究的话，都是历史教育哲学问题(如同历史文化)。传统历史教学法也直面"为什么教""如何教""为什么学""如何学"的问题，但是它很少讨论历史教育哲学问题，而且教学法研究是基于特定的教学任务，以确保教科书在课堂教学中发挥作用。

历史教育哲学必须相当实在，因为它是"应用理论"，而应用理论需要更广泛的学术来源和更具体的理论支持，不能玄虚。大致而言，以下方面构成其基本内容并能夯实实践基础。一是历史教育价值论，包括阐述各种历史教育的价值体系和学说、历史教育价值体系内的各种关系(如爱国主义与民族主义)、历史教育价值的本质与存在形态(如人类共同价值观)、历史教育价值活动主体与客体(如公民教育)、历史价值观的生成与实践(如自由发展的人)、历史教育价值活动的评价及其方法(如历史教育与自我认识)等。二是历史教育的基本问题[③]，包括历史教育所养成的世界观和人文观(如全球意识)、历史意识或历史认识(如当下的批判意识)、历史知识的性质与类型(如事实性知识)、历史思维与历史思维能力(如思维形式)、历史素养及其养成(如关键能力)等。三是历史教育实践活动[④]，包括历史与公民教育(如由历史知识和视野认知人权、宪政的历史成因)、历史与人格教育(如理解历史中的人及其行为)等。

总之，历史教育哲学决定了历史教育原理是什么、不是什么的问题，有关历史教育的一切理论问题，都需有历史教育哲学的引领，诸如价值论、人格论、知识论、思维论、内容论，以及与之相关的方法论等，这些大问题不清楚、不明晰，以下所有的课题就没了灵魂[⑤]。

---

① 吴振春：《中学历史教学法的研究》，载《教育通讯》，第 4 卷，第 5 期，1947。
② 如前文提到梁绳筼概括的资鉴、道德、爱国、宗教、训练、保存、文学、艺术八大功能，就是一种说法。
③ 实际涵盖与学校历史教育相关的各种核心理念和基本观念。
④ 长期忽略历史教育理论研究，事实上是对历史教育本质的无知。
⑤ 主要从公民教育和人格教育方面涉及各种实践问题，包括课程、教材、教学、评价、教师专业发展等。

2. 历史课程论

此次课程改革让教学法左右摇摆，既缺少方向感，又产生无力感。其中一个重要问题是历史课程论研究太薄弱了。尽管课程论的历史不长，但它已是一门独立的学科，不仅专业性强，而且发展速度很快。现实中，课程论的进步甚至不给历史教育学时间慢慢消化。于是，历史教育学中的课程论，除了复制似乎没有其他办法。如课程开发还停留在"课程即教学计划"的认识水平，理论的成分过少。仅从课程标准的研制流程和水平看，课程开发、课程设计、课程模式、课程类型、课程结构等问题，还依赖"顶层设计"，学科自身课程论施加的影响远远不够。与国外相关的课程标准相比，我们对课程性质、课程理念、课程目标、课程内容、课程实施的理解，表现的是强烈的执行意志，文本的层次比较单一，学科内涵简单。很难说课程标准反映了现代历史教育理论，它还只是历史教学的执行蓝本。

简言之，从历史教学法到历史教育学我们的确付出了许多努力，一直都有所进步，比如在定位历史课程、设计各学段课程，围绕课程标准开发相应的课程内容等方面。但是，课程论毕竟是非常专业的学问，研究者没有投入很大的精力去研究它不行。从目前的研究看，所谓历史课程论，主要关注的是目标论和内容论①，还不是整体的课程论。

应该说，历史课程的边界划到哪里，历史课程论的边界就有多大。这决定了历史课程论研究的特质和特征：①课程论是一个关系到历史教育地位、成效的理论系统（如课程观也是教育观）；②这个系统必须围绕一定的课程理念周密地构建历史课程的结构、内容和实施方式（如相关课程、融合课程、广域课程和核心课程②）；③历史课程的改革、开发与发展皆与历史教学论、学习论、教材论、评价论等密切相关，但不等于可以将课程论组成一个大杂烩（课程论有自己的母题）；④历史课程论需要研究跨领域、跨学科问题，诸如社会科课程理论等。

3. 历史教学论

历史教学论是历史教育研究的大宗，相对而言成果最多且水平最高，《课程与教学论》《历史教学论》乃至《历史教学法》都在此范畴。这是因为：教学论本来就是教学法提升以后的结果，其研究基础相对扎实；历史教学法即历史教学论（history didactics），其研究对象和研究任务比较明确，一个是历史教学（history teaching），另一个是历史学习（history learning）；教学论与教材论密切相关，特别是在"教材教法"观念指导下，所谓论，实际上是对现实的"教教材"的法则进行整理和实践，其针对性和实效性很强。

---

① 如王铎全主编的《历史教育学》第一、二章都讲"中学历史教育目标"（上海教育出版社，1996年）；叶小兵、姬秉新、李稚勇的《历史教育学》第一章是"中学历史教育目标论"（高等教育出版社，2004年）。"内容论"是日本历史教育研究的独立课题，主要研究历史课程内容的构成原理。

② 即 correlated curriculum；fused curriculum；broad curriculum；core curriculum。

不过，既然是"论"——理论的"论"，就不能都是操作性的内容，更不能局限于现实工作的运作和总结现成经验，它理应研究如下课题。①如何处理它与课程论、教材论、学习论、教师论的关系。②哪些属于历史教学论的基本问题。如从教育学的角度看，应该包括教学环境、教学模式、教学技术、教学方法、学生和教师的关系、教师的教学思维和知识、课堂活动过程及特征、课堂管理等。仅是简单地把这些内容与学科内容混合，并不能解决历史教学的根本问题。要使"教学论"成为"历史教学论"，必须将历史意识（包括历史认识）、历史思维（包括历史理解和历史解释）、历史知识（包括价值性知识等）、历史方法（包括建构主义的方法论）这类核心内容，扎实地嵌入教与学的概念和模式中。③进一步说，认知、动机等教育理论，与历史知识，人本主义、存在主义等哲学理论以及历史理论，如何转化为历史教学理论，并促使历史教学过程和相关的教学技术、教学方法、教学评价，更具有真实性、针对性、实效性和主动性。④教学论是相对复杂且系统的学问，怎样通过良好的教学技术（如教学设计）和方法让教师掌握值得我们深入研究。如果太难，便失去了"有用性"；如果过于简单，又容易丢掉"引领性"。⑤现在人们普遍把学习论从教学论中独立出来，使教学论侧重于教师"教的"理论。那么如何使教师的"教"不再落入传统教学法的窠臼呢？于教学论而言，或许有诸多亟待解决的问题。例如，将运用行为主义教育理论的"目标—内容—评价"教学方式，转变为运用建构主义教育理论的"问题—对话—表现"教学方式。总之，历史教学论要解决历史教学的专业性问题，而且这个专业性问题，不是移植历史研究方法就能够解决的。

4. 历史学习论

历史学习论，顾名思义是如何指导学生学好历史的理论，它与教学论很难截然分开。我们之所以将它从教学论中分离出来，一是该研究的取向是"以学生为中心"的教与学；二是在信息化和数字化时代，学习空间和环境、方式和方法正在发生质的变化，研究如何学习已是一门科学；三是现代心理学以及脑科学的发展，为学习理论的成熟打下了良好基础。目前历史学习论的研究尚浅，特别缺乏的是实证研究，如建立在调查和实验基础上的学习论研究。

历史学习论的主要课题有以下几方面。①如何在历史价值论、课程论、教学论、教材论、评价论中体现学习论，并共同解决"学什么样的历史"的问题。②如何构建科学的历史学习论，包括脑科学和心理学的基本命题（如学生如何进行历史思维），以及历史学习的基本命题（如学习主体、学习心理；学习环境、学习条件；学习信念、学习态度；学习动机、学习习惯；学习能力、学习方法；学习指导、学习方法等）。③历史学习指导的途径和方法（如历史阅读、历史调查等）。④历史学习综合实践活动，包括各种表现性活动及评价，历史学习所涉及的学习伦理、社会准则、生活方式等问题。所以，从教师的学习指导到学生的自主学习，从基本的历史认知活动到较高级的历史建构活动，从掌握历史学习方法到提高历史学科核心素养，学生拥有怎样的历史学习类型和方法，是打造一体化的"知识—能力—表现"的学习论的基础性研究，它使学习论的范围扩大，而且其研究深度也受学习论（学）、脑科学、认知科学的直接影响。

5. 历史教材论

历史教材论不能和历史教材编纂学画等号，尽管历史教材编纂学或历史教科书编纂学是历史教材论最为重要的部分。这样看来，我国至今仍未产生学术性的历史教材学。

历史教材学有一整套的概念和运作系统，诸如需涉及教材编制过程中的不同行动者（编写、出版、评估、使用等）；审定制度（国定、审定、任定等）；编写程序（学习观念、调研与比较研究、课程标准、内容范围、实验、综合性评估等）；教材比较与分析（教科书比较与分析基准、教科书功能等）；教材编写技术（结构、内容、支架、插图、地图、外观、可读性等）；教材评价（评估标准、评估策略、数据分析等）。

历史教材论还包括复杂的史观、史实、史论、史法、分期、选材等问题。简言之，历史教材论有其特有的本体论、内容论、知识传播论和编辑学等方面的知识，而且一定的教材服务于一定的课程。教材、特别是教科书在教学中的地位，也不是全凭其质量就可以决定的。至于是"编教材"还是"编学材"，则同样是个复杂问题，不单是观念和技术方面的问题，还有很多其他因素的影响。不把这些内容在教材学的体系内加以周密思考的话，历史教育学就没有属于自己的教材论。

6. 历史教育评价论

就历史学科教育活动的整体而言，没有哪个环节不包含评价。所以，历史教育的评价论，既评估教育、教学的成果，又保障教育、教学全过程的质量。以往的研究，在针对学生学业的测量与评价方面积累了不少经验。

简单地说，历史评价论的课题包括以下几方面。①历史教育评价的目的与目标，如对历史教育价值的界定、确认历史教育评价的本质、梳理历史教育评价的具体目标（允许不同理论产生不同的评价目标体系）。②历史教育评价技术，如依据评价类型设计评价程序和方案、制作各种评价工具、处理和分析评价信息、组织和展开心理调查与测量、制定学业评价指导标准。③有关历史教师的评价，如对其教学过程、教学方法、教学效果、教学管理进行评价。④有关学生学习活动的评价，主要指对不同学习活动采用有针对性、实效的评价方法。⑤考试学或考试研究，如命题技术等。⑥有关历史教育保障政策的评价，如学科教育的伦理问题。⑦有关研究课题的评价。

7. 历史教育教师论

教师教育和发展，包括教师资质和素养两部分。前者主要指合格教师的能力要求（如专业标准）和发展水平（如培训或研修）；后者主要指合格教师内在的职业品格和外在的职业气质等。我们也可以把二者视为教师的"学养"和"素养"①。

现代教师教育的理论基础非常多元，如教育现象学、教育解释学、扎根理论及培训理论。所以，教师论不能单讲教师的教学素养。概括地说，它也有理论和实践两方面。我们大致将其划分为以下几方面的具体的研究课题。①历史教师的专业发展，如PCK②知识，掌握和理解学科的事实、概念、规律、原理等；职业生涯教育（如生存教育）；教育技术与课堂教学（如教学设计）、教学方法与有效教学、教育测量与评价等。②历史教师研究，如与成功教师、动态教师、学科素养、教学技能、因材施教、参与式培训课程等相关的研究，关键是实用的技能与方法。③历史教师道德与心理，如教育价值观、教师责任、教师道德、教师心理、应对挑战等。④学科教学管理与评价，如课堂管理、沟通技艺、教学环境等。

显然，有素养的历史教师，不能单纯地强调史学素养。真正的史学素养，必须通过教师素养表现出来。而上述教师素养，没有一个是单一的史学素养。

8. 历史教育史

一个学科是否成熟，要看它有没有或是有怎样的学术史。至今学校历史教育没有完整的学术史。写好学科教育史，需要较长时间的积累，像我国这样有着悠久历史教育传统的国家更是如此。历史教育史的作用很大，一是我们能够通过总结历史经验，看清楚我们走过的历程，增强学术自信心；二是我们在比较中把握学科教育特色，夯实历史教育的研究基础。目前，历史教育史研究已在多个方面有长足的进步，特别是在近代史部分，一些成果（包括学位论文）表现出了较好的学术性。

9. 历史教育比较

历史教育比较的研究领域甚宽，既有横向比较，也有纵向比较。③它关乎历史教育的研究视野，也涉及历史教育的研究深度。所以，从20世纪三四十年代开始，比较研究就是历史教育研究的重要组成部分。历史教育学的比较研究特点如下：①其范围涵盖历史教育的所有内容；②其需要超前意识，并要求研究者具备一定的研究环境和条件，如材料；③既引进他人的经验，也输出自己的成果；④须认同共同的标准，包括人类共同价值观；⑤具有较强的现实性、动态性或发展性。另外，译介不等于学术研究，交流同样不等于学术研究。

(三)历史教育学研究的途径

历史教育学复杂的内容体系需要专攻，即在理解和掌握历史教育学基本知识和理论的基础上，产生更多的研究方向和专题，以及专家和成果，如历史课程论专家、

---

① 2010年，笔者为全国历史教师教育专业委员会年会确定的主题是"学养与教养"。因"学养"常与"学识"相关，人们好理解。"教养"指的就是"素养"，但笔者强调历史教师的教养源自历史学科本身。有教师把它理解为"教学素养"，这样的理解是片面的，这里还包含更重要的"做人的素养"，如教师帮助学生通过历史学习"学会做人"的素养。

② 即 Pedagogical Content Knowledge。

③ 具体内容见第八章的比较研究。

历史教材论专家等。论及发展，无外是理论和实践二途。前者侧重于基础性、结构性问题，如历史知识、历史思维、历史意识这类关键的理论研究；后者侧重为获得更好的历史教育效果提供经验。历史教育学研究与传统的教学法研究的重要区别：①理论必须有用于实践，或是理论先于实践，并注重原创；②研究任何一个方向或专题，都须考虑其在历史教育学体系中的位置和功能；③任何一个研究方向，都具有多学科合作和跨学科研究的特点；④任何专题或课题，原则上都必须经过实证和实验，即符合科学研究规范；⑤任何研究在理论上都是实践和反思的产物。

因此，我们对于理论的理解应该是：第一，重视科学的实验、实证价值，切忌理论上的闭门造车；第二，重视学术研究的自主性，且能广联学者，切忌理论上的门户之见；第三，重视理论创新，在关注理论的丰富性的同时，更应强调合理的应用，切忌理论上的一花独放；第四，重视本国的先行经验，夯实本国特色的理论与实践的研究基础，切忌理论上的掩目捉雀。①

学后复习

回顾

1. 定义：中学历史教育学。

2. 辨识：中学历史教育学与中学历史教学法的关系。

3. 定位：为什么说中学历史教育也是公民教育？

4. 解释：历史、历史学、历史教育学三个概念的关系（找出其共性和差异性）。

重点思考

1. 实施：构建中学历史教育学内容体系的出发点和立足点是什么？

2. 评价：20世纪八九十年代我国中学历史教育学建设的特点和主要成绩。

批判性思考

1. 系统性：中学历史教育学的价值论、课程论、教材论、教学论、学习指导论、评价论、教师论等作为内容体系是否自洽？

2. 分析性：为什么不能用"考试"替代"教学"，也不能用"教学"替代"教育"、用"知识"替代"文化"？

3. 推论：中学历史教育学的学科属性是什么？历史学科？教育学科？交叉学科？或是其他？

---

① 参见廉悊：《试析日本社会科（历史）教育学的理论建设》，载《首都师范大学学报》，1996(5)。

应用概念

1. 合作：以小组为单位，辩论如下问题：尽管中学历史教育必须顾及地区、学生等诸多差异以及升学等各种因素，但是为什么它仍有必要追求理想的学科教育目标？

2. 概述：阅读卢梭的《社会契约论》(何兆武译)第一卷，提炼有关"自由的公民"的基本内涵，阐释其作为历史教育的一种观点该如何加以运用。

技能练习

1. 应用默会知识(tacit knowledge)概念，结合中学历史教育的基本性质，分析传统的"历史知识特性"的学理基础(如科学性与思想性、多样性与统一性、具体性与规律性、阶段性与因果关系性、过去性与现实性、材料与观点之间的关系)。

2. 运用历史教育史材料，区分科学的历史教育和教化的历史教育。

3. 搜集中学历史教育范围内多学科合作和跨学科研究的范例。

拓展阅读及书目简释

历史教育

1. 赵恒烈：《历史教育学》，石家庄，河北教育出版社，1989。"作为学校中要讲授的一门学科来说，我们把历史教育学的领域和对象限制在普通中学历史教育上。""历史教育学是从历史教学法发展而来的一门学科。""其内容结构，大致包括下列各项：历史教育原理学、历史教材编纂学、历史教育心理学、历史教育方法论、历史教育比较学"。① 该书是中学历史教育学的开山之作，它对历史教育学的定义，以及设定的研究结构和内容，对以后的历史教育学研究有较大影响。

2. 周发增、张显传、崔粲主编：《历史教育学新论》，广州，广东教育出版社，1993。该书以历史大教育论为宗旨，涉及中小学历史教育、大学历史教育和社会历史教育等内容，明确指出历史教育学是一门新兴学科，是"历史科学、教育科学以及其他相关学科的应用理论学科"②，主张历史教育学是交叉学科。另，周发增、赵素珍编著：《周发增教育与教学文集》，武汉，武汉出版社，2010。该著作第1～5章有关"历史教育学建设"的论文，也阐发了历史大教育论的构想和理论基础。

3. 金相成主编：《历史教育学》，杭州，浙江教育出版社，1994。该书共有十四章内容，其中对历史教育价值、课程、目标、学业评价的论述有独到见解，代表了

---

① 赵恒烈：《历史教育学》，6～9页。

② 周发增、张显传、崔璨主编：《历史教育学新论》，9页，广州，广东教育出版社，1993。

20世纪90年代该研究的较高水平。另，姬秉新主编：《历史教育学概论》，北京，教育科学出版社，1997。该著作第一讲"导论"、第三讲"课程论"、第四讲"历史教育原理论"，反映了历史教育实践的一般原理。

4. 于友西主编：《中学历史教学法》，北京，高等教育出版社，1988年版、2003年版、2009年版。其中，1988年版可以说是20世纪七八十年代我国中学历史教学法研究的集成之作，曾被评为"第二届普通高等学校优秀教材"；2003年版增加了课程、教材、教学模式、学习指导等内容；2009年版则由绪论、课程论、目标论、教材论、教学论、学习论、评价论、教师论、历史教育研究论构成，与时下流行的历史教育学内容结构没有区别。

史学理论

1. 王加丰：《史学理论与中学历史教学》，合肥，安徽大学出版社，2011。该书汇集了作者发表在《中学历史教学参考》《历史教学问题》《历史教学》等专业杂志上的相关论文。第一辑主要讨论20世纪中外历史学发展概况、经验和教训。第二辑则是作者对一些重要的历史事件和文化现象的看法。因为读者对象主要是中学历史教师，所以文章的针对性较强，也易于理解。

2. ［美］乔·古尔迪、［英］大卫·阿米蒂奇：《历史学宣言》，孙岳译，上海，上海人民出版社，2017。"大历史和深度史被认为是史学家回应大众对未来关切的方法和理路。在这部涉猎广泛、神采飞扬的著作中，作者对相关问题给予了迄今最为全面的探讨。"①

3. ［德］德罗伊森：《历史知识理论》，胡昌智译，北京，北京大学出版社，2006。该书展示了德罗伊森历史知识理论的骨干内容，编者分为导论、方法论、系统论、体裁论四章。对于历史教育学的研究者来说，除了能从本书吸收必要的史学理论营养外，更为主要的是还能借此书一定程度地夯实历史教育学的理论基础。另，［英］W. H. 沃尔什的《历史哲学导论》(北京大学出版社，2008)、［美］卡尔·贝克尔的《人人都是他自己的历史学家》(北京大学出版社，2013)、［法］费尔南·布罗代尔的《论历史》(北京，北京大学出版社，2008)都值得涉猎。

4. 《第欧根尼》中文精选版编辑委员会编选：《对历史的理解》，北京，商务印书馆，2007。其中，《论史学理论的类型》《历史和历史人类学》《历史学与历史的大众应用》《历史学的社会职能》《历史实践与责任》等篇目，很值得历史教育研究者学习。同类别的文集较多，便于中学历史教师从中选文，既节省阅读时间，又能及时有效地获取研究动态，理当留意。

人文科学

许苏民：《人文精神论》，北京，人民出版社，2011。该书共有十章，综述人文精神的理论与实践，如古代世界的人文精神、近代世界的人文精神、现代世界的人

---

① ［美］乔·古尔迪、［英］大卫·阿米蒂奇：《历史学宣言》，孙岳译，3页，上海，上海人民出版社，2017。

文精神，以及对真善美等问题的梳理，有助于拓宽历史教育的研究视野，特别是有助于加深历史教育有关人文精神的认识。另，朱红文的《人文精神与人文科学——人文科学方法论导论》(北京，中共中央党校出版社，1994)也有较高的参考价值。

教育改革

1. 联合国教科文组织国际教育发展委员会编著：《学会生存：教育世界的今天和明天》，北京，教育科学出版社，1996；联合国教科文组织编：《教育：财富蕴藏其中》，北京，教育科学出版社，2014。现在的教师都熟悉学会认知、学会做事、学会共同生活、学会发展①这四大支柱，它们出自何处，具体内容如何，这两部书不能不读，怎样才能巩固和更新这四根支柱，教育怎样应对现实经济、社会和环境可持续性的挑战，怎样通过人文主义观来协调多元化的世界观等问题，同样是历史教育学需要关注的议题。另，联合国教科文组织编著的其他作品，如《反思教育：向"全球共同利益"的理念转变？》(北京，教育科学出版社，2017)，也应该适时地进入历史教育学的视野。

2. 钟启泉、张华主编：《世界课程改革趋势研究》，北京，北京师范大学出版社，2002。上卷是专题研究，中卷是国别研究，下卷是学科课程改革研究，其中，第39章"历史课程发展的现状与趋势"，仍有参考价值。

其他

1. [德]康德：《逻辑学讲义》，许景行译，北京，商务印书馆，2010。这本小册子有助于中学历史教师了解知识、概念、判断、推理等一般概念，学习如何有逻辑地思考和解决问题。其他如[英]罗素：《逻辑与知识》，宛莉均译，北京，商务印书馆，2011；[英]怀特海：《过程与实在》，李步楼译，北京，商务印书馆，2012，皆可参考。

2. 王承绪、赵祥麟编译：《西方现代教育论著选》，北京，人民教育出版社，2001。此类书籍还有陈新主编：《当代西方历史哲学读本(1967—2002)》，上海，复旦大学出版社，2004；任钟印主编：《西方近代教育论著选》，北京，人民教育出版社，2001；杨鑫辉主编：《西方心理学名著提要》，南昌，江西人民出版社，2001；单中惠、朱镜人主编：《外国教育经典解读》，上海，上海教育出版社，2004。这些作品，既能够方便读者把握经典著作的精华，又可以指引读者找原著进行深度阅读。

3. 尤学工：《20世纪中国历史教育研究》，北京，中国社会科学出版社，2014。全书分上、下两编，共五章，即20世纪前半期的中国历史教育、新中国历史教育的发展、历史教育与增强民族精神、历史教育与认识历史前途、历史教育与启迪人生修养。作者着眼的是比较宏观的历史教育，可以作为学校(指中小学)历史教育的另一个背景加深对历史教育的了解。

---

① 也译为学会求知、学会做事、学会共处、学会做人。

第二章 历史教育价值论

○历史教育的认识基础有赖人文社会科学的常识性知识
○历史教育的研究对象与任务以马克思主义理论为指导
○历史教育目标的制定与确认反映课程教材教学的定位

学前预习 ▶

定义术语：人文科学、马克思主义人学、唯物史观、人的全面发展；目标分类学、教育目标、课程目标、教学目标。

识别概念：人文科学与社会科学、人格价值与人生价值、人学与人性、核心素养与关键能力。

积累经验：齐健、赵亚夫等：《历史教育价值论》，北京，高等教育出版社，2003；赵亚夫：《学会行动：社会科课程公民教育的理论与实践》，北京，高等教育出版社，2004。

拓展实践：尝试辨析价值、价值论、历史教育价值论的概念及其联系。

学习目标：

1. 从历史教育价值的角度理解历史教育的研究对象与任务。

2. 把握马克思主义人学理论的基本内涵及对历史教育的指导意义。

3. 能够运用关键能力确认历史教育目标并理解其对有效学习的作用。

理解内容：

学科性质——尽管历史教育不能回避应有的思想性或政治性，但是它不能等同于政治教育。作为人文学科，它首先凸显的是学科的人文性，即将历史知识、历史思维、历史方法、历史视野、历史意识作用于发展学生的健全人格；作为历史学科，若偏离或忽略了历史事实，它就失去了学习价值，即历史学科以了解真相并掌握寻求真相的一般方法为目的，其人文性只有在寻求历史事实的基础上才能实现。（第一节）

指导思想——马克思主义人学（hominology[①]）对定位历史教育的学科性质、功能，以及确认历史教育研究的对象和任务具有决定作用，唯物史观则是历史教育和教学的指导思想。（第二节）

结构性——历史教育关乎人们如何运用历史知识、历史思维、历史方法、历史视野思考和研究历史问题。研究历史教育，无论是选择和组织学习内容，还是建构历史知识、生成历史意识、发展历史思维能力，

---

① 赵敦华在《人学理论与历史》的前言中说："与中文'人学'相对应的外文词汇 hominology 甚至在字典上都找不到。但另一方面，与人学相关的资料又可以说是汗牛充栋，不论查询'哲学史''伦理学''人类学''心理学''社会学''政治学'，还是'经济学''历史学''语言学''宗教学''考古学'等主题词，都可以发现不可胜数的大量资料。"赵敦华主编：《人学理论与历史》之《西方人学观念史卷》，1 页，北京，北京出版社，2004。另，本书所言的"人学"即指西方"对人的研究"。

研究者没有仅着眼过去（或知识）——所谓"为历史而历史"或"为学术而学术"——的情况。历史教育自身蕴含着特定价值，只有在把握历史与现实的联系中，历史记忆才能生成教育意义或是历史认同。为此，有怎样的课程结构、教材结构、教学结构，就有怎样的认知结构、能力结构，尽管我们不应以结构束缚思想，但结构仍是基础教育的规制，关键是我们以怎样的历史教育目标确定怎样的历史教育。所以，历史教育目标不仅规定历史教育内容，也体现历史教育价值。（第三节）

第一节　历史教育价值论的起点与延伸

按照马克思主义的观点，历史就是人的活动史。理解人的活动史，不可能没有价值判断以及价值标准。人类无法回避或割断与过去的联系，即便仅是为了生存的目的，也同样会自觉地而非被动地去触及人们过往的事情，犹如房龙（Van Loon, H. W.）在《宽容》一书中所描绘的"无知山谷"中的人们①。总之，只要有生存和生活的问题，就有属于人的历史和文化。而人们对历史境遇的判断和理解，或是导向何种文化并形成何种传统这类问题，又都自然而然地关乎价值判断或价值标准。抑或说，人类在创造自己的活动史的同时，也衍生出自己确立的观念史②。所谓人文、思想、意志、观念、文化等，是人类从事物质生活的精神产物，它们本身就是这样或那样的有关人的生存与生活的思想体系（价值体现）。按照生活所需，留下的、作为主流文化的，大致就是有价值、有意义的。反之，便是无价值、无意义的。③

一、构建历史教育价值论体系

王学川在《历史价值论》一书中，梳理和讨论了"历史价值的本质和存在形态""历史价值活动及其规律""历史评价及其标准""历史进步与人的自由全面发展""历史价值论的当代社会实践探究"等问题，历史教育学至今还没有这样的研究，更谈不上有系统的建树。学校历史教育的价值何在？历史学研究一向是缺位的；教育学研究则

① ［美］亨德里克·房龙：《宽容》，迮卫、靳翠薇译，1～8页，北京，生活·读书·新知三联书店，1998。
② 无论是称其为观念史、思想史，还是文化史、精神史，如果抽去了价值判断或价值标准，经验就是不存在的东西了。作为经验科学的历史学、历史教育，如果没有价值判断及标准存在其中，当然值得怀疑。
③ 人类的教育史和人类的活动史大致相当。不过，"自然的"教育比"正规的"教育早得多；"无形的"教育比"有形的"教育早得多；"家庭教育""社会教育"比"学校教育"早得多；"综合教育"比"学科教育"早得多。凡教育者，皆有选择、取舍的问题，而且其中必有对好坏、善恶的价值判断。开始或仅仅为了生存，然后是生活，再后是与生存和发展相关的对生命价值的理解。当然，何谓有价值、有意义，人类在不同时代、不同文化背景中存在着极大差异，并受客观环境、历史进程、社会等级及文化教育等多种因素影响。一般而言，人类有何种需要，与进行何种教育密切相关。故这里所做的判断，是以常理为前提的。

相对笼统；学科教育学研究更为肤浅，其成果更像是讨论教育政策，而非学理研究，宣誓的成分多，论证的事实少。有鉴于此，本教材爬梳剔抉历史教育研究已有的研究成果，侧重于勾勒历史价值论的架构和亟待解决的问题，对相关理论不做系统且具体的论述。

（一）历史教育价值论的概念与范畴

1. 价值、价值观和价值论

价值最初的意义是说某物对于人们是否有用，主要指经济学的交换价值。18 世纪的政治经济学家亚当·斯密（Adam Smith）已使用这一概念。19 世纪，马克思在《资本论》中明确指出，价值是商品的社会属性，它反映的是商品生产者直接交换产品的社会联系。因为商品要用来交换，各种商品之间必然有一个可以比较的共同基础。[①]

从哲学的角度看，价值是指个人对事物的信念。信念依赖于个人的心理，犹如人的意识中预设的依照理想或目的的要求。据此，人们看待一切事物，既要充分考虑价值的社会性、客观性，又要区分出相对价值和绝对价值[②]。因为"人类的实践活动是价值关系形成、发展的现实基础，实践是价值的源泉。""人的价值的本质在于创造（物的和人自身的）价值，以不断满足群体、社会以及包括自身在内的个人的相互需要。人的价值是创造与享受、贡献与索取的统一，也是权利与义务、目的与手段的统一。"[③]

价值观是一定社会群体中的人们，所共同具有的对于区分好与坏、正确与错误、符合或违背人们愿望的观念；是人们基于生存、享受和法则的需要，对于什么是好的或者是不好的根本看法；是人们对于某类事物是否具有价值，以及具有何种价值的根本看法；还是人们所特有的应该希望什么和应该避免什么的规范性见解；当然，它也是辨识主体对客体的一种态度。概括地说，价值观是人们判断对错、选择取舍的认识标准；是知道该做什么，不该做什么的行为准则；是人的心灵准绳和信念基础[④]。

价值论或价值学（axiology）是 19 世纪形成的一种哲学研究，其重要性在于：①扩充了价值的意义；②对于经济、道德、美学以及逻辑方面的各种各样的问题，提供了统一的研究。1926 年，佩里（Perry, R. B.）发表《一般价值论》，他认为价值是"任何有

[①] 需要注意的是，各种商品的使用价值以及创造它们的具体劳动性质不同，无法比较。只有抽象的、无差别的人类劳动所形成的价值才能相比。另，价值概念是一个关系范畴，是反映主客体关系的一种形态，即价值是指客体所具有的满足主体需要的属性。参见陈志尚主编：《人学理论与历史》之《人学原理卷》，411 页，北京，北京出版社，2004。

[②] 相对价值以比较为手段，所指涉的事物价值是有条件、有限的、特殊和暂时的；绝对价值指涉的事物价值则是无条件、无限的、普遍和永恒的。相对价值和绝对价值是对立统一的关系。此外，还有主观价值和客观价值的区别，它们在本质上，即思维对存在、精神对物质的关系。前者依赖人的意志和主观判断，后者不受时间和空间的限制。

[③] 陈志尚主编：《人学理论与历史》之《人学原理卷》，412、417 页。

[④] 人们从不同角度定义价值观，但都把它看成一个人的核心的思想意识，它推动并指引个人采取决定和行动，并涉及经济、科学、艺术、道德、宗教、逻辑、美学等诸多方面的原则、信念和标准。所以，有人生价值观、道德价值观、生命价值观、科学价值观、环境价值观、传统价值观、审美价值观等种种分类。就社会总体而言，还要确定主流价值观、核心价值观、共同价值观。历史教育必须对这些价值做出自己的判断。

益的事物"，并讨论了价值的 8 个领域，即道德、宗教、艺术、科学、经济学、政治、法律和习俗。以后其他哲学家做了更多的区分，如工具价值（某一目的是善的）和技术价值（在做某事时是善的）、贡献价值（作为整体的部分是善的）和终极价值（作为整体是善的）。显然，价值论所深究的问题关乎观念、意志、善等种种对客观世界的认识，它所追寻的价值的本质和规律，虽然不是对事实的揭示，但是对事实的反映。① 然而，"价值"暗示着主观性，在形成任何关于价值和价值判断的客观性的理论时，价值与事实关系就是至关紧要的了②。

历史教学界从来不乏对历史"教学价值"的判断。但是，在 2003 年以前没有系统的"历史教育价值论"专著。我们也可以这样说，历史教学界的"价值研究"总是跟随着"内容研究"，还不是一个独立的研究范畴。即便是在 2003 年以后，历史教育"价值论"③也几乎是被历史教育"目标论"所替代。这样的"历史价值论"有如下特征。①学校历史教育的价值，表现为一种教育政策的原则性概括，缺少确定的核心要素以及系统论证。②历史学习与学生的需要究竟是何种关系，抑或是如何分辨和实证学习（追求对象）与需要（客观基础）、需要与养成、信念与信仰、情感与价值观、概念与观念、知识与理解、意识（或认识）与思维等诸种关系，仍没有形成有序的、逻辑的、明晰的研究成果。③教学内容是实的（所谓事实的、客观的），教育价值是虚的（所谓假设的、主观的），甚至在一些研究者和教学者那里，事实和价值乃至历史学研究和历史教育研究，也是对立的关系。殊不知，历史价值论的研究对象是学历史的人，学历史的人的认识对象是客观事实。历史教育价值论更是如此，否则它作为教育所阐释的学的内容便没有人的意义④。所以，从理论的视界看，历史教育价值论是一种特殊的科学理论。

无论我们是否承认历史教育价值论，它都以某种价值形态（如工具价值）存在着。而且历史一经与教育关联，它就必须成为有意义的人类认识行为。更何况中学历史教育所呈现的人的活动史还具有特定性，无论是知识、叙事，还是记忆、思考，都是被严格选择、有着确定意义、有关人的文明演进的故事。它是有关人类的"教育"，而非事件的"研究"；是具有"义务性、通识性的历史教育"，而非"专业性、专门化的历史教学"。即便有人要把它引入"历史学的教育"，也必须首先定位它的社会功能和

---

① 价值论是一项复杂的哲学研究，因它涉及目的、善恶、好坏、判断等命题，并与对错、真假等问题相对应，所以特别有助于通过澄清事实与价值、价值与真理关系的方法，探索和阐明人的生存与发展的本质和规律问题。显然，专业化的历史教育研究理应包括价值论，诸如人们究竟需要怎样的历史教育、历史教育能否有助于人的健全发展等课题，如果历史教育价值论缺位的话，那么它也无教育的原理可言。

② 参见美国不列颠百科全书公司编：《不列颠百科全书》国际中文版（修订版）第 2 册，93 页，北京，中国大百科全书出版社，2007。

③ 参见各种《历史教育学》《历史课程与教学论》《历史教学论》专著中涉及的价值论。

④ 主要指对历史事件、历史现象中的人（们）的理解和认识，包括心理、观念、行为等种种方面的分析与解释。过去的历史教育着重了解过去的知识（如事件、人物、现象），而与人的意义相关联的历史教育，则着重理解和解释过去人（们）的活动对于当下的意义以及对于未来可能产生的持续影响。也可以说，历史不仅表现为记录、记忆和经验，它还体现思想体系、文化观念、意识形态等，即作为学习对象（内容）的人的活动皆呈现为被意义化的行为。

育人功能——教育价值，而非沿着"史学即史料学"的思路去做"还原真相"的工作——专业教学。这些问题貌似简单，却实在是关乎中学历史教育的大原则。比如，义务教育或基础教育的公平性、与学生身份相关的各种公民权问题等。① 再比如，对于中学生而言，史料不被他们理解和解释之前，他们便无从知道历史事实。而选择、理解和解释史料的过程，常常就是由专家和教师代替完成的。也就是说，基于以教师（教科书）为中心的历史教学，无论从哪个角度看，从始至终都满足于以教师（教科书）为中心的"价值论"。当这种情况改变后，即以学生的理解为中心的话，或将判断、实证乃至总结等一系列历史认识活动，提升到学科教育的高度，则意味着认识的主体越积极，历史（学）的价值也会相应地提高。换句话说，史事是否有价值，取决于认识者所掌握的材料，也包括其对史观和史法的运用，而这一切恰恰也是价值性的实践行动。在中学，作为课程的历史应等同于作为教育的历史，它必须针对义务教育或基础教育发挥作用，用世界上通行的说法，它是作用于公民素养的历史知识和技能。显然，历史教育价值论只能针对学生——正在发展中的人——健全的心（历史意识）智（历史思维）发展而言，并处于历史教育研究的核心位置。价值论错了，历史教育全盘皆输；价值论虚了，历史认识亦虚无缥缈。

进一步看，学校历史教育对于学生是需要还是不需要，或是有价值还是没有价值，同样不取决于学生的主观意愿，它是由国家规定的、青少年学生理应接受的或有义务接受的历史教育。为了发挥历史教育的政治的或教化的功能，没有哪个国家要求所有学生都掌握历史学，只能要求所有学生必备一些通识的历史知识和技能（常识的），以及由此获得态度和价值观（基本的）。学校的历史课程尽管基于历史学知识和技能，但它们蕴含的是给定的、有教化功能的学科素养。② 因此，也没有彻底的价值中立的历史教育。学校历史教育中的争议性问题充分说明了这一点。任何国家的历史教育都有追求终极价值的愿望，不会只满足于对工具价值或技术价值的落实。于是，尊重差异并在各种利益关系中找到平衡，也让历史教育价值论大有可为，比如在贯彻国家意志的同时，兼顾个人的探究欲、价值观；把尊重差异与不违背学生健全发展的原则，共同视为教育财富的一部分。③

事实上，为了不使主观的历史素养因过强的教化功能而偏颇，历史价值论必须深思熟虑什么样的知识才是有意义的知识，以及用何种方法学习才能产生有益的学习的需要等关键问题。既然历史教育需要针对人的活动史阐发人的存在与发展的意义，那么它就必须以明确的价值论来拓展和深化对"学历史的意义"的理解，包括多

---

① 人们可以在马克思恩格斯的《德意志意识形态》《〈黑格尔法哲学批判〉导言》等作品中找到有力的论证。也可参看《马克思恩格斯论教育》（人民教育出版社，1985）、《马克思恩格斯列宁斯大林论教育》（社会科学出版社，2016）中有关论人的主体性、论人权、论平等、论自由、论人的全面发展的论述。

② 这个前提很清楚：义务教育或基础教育中的历史学科素养，不等于史学研究者应有的学科素养。

③ 上述观点看似是矛盾的，如灌输共同记忆和培养批判性思维之间会产生教学观念上的冲突。但是，历史教育只要把尊重事实作为重要的价值观来看待，它便不是矛盾，而是一对必须处理好的教学关系。

学科合作和跨学科研究①，并应用各种视角来认识具有充分人文性的历史。历史学无疑是历史教育学的原动力。但是，我们也必须承认，历史教育价值论的研究与应用范畴超越了历史学，如历史知识类型、历史思维能力、历史教学方法等研究。但是，这还远不是问题的全部。譬如同样一个主题，历史学研究在学术和政治之间能够做弹性处理，而历史教育则可能没有弹性化的余地。以价值观为例，当学历史的需要（或被需要）与认同、正义、文化、文明、交往、创造等教育观念联系在一起，并形成探究历史的意欲时，历史教育自然地包含着价值观教育；尽管价值观教育希望导向一致的世界观，但是只要作为学习内容的社会、道德、文化、精神是具体的、经验的，以及反映鲜活生活和人生信念的，价值观教育就一定存在求同存异的问题。历史学家不会操心价值教育目标这类问题，甚至不关心历史哲学问题。抑或说，史料才是历史学家最关心的对象。可是，历史教育不仅要明确"应该做什么"的问题，而且还必须把握"可能做什么"的问题。

从哲学上看，价值在传统上与意志、欲求、目的、善、存在、真理等范畴有关。哲学家常常从人性、天理、存在等抽象范畴中去追寻价值的终极根源，甚至把价值当作某种"绝对"的东西。一些哲学家认为，价值在于欲求同它的目的与结果的一致，这样的价值就是善。哲学上的价值论的基础在于意志的欲求，而欲望则是自由的，所以，哲学价值论主张意志论，自由论，自由欲求论。

价值取向（value orientation）是指个人在面临特定事件而采取行动时所依据的某些"常规"或"准则"，而价值观的形成要受到社会文化系统和传统的制约，在这个意义上可以说，文化是由一整套价值准则构成的。②

人格价值是指人作为人类的一员所持有的、不可剥夺和丧失的权利、地位和尊严。人生价值是指个人在自己的一生中所创造和实现的价值，即个人在一生当中为社会或他人所做出的贡献。③

2. 历史教育价值论的发生与发展

新学制④颁布以后，学者们开始定位近代意义的学校历史教育，包括开阔学生的思想境界，了解人类感情的本质，感悟社会组织的意义，比较各种历史现象，锻炼学生的记忆力、想象力和推理力，鼓舞学生的爱国精神，启发学生的良心，让学生的行为符合道德教育的要求，帮助学生形成爱美爱真的观念以及高尚的人格等（希

---

① 再次强调，本教材不用"交叉学科"的概念，即历史教育学不是历史学和教育学的交叉结果，而是学术化或理论性的历史教育。为此，历史教育必须吸纳广泛的人文社会科学成果，或可谓它需建立在广泛的人文社会科学成果基础之上。其中原因较为复杂，研究者当随时代的进步不断地加以揭示。

② 参见汪民安主编：《文化研究关键词》，128 页。

③ 参见陈志尚主编：《人学理论与历史》之《人学原理卷》，422 页。

④ 清末民国时期，共颁布了四个学制，即壬寅学制（1902 年）、"癸卯学制"（1904—1912 年）、"壬子·癸丑学制"（1912—1913 年）、"壬戌学制"（1922 年）。这里的"新学制"指"癸卯学制"，但这里所摘录的历史教育价值论资料，以民国时期为重点。具体内容参见舒新城编：《中国近代教育史资料》上册，北京，人民教育出版社，1980。

甫，1916）。为此，历史教育的功用在于，鼓励学生培养学习历史的兴趣，包括实验的兴趣（如旅行访古）、推理的兴趣、美术的兴趣、道德的兴趣，并形成"致密的观念"和"助长完全知识"，运用科学的研究法、哲学的研究法、历史的研究法（黄现璠，1932）。再做进一步的提炼，历史教育则要求我们对于"人类"及"人性"的了解，需把历史知识当作"人学"（傅孟真，1935）。①

尽管前辈学者没有出版系统的历史教育价值论专著，但仅是摘录诸多作品中的相关论述，也足以令后辈学人感叹历史教育价值论的丰富性和深刻性。我们再列几条更为具体的范例如下：

（1）一切智识皆有其价值，故学习乃储蓄，一方面为对付当前的要求，一方面也要顾到将来的准备，吾人只能承认教育的性质是有所不同。依米里斯（Millis，W. A.）的分析，有如下的三类：

第一，应用的价值（A. 预备的；B. 职业的；C. 社会的；D. 道德的；E. 卫生的）

第二，文育的价值（A. 情操的；B. 解放的；C. 改造的）

第三，训练的价值（A. 智理的能力；B. 学习的态度；C. 有用的习惯）

历史在上述各方面的价值分量，以米里斯所示如下：

	应用的价值					文育的价值			训练的价值		
	A	B	C	D	E	A	B	C	A	B	C
历史	1	1	3	3	0	3	3	3	1	2	1②

凡研究历史教育的人，类能言之。惟米里斯对历史在训练上的价值，未免低估，使人类学习与社会生活打成一片的话，使重视历史方法传授的话，历史在训练上的价值，可以予以提高。总之，历史在学习的价值上，视乎运用之妙拙而定，亦即是说，不善运用，其价值可以相对地降低，反之，善于运用的话，亦可以作相对的提高。历史的学习，不啻使我人优游于一人类大学校中，变平面的人生为立体的人生，前见古人，后见来者。除狭义的职业的与卫生的价值外，其他以上所称的各种价值，我以为皆可以达到最高价值的地步。③

（2）我们从历史的事实的综合与分析，确认社会是前进的，不是逆退的，既认社会是前进的，我们的人生观，当然亦是肯定的，乐观的，大家欢天喜地的在这只容一趟过的大路上向前迈进，前途有我们的光明，将来有我们的黄金世界。……历史是一种时空的组合，记载国力文化的消长，社会生活的变迁。历史教育的功用，实关于国家民族的兴衰存亡。④

（3）自历史成为一种独立的科学以来，历史教育因之也成为研究问题之一。……

---

① 参见希甫：《历史教授法之研究》，载《教育周报》，1916（114）；黄现璠：《最近三十年中等学校历史教科书之调查》，载《师大月刊》，1932（5）；傅孟真：《闲谈历史教科书》，载《教与学》，第1卷，第4期，1935。

② 原注：0为无价值；1为最低价值；2为中等价值；3为最高价值；1至3指视将来的教育如何而定。

③ 参见李絜非：《中学生与历史的教育作用》，载《教育通讯》，第5卷，第2期，1948。

④ 参见丁夫：《历史教育的建设》，载《教育建设》，第1卷，第6期，1941。

我国教育的目标是着重在复兴民族这一点上，欲达到民族复兴的目的，则国民的教育素养最重要者，非使之明了先民过去奋斗的往迹不可。那么历史教育在现时的我国自然成为极重要的课程之一了。①

（4）所谓实质上的目的是想使受教育的客体者获得历史的智识，俾其实际生活上无所缺失。其所谓知识，并不是单研究过去的事实或纪录的东西，而是活人类的学问。……所谓形式上的目的，是想使受教育的客体者在学习历史时，于不知不觉之间，养成其爱国家爱民族的意识，兼谋其道德的判断锐敏。②

（5）中国历史上的教学，是注重教的方面，而忽略学的方面。换句话说，是不知教学生如何学。无指导的学习，是散漫、是浪费，是容易走入歧途。……什么是科学的方法。以假设求得一比较真确的证验；以证验求得一个真理；举出一真正的原因，以推究其结果；以归纳法分析出其个体个性，以综合法提出其全体性，以表现事理之原理法则。……新历史观：第一，将中国历史上为国民族之保障，及为国民之死难者，详述其伟大的历史，以激起学生之救国精神。第二，将中国历史过去文化之优点揭发之，不抹煞过去中国文化优良者。第三，从历史进化法则，提起学生之进化观念，将中国不良和不适于现代的文化，加以扫除，同时养成和训练学生创造新文化的历史任务。第四，从本国历史的教导和研究中，培育学生民族之自信与自尊性。第五，将中国历史上之繁荣时代，为之详述，养成学生为时代前进的勇气。③

以上内容皆可视为历史教育价值论初期的杰作，其对后世的重要作用如下：①确定了历史教育价值论的哲学意义和基本问题；②区分了历史研究（学术的）和历史教育研究（应用的）；③指出不同层次的历史教育研究，并划分了历史教育功能；④要求历史教育价值论，当"应适时势之重要，必以时代为前提"；⑤确认历史教育应以普通的、进步的、鲜活的人类史为其价值追求；⑥学校历史教育以养成新的公民和人格为目的。

2003年，齐健、赵亚夫主编的《历史教育价值论》又续写了如此的价值论，还结合课程改革突出了新的时代特色。主要体现在以下四个方面：①彰显了历史学科的人文性，强调历史教育必须围绕人来展开，包括历史内容中的人、作为学习者的人和未来社会的人，即无人便无历史教育；②以公民教育定位历史教育，由人文教育体现历史教育的本质，即历史教育中的人的目标化；③基于终身教育理念，提倡回归义务教育、基础教育的本义，即追求历史教育的终极价值；④以个性教育和创新教育为突破点，鼓励独立思考和批判性思考，即把人的发展目标具体化。以今天的眼光看，这些课题仍需要我们做进一步的研究，比如从培养公民基本的政治和社会信念出发，深入探讨历史教育对个人的相关影响，以及个人心理在形成信念方面的

①　参见吴绳海：《历史教育的本质》，载《教与学》，第1卷，第4期，1935。
②　参见马宗荣：《社会教育上的历史教授》，载《教与学》，第1卷，第4期，1935。
③　参见陈安仁：《历史教学法的理论》，载《现代史学》，第4卷，第3期，1941。

作用；需要研究如何在承认和尊重学生实际存在的差异——价值认知差异——的基础上，进行更为有效的认同教育和价值观教育。要知道，个人的社会境况不同，对于事物（事实）的认知与感受也不同，进而会形成不同的价值观和信念基础。仅靠灌输主流价值观的办法教育青少年，效果是有限的、暂时的。学生面对错综复杂的社会、特别是要融入社会达成自我实现，如果完全没有深层次的价值认知和实践（如唯物史观），并由此转化为个体所采取的自觉、理性和负责任的社会行为，不仅个性与共性、事实与价值、普遍与特殊容易形成对立，而且仍会严重削弱乃至肢解历史教育的功能和价值。即便其能够"摅怀旧之蓄念，发思古之幽情"①，但于现代人的发展少有意义。毕竟历史教育说到底是指导学生们往前走，不能总是往后看，或不要使自己的观念定格在过去，更不要嗜古而做了历史的奴仆②。

全部人类历史的第一个前提无疑是有生命的个人的存在。因此，第一个需要确认的事实就是这些个人的肉体组织以及由此产生的个人对其他自然的关系。……任何历史记载都应当从这些自然基础以及它们在历史进程中由于人们的活动而发生的变更出发。

在思辨终止的地方，在现实生活面前，正是描述人们实践活动和实际发展过程的真正的实证科学开始的地方。③

（二）历史教育价值论的实践基础

历史教育以应用历史知识为目的，包括政治与社会、精神与道德、休闲与学养等多个方面。确切地说，它是基于历史学知识（内容）、以养成政治、社会、人生智识为目的，并应用跨学科知识和方法进行的历史教育。其主旨是通过历史理解和解释，帮助学生形成有价值（或意义）的历史认知和认识。

1. 历史教育价值论与主干知识

依照传统观点，中学历史教学的主干知识是政治史。今天，在大多数情况下依然如此。不过，如果细究其内容，我们就会发现作为教学内容的政治史，也是不断改进的。早期的政治史，主要以典章制度为骨干，辅以军事、外交内容。"新史学"兴起后，政治史已糅入了经济、社会等元素，发展成了试图反映具有"整体历史面貌"的政治史。概言之，在 20 世纪前半期，既有梁启超（《中国历史研究法补编》）、何炳松（《历史教授法》《通史新义》）等人对旧史学的改造，也有李大钊（《史学要论》）、范文澜（《中国通史简编》《中国近代史》）、翦伯赞（《中国史纲要》《历史哲学教程》）等马克思主义学者的创新。因此，新史学的政治史与旧史学的政治史有着显著区别。

---

① 摅，音抒。《广雅》曰：摅，舒也。（东汉）班孟坚：《西都赋》，见（梁）萧统编：《文选》（上册）卷一，3 页，长沙，岳麓书社，2002。

② 在消费社会这是很普遍的现象，包括娱乐历史在内。如果只接受被消遣的"历史故事"而不做思考，就不仅是学生被人骗、被书本骗，历史本身也会成为骗局。无论是正经八百的听说历史，还是戏说穿越时空，本质都是一样的。

③ 《马克思恩格斯选集》第 1 卷，146～147、153 页，北京，人民出版社，2012。

20世纪后半期，以唯物史观为指导的主干知识，一方面以政治制度史为特色，另一方面也强调经济基础的决定作用。

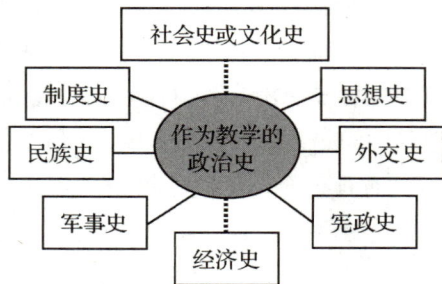

图 2-1　政治史的基本内容构成　　　　图 2-2　政治史教学的构成①

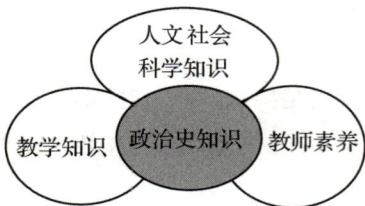

　　针对公民素养的政治史，显然不是朝代更迭的流水账，或仅仅讲授国家的政治历程，而是以政治史为主线整体地处理政治与经济、文化、社会生活的关系。历史教学指的是教师帮助学生认知政治制度及其文化背后的诸种现象和关系，以便其理解延续与变迁所产生的实际影响和意义，本质上是形成对政治制度的认识与再认识。因此，要使主干知识转化为政治认同——历史教育的主要目的之一，简单的方式是使历史理解和解释完全依赖于教科书知识。而更为有效的方式是，教师基于教科书的主干知识扩展相关的知识域，并与教学知识以及教师素养②整合后，使其成为具有明确价值取向的知识（如反思性知识），即在教学过程中得以应用的政治史知识。显然，前者无须教师动脑动手找材料，后者则要求教师具备相当程度的学科教育思想；前者常常从灌输的角度来理解价值，后者恰恰视灌输为解放思想的大敌。如今，即便是以政治史作为主干知识，历史教育也越来越强调在史事选择和叙事方面，更多地考虑将学生的兴趣和接受能力与史事本身的思辨和分析张力结合起来。所以，历史教育在重构政治史内容时，尽可能减少艰深的、过时的、与现代政治文明少有关系的内容，而使宪政、法治、监察、人权等制度的发展线索清晰化。据此，不仅历史教育成为了最现实的认同教育，而且也较大程度地改变了文化史、社会史在历史教育中的地位。

　　把政治史知识确定为学校历史教育的主干知识，既是传统也是现实。主要因为：①学校历史教育在本质上是国家的一种政治行为，每个国家都要求公民必须了解国家的发展历程，并形成应有的历史认同和对国家的忠诚；②公民究竟必备怎样的历史学科素养，在政府制定的历史课程标准中有着明确的规定，而且其课程内容也是以政治史为主干的；③人的素质体现在政治、文化、道德等多个方面，政治史知识

————————————

　　①　这两幅图反映一般的政治史教学情况。图 2-1 的经济史、社会史或文化史标有粗线，以示它们可以独立设课，在政治史中常作为背景知识；另，宪政史或法治史在我国历史教育中较弱，但在发达国家的政治史或通史教学中是重要的组成部分。图 2-2 中人文社会科学知识、教学知识、教师素养是政治史教学的基础。

　　②　在这里，仅以主干知识描述教师的教学行为，所以"教师素养"特指教师所掌握和理解的政治史知识。

能够集中体现这诸多方面的基本内容和要求，反映人的活动的基本目的和行为类型，大到国家竞争力，小到个人修为；④政治史内容易于整合历时性和共时性元素，调和静态的和动态的历史现象，使其成为学生认识人类的活动史的基本途径；⑤政治事件包含丰富且复杂的历史分析要素，如记忆、叙事、理解、阐释等，同时，它所呈现的历史术语，如权力、变迁、时间等，能够让历史与现实、过去人的经历与学生的经验加以沟通，进而有利于教师展开较有深度的历史教学活动①。像图 2-3 显示的那样，主干知识不排斥其他知识，而且恰恰因为其他知识的作用，教师在教学活动中才能更好地理解和运用主干知识。

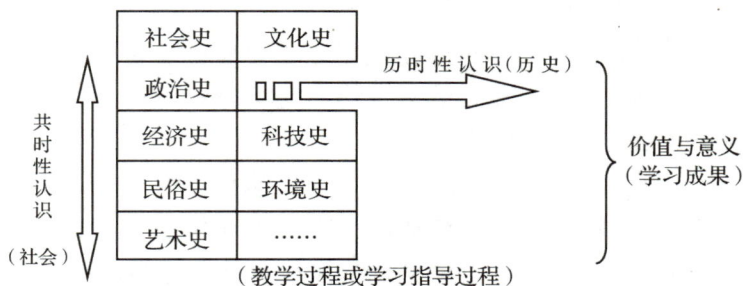

图 2-3　当代历史教学的内容构成②

应注意的是，把政治史作为主干知识的主要是必修课程和单一课程，选修课程和综合课程可以有各种主干知识，如经济史、文化史、社会史、民俗史等。即便是必修课程，其主干知识也会由（传统的）较为单纯的政治史变为（现代的）更为综合的文明史。总之，主干知识的性质与内涵、形式与内容，不是一成不变的。哪些是主干知识，哪些不是主干知识，并非要遵循一定之规。历史教育包罗万象，其主干知识需要满足三个条件：一是能够综合地考察（历史）时间，用历史方法研究过去的现象；二是便于整合所占有的材料，用实证和分析的方法阐释问题；三是充分体现学习主体（学生）的发展需要，采用适宜学生探究的方法释放历史意义。

需要强调的是，如果教师垄断了对"事实"的解读权，或许更容易达到让学生接受"事实"的效果。然而，一旦教师向学生开放事实（指材料和方法），那么学生对历史的认识就不再局限于"接受"了，一定附加追问和探寻。简言之，越是封闭的环境，价值论越单一、脆弱。在这种情况下，主干知识基本上没有思维的挑战性。在完全开放的环境中，何谓价值、价值观、价值论则是首要问题。当然，主干知识也直接反映着学科价值、价值观、价值论的性质；课程论、教学论、教材论所呈现的主干知识，也会体现出不同的价值取向。

———————————

① 还有一点值得关注，即该类知识适于构成以人物为中心的教学内容，常被视为史学的优良传统。

② 显然，这是非中心化的"政治史教学"。目前条件下，仍可以采用政治史教学的思路，但以主题构建教学内容的话，其他所有内容都可以成为主题轴。

政治乃是：（一）人类在其众多不同的疆域、团体与阶级中一切共同事务之有组织的管理——凭籍若干强制力量，依照若干流行规则；及（二）因此而起或与此关联的种种基要的、必需的与复杂的活动。……政治之因素有五：政治现象、政治制度、政治观念、政治人物及政治势力。[①]

人的素质是指构成人的各种基本要素的内在规定性，即人的各种属性、特性在现实的人的身上的具体实现（包括它们所达到的质量和水平），这是人从事各种活动的主体条件。这样定义素质，素可解释为素养，质可解释为品质。……虽然人的素质有先天的自然生理条件作为物质基础，但主要是后天在社会生活中通过学习和实践而养成的为人的品质。因此，专家们认为，"素质"一词，拉丁语宜与"qualitas"相对，为属性、性质之意；英语则以"quality"一词最为贴近，不仅有一般的质量的涵义，而且有品质、素养[②]的涵义。[③]

2. 历史教育价值论要解决复杂问题

即便我们处理好历史教育的主干知识，也不能确保历史教育价值万无一失。一方面，政治的活动（经济的和文化的活动也如此）非国家所独有，在当今时代，它既涉及更广泛的领域，也呈现出多维的、交叉的形态。另一方面，现实存在的种种关系亦比理论能够清楚地陈述复杂的事实。在中学阶段，无论教师采用何种内容构建方式处理课程、教材和教学，或是运用何种理论和方法从事历史教育，其前提都是要学生能够理解和应用。因此，我们赋予学习结果的价值——作为有目的、有计划的教育活动——越周密，就越需要我们充分地研究知识（尤其是综合性知识）可能带来的效益及影响，以及它自身具有的局限性。也可以说，学生拥有的对知识的发现权、参与权和质疑权，与教育价值的真实性、有用性成正比关系。历史教育实践越真实，历史教育价值论也就越丰富和深刻。

与历史学研究面对的事实不同，历史教育既要尊重历史事实，也要想方设法让学生认知和阐释历史事实，即教师必须应对怎样获得事实和如何传授事实的问题。一般而言，历史研究通过文本——尽可能借助原始材料——与过去的人对话，历史教育能面对现实中的人（学生）能理解的过去进行有限的或有条件的对话，其对话媒介——给定的内容——通常情况下不触及原始材料[④]。理论上说，原始资料是认知途径的文本，研究者理解它时或许应尽可能少些评判，以回避认知主体对客观事实产生偏见。但是，只要理解是有目的性的或在理解中为了特定的目的性构建了被理

---

① 参见浦薛凤：《西洋近代政治思潮》，2～3 页，北京，北京大学出版社，2007。
② 素质一词出现在中文似乎是作为心理学和医学的概念，对照英文，心理学是 constitution，医学是 diathesis。20 世纪 80 年代以来，素质一词约定俗成为"人的素质"，包含"素养"。而素养、技能则常用 accomplishment 一词。参见陈志尚主编：《人学理论与历史》之《人学原理卷》，387 页。
③ 陈志尚主编：《人学理论与历史》之《人学原理卷》，387～388 页。
④ 为了达到预期的教学效果，教师可能使用原始材料，但这些材料是定向、定性的，往往不带有实证性、创生性。现在主张历史教师像历史学家一样思考，某种程度地拓展了史料范围和使用方法。但是否能够成为主流，仍有许多问题没有解决。

解的因果关系，那么被理解的对象——文本或文本中的人，就不可能不存在价值判断。更何况中学历史有其确定的文本及其解读标准，它要求学生理解"众所周知"的意图，而这些意图与其说是事实性的，不如说是教育性的，否则就难以判断什么才是"正确的"[①]。于是，我们在实施正确的教育时，除了需要处理好事实与观点的关系，还要充分考虑由学生的社会生活经验带来的观念纠葛或价值冲突，它们或许表现为学习困难、或许表现为不关心学习内容等表层现象，但根源或许就是对历史教育价值的无知和漠视。其实，只有当历史教育与人的健全思想或意识联系起来以后，才是有价值、有意义的。也只有当历史教育关注人的精神解放而产生价值和意义以后，历史教育价值论才能解决事实与观点、群体意志与个人意志、理性与感知等根本性的价值分离问题。像如何应用有价值的历史知识、如何界定情感、态度与价值观这类问题，同样是复杂性问题。

总之，历史教育价值论的复杂问题来源于实践，也与文本的性质、样式、内容、难易程度，以及学生的经验直接相关，诸如科学与教化、理性与情感、客观与主观、历史与现实、事实与观点、理解与解释、内容与形式、实用与功利、静态与动态、建构与接受、批判与继承、通俗与传播，还有自由与意志、权力与权威、国家与个人、民族与种族等。以往的做法比较简单，我们将它们一并划到辩证统一关系的范畴加以说明即可。这种浅尝辄止的书面答案，既不针对事实（如史料），也无须做具体分析（如实证），因此对于解决真问题于事无补。

上述这些问题中的每一对关系，既是实践问题，也是理论问题。解决这些问题，既是实现有效教学的过程，也是建构历史教育价值论的过程。这些问题具有较强的相关性，需要更为整体的研究，就像研究思想史不能只关注思想史一样，研究价值论也不能只看到部分的价值或价值观。引申说，历史教育实践具有整体性，历史教育价值论亦当用整体视野解决整体且复杂的问题。

3. 历史教育价值论的学科功能

历史教育价值论关乎公民教育和人格教育两个方面，皆以人为中心，或者说是有关"做人"的历史教育论。概括地说，公民教育侧重于学生全体，国家利用历史教育塑造公民应有的政治觉悟和文化素养。这是整体的、通识的乃至义务性的要求，如历史课程标准所言，"培育具有社会主义核心价值的公民，是时代发展和社会进步的需求，也是青少年自身成长和全面发展的需要。""历史学是人类文化的重要组成部分，在传承人类文明的共同遗产、提高公民文化素质等方面起着不可替代的重要作用。"人格教育侧重于学生个体，更强调基于学科特色获得基本的个人修为，它还是公民教育的基石，如"初步学会从历史的角度观察和思考社会与人生，从历史中汲取智慧，逐步树立正确的世界观、人生观和价值观，提高综合素质，得到全面发展"；

---

① 参见［芬］冯·赖特：《解释与理解》，张留华译，65～102 页，杭州，浙江大学出版社，2016。

"拓宽历史视野，发展历史思维，提高历史学科核心素养"等。[1] 如果我们把历史教育看成"身体"，公民教育与人格教育就是赋予其生命并能够使其行动的系统，材料与方法则是这个系统中的组织环节，是其存在和思维的方式。道理很简单，剔除了学历史的人（学生），学校历史教育即无对象，任何形式的文本也不能作为群体教育的资料而存在。所以，价值论服务于历史教育应然的部分，公民教育与人格教育正是体现了应然的结构。[2]

确认公民教育和人格教育的理念和构成，并非无端地架空历史学或使历史教育伦理化，而恰恰是为了发挥历史学已有的智识和育人功能。也就是说，历史教育要成为一个独立的实践体系，需要符合如下条件。①历史教育要以历史常识揭示普遍的道理，即便是了解"历史发展规律"，也不需要过于深奥的、艰涩的专业知识。事实证明，运用常识解决问题，比不断地积累新知识要难；发现或质疑常识，比一味地追求新概念、新事物要难。因为后者可以罔顾常识，或灌输或虚妄。如今，公民在历史认知上的错误，几乎都属于常识性错误。②公民教育和人格教育的立脚点要求历史教育精选历史知识，并严格限制历史知识的范围[3]，如公民教育要求历史教育反映人类共同价值观的根源，让人们在历史教育中理解人类的文明史，抑或是从历史教育中得知权利与义务、公正与法治、自由与平等的真意义。人格教育的核心是养成善良的人性，它涉及诸种人格类型且由人格取向呈现各种思想、意识、价值观和行为，如爱国、正义、友善的情感和态度等[4]。③历史学是有关过去（人的活动）的研究，因此上述公民的、人格的学习内容与视角，也必须基于对历史事实（主体是人）的考察。与旧的历史教育不同，现代历史教育强调需求、选择和阐释的角度，排斥以固定的学科"知识系统性"为借口灌输陈腐知识的做法，特别是在观念上，更强调学习那些基础的、人类共通的知识、文化、技能、思维方式和价值观。④为了符合上述条件，历史教育要求教育内容必须是通俗易懂的、有趣的、基于思考的，课程、教材、教学都应该如此。如果教学环境和条件不足以达到基本目标，那就宁可降低知识要求，也要寻求尽可能与上述条件相符的学习指导。甚至说，学校历史教育若无思想启迪的作用，它对于国家和公民而言就都没有价值。

---

[1] 中华人民共和国教育部制定：《义务教育历史课程标准（2011年版）》，1页，北京，北京师范大学出版社，2012；中华人民共和国教育部制定：《普通高中历史课程标准（2017年版）》，1页，北京，人民教育出版社，2018。

[2] 我国学者在20世纪40年代已经指出，以教材为中心的旧教法，能够用历史学科的学问性抵挡历史学科的价值性。其中，一个重要原因是历史教学没有心理学和教学法的支持。以学生为中心的新教法，则以人本主义为指导，既给学生知识，也给学生技能和态度，并借以生成实用的历史教育价值。

[3] 并非机械地限定知识范围，如只能教什么。我们反对的是对滥用历史知识，如详说古代官职，形成官本位意识等。国外流行的主题构建方式，已较大程度地遏制了历史知识的"泛化"现象，如加拿大的相关课程标准。参见赵亚夫、张汉林主编：《国外历史课程标准评介》（上卷），599～608页。

[4] 参见[瑞士]荣格：《心理类型》第十章"类型总论"、第十一章"定义"，上海，上海三联书店，2013；[美]爱德华·桑代克：《教育心理学简编》第一章"人类的本性"，北京，人民大学出版社，2015。我国传统思想宝库讲的是"良知"。参见（明）王阳明：《传习录》，见《王阳明全集》第一集，上海，上海古籍出版社，2011。

其实，人们若能够解释"一般人学历史有什么用"的问题，就容易理解中学该教什么样的历史和怎样教历史了。这也是非常实在的历史价值论问题。把理论做深做透，是为了让实践尽可能地灵活、实用、具有学的价值和意义，这也是中学历史教育价值论追求的目标。在如此的价值论指导下，教育与教学、教师与学生、叙事与实证、理解与解释、分析与思考、过程与意义等学科教育问题，才有可能迎刃而解。

所谓予以新价值，就是把过去的事实，从新的估价。价值有两种：有一时的价值，过时而价顿减；有永久的价值，时间愈久，价值愈见加增。研究历史的人，两种都得注意，不可有所忽视。

新意义与新价值之解释既明，兹再进而研究供吾人活动之资鉴。所谓活动，亦有二种解释，即社会活动方面与个人活动方面。[①]

凡是一种学问，或是一种知识，必于人生有用，才是真的学问，真的知识；否则不能说他是学问，或是知识。……现代史学的研究，及于人生态度的影响很大。……史学的研究，即所以扩大他们对于过去的同情，促进他们的合理的生活的。……从前史学未发达的时代，人们只是在过去的纪录里去找历史，以为历史只是过去的事迹。现代的史学告诉我们以有生命的历史不是这些过去的纪录。[②]

人格，其基本含义是指做人的资格(人格还有一层含义，是指为人的品格，这是关于人的道德价值。这里暂不涉及)。它具体体现为人所具有的基本权利、地位和尊严。人格价值是指人作为人类的一员所特有的、不可剥夺和丧失的权利、地位和尊严。[③]

二、构成历史教育价值论的要素

历史教育价值论服务于有生命力的历史教育；有生命力的历史教育，服务于人生。面对如此大的命题，历史价值教育论的格局若是太小，则容易使教育的对象扭曲、任务不得完成，比如只针对教材研究教法、只针对考试研究教学，或是再扩展一些，只针对历史学研究教学内容。以何种价值论满足何种历史教育或教学，要看其要素的定位和组织。本教材择其要者，大致勾勒一个轮廓。

(一)历史知识

英文 science(科学)一词，源于拉丁文 scientia(知识)。在传统上，"知识"大致与"科学"相仿。或者说，知识的一个极为重要的意涵是科学。西方人声称"尊重知识是人最突出的特征之一"[④]，犹如热衷科学亦热爱知识。历史无疑是知识，但这种知识似乎

---

① 参见梁启超：《饮冰室合集》专集之九十九《中国历史研究法(补编)》，见《饮冰室合集》第 12 册，9、10 页，北京，中华书局，2011。

② 参见李守常：《史学要论》，144～146 页。

③ 陈志尚主编：《人学理论与历史》之《人学原理卷》，422 页。

④ [英]伊·拉卡托斯：《科学研究纲领方法论》，兰征译，1 页，上海，上海译文出版社，1986。另，值得注意的是，我国古代的"格物致知"不能和西方人研究的"知识"画等号。

天生与科学就有某些隔膜。在中学历史教学界，知识更多地代表"知道"或"学问"①。

1. 历史知识不等于陈述性知识

我们可将以往关于历史知识的认识，归纳为两种：知识即学习内容（知道），或是等于课本知识；知识即前人的经验（学问），或是等于从历史书中接受前人的研究成果。前者可谓"教书匠"理解的知识，其教学行为是照本宣科；后者可谓"专家型教师"理解的知识，其教学行为是在课堂上应用较多材料。他们共同的特征，则是用讲授法陈述"历史事实"。在本质上，这两种认识是一样的。它们反映在观念上：①前人的经验是可信的，无须确证；②权威或专家的研究成果，即我所确认的历史，教学不过是用权威材料证明权威观点的过程；③学生对历史知识过于陌生，除了讲授，没有其他更好的方法让他们知道或明白历史的"真相"；④知识即记忆，其本质是接受乃至暂时性接纳，就像米沃什（Miłosz）揭示的那样，这是一种"装懂"的知识，由于"装懂是一种重要的社会礼仪"，所以"装懂"也可成为普遍合理的现象，如为了考试所准备的知识，则"是假装有知识的技巧，而不是知识本身，得到了回报"的表现；② ⑤历史即故事，因此要以讲故事的方式讲历史。

如果按照世界经济合作与发展组织（OECD）对知识的定义和分类③，历史教学的知识观还停留在"知道是什么"（A 有关事实的知识）的层面。从文本角度看，如教学大纲或课程标准，似乎包含"知道为什么"（B 有关原理或规律的知识）和"知道怎样做"（C 有关做事的能力和技术的知识）两个部分，但若深究实际教学，则难以看到具体成果。至于"知道谁的知识"（D 谁拥有知识的能力）这一层次，应该说，至今没有进入历史教学的视野。如果再把福柯（Foucault，M.）的和韦伯（Weber，M.）的知识论也考虑进来④，历史教育价值论就不能不对历史知识进行重新定义、分类和整合了，起码应确立基本的知识类型，以便历史教育价值得以发挥更大的指导作用。譬如历史即故事，以"讲故事的方式讲历史"与"知道谁的知识"之间是什么关系？以及"讲故事"究竟在多大程度上满足了"权力者对学习者的思想控制"呢？

---

① 相关问题与理解，参见赵亚夫：《历史教学目标刍议一：怎样理解知识目标》，载《历史教学》，2007(5)。

② 参见[美]米沃什：《米沃什词典：一部 20 世纪的回忆录》，西川、北塔译，228 页，桂林，广西师范大学出版社，2014。

③ 参见经济合作与发展组织（OECD）编：《以知识为基础的经济》，杨宏进、薛澜译，北京，机械工业出版社，1997。另，事实性知识（A）即陈述性知识。

④ 福柯认为，"知识是在详述的话语实践中可以谈论的东西"（知识具有争议性）；知识作为一个空间，使主体占有一席之地，"以便谈论它在自己的话语中所涉及的对象"（知识有自己的领域）；知识"还是一个陈述的并列和从属的范围，概念在这个范围中产生、消失、被使用和转换"（知识是流动和变换着的）；"有一些知识是独立于科学的，但是，不具有确定的话语实践的知识是不存在的，而每一个话语实践都可以由它所形成的知识来确定"（知识由话语成分表现）。参见[法]米歇尔·福柯：《知识考古学》，谢强、马月译，203～204 页，北京，生活·读书·新知三联书店，2003。韦伯把社会科学的对象当成文化事件，而所有文化事件都包含着价值和意义两种基本要素。他认为，专业的历史学家力图建立专业意义上的"历史学"的独特性质的方式，有助于增强如下的偏见："历史学"的研究是某种与"科学"工作有质的差异的工作，因为"概念"和"规则"与"历史""无关"。参见[德]马克斯·韦伯：《社会科学方法论》，韩水法、莫茜译，5、63 页，北京，中央编译出版社，1999。请思考：这些观点与传统知识观点的主要冲突在哪里？

历史从哪里开始，思想进程也应当从哪里开始，而思想进程的进一步发展不过是历史过程在抽象的、理论上前后一贯的形式上的反映；这种反映是经过修正的，然而是按照现实的历史过程本身的规律修正的，这时，每一个要素可以在它完全成熟而具有典型性的发展点上加以考察。①

关于客体，视野不是历史的，就是理性的。前者比后者广阔得多，历史的视野甚至无限大，因为我们的历史知识是没有界限的。②

2. 历史知识不再是接受性知识

还有一个问题值得特别注意，即在现实中历史教育所表现出来的政治作用和消遣（或娱乐的、消费的）功能，往往不是历史价值论所限定或指向的政治功能。如果说，为了兴趣、好玩或愉悦精神消费历史知识是无可厚非的，那么当历史进入公众视野、特别是面对青少年学生进行历史教育时，"可接受性"便不是唯一的铁律。消费历史知识则更需要设定底线。

我们说，学校历史教育之所以是正规教育，是因为其政治性、消遣性必须要受制于学科的人文性。抑或是历史教育的工具性和娱乐性被张大的话，其学科的政治的和社会的敏感度也同时被提高。引申说，当历史知识的人文性被完全侵蚀而人们对此却无动于衷的时候，别说历史教育是否还存在，就连历史科学也会被彻底地丢弃。所以，历史知识若被过度政治化、娱乐化，它不仅不能成为可接受的知识，还会成为人们时刻警觉或排斥的知识。问题是，如果在日常教学中，教师以讲演的、调侃的或戏说的方式讲授历史知识，特别是以"兴趣是最好的老师"为借口任意解读历史，包括在其中夹杂时髦的爱国主义、陈旧的历史观点和低俗的小农意识等情况下，人们是否看得到它的危险性，如纳粹控制下的德国和盛行军国主义时期的日本。

还有一种普遍的现象，更容易被忽略，就是教师用自以为是的方式理直气壮地代替学生的历史思考。他们或许不考虑历史的政治功能，更不屑娱乐化的做课，而仅仅是以权威的架势做自己的历史解释。他们的课堂，甚至给人肃然起敬的感觉。殊不知，这种认真同样在默默地消解历史知识的反思功能。为什么我们在处理历史知识时，总是习惯地运用讲授而缺乏其他办法（如对话、辩论、体悟）呢？为什么我们想了那么多教学方法（如情境、小组学习），却总是缺少基于历史思考的探究和分析呢？说到底，是因为我们没有赋予历史知识反思的张力啊！没有反思张力的历史知识不会让教学方法具有真的活力。其中即便有某些历史思维因素，也不能使历史知识转换为有用的历史认识。

未来教育中的历史知识，一是基于材料认知历史，教科书不过是学生入门的学习材料而已，不能也不应该具有绝对地位；二是教师应视历史知识为一种认识或思

---

① 《马克思恩格斯选集》第 2 卷，14 页，北京，人民出版社，2012。
② ［德］康德：《逻辑学讲义》，许景行译，40 页，北京，商务印书馆，2014。

维的知识类型，它不是传授真理的讲义，只是认识和分析事实的素材（含方法）；三是历史知识若是养成学科核心素养的基础，那么它必须具有反思的性质①。

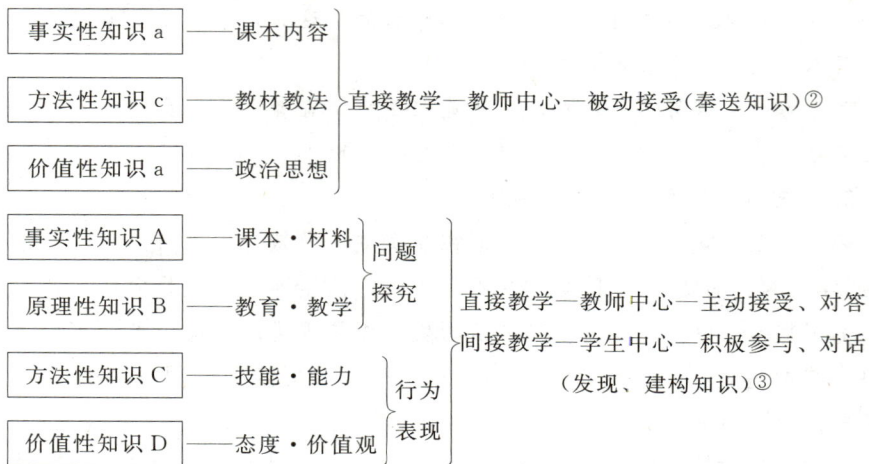

图 2-4　旧历史知识类型与新历史知识类型比较

（二）历史思维

历史思维是历史知识的灵魂，没有历史思维的话，历史知识 A，难以成为"活知识"；历史知识 B，派不上用场；历史知识 C，只能支撑死知识；历史知识 D，当然也算不上是有用的。在今天，历史教育地位有所提高，最重要的原因还是历史思维具有不可替代的作用，它有助于培养学生的人文意识和人文情怀，有助于学生用新的人文精神和智慧，迎接经济全球化以及科学技术空前变革带来的挑战。

1. 历史思维是一种特殊的思维方式

学科核心素养必须承载历史思维，即历史教育通过怎样的历史思维活动，使青少年学生能够应对来自全球不同文明的碰撞与交融，如何应用历史知识和技能，更好地理解本国的传统和文化，同时形成尊重他国、他民族的传统和文化的态度。发达国家的改革经验主要强调三点：一是能够维护民主社会持续发展的素质与能力；二是能够适应和有助于社会进步的素质与能力；三是能够在后现代社会、数字化（或信息化）社会生存和发展的素质和能力。

---

① 因此，历史知识理应具有一定的理性品质，包括对通俗的叙事与庸俗的戏说、规范的术语与信口胡诌、科学的论证与无聊的调侃进行严格的区分，让真实拒绝玩笑，反思才能开始。

② 说明：a、c、a 三个符号表示不能与文中的 A、C、A 完全对应，即其内涵不完整；把价值性知识标为 a，指其仅凸显了 a 的思想性。

③ 说明：笔者在《历史教学目标刍议一：怎样理解知识目标》一文中，所提及的陈述性知识与这里的事实性知识相同、规范性知识与原理性知识相同；A、B、C、D 表示与文中的知识类型无异；季苹著《教什么知识》（教育科学出版社，2009 年）第三部分"作为后台的四个维度的事实性知识、概念性知识、方法性知识和价值性知识"，可作为参考，本教材因篇幅问题，不再对知识的维度和内涵多加论述。另，参照本教材第五章有关客观知识和个人知识的内容。

譬如，美国在 20 世纪 90 年代颁布的《美国国家历史课程标准》中，将历史思维概括为五个方面：时序思维（chronological thinking）①能力；历史理解（historical comprehension）能力；历史分析与解释（historical analysis and interpretation）能力；历史研究能力（historical research capabilities）；历史问题的分析与决策（historical issues-analysis and decision-making）②能力。日本的提法是：历史思考力，即我们所说的历史思维能力。它包括历史的（过去的事·文本及其语义转换）、社会的（以历史为中心的社会现象·对历史人物和问题的确证）、科学的（实证的、合理的、体系的方法论·史料阅读、分析与批判）三方面的基础，或者是有三个认知层面。其作为一种特殊的思维方式，则由以下的具体能力构成。①阅读能力，即运用科学的方法，从史料中提取信息的能力。②解释能力，即探究各种历史现象的变迁及因果关系，并进行有逻辑、有意义的论证的能力。③说明能力，即多角度、多方面地进行探究，构建多重解释，并进行有理有据的分析的能力。④表现及发现能力，即对各种历史事实、现象的价值和意义加以综合表现，并发现新问题的能力③。其作为教学行为，或可表述为：①知道什么以及如何能够知道（充分理解殊相的历史）；②如何能够应用已知道的知识和技能（应用历史的判断能力、思考能力和表现能力）；③如何将所知道的知识和技能与当下的社会和世界进行关联，进而追求更好的人生（围绕人性开发历史学习的价值）。

2. 历史教育培养历史思维能力

显然，在历史教育学中，我们要把历史思维作为"历史思维能力"来理解，就是在谁"拥有历史知识""拥有怎样的历史知识"，以及"如何拥有历史知识"方面，开辟多种渠道或多维度的历史教育。抑或说，历史思维的核心要素是能力。培养历史思维，便是养成历史思维能力。这也是对历史认知的把握和实践，不仅要遵循事实（材料）—解释（理解）—认同（总结）的一般认知规律，而且还要尽可能实践理解（事实·问题）—探究（材料·对话）—建构（实证·解释）—表现（评判·认同）的特殊认知规

---

① 或许译为"有关时间的思维"更准确，而时序则是"时间的思维"的基础。

② 详见赵亚夫主编：《国外历史课程标准评介》，50 页，北京，人民教育出版社，2005。另，赵亚夫、张汉林主编：《国外历史课程标准评介》（下卷），22、447 页。可参考该著作中有关"能力类型""综合能力表现"的内容。

③ 原文中每一种能力的开头都是同一句话：過去の社會の事象に關する。直译为"有关过去的社会现象"。笔者把它直译为"历史事实和现象"，一是便于理解，二是简化句式。但是，不应隐没一点，即这里的"历史事实和现象"是就"过去的社会现象"而言的。引申之，日本的历史教学强调对"过去的社会现象"的理解，而非是针对个别的、单一的历史事件。前者是整体性认识，比如须反映时代特征，在教学中，探究历史背景尤为重要；后者或是对个别的、单一的事件的理解，即传统的"故者，过去也""事者，事件也"。前者需要把过去的社会和现在的社会联系起来理解；后者则针对固有的学科知识体系进行理解即可。所以，原文接下来的落脚点使用"意義や意味"的表述。"意義"，即汉语的意义；"意味"，除汉语的意义一种意思外，还有价值和意义、意图、动机等意思，联系上下文，它是强调对"过去的社会现象"的价值和意义的理解。见［日］永松靖典编：《历史的思考力を育てる》，11 页，东京，山川出版社，2017。

律。后者更具有学科性，其思维品质更高①。

人的思维是否具有客观的真理性，这不是一个理论的问题，而是一个实践的问题。人应该在实践中证明自己思维的真理性，即自己思维的现实性和力量，自己思维的此岸性。②

历史唯物主义提供了一种历史的思维逻辑，它展现为思维的历史性，这种历史性是历史唯物主义法人生命与活力所在。具体地说，历史唯物主义所伸张的历史思维逻辑具体体现在三重意义上，其一是条件性、具体性；其二是暂时性、非永恒性；其三是过程性。③

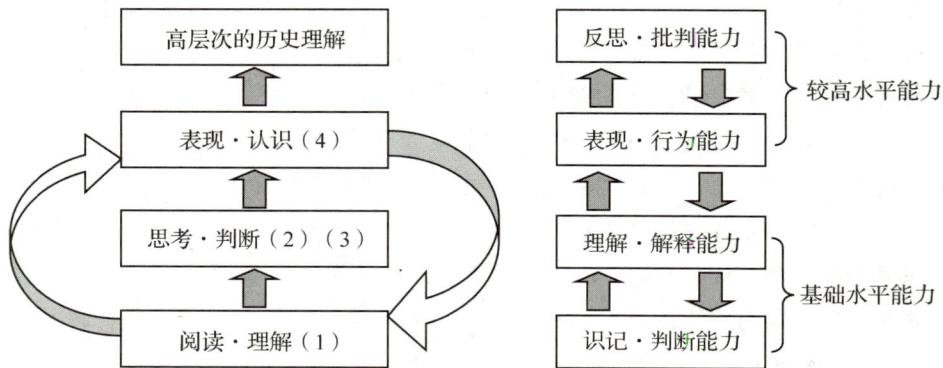

图 2-5　历史思维与历史理解的关系④　　图 2-6　历史思维能力的内在关系⑤

(三)历史意识

"思考自己当下的历史意识，是思考我们正在生活的历史一种方式。""我们是让历史意识的概念回归到一种有关当下的历史，而根据历史意识这个观念，人类，不论其境遇和心境为何，首先是其所生活的时代的行动者。"⑥

---

① 现在的问题是，有关历史思维的研究仍然缺乏扎实且持续的实验和实证积累，这个问题不解决，很多关键的理论和实践问题则无法突破。

② 《马克思恩格斯选集》第 1 卷，134 页。

③ 孙晓喜：《历史的思维》，157 页，北京，中国社会科学出版社，2012。

④ 说明：(1)根据阅读资料产生理解，通过"思考·判断"达成或统合为"表现·认识"；(2)较高水平的"认识"，基于较高水平的"阅读·理解"和"思考·判断"。这种有层次的、反复的乃至交叉性的学习活动，最终达到较高水平的历史理解。因此，历史教学培养历史思维不是只有一个标准、没有层次、非弹性的学习活动，它要求任何地方和任何教师理应能够把历史思维作为教学的核心任务，因地制宜、因势利导地培养学生的历史思维能力。图表参见［日］永松靖典编：《历史的思考力を育てる》，12 页。

⑤ 赵亚夫：《历史教学目标刍议二：怎样理解能力目标》，载《历史教学》，2007(6)。作者在该文中提到判断、理解、反思三种能力。本教材将判断能力的内涵有所缩小，限定在了基础能力的范畴。另增加"表现·行为能力"。但是由于这个系统依然可以循环，即较高水平的能力需要基于基础能力。另外，较高水平的能力同样能够影响基础水平达到更为完善的思维水平。

⑥ ［法］雷蒙·阿隆：《历史意识的维度》(法文版序言)，董子云译，5～6 页，上海，华东师范大学出版社，2017。

关于何谓历史意识，学界莫衷一是。我国学者认为，它是一种广义的历史感，它是宇宙感、历史感与时代感的融合[1]；是关于过去与现在差别的一种社会历史感、心理状态[2]，或将过去、现代以及将来之企望结合在一起的一种心理活动[3]。有学者将其定义为，源于人类对自身行为的目的性与历史性理解[4]；历史意识的作用在于为每个人的人文意向组织起时空坐标系并加以定位[5]。也有学者从思维方面考察，认为它是作为一种潜在的思维结构方式影响和制约着对历史的看法[6]；就是对历史的自觉理解和反思[7]；是人们通过解读复杂的历史现象在思想和观念中逐渐确立起来的内化性思维。[8] 总之，历史意识也是思维方式，是带有反思的"在历史中的意识"。

国外学者的定义，则多集中于思考和方法上，如海德格尔（Heidegger，M.）认为，"作为今日的历史意识的核心也就是作为认知对象的'过去'"。克罗齐（Croce，B.）认为，"是逻辑意识而不是实际意识，事实上是以前为其目标的，一度存在的历史在历史意识中变成了思想，原先表示抗拒的意识与感情方面的对立物在思想中不再占有地位了。"内山俊彦认为，"即对过去的思考，但作为一种历史思维方式，须基于当下反思过去。"吕森（Rüsen. J.）认为，"它把解释过去、感觉当下与期待未来联系起来，从而不仅使年轻一代接受既定的知识，而且还为他们提供身份认同、理解变迁与发现意义的导向。"[9]

概括上述观点，我们可为历史教育中的历史意识做如下断言：①没有历史意识的历史教学，缺失学习价值；②历史教育学中的历史意识，首先是一种当下的自我意识，它的典型特征是批判性（或反思性）；③历史意识与历史思维密切相关，或者说它本身就是历史思维方式；④历史意识是有关过去、现在和未来的整体认识，它既关乎历史观念，也涉及历史方法；⑤学校历史教育面向"有智识的学科"该如何定位，历史教育学为此要从历史意识方面给出解释；⑥历史意识也是文化意识或文化观念，具有广泛的应用价值。

---

① 参见李天道、刘汉培：《杜牧诗中的历史意识》，载《青海民族学院学报》，1989(3)。

② 参见吴来山：《17—19世纪西方的历史意识与社会进步观念的产生》，载《佳木斯大学学报》，2004(3)。

③ 参见杨恒清：《初中历史教学如何培养学生的历史意识》，载《教学管理》，2009(3)。

④ 参见陈彦辉：《春秋辞令历史意识分析》，载《湖南大学学报》，2007(1)。

⑤ 参见陈新：《"公共史学"的理论基础与学科框架》，载《学术月刊》，2012(3)。

⑥ 参见袁辉初、黄正元：《马克思的历史意识与资本主义基本矛盾的新发展》，载《长沙航空职业技术学院学报》，2003(2)。

⑦ 参见史海波：《试论古代埃及人的历史意识》，载《史学集刊》，2005(4)。

⑧ 参见沙勇：《培育历史意识　培养宽容品质——对当前大学历史教育之反思》，载《海南师范大学学报（社会科学版）》，2012(9)。

⑨ 赵亚夫、张汉林：《历史意识及其在教学中的位置——围绕历史教育学的问题与思考》，载《中学历史教学参考》，2015(9)。

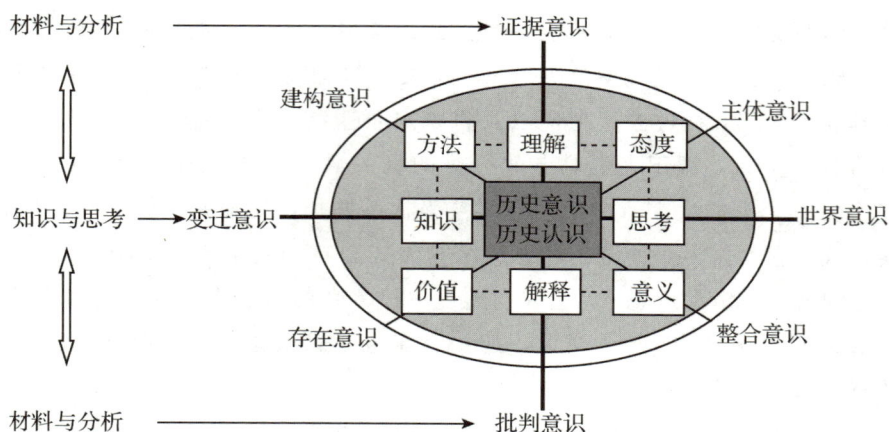

图 2-7　历史意识要素示意图①

（四）其他

历史意识或历史认识的主干，是历史观念和历史方法。分解来说，即历史知识、历史思考、历史理解和历史解释。鉴于学界已有较多关于历史理解与历史解释的讨论，而且本教材的篇幅有严格限制，这里省略对该部分的陈述。此外，历史实证、历史意义以及由此产生的相关的行动能力，也是历史教育价值论的不可或缺的要素，本教材也难以逐一地做具体的说明。如何借助这些要素研究历史教育价值论，从整体研究视野着眼，我们或可注意如下提示。①历史知识、历史思维、历史意识是历史教育学及其价值论最为核心的部分，其他要素当围绕它们对其他要素进行理解和阐释。②历史教育价值论的所有要素，作为概念使用时，都首先是哲学命题或历史理论命题，而不是历史学命题或教育学命题。③历史教育价值论的所有要素之间存在着必然联系。不同学派、学者在界定和使用相关要素或概念时，会有各自的角度和理解。如可以把图 2-7 作为广义的历史理解来处理，也可以根据学习对象限定历史理解的范围②。④我们在应用历史教育价值论的所有要素时，都会遇到两个转义问题：一是由外文翻译为中文后，语境、转译、词库等会导致译文与原文、意译与原意之间的偏误；二是历史教育价值论所使用的概念，会考虑学生的认知水平、实

①　粗线条正十字表示初中学生应养成的历史意识，细线条斜十字表示高中学生在初中基础上进一步拓展的历史意识。当然，各个阶段的历史意识的内涵可以由浅入深、由表及里地展开。在教学中，培养什么水平的历史意识，要根据学生的具体情况、学习环境和条件来确定，不宜做僵化的统一规定。图左侧双箭头的部分是历史意识生发的来源或基础。另外，需要强调的是，历史意识或历史认识的内核是历史思维。

②　如张耕华教授针对中学历史教师的实际情况，从概念和事实两个方面解读"历史理解"。参见张耕华：《释"历史解释"》，载《中学历史教学参考》，2017(17)。邓京力教授则基于历史理论，帮助中学历史教师辨析历史理解和历史解释的重要观点。参见邓京力：《历史理解与历史解释辨析》，载《历史教学》，2016(11)。另，置于历史教育原理的历史理解和解释或许更为复杂，如对本真与记忆、叙事与联想、教育与史实等关系问题的理解与解释，特别是当这类问题通过教科书加以限定和表现时，什么才叫正确的理解和解释。

际教学情境和学科内在的教育规律等因素。为此，历史理解和历史解释不宜相互替代①。⑤上述所有历史教育价值论要素，既是复杂的，也是整体的，它们贯穿于以下各章的主要内容，构成完整的历史教育学。其中，各种要素相互作用孕育了历史教育学的生命力。换句话说，学校历史教育有无价值、有何种价值，依赖这些要素创造出历史教育学。

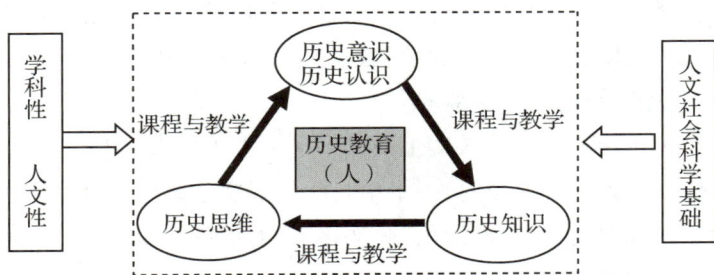

图 2-8　历史教育与课程、教学研究的关系示意图

有关过去的意识，是由历史存在所构成的。只有意识到自己拥有一个过去，他才真正拥有一个过去，因为只有这个意识才带来了对话和选择的可能性。

活着的人重新建构死去之人的生活，便成了历史；而这样做事为了活着的人。因此，历史生发于思想着的、痛苦着的、行动着的人探索过去而发现的现实利益之中。

我们的政治意识是，而且不可能不是一种历史意识。……如果人类停止了探寻，如果人类自己以为已经道出了最终的结论，人类也就丧失了自己的人性。②

第二节　马克思的人学理论及其指导作用

历史教育学理应把人学作为自身教育原理的来源及理论基础。其一，历史教育的认识对象是人的历史，所有充当教育内容的历史，都具有认知人何以为人的作用；其二，历史教育的性质和功能、内容和方法，决定了它要从整体上认识人的存在、人性和人的本质、人的活动和发展的一般规律③，进而使历史教育生成人如何做人的道理。尽管历史教育学不是人学研究，但是脱离了人学的基本命题便缺少了价值的源头。

---

① 如韦伯所说，理解指的是：（1）对一个行为（包括言论）所具有的意向的即时理解。（2）解释性的理解，依据我们能够理解的意向，即理解此时所说或所做的事情的意向关系。抑或是我们获得了我们能够理解的意向联系（动机的理性理解）。引申说，对一门以行为的意向为研究对象的科学来说，"解释"只是表示，根据行为主体主观持有的意向，或对一个可即时性理解的行为所包含的意向联系的把握（关于"解释"的因果含义），即主体"持有"的意向。参见［德］马克斯·韦伯：《社会学的基本概念》，胡景北译，7~8 页，上海，上海人民出版社，2000。

② ［法］雷蒙·阿隆：《历史意识的维度》，4、26、40 页。

③ 有关人学的定义，参照陈志尚主编：《人学理论与历史》之《人学原理卷》，5 页；对人学基本命题的了解，则可参看《人学理论与历史》三卷本。

一、马克思人学理论与历史教育

以理解为中心的历史教育，着眼健全发展的人格和整体的历史认识。为此，它要尽可能避免仅"从客体的或直观的形式去理解，而不是把它们当作感性的人的活动，当作实践去理解，不是从主体方面去理解"①。中学历史教育，不仅要着眼人何以为人、人如何做人的历史经历和经验，而且还要能够运用马克思人学理论澄清其价值，以便达成更为明智的教育目的。但是，它不是一种历史理论。

(一)马克思人学理论的基本观点

马克思人学理论源于西方的人文主义或人本主义传统②。从赵敦华主编的《人学理论与历史》之《西方人学观念史卷》一书中，我们能够系统地知道西方人学的发展脉络和主要观念，诸如"'自然人'的形象""'文化人'的形象""'智慧人'的形象""人的综合形象"，"人性与神性""人的灵魂与肉体""神圣与世俗的生活"，"思考人的生活""张扬个性自由"，"'政治'人的观念""人性科学""人本学"，"自我的凸显""人是理性存在者""人的精神发展"，"价值世界的创造""文明进程的反思"，"行为的人""人的意志力""健康的人格"，"人的存在与自由""存在的终极关怀"，"人的消解"等③，进而能够区别"自然的人"与"社会的人"以及"抽象的人"与"现实的人"等种种概念，并理解唯物史观的精髓。

虽然历史教育不是哲学的教育、科学的教育，也不能说是人学的教育④，可是它如果不能基于人学理论拓展和深化课程、教材和教学，或许就意味着学历史真的"没有什么用处"。人们知道，学校历史教育不同于一般的家庭的、社会的启蒙教育，不同于个人的历史兴趣——"听历史故事"不是人的社会生活的基本需要。中学历史教育也不是历史学教育，它不会只讲历史(习惯上说是事实，其实它首先是史事或事件)而不问教育(有特定教育目的且有较为严格的达成目标的历史教学活动)。更何况，如今把历史解释视为学科本质的历史学，也越来越"有情(感触)有义(意义)"，"史学即史料学"的圭臬已被动摇。

引申说，本来就不存在没有解释的历史学，更没有不做解释的历史教育。如同

---

① 正如马克思批评他从前的一切唯物主义(包括费尔巴哈的唯物主义)的主要缺点一样。参见《马克思恩格斯选集》第 1 卷，133 页，北京，人民出版社，2012。

② 袁贵仁列举了古希腊智者学派普罗泰戈拉的"人是万物的尺度"、苏格拉底的"认识你自己"、伯利克利的"人是第一重要的"等有关人的论点；欧洲文艺复兴时期的人文主义或人道主义者，以及法国启蒙学者的思想，崇尚科学和理性的学说；德国古典哲学家，如康德的"人是什么""我能够知道什么""我一个做什么""我能够希望什么"、黑格尔的人与动物区别在于思想和理性，以及费尔巴哈的"我的'方法'是什么呢？是借助人，把一切超自然的对象归结为自然，又借助自然，把一切超人的东西归结为人"等。参见袁贵仁：《马克思的人学思想》第 2、3 章，北京，北京师范大学出版社，1999。

③ 参见赵敦华主编：《人学理论与历史》之《西方人学观念史卷》，北京，北京出版社，2004。

④ 人学也不等于人的哲学及人的科学。人的哲学是关于人的本质、地位和使命的讨论。人的科学则是在人与自然、社会和精神三种关系中研究个人和人类、特别是个人的存在、行为和发展问题。参见袁贵仁：《马克思的人学思想》，2 页。

历史课程、教材、教学皆需符合课程标准一样，其课程理念、课程目标即历史理解和历史解释的准绳，由不得教师仅以史料还原事件或仅以事件陈述历史。人们判断历史教育是否能够达标，的确不是历史材料、历史事件决定的，而是经由历史教育思想和方法所产生的历史理解和解释决定的。所以，历史教育特别强调传授历史知识应持的认识论和方法论。

学校历史教育必须以唯物史观为指导处理课程、教材和教学内容，这些内容是整体性的人类的活动史，而且不可或缺地、内在地涵盖了马克思主义的人学思想。譬如，马克思对人性、人的本质、人的主体性、人的需要、人的价值、人的自由、人权、民主、平等、公正、人的发展的认识①。亦如施密特（Schmidt, A.）所说，马克思看待人类的活动史，采用的是"建构性"而非"叙述性"的态度和方法。马克思强调把人作为历史的实践主体，指出认识过去和未来依赖于"对现代的正确理解"。②因此，遵循马克思人学理论研究历史教育本身就是一种价值界说。看不到这一点，别说区别唯物史观指导下的历史教育和非唯物史观的历史教育，就连课程目标中的情感态度与价值观目标也难能落实。

1. 人的本质

历史是人为了实现自己的目的而从事的社会活动，理解历史是人的需要，人也必须从人的本质及其存在的方式出发来理解历史。"在马克思看来，人性是一种直接性的范畴，它与人的存在是直接同一的；人的本质则是间接性的范畴，属于反思的概念。""在马克思的哲学中，人的本质问题实际上是指什么使人成为人的问题，是人如何产生和发展的问题。"③马克思指出，人的本质是一切社会关系的总和。但是，社会关系不是固定不变的，而是"随着物质生产资料、生产力的变化和发展而变化和改变的。"④

2. 人的需要

人是有需要的动物，因生存和发展而有需要，也因需要而改变和创造历史。人的需要有很多，比如生存的、生活的；物质的、精神的；社会的、个体的。人的需要符合人的本性，而且有高低之分。最基本的、也是最低级的需要是生存需要，人类常要为生存而斗争。高于生存需要的是享受需要，即人对生活有更多要求。最后是人的发展需要，它既是精神需要，也是增强人的自由个性而产生的需要。人的需

---

① 马克思人学理论是马克思主义人学理论的原典，本节未使用马克思主义人学理论的概念，主要原因是本教材不能涉及过多的理论问题。请参考我国学者的相关研究，主要有，袁贵仁：《马克思的人学思想》，北京，北京师范大学出版社，1999；张艳国：《史学理论：唯物史观的视域和尺度》，武汉，华中科技大学出版社，2009；阎孟伟：《在马克思实践哲学的视野中》，武汉，武汉大学出版社，2011。

② 参见［德］施密特：《历史和结构——论黑格尔马克思主义和结构主义的历史学说》，张伟译，124、5 页，重庆，重庆出版社，1993。另，葛兰西有关文化作用的论述，也对理解马克思人学理论有启发。

③ 袁贵仁：《马克思的人学思想》，80 页。

④ 《马克思恩格斯全集》第 6 卷，487 页，北京，人民出版社，1961。

要具有社会性、历史性和创造性，并基于人的劳动生产，属于人的类特性[①]。没有需要就没有生产。

3. 人的发展

人的发展有不同形式，包括个人的、集体的、社会的和人类的发展。"人是类与个体、社会与个人的统一。马克思站在人类实践活动的历史高度审视、思考人的发展，着重于个人作为类存在物、社会存在物和个体存在物的发展，或者说是个人身上的类特征、社会特征和个性特征的发展。"[②]马克思强调，人的发展不仅应当是全面的，而且应当是自由的[③]。以人的本质力量的发展的观点看，人的发展核心是劳动能力。"教育会产生劳动能力"。但是，人的全面发展不是自然的产物，而是历史的产物，归根结底是社会生产力的产物。[④]

人是全部人类活动或全部人类关系的本质、基础……历史什么事情也没有做，它"并不拥有任何无穷无尽的丰富性"，它并没有在任何战斗中作战；创造这一切、拥有这一切的并为这一切而斗争的，不是"历史"，而正是人，现实的、活生生的人。"历史"并不是把人类当作达到自己目的的工具而利用某种特殊的人格。历史不过是追求着自己目的的人的活动而已。[⑤]

(二)马克思人学理论与历史教育学

理解人类的活动史，是历史教育的首要目的。从教育角度看，学生通过具体的历史知识，理解人类历史的重要经历及其思想和行为，汲取人类历史上的智慧和教训，进而对自己、社会以及人类有更为透彻的认识。其实，"探寻历史真相，总结历史经验，认识历史规律，顺应历史发展趋势"[⑥]，不仅体现了历史学的社会功能，而且也体现了历史教育的育人功能。

从国外的历史课程标准看，大致也是如此。虽然他们各有各的理论基础，但他们对历史课程的定位及其课程目标，却有很多与马克思人学理论相符的观点。诸如"历史由人来创造，只有理解了人，你才能非常有意义地活着。"[⑦]"历史课程的任务重点，在于塑造和培养反思性的历史意识。历史意识意味着人对过去与现在经验以

[①] 注意：马克思的"类特性"概念与赫尔巴哈的不同。赫尔巴哈的"类特性"，指人类共同的生物属性；马克思的"类特性"，指人之所以为人的劳动实践。马克思既讲人的类本质，也讲人的现实本质。主张人是类存在和个性存在的统一。详见马克思：《1848年经济学哲学手稿》，57～59、81～83、90～91页，北京，人民出版社，2008。

[②] 袁贵仁：《马克思的人学思想》，278页。

[③] 人的"自由发展"是指人作为主体的自觉、自愿、自主的发展，是为了自身人格完善和促进社会进步而发展，是把人作为目的而发展。参见袁贵仁：《马克思的人学思想》，281页。

[④] 参见袁贵仁：《马克思的人学思想》，290页。

[⑤] 《马克思恩格斯全集》第2卷，118页，北京，人民出版社，1965。

[⑥] 中华人民共和国教育部制定：《普通高中历史课程标准(2017年版)》，1页，北京，人民教育出版社，2018。

[⑦] 《英国国家历史课程标准》，见赵亚夫主编：《国外历史课程标准评介》，81页，北京，人民教育出版社，2005。

和未来预期的交织有所感悟，并对其作出阐释。"[1]"历史学科的重要性在于：学生能够在个人、国家及全球多重视角的历史解读中，形成自我的身份认同。历史学习需要利用过去人们的信仰、决策与困境等不同情境和感受，来激发并鼓励学生的好奇心。学生在历史探究中引起对现实问题的思考，从而建立过去与现在的联系。"[2]"审视过去，才能了解现在。…………历史向学生呈现过去人们的困境、选择和信念。"[3]

由此我们可做出如下判断。第一，历史教育的确蕴含着丰富的人学内容，或者说人学的所有研究对象都与历史教育有关。即便是中学历史教育，在了解和研究过去的人类，以及在认识现实的人类并关注未来的人类方面，同样存在着广域且深层次的对"现实的人"的历史理解。第二，马克思哲学理论具有现实性和普遍性，它不仅反映人类社会发展的一般规律，而且也适用于历史教育的特殊规律。我们在历史教育中认识这些规律，需要唯物史观的指导，唯物史观包含了马克思的人学理论，正确认识二者的关系，有助于我们在历史教育中确立人类共同的价值观，包括全球视野。第三，判断是马克思的哲学理论还是非马克思的哲学理论的基本标准，是唯物史观而非"人学"[4]，如是否把人作为"现实的人"来理解，有关人的认识和研究是否脱离了社会存在决定社会意识的理论，是否整体地把握历史并肯定作为自由的人的健全发展等。

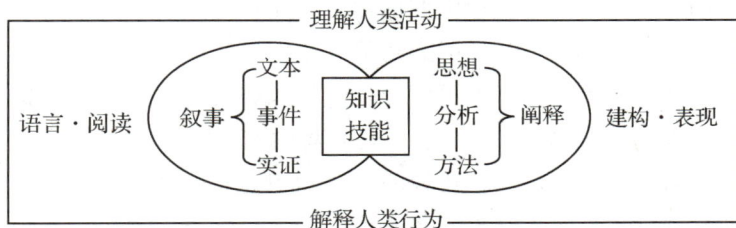

图 2-9 基于马克思主义人学的历史教育原理示意图

所以，中学历史教育不能仅看重文本、材料，而不重视思想、方法；不能只讲故事或只关心微观事件，而不强调意义建构或对文明的真相进行跨视阈的阐释；不能只满足于对个别的、偶然的史事的兴趣，而忽视对整体的、必然规律的把握。反之亦然。最为重要的是，中学历史教育不能空洞且抽象地去谈人的问题和人的活动。有作为认识的对象的人——历史中的人，既是复数的人，也是单数的人，既是社会的人，也是自然的人；我们理解人，不能不理解人与人的关系，不能不关乎人的社会关系总和乃至分门别类地揭示各种具体存在的事实。当然，还有作为理解者的人——受教育的人，既是复数的人，也是单数的人，既是理解者，也是经验者；我们不能不考虑他们的具体需求，不能不涉及他们从历史中究竟能够学些什么的问题。如果认识的对象是抽象的，材料也是孤立的，再加上用教条的理论编排事实的话，我们就无法确立历史教育中有主体意识的人，这也是中学历史教育不能使用"历史学教育"概念的主要理由之一。

我们主张做公民的历史教育，是大众的、普及的、让历史常识作用于公民智识的历史教育；我们强调重视养成人格的历史教育，就是要学习者看到历史中的人和人类的行为动机、轨迹及其真实理由①，特别是需要把握历史中的人、社会总和的重点及其对现在人的影响。概言之，学生应具备理解"现实的人"的能力，要能够从历史经验中获取创造历史的能量，起码可以借助"活着的历史或遗产"实现有效的社会互动和交流。从历史教育价值论的角度说，了解马克思的人学理论是理解和运用唯物史观必须的条件，它对于历史教育学的指导作用至少反映在以下方面。

第一，围绕历史的人文性精选历史知识和技能。如图 2-9，知识和技能是历史教育、教学的内核，由它释放叙事和阐释的方式。图左侧的部分，既可以是传统的也可以是现代的，既可以是简单的也可以是复杂的；图右侧的部分，若不关联建构和表现，与左侧部分无异，但它联通建构和表现了，就一定是现代的、复杂的、更有价值或意义的。现在是，无论图中的内圆，还是外框，都使其中各个要素作用于一个整体。所以，我们不能将其理解为两部分。而且正是这诸多要素影响下的知识和技能发生了变化，既致使理解人类活动、解释人类行为的学科本身的人文性具体化，也让学科的人文性解释必然地符合了马克思人学的理论。

从课程、教材的设计层面看，传统的学科知识观将被改变，学生现在所学的知识亦将被大幅度削减。新设的学习主题所展开的历史探究，要求学生所学的知识和技能必须是扎实的，并尽可能在"实际需求"方面使学习内容具有宽度与深度，如从制度层面认识人性、人格、人权的形成及发展的历史根源。

第二，基于新理念、新视野、新技术所理解的人类活动，促使教学不再依赖语言叙事和课本阅读，尤其不只是下功夫于一般的历史叙事，而是将多种叙事方式和史料阅读与知识建构和表现相互打通，使学科原有的认知基础和结构发生变化，让学习者获得阐释人的思想与行为的机会和能力。为此，文明、科技、正义、道德以及审美等种种人类文化，才能作为人类实践或劳动成果产生学习意义。或者说，只有那些值得学习的历史遗产，才适合被学习者认识和利用。

也可以说，历史教师作为"言说者（讲故事的人）"的传统形象将被破除，在"做历史"的实践中，谁在说、谁思考、谁在场、谁拥有知识以及谁发现问题、谁解决问题、与谁对话、与谁辩论等问题，会越来越现实地出现在历史教师的面前。

---

① 历史教育不仅需要把人类的行动轨迹和方式具体化，而且还要求表现从事具体活动的人的人格作用及其影响，以便使历史（事件）成为教育（素材）。

第三，历史实证本身不反映历史教育的本质，把历史知识转化为有价值的历史教育需要的是移情和理解。历史实证是求真的过程，只有在真材实料与移情和理解共同构成真实的历史分析时，历史教育才能进入有效状态，或者说，历史教师才能成功地将历史学成果转化为历史教育，即针对人的活动阐发教育的意义。历史（无论知识还是材料）本身具备反思性（或批判性），而这种特质的质量如何，既取决于教师帮助学生所能达到的历史认知和交流水平（如观察、发现、思考、领悟），也受制于课程、教材和教学内容的价值取向（通过对话、辩论、体验等），如历史教学在多大程度上能够超越卡莱尔（Carlyle，T.）的历史评判，而不使自己坠入唯心史观的泥潭①。所以，中学历史教育的任务，不仅是让学生了解或理解人类的历史活动，而且还要帮助他们形成解释人类行为的能力。

第四，从事历史教育的人只讲"同情之理解"是不够的，还需要储备学识的、做人的良知，否则无法按照马克思的人学理论描述和阐释人类的思想和行为，如"文化大革命"中泛滥的阶级斗争理论和影射史学，以及用农民战争史代替中国古代史、将中国共产党党史解释为历次"路线斗争"的荒唐做法。

第五，教师需要把人类的活动史看成一个整体，并依据学生的心理特征和学科教育规律等，有序、有效地编制教学内容，避免零散、肤浅和浅尝辄止地掌握碎片化、程序化且线性的历史知识，如仅满足于考试而无思考价值的历史知识。

最后需要强调的是，运用人的全面发展理论，不等于什么时髦就教什么，更不是要使历史课程包罗万象。在我们回答"历史教育能够做什么"的问题时，一定要充分想好"历史教育不能做什么"或"最应当做什么"的问题。我们运用马克思的人学理论处理具体问题，并不是要以此代替唯物史观，而恰恰是在历史学科特性的基础上进一步丰富以唯物史观为指导的历史教育实践，并健全学校历史教育体系。

"人类解放"带给人们的，是"建立在个人全面发展和他们共同的社会生产能力成为他们的社会财富这一基础上的自由个性"的时代。这个时代的个人不再有更大程度的"偶然性"，而是真正称得上"有个性的个人"的个人。个人依然须得以社会集体为存在对象，……"真实的集体"是这样一种联合体，"在那里，每个人的自由发展是一切人的自由发展的条件。"②

历史上的规律就是存在于各组事件之间的一种决定性关系，我们发现了这种关系，就能倚靠它来解决问题、克服障碍和预测将来。……它们所关涉到的各组事件是特指：人们的行为模式（behavior patterns）而言，而这些人们是作为有组织的社会团体的成员来看待的。③

---

① 参见［英］托马斯·卡莱尔：《论历史上的英雄崇拜和英雄业绩》，北京，商务印书馆，2012。该书共六讲，即神明英雄、先知英雄、诗人英雄、教士英雄、文人英雄、帝王英雄。在教学中，笔者常常看到教师们处理历史人物时就采用了卡莱尔的史观和方法，尽管其中多数教师对卡莱尔并不了解。

② 黄克剑：《人韵：一种对马克思的读解》，374页，北京，东方出版社，1996。

③ ［美］悉尼·胡克：《历史中的英雄》，王清彬译，173页，上海，上海人民出版社，1987。

二、以唯物史观为指导的历史教育

唯物史观是马克思主义理论的核心内容[1]。以唯物史观为指导，一向被视为新中国学校历史教育的传统。譬如，1950年颁布的《小学历史教学大纲（草案）》，已有明确规定。1980年至今，教育部颁布的历史教学大纲和历史课程标准，对此所做的要求越来越具体。[2] 历史教学的科学性和思想性，若偏离了唯物史观，则无正确可言；历史教学的系统性和具体性，若排除了唯物史观，则无方法可立。事实是，无论认知还是能力，抑或观察问题和分析问题，中学历史教育都需要恰当地运用唯物史观。

（一）运用唯物史观不能贴标签

历史教师对唯物史观的基本概念和原理从不陌生。可以说，历史教师"教历史"就意味着接受了唯物史观教育。即使在某些方面有所欠缺，历史教师也可以借助《马克思恩格斯列宁斯大林论历史科学》这类书籍及时加以补充。[3] 但是，作为原则的要求和概念的理解的唯物史观，与实际教学中切实贯彻和有效应用的唯物史观，的确存在着较大距离。毕竟历史教育不是政治教育，历史教师不能采用植入的方式向学生讲解唯物史观的概念和原理。历史教师也不能把唯物史观当作历史论来用，不能处处套用其观点"以论带史"，毕竟历史教育的载体是具体的历史事件，要通过史事理解唯物史观，也要运用唯物史观指导史学确证事实。如果只是用事实去做唯物史观的注脚，把唯物史观作为教条，就是贴唯物史观的标签，我们视其为生硬的、唐突的乃至蹩脚的历史教学。

产生贴标签式的教学很容易。如何解决这一问题，广大的历史教师很关心。同时，这也是历史教育价值论必须面对的长久而又艰巨的课题。从教学现象看"理论脱离实际"的原因：①历史教学内容是非常具体的史事，过于关注理论容易产生"以论带史"的现象；②教师叙事或讲课，首先要清楚史事本身的内容及其结构，即先要知道故事是什么；③史事是否就是史实需要考证，这个过程主要反映的是方法论而不是历史观；④当史事作为史实得以解释，尤其是进行充分的解释，就必定有历史观发生，但在中学，历史观常常被具体材料所遮蔽；⑤中学历史教学可以越过考证[4]，

---

① 恩格斯说："唯物主义历史观和通过剩余价值揭开资本主义生产的秘密，都应当归功于马克思。"参见《马克思恩格斯选集》第3卷，402页。

② 参见课程教材研究所：《20世纪中国中小学课程标准·教学大纲汇编（历史卷）》，386、448、540、656页，北京，人民教育出版社，2001。

③ 即吴英主编的《马克思恩格斯列宁斯大林论历史科学》（中国社会科学出版社，2014），该书分"唯物史观指引历史学成为真正的科学""唯物史观的若干基本概念和基本原理""有关实证历史研究的理论和方法论的部分论述"三部分。所谓"这类书籍"是指这种工具书在不同时候都有，形式和内容或有较大差异，但功能大致相同。当然，现在借用网上资源，更是方便快捷。

④ 前提是，人们认为教科书提供了正确的知识。尽管这种认识实际上不过是特定条件下确定教科书位置的手段，但是人们似乎更愿意以此来强调教科书知识和思想的正确性。最典型的一条原则是，进入教科书的知识，必须是"学界公认的、稳妥的知识"，即对其知识无须经过"再认识"的过程。

但它绝不可能不做解释，只要陈述、描述抑或叙事作为主要的知识传授手段存在，就必定产生历史解释(不管是教科书的历史解释，还是教师的历史解释)，而且越强调历史的故事性，就越突出讲述者的历史解释；⑥如何让历史解释符合唯物史观，需要大量的历史教学实践，而且与教师个人的学养、社会生活阅历等息息相关。把某课题处理为运用唯物史观的范例的做法，往往属于贴标签的教学，如同强调农民起义就体现了人民群众创造历史一样，一个一目了然的事件对应一条显而易见的原理，这样的"做课"过程，也是把唯物史观庸俗化的过程。

如何有效地运用唯物史观发现问题和分析问题，显然不能依靠教师零敲碎打地在每节课中做机械灌输的做法来实现，即便是更委婉一些的渗透式方法也不见得就好。我们应该把唯物史观贯穿在完整的历史教育体系之中，首先是通过整体的课程、教材(如课程标准)系统确定唯物史观能够得以落实，其次是在教学设计环节，尽可能使唯物史观发挥指导作用。这两个方面有保障，教学过程中恰当和可行的作为，或许仍然需要坚持具体问题具体分析的基本原则。

本书所捍卫的是我称之为"历史唯物主义"的东西，……从17世纪以来，全部现代唯物主义的发祥地正是英国。……我在英语中如果也像在其他许多语言中那样用"历史唯物主义"这个名词来表达一种关于历史过程的观点，我希望英国的体面人物不至于过分感到吃惊。这种观点认为，一切重要历史事件的终极原因和伟大动力是社会的经济发展，是生产方式和交换方式的改变，是由此产生的社会之划分为不同的阶级，是这些阶级彼此之间的斗争。[1]

(二)唯物史观作用于历史教育体系的几个视角[2]

第一，了解和认识人类社会的发展进程，不能不学通史。特别是认识人类历史的发展规律，如果没有基本的通史基础，则无从知道人类社会生产力的发展水平，更无法依据社会形态和经济结构的变化了解社会形态的主要特征。当然，通史的构建形式可以多种多样。无论哪种形式，其知识的构成需要满足如下条件：①符合唯物史观的基本原理，如经济基础的性质决定上层建筑的变更，上层建筑也反作用于经济基础；②反映人类文明进程，如社会形态从低级到高级发展；③面向所有学生进行公民教育，而非专业教育，即通史知识也是常识性知识，对其基础性、系统性和具体性，当有特定要求。

第二，了解和认识历史的基本途径是把握和运用历史材料，拥有历史知识的过程，就是利用历史材料确认历史事实的过程。这个学习过程，内在地体现了学生对人类社会复杂性、规律性的认识。因此要求：①没有事实便没有历史，学生需要知道历史是用事实说话的学科，如从客观存在的事实出发，并依据史料揭示事实的内

---

[1] 《马克思恩格斯选集》第3卷，753、760页。

[2] 第一章及第二章第一节已涉及大量相关内容，为了避免重复性论述，这里仅从中学历史教育体系的角度列出与唯物史观基本原理相关的理论和实践视角，在第三章至第八章还会结合具体课题做进一步的阐述。

在联系；②历史是一个复杂的、变化的过程，而历史知识都具有一定的结构性，为了不使历史认识失之偏颇，学生需要多角度、多方面地运用史料研究和分析史实，如理解构成历史过程的各种社会现象，用唯物史观把握认识对象的本质联系与内部矛盾，用辩证法的观念分析历史现象各因素之间的相互作用。

第三，了解和认识历史对于现代教育而言，首先是关于"人之所以为人"、特别是"我们之所以是我们"的知识，包括国家认同、民族认同、文化认同；其次是运用历史知识、历史思维和历史意识思考和解决问题的能力。犹如说，"我们把历史看作一门科学，就是说，这是历史学不满足于研究现象是怎样发生的，而希望知道现象为什么这样而不那样发生。"①其实，历史的魅力还在于，人类社会及其构成都是历史的产物，而且它是以"总体的体系的方式"存在着。所以，了解和认识历史需要整体性知识，否则很难阐发唯物史观。与传统的历史教育相比较，现代历史教育需要：①扩充历史教育的知识域，如从衣食住行到知识社会；②构建整体的、更大视野且与现实世界密切关联的历史知识体系，如怎样理解自然史和人类史彼此相互制约的关系；③在确保历史学习特色的同时，实现多学科合作和跨学科学习，以便使历史学科知识和技能在运用唯物史观且改变历史认知方式方面发挥应有的作用；④必须使知识和技能具体化，如果没有扎实的知识和技能，理解和认识的内容就会成为狗皮膏药。

人们为了能够"创造历史"，必须能够生活。……人们之所以有历史，是因为他们必须生产自己的生命，而且必须用一定的方式来进行。②

根据唯物史观，历史过程中的决定性因素归根到底是现实生活的产生和再产生。无论马克思或我都从来没有肯定过比这更多的东西。③

批判的武器当然不能代替武器的批判，物质力量只能用物质力量来摧毁；但是力量一经掌握群众，也会变成物质力量。理论只要说服人，就能够掌握群众；而理论只要彻底，就能说服人。所谓彻底，就是抓住事物的根本。而人的根本就是人本身。④

第三节　历史教育目标论与历史教育价值论

历史教育价值论统领历史教育学的所有方面，诸如以下各章所阐述的内容。然而，课程论、教材论、教学论也好，学习论、评价论、教师论也罢，又皆围绕着具

---

① ［俄］普列汉诺夫：《论一元论历史观的发展问题》，王荫庭译，293页，北京，商务印书馆，2012。
② 《马克思恩格斯选集》第1卷，158、160页。
③ 《马克思恩格斯选集》第4卷，604页。
④ 《马克思恩格斯选集》第1卷，9～10页。

体的目标论来达成。价值论是历史教育的归宿，目标论是历史教育的准绳。

一、目标论是价值论的具体化

历史教育目标，既为教育准则，也指导教育行动。它具有系统性、准确性、具体性和操作性的特点，关乎知识、思维、行为的落实，以及它所生成的历史意识和意义的水平，如对国家、民族、文化的认同。也就是说，价值论通过具体的目标，进入教育、教学系统并发挥其应有的功能和作用。

（一）目标分类学与历史教育价值

现代历史教育，不能简单地利用历史材料建立历史记忆。它要求知识具有足够的丰富性、思辨性乃至批判性；要求思维具有理性、结构性以及建构和迁移的特征；其人文价值在于揭示人性的善恶、了解人类的命运、陶冶人文精神，培养学生的求真态度和世界视野等。如此的学科价值，当然要由结构化的且适切的目标来达成。

1. 目标的不同层次

我们知道，课程功能的转变一定程度地依赖课程目标的变化。从知识和思想教育两项任务（20 世纪 90 年代中期以前），转变为知识、能力和思想教育三项任务，我们花费了较长的时间。但是，从三项任务到"三维目标"（2001—2003 年），我们则用了不到十年的时间。与此同时，学科的教育或课程目标，似乎也有了较大转变，即由"知识立意"转向"能力立意"，由"学科本位"转向"学生本位"，由"接受式学习"转向"探究性学习"，由"关注学习结果"转向"关注学习过程"。为什么说是"似乎"呢？因为在历史教学中，教师总感觉这些都是理念的东西，如果真的照此要求上课，目标怕是成了遥不可及的东西。其实，不是"以目标定教"的主张错了，而是教师在实践中忽略了目标的层次性，致使教学目标文不对题。

表 2-1　不同层次目标的功能和特点

目标层级	载体	制定者	功能和特点
课程目标	课程标准	专家	宏观目标；体现国家学科教育的总体目的（purpose）和要求；明确学科课程应达到预期目标（objective）；规定学科教育应达成的水平；突出导向性和整体性。
单元目标（主题、专题）	教科书课程标准	教师	中观目标；体现学习主题、专题或单元的预期结果和要求；依据教科书的主题、专题或单元内容；是课程目标的下位目标；授课者自拟；须考虑具体学情；强调具体性和实效性。
教学目标	教科书课程标准	教师	微观目标；体现学习课题（以课时为单位）的预期结果和要求；通常以教科书内容为依据；是单元目标的下位目标；须针对具体的学习内容和学情；授课者自拟；强调针对性、操作性和可测性。

理论上讲，我们不能把课程目标直接用作教学目标，如"通过本课的学习让学生学会辩证地分析问题""提高辨识和处理历史信息的能力"，这是课程目标而不是教学目标。这样的目标有两个突出问题：一是针对某一课题或课时而言，它过于笼统且指向不明；二是"学会"的内容既需要一定的时间，也要求规范的、连续的训练，不是一节课能完成的事情；培养"能力"同样不能在一节课见效，它是一个过程，在一节课上只能运用或开发某种能力。因此，教学目标一定要反映具体的、可检测的内容。一般强调，教学目标针对一节课的教学内容定出理应解决的问题。它是课程目标的具体化，也是目标系统中的有机部分。什么才是"好课"呢？教师不能达成自己确定的教学目标，不能算作"好课"；使个体的教学目标脱离整体的课程目标，也一定不是"好课"。

教师在其计划和教学中要使用总体目标，目标必须被分解为较为集中的和有限制的形式。

从范围来看，总体目标范围最"宽泛"，教学目标的范围最"狭窄"；也就是说，总体目标不涉及具体细节，而教学目标涉及具体细节。总体目标需要一年以上的时间进行学习，而教学目标在几天之内就可以实现。总体目标提供一种远景，它经常作为支持教育计划的基础。另一方面，教学目标对计划日常课程是有用的。①

2. 目标分类学与历史教育价值

拟定教学目标是教师的一项专门技能，其背后蕴藏着深刻的教育原理，也反映学科教育价值取向。本节内容仅涉及美国学者布卢姆（Bloom，B.）和马扎诺（Marzano，R. J.）的教育目标分类学（Taxonomy of Educational Objectives）。

1956 年，布卢姆把认知领域分为知识、领会、应用、分析、综合、评价六个层次，并按照生物学原理，从低层次到高层次依次提升目标。在实践中，完成低层次的学习任务所花费的时间和精力（包括经验）较少，目标的层次越高，学生花费的时间和精力就越多。为此，有些学者提出质疑，学生的认知性目标是否都存在这样的等级顺序呢？抑或说，认知过程其实只有归类的问题，根本不存在一个绝对的等级序列。也有学者指出，强调"高层次"或"低层次"的措辞本身，已经成为一种误导。

马扎诺等人没有简单地否定布卢姆的教育目标分类学，而是运用新的科学研究成果（如脑科学）对其进行了改进（2001 年），并最终以更为完善的理论发展了教育目标分类学（2007 年）。② 试比较：

---

① ［美］L. W. 安德森等编著：《学习、教学和评估的分类学》，皮连生主译，14～15 页，上海，华东师范大学出版社，2010。

② 马扎诺是美国中部地区教学实验室的高级学者。2001 年出版《设计一个新的教育目标分类学》一书，在继承布卢姆教育目标分类学理论基础上，进行了多方面的创新。2007 年出版《教育目标的新分类学》（The New Taxonomy of Educational Objectives）一书，完善了马扎诺教育目标分类学理论。参见黎加厚主编：《新教育目标分类学概论》，6～7、137 页，上海，上海教育出版社，2010。

名词		
2001年版分类 知识维度		
1.事实性知识	2.程序性知识	
3.概念性知识	4.元认知知识	

动词		
1.记忆	2.理解	3.应用
2001年版　认知过程维度		
4.分析	5.评价	6.创造

1.知识	2.领会	3.应用
1956年版认知分类		
4.分析	5.综合	6.评价

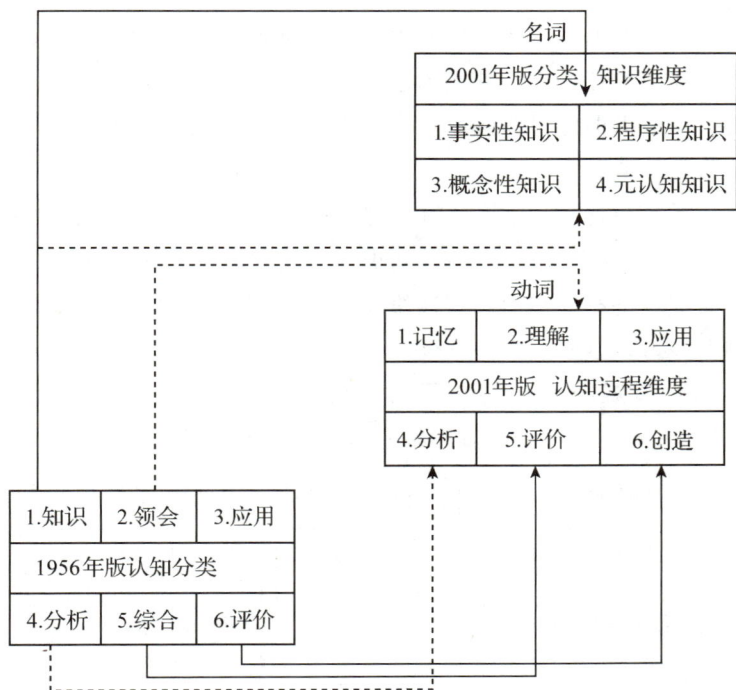

图 2-10　1956 年版和 2001 年版记忆目标分类认知领域比较

其一，2001 年版教育目标分类学对知识维度、认知过程的内涵界定，与 1956 年版完全不同。如 1956 年版中，不包括自我认知的知识。而且二者有关陈述性知识（declarative knowledge）和程序性知识的表述角度也不同。

其二，2001 年版教育目标分类学更具有认知的整体性、灵活性、层次性和操作性，为设计教学目标提供了明晰具体的评价内容。诸如提取信息（回忆、执行）、理解概念（综合、表征）、分析文本（分类、比较、明晰化）、问题解决（决策、探究、调查研究），以及对元认知系统（设定目标、监控过程、清晰度、精确度）和自我系统（动机、情感反应、效能）的认定等。该目标系统，既能够帮助教师有效地编制教学目标，也可以提升学科教学的内在价值。

其三，把马扎诺的理论看成是"一个完整的思维系统"的观点，可以被历史教育研究者接受。一是它跨越了"知识是回忆性质"的观点，相信知识是由不同的智力过程控制的，二是它把心理活动过程看作与智力过程和信息一样的知识类型。因此，认知系统、元认知系统和自我系统于教学实践而言，能够使"怎样学"（方法）和"学了会怎样"（价值）这类问题，变得更具有确定性。据此，历史教学目标必将关注"完整的历史见解"的建构，而非仅仅是满足知道什么，这也更符合贯彻唯物史观的要求。换个角度看，当教学目标能够与元认知系统、自我系统联系起来时，认知系统才可能作用于学科教育价值，让历史成为思考的学科。

（二）确认教学目标维度的关键要素

基于"三维目标"比较便于了解教学目标的维度及其作用。因为"三项任务"相对比较平板，知识、能力和思想教育虽有关系，但彼此的契合度不高，其在教学实践中，要么侧重于知识教育，要么侧重于思想教育。所以，我们不宜将"三项任务"作为维度来考察。现在提倡的"核心素养"，还未全面进入实践领域，其学理和实际运用效果仍有待验证。

简单地说，"知识与技能"维度含有智慧技能，并作为"程序性知识"归于"知识维度"。"过程与方法"维度则是作为连接"知识与技能""情感态度与价值观"的桥梁被强调。依据马扎诺的理论看，知识和技能维度，涉及事实性知识、概念性知识、程序知识和元认知性知识；过程与方法维度，涉及回忆、理解、应用、分析、评价和创造；情感态度与价值观维度则混合了马扎诺的自我系统思维，以及克拉斯沃尔（Krathwohl，D. K.）、布卢姆等人的"情意领域"理论。如图2-11所示。

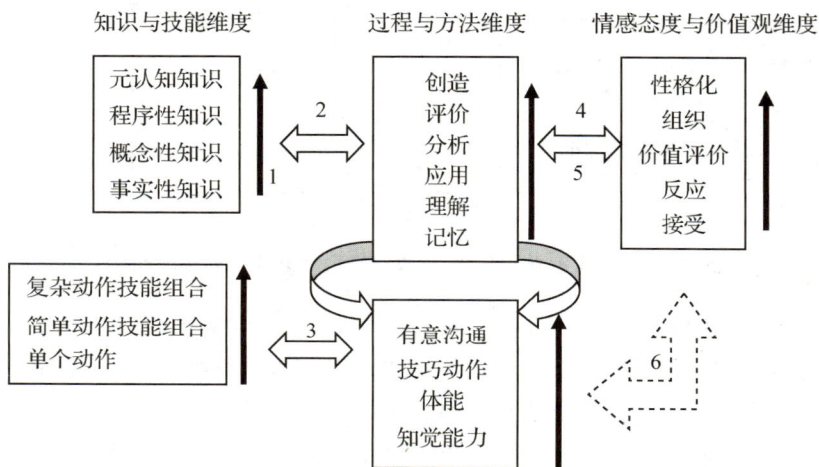

图 2-11　三维目标关系示意图

说明：1表示层级由低到高，从简单到复杂（向上单向箭头）；2表示知识维度中的内容与过程方法之间的关系（双向箭头）；3表示技能维度与之对应的过程（双向箭头）；4表示知识的习得过程影响情感态度与价值观的养成（双向箭头）；5表示技能的习得过程，有时也有知识的习得过程的参与（双向箭头）；6表示技能的习得过程间接地影响情感态度与价值观的养成（双向虚线箭头）。

概言之，"知识与技能"维度，是学习结果的输出部分；"过程与方法"维度，更利于指导学生的学习过程，并为教师制定教学策略提供依据；"情感态度与价值观"维度，则主要用于内化学习成就。

二、教学目标的叠测与功能

我们常说的教学目标，即课时目标或微观目标，它反映学生的习得过程和应获得的学习成果。尽管它是预期的学习成就，但要求教师拟定的学习任务要明晰，学生的学习过程要可控、学习结果应可测。如《全日制义务教育历史课程标准（实验稿)》要求学生简述《人权宣言》的基本内容，初步了解法国大革命的历史影响，讲述拿破仑的主要活动，评价资产阶级政治家的历史作用。[1] 有教师依照三维目标撰写教学目标如下。

1. 知识与能力

了解法国大革命的过程等重大事件：攻占巴士底狱、法兰西共和国的建立、雾月政变、法兰西第一帝国的建立；讲述拿破仑的主要活动，正确评价拿破仑。理解掌握《人权宣言》的基本内容和法国大革命的影响。

2. 过程与方法

引导学生自主学习，概述法国资产阶级革命的过程，培养学生语言表达和综合归纳问题的能力；理解《人权宣言》的内容，认识它是法国资产阶级革命纲领性文件；通过小组合作，学生课前收集整理有关拿破仑的主要革命活动并在课堂讲述，培养学生初步运用历史唯物主义观点评价历史人物的能力。

3. 情感态度与价值观

通过学习法国资产阶级革命过程中人民群众推动法国大革命发展的史实，对学生进行"人民群众是历史的创造者，是推动历史前进的动力"的历史唯物主义思想的教育；通过对拿破仑战争的学习，让学生了解拿破仑战争性质的变化和作用的两面性，使学生认识到侵略战争必然失败，树立学生反对侵略、热爱和平的思想意识。[2]

其特征如下。①第一维度的内容与历史课程标准相同，多出的部分与教科书的内容吻合。②第二维度赖以支撑的学习内容与第一维度重复，教学活动若抽去具体知识，则无学科特色。③第二维度的评价部分与第三维度重合，无论是能力，还是历史意识、思想教育等，更像是上政治课。④这则教学目标只解决了两个问题：一是列出了具体学习的知识点；二是强调了正确的历史观点。至于元认知系统和自我系统，在这则教学目标中没有涉及，其认知系统也相对陈旧。可是，这样的教学目标可谓"普遍的事实"。

从课程目标到教学目标，需要合理的转化过程。在宏观目标和微观目标之间，还应有一个中观的成效目标，以便规定具体的知识和技能的达成标准，如能力指标等。为了最大限度地降低课程目标的衰减度，提高教学目标的实际效益，需要结合现代目标理论和历史学科特点，厘清教学目标的刚性标准，促使历史课堂教学更加严谨、规范、清晰、具体和可测。譬如以下所列内容(适用于八年级学生)[3]。

---

[1] 中华人民共和国教育部制定：《全日制义务教育历史课程标准(实验稿)》，24 页，北京，北京师范大学出版社，2001。

[2] 该学习课题因地区不同，或在八年级下学期或在九年级上学期讲授。

[3] 参见赵亚夫、唐云波主编：《国外历史教育文献选读》，154～159 页，长春，长春出版社，2012。

1. 中观目标

在本单元学习结束时，大多数学生将能够知道法国大革命的起因和发展过程；知道不同身份的人们对主要事件做出的解释；选择和组织信息得出自己的见解，比如，为什么有些人支持处死路易十四；描述大革命在多大程度上对广大民众产生影响；整体描述 1789—1794 年的法国大革命。[①]

2. 微观目标

本单元学习 8～11 课时，每个课时的教学目标如下。

· 关于变革的思想；法国大革命是对教会、贵族和皇权的打击；总结自己研究的要点。

· 统治者的特权不足以解释革命的起因；革命的起因有很多，包括新思想和经济的发展。

· 巴士底狱之所以被摧毁，有很多不同的解释；革命者占领巴士底狱的意义。

· 从 1789 年到 1793 年，革命者对于君主政体的态度发生了什么变化？为什么有这样的变化？运用基础知识支持和交流某个特定的观点。

· 每个革命者的背景和动机是复杂的；不同的材料强调不同的革命动机。

· 革命对特权阶级的打击是有限的；妇女、黑人、商人等社会群体，在革命中受到歧视。

· 罗伯斯庇尔在其执政期的作用；罗伯斯庇尔与其他革命领导者的异同点。

· 组织和交流个人对法国大革命性质和原因的认识。

这里不讨论上述两个案例中历史教学内容的差异问题，仅就目标的规定性论目标的效果。其一，同样是十四五岁的学生上"法国大革命"一课，前者即便只有 2 课时，所拟定的教学任务也比后者多不少，更何况要用"三维目标"交错搭建所学的内容，难度可想而知。其二，前者的"三维目标"并没有在"知识维度""技能维度"方面比后者有更高的要求。诸如"引导自主学习"比"选择和组织信息得出自己的见解"，"语言表达、归纳问题的能力"比"总结自己的研究要点"，"小组合作"比"组织和交流个人对法国大革命性质和原因的认识"，都显得空泛。其三，以效率看，前者用 80 分钟学习的东西，后者大致要用 300 分钟。其四，前者以"情感态度与价值观"统领历史知识，花在史实理解和解释方面的时间较少；后者则需要基于史实带出看法，强调探究史实的角度和自我认识，所以要花很多时间理解史实。其五，目标的"约束力"不同，前者有想得多、做得少之嫌，因为目标过于宏大，后者重视引导"做历史"；前者注重说理，后者强调分析。再如，后者要求：

目标：组织和交流个人对法国大革命性质和原因的认识。

对学生的要求：选择、组织和运用相关信息，写成一篇有关革命的动机和原因

---

① 以下还有"进步不大的学生将"和"进步较大的学生将"两部分，此处略。

的文章；归纳那些有明确重点的主题句或句子。

给教师的建议：帮助学生写一篇文章；向学生强调大革命产生的诸多原因，以及革命者的动机很复杂、革命的目标也在一直变化。

• 这样的目标超出了前者"三维目标"给定的任务。还有，如何通过目标论来体现价值论？一个途径便是教师组织有效教学，即有意义的教学，也是以有效目标为基础的教学①。其中，学生与教师、材料与观点、事实与记忆、理解与解释等诸种关系，既不能错位，更不能对立。说到底，还是如何认识历史教育价值的理论问题。

如今，提倡历史教学理应精细化。只有精细化了，才有独立的学习价值。作为先决条件，教学目标也必须精细化。还有，就是与其相关的学科专业化问题。是使历史教育逼近历史学的专业化呢？还是着眼历史教育自身价值的专业化呢？二者对教学目标精细化的理解是不同的。如果历史教育是一个独立的学问系统，那么专业化的立脚点应该就是后者。

没有确定的价值论指导的目标论，就难以把历史教学提升为历史教育。历史本身的个性化，也不能通过教学目标完全地释放出来。剔除教学目标的一切繁文缛节，当是复原历史教学活力的第一步②。要做到这一点，归根结底还是让历史教育价值论为个性化的历史教学提供保障。

学后复习

回顾

1. 定义：从历史教育角度释义人文科学、人文教育、人文价值、人文精神。

2. 辨识：作为人文学科的历史学；作为人文学科的历史教育；培养与养成；公民与人格；反思与批判。

3. 定位：中学历史教育学的研究对象与任务。

4. 区分：布卢姆的教育目标分类学与马扎诺的教育目标分类学。

重点思考

1. 理解：从 20 世纪后半期以来历史学的发展趋势及其特征看，构建中学历史教育学基础理论的内容有哪些？

2. 解释：为什么历史教育要贯彻马克思的人学思想？

---

① 笔者提出有效的历史教学要具备三个条件：一是简化现已流行的大结构教学设计，历史课的结构越简洁越好；二是要有生成，学生是否理解了学习内容，要看他们如何表现以及采用何种方式提出问题、解决问题；三是将学习课题意义化，没有意义的历史内容不必学习，既然这个内容值得教和学，就一定能够阐释其学习意义。参见赵亚夫：《历史教学目标刍议三：怎样确定课堂教学目标》，载《历史教学》，2007(7)。

② 参见赵亚夫：《历史教学目标的意义与编制》，载《教育学报》，2013(3)。

批判性思考

1. 综合：结合马克思主义关于人的全面发展学说的基本理论，列举中学历史教育能够为学生提供的学科知识及实践机会。

2. 多样性：理解中学历史教育学在吸收东西方人学理论精华时应有的态度，并应用相关的人学理论分析"历史学教育"的局限性。

应用概念

1. 合作：以小组为单位，基于一本研究马克思主义的专著，区分"唯物史观与史学理论"的概念，如张艳国的《史学理论：唯物史观的视域和尺度》或〔英〕埃里克·霍布斯鲍姆（Hobsbawm，E.）的《如何改变世界：马克思和马克思主义的传奇》。

2. 写作：考察"社会科学"和"人文科学"的词源并撰写词条。

技能练习

1. 用句读的方法进行分析："在历史唯物主义诞生以前，人们总是从神的意志、卓越人物的思想或某种隐秘的理性，即从某种精神因素出发解释历史事件，说明历史的发展。这样的结果，不是曲解人类历史，就是完全撇开人类历史。"

2."资产阶级历史观用'人'的观点解释历史，比起中世纪用神的意志说明历史的神学观点是重大进步，但其所理解的人是一种抽象的人，即脱离历史发展条件和具体社会关心、孤立地站在自然面前的生物学上的人，或失去感性存在的玄虚的'自我意识'。从这种抽象的人出发，必然把历史发展和社会进步的动力归结为人的善良天性或者神秘的理性。"这段话有值得商榷的地方吗？中学历史教育学如何运用唯物史观才是恰当的？

拓展阅读及书目简释

马克思恩格斯经典著作

1. 马克思：《1844年经济学哲学手稿》《路易·波拿巴的雾月十八日》，见《马克思恩格斯选集》第1卷，北京，人民出版社，2012；马克思、恩格斯：《德意志意识形态（节选）》《共产党宣言》，见《马克思恩格斯选集》第1卷，北京，人民出版社，2012；马克思：《〈政治经济学批判〉序言》，见《马克思恩格斯选集》第2卷，北京，人民出版社，2012；马克思：《哥达纲领批判》、恩格斯：《反杜林论》《自然辩证法》，见《马克思恩格斯选集》第3卷，北京，人民出版社，2012；恩格斯：《路德维希·费尔巴哈和德国古典哲学的终结》，见《马克思恩格斯选集》第4卷，北京，人民出版社，2012。

2. 吴英主编：《马克思恩格斯列宁斯大林论历史科学》，北京，中国社会科学出版社，2014。全书分三部分：唯物史观指引历史学成为真正的科学；唯物史观的若干基本概念和基本原理；有关实证历史研究的理论和方法论的部分论述。

马克思主义理论研究

1. 阎孟伟：《在马克思实践哲学的视野中》，武汉，武汉大学出版社，2011。该书分上中下三篇，读者可根据自己的需求选读，如第二章"马克思实践哲学的本体论内涵"、第三章"'感性世界'实践论诠释的认识论意义"、第六章"马克思的实践论历史哲学范式"等，该作品对读者认识中学历史教育学的哲学基础有所帮助。

2. 张艳国：《史学理论：唯物史观的视域和尺度》，武汉，华中科技大学出版社，2009。该书共26章，适用于中学历史教育研究者参考。

3.［日］岩佐茂、［日］小林一穗、［日］渡边宪正编著：《〈德意志意识形态〉的世界》，梁海峰、王广译，北京，北京师范大学出版社，2014。该书是日本马克思主义译丛中的一种，其他还有［日］望月清司的《马克思历史理论的研究》、［日］田畑稔的《马克思和哲学》等。这类书的好处是能够提供不同的研究视角，读者可以从作者的研究方法和观点，更多元地对经典著作进行分析。

4.［英］埃里克·霍布斯鲍姆：《如何改变世界：马克思和马克思主义的传奇》，吕增奎译，北京，中央编译出版社，2014。复旦大学教授俞吾金给出的评语是：这部书"是作者自己一生所坚持的史学观念的概括和总结，也是他对自己史学研究的指导思想——马克思主义的当代意义的反思和探寻。"

5.［德］尤尔根·哈贝马斯：《重建历史唯物主义（修订版）》，郭官义译，北京，社会科学文献出版社，2013。另，［美］威廉姆·肖：《马克思的历史理论》，阮仁慧、钟石韦、冯瑞荃译，重庆，重庆出版社，2007；［英］戴维·麦克莱伦：《马克思以后的马克思主义》（第3版），李智译，北京，中国人民大学出版社，2016。这些作品对我们了解和把握西方马克思主义研究，并从中获取研究信息，深化对唯物史观的理解意义重大。

马克思的人学思想

1. 袁贵仁：《马克思的人学思想》，北京，北京师范大学出版社，1996年第1版，1999年第3次印刷。该书系统地揭示和解读了马克思人学思想丰富而深刻的内容，为读者提供了马克思人学思想的翔实资料，指出了马克思人学思想的科学丰富论原则。

2. 由黄楠森统筹的《人学理论与历史》，共三卷。陈志尚主编：《人学原理卷》，赵敦华主编：《西方人学观念史卷》，李中华主编：《中国人学思想史卷》，北京，北京出版社，2004。该书内容系统，资料丰富，是我们了解中西方人学理论与历史的不可或缺的参考书。

哲学及价值论

1. 洪汉鼎主编：《理解与解释：诠释学经典文选》，北京，东方出版社，2006。

该书主要收录了德国、意大利、法国、美国学者有关诠释学的经典论述。其中，不同思想学派对于历史理解、历史解释乃至方法论方面的阐释，对读者研究中学历史教育学相关概念具有较高的参考价值。不过，内容比较艰深难懂。

2.［德］文德尔班：《哲学史教程》，罗达仁译，北京，商务印书馆，1997。该书体系严密、内容宏富、语言优美。它是作者"献给读者的一部严肃的教科书……其目的在于表明：我们现在对宇宙和人生作科学的理解和判断所依据的原理原则，在历史发展过程中，由于什么动机，为人们所领悟并发展起来。"①

3.［德］汉斯-格奥尔格·伽达默尔：《真理与方法》，洪汉鼎译，北京，商务印书馆，2007。该书虽是研究"诠释学"的名著，但其中有关人文主义传统对于精神科学的意义、对话与理解、语言转向等方面的内容，对阐释和理解历史学科核心素养都是有帮助的。另，［德］海德格尔的《存在与时间》（陈嘉映、王庆节译，北京，生活·读书·新知三联书店，2006）、［美］唐纳德·戴维森的《真理、意义与方法》（牟博译，北京，商务印书馆，2012），读者也可以一并参考。

4.［德］恩斯特·卡西尔：《人文科学的逻辑》，沉晖、海平、叶舟译，北京，中国人民大学出版社，2004②；［德］恩斯特·卡西尔：《人论》，甘阳译，上海，上海译文出版社，1986。前者侧重人学，后者侧重文化学。

5.［法］保罗·利科：《历史与真理》，姜志辉译，上海，上海译文出版社，2015。该书第一章"批判的观点"、第三章"人格主义"，有助于历史教师加深思考。另，同类作品较多，读者可根据自己的需要有选择地阅读。

6.［德］费希特：《对德意志民族的演讲》，梁志学等译，沈阳，辽宁教育出版社，2003。其中"概论新教育的本质""德意志人的特点在历史中的表现""什么是爱国主义"等内容，对历史教育具有反思作用。

7.［美］路易斯·拉思斯：《价值与教学》，谭松贤译，杭州，浙江教育出版社，2003。该书第一章"价值澄清"、第四章"价值澄清：过程与内容"、第五章"对话策略"、第六章"书写策略"、第七章"讨论策略"、第十章"价值观与思维"等，是中学历史教育学必须关注和研究的问题。

史学理论

1. 何兆武主编：《历史理论与史学理论：近现代西方史学著作选》，北京，商务印书馆，1999。该书主要编译了51位历史学家和历史哲学家的代表作，另外如孔德、文德尔班、弗洛伊德、怀特海、波普尔等人的作品也在其中。它于历史教育研究者的作用，除了扩大视野外，更在于入门和了解经典，进而跳出过于重视演绎历史课本研究的窠臼。

2. 陈新：《历史认识——从现代到后现代》，北京，北京大学出版社，2010。该

---

① ［德］文德尔班：《哲学史教程》（作者序），罗达仁译，3页，北京，商务印书馆，1997。

② 另有关子尹的译本，台北，联经出版事业股份有限公司，1986。

书系统分析了西方历史思维的基本特征，对中学历史教育学的建设具有重要的启发作用。另，刘北成、陈新编：《史学理论读本》，北京，北京大学出版社，2006。

3. 王学川：《历史价值论》，杭州，浙江大学出版社，2014。该书分引论、历史价值的本质和存在形态、历史价值活动及其规律、历史评价及其标准、历史进步与人的自由全面发展、历史价值论的当代社会实践探究六章，其所论述的问题皆与历史教育有关，提供了深入思考历史教育价值论的诸多视角。另，邓京力：《历史评价的理论与实践》，北京，人民出版社，2009。历史教育不能回避历史评价。也可以说，进行历史教育本身，就在从事历史评价。所以，该书所涉及的历史评价问题皆与历史教育有关，如历史认知与历史评价、价值与历史价值等，对中学历史教育学厘清相关概念、确定相关标准有着直接的作用。

4. ［意］贝内德托·克罗齐：《历史学的理论和历史》，田时纲译，北京，中国人民大学出版社，2012①。同种类与中学历史教育学相关的名著较多，读者可根据自己的精力有序地安排时间阅读。如［意］贝内德托·克罗齐：《作为思想和行动的历史》，田时纲译，北京，商务印书馆，2012；［英］柯林武德：《历史的观念》，何兆武、张文杰译，北京，商务印书馆，1997；［英］卡尔：《历史是什么》，陈恒译，北京，商务印书馆，2008；［美］詹姆斯·哈威·鲁滨孙：《新史学》，齐思和等译，北京，商务印书馆，2012。

教育目标理论

1. 黎加厚主编：《新教育目标分类学概论》，上海，上海教育出版社，2010。全书围绕罗伯特·马扎诺教育目标分类学内容体系、教育实践及与本杰明·布卢姆教育目标分类学的比较，系统阐释了知识领域、思维系统、教学目标设计及评价等问题。

2. ［美］安德森等编著：《学习、教学和评估的分类学》，皮连生主译，上海，华东师范大学出版社，2008。该书分三部分，共十四章，其中的知识维度、认知过程维度及教学案例很有价值。

工具书

［德］斯特凡·约尔丹主编：《历史学科基本概念辞典》，孟钟捷译，北京，北京大学出版社，2012；《西方大观念》（1、2），陈嘉映等译，北京，华夏出版社，2008；赵一凡等主编：《西方文论关键词》，北京，外语教学与研究出版社，2006；汪民安主编：《文化研究关键词》，南京，江苏人民出版社，2007；［英］安德鲁·埃德加：《哈贝马斯：关键概念》，南京，江苏人民出版社，2009。此类作品越来越多，涉及哲学、历史、宗教、文艺理论等。其中的很多概念、术语都是从事中学历史教育学研究的学者理应涉猎的。

---

① 商务印书馆"汉译世界学术名著丛书"译为《历史学的理论和实际》，傅任敢译，1982 年第 1 版。

第三章 历史课程论

○ 历史课程决定了历史教育的特点
○ 历史课程模式反映历史教育观念
○ 历史课程标准指引历史教育发展

学前预习 ▶ ┈┈┈┈┈┈┈┈┈┈┈┈┈┈┈┈┈┈┈┈┈┈┈┈┈┈┈┈┈┈┈┈┈┈┈

定义术语：课程、课程开发、课程改革、课程模式、课程标准、课程管理。

识别概念：课程设计与开发、课程改革与争议、模式与非模式、课程形态与类型、教学大纲与课程标准、课程观念与研究。

积累经验：陈志刚：《历史课程本体论》，天津，天津教育出版社，2012；余伟民主编：《历史教育展望》，上海，华东师范大学出版社，2002。

拓展实践：梳理历史课程与历史教材、教学的关系。

学习目标：

1. 了解历史课程演变或者课程模式变化的复杂背景。

2. 知道构成历史课程论的基础，理解不同形态课程的基本概念。

3. 认识课程标准的性质、功能和作用，能够应用课程标准实施有效教学。

理解内容：

课程本体论（ontology）——课程本体论源于历史价值论，更确切地说，是源于历史教育哲学。历史课程本体论，既不是历史课程标准的本体论，也不是历史教学（把教学等同于课程）的本体论。就课程开发而言，它涉及课程设计的时代特征、文化背景、政治因素、改革理念、集团利益等诸多因素。课程本体论旨在解决如何设置更具有学习意义的历史课程等关键问题。（第一节）

课程认识论（epistemology）——现代历史课程是一个复杂系统，其核心内容主要通过课程设计、课程模式、课程类型、课程标准（课程内容）来实现。梳理课程史只是知道课程流变，并不反映课程认识论；分析课程标准的内容，也只对认识现行课程起作用，同样不等于课程认识论。课程认识论的主干是课程编制（或组织）和模式。课程标准则是课程编制和模式的集中体现。（第二、三节）

由预设的课程到习得的课程——从国家层面的预设的课程到学生可接受的习得的课程，需要介入实施的课程，即教师、学校能够使预设的课程切实地转化为真实的习得的课程。这个过程，除了要发挥教师的主动性，并完善操作性或技术性的课程功能外，还需要进行有效的课程管理。如果课程管理缺位，就很难产生好的效果，更谈不上历史教育的价值和意义了。（第三节）

第一节　历史课程的开发

　　新课程的开发，有坚实的理论基础，比如认知理论、社会及人类文化理论、个人价值理论、学习理论、目标理论等。历史课程的开发还必须关注历史知识、历史思维、历史意识、历史意义等历史哲学理论。此外，历史课程还分为显性课程（explicit curriculum 或 manifest curriculum）和隐性课程（hidden curriculum 或 implicit curriculum），需要在课程开发中处理好课程与教材、课程与教学、课程与学习的关系，并符合学生终身学习、终身发展的需要。

一、课程的概念

　　认识现代课程理论（即课程论），理解概念非常重要。而且，我们须树立这样的认识：第一，理解课程即理解教学，课程改革以后，再没有脱离教学的课程研究了，反之也是；第二，历史课程理论不是抽象的，课程标准体现一定的课程理论，不具备课程理论知识，就难以理解课程标准；第三，从课程标准反映出来的"知的对象"和"学的途径"，是实在的课程意识，教师所具有的课程意识，对其教学观、学习观、评价观等产生直接的影响。

（一）何谓课程

　　传统的"课程"，仅言功课的推进程序。"课"，《说文解字》曰："试也。"可译为"考试"。"程"，《说文解字》曰："品也。"可译为"程品"，也就是为众多事物确立程度等级①的意思。古语有"作课"一词，表示限时限量地完成作业。《朱子语类》把"课程"二字连起来使用，说得最为明白，叫"小立课程，大作功夫""宽着期限，紧着课程"。② 其本义还是理解学程，如教学的范围、顺序和计划。近代以后学校课程的含义，则有广义和狭义两种理解。广义的课程概念，指学校为实现培养目标而选择的教育内容及其进程的总和，包括教育目标、教育内容、教学计划、课程标准及其实施过程。狭义的课程概念，指某一门学科，如"历史课"就是历史学科课程的通俗说法。

　　英文的课程常用 curriculum 和 course 两个词汇，curriculum 涉及学理，course 仅指某一门课程，而且多用于口语。所以，课程论或课程研究使用 curriculum 这个概念，它有两层含义：一是指教育计划，意思与古人的用法差不多，重点也是强调学习的范围和顺序；二是指课程研究领域，是课程理论得以成立的基础。更为简单的理解，前者侧重于学校教育的实施；后者侧重于学校教育理论。所谓课程开发，

---

① 参见（东汉）许慎著、汤可敬撰：《说文解字今释》（上册），329、966 页，长沙，岳麓书社，1997。
② 参见（宋）黎靖德编：《朱子语类》之《学二》《学四》，136、165 页，北京，中华书局，2007。

应是两者并重。没有前者，后者没有存在的价值；没有后者，前者无法确保其规范性、科学性和学术性，当然也谈不上理论的发展。

不过，在博比特（Bobbitt, J. F.）的《课程》诞生之前（1918 年），课程并不是一个专门的学术。以该书为标志，以后出现了一批课程研究专家以及课程理论著作，进入 20 世纪 50 年代，课程理论研究才逐渐成熟起来并获得迅速发展，其原因既有课程变革的内在需求，也与当时的社会变革密切相关①。如今，"课程论"已是教育科学领域举足轻重的学科，在学科教育中，也处于"显学"的位置。

但是，由于人们很难在课程定义方面达成共识，多义（甚至歧义）的课程定义也让人们在实践中产生了不少困惑。科林·马什（Marsh, C. J.）归纳了若干课程定义及其问题，列举如下。①课程即一些永恒科目；这一定义暗示"课程仅限于一些学术性科目"。②课程即对当代社会生活最有用的科目；这一定义隐喻当代的东西比那些长久持续的东西更有价值。③课程即学校负责的所有有计划的学习；这一定义假定研究的内容就是学习的内容，它可能会把"有计划的学习"限定在那些容易达到而非最想要的东西上。④课程即提供给学生的能在不同学习场合获得一般技能与知识的学习经验的总和；这一定义常常导致对课程产生狭隘的技术机能主义取向。⑤课程即学生运用计算机和互联网之类的网络系统进行建构的产物；这一定义容易引发现实推论与未来猜想之间的难以说清的争议。⑥课程即对权威的质疑和对人类处境的多维探寻；这一定义的后果与⑤类似。②

显然，这些定义及引发的问题，集合了传统的、现代的和后现代的课程观点，没有哪个是全对或全错的，如同教育原理一样，有多少种理论流派就有多少种对教育的定义。对于学科教育者而言，把握课程的基本特征，并恰当、务实地处理理论与实践的关系，才是理解和解决问题的关键。如果学科教育者仍然把课程理解为学科、教学内容和进程，就只能围绕着教科书进行教学，课程论就不会具有研究价值。但事实上，课程论已经深刻地影响着学科教育，其显著的特征如下：①以教科书为中心的学科教学，逐渐被以课程标准为指导的学科教学取代；②新课程的教材、教学、评价完全根据课程标准编写与实施，已经动摇了传统的内容中心主义的教学基础，教师的学科教育观初步得到整合；③学生中心课程的概念渗透到课堂教学，这种课程取向必将促进学科课程研究向深层次发展。

因此，历史课程不再泛指一个教学科目（等同于教学大纲或学校教学计划），或特指学科教学内容（等同于教科书所规定的范围和学习顺序）；历史课程不再充当教学的门卫，它不是一条静态的跑道，它体现出某种或多种交织在一起的动态的教育

---

① 具体内容见全国十二所重点师范大学联合编写、钟启泉主编：《课程论》第一章结论，北京，教育科学出版社，2007。

② 参见［澳］科林·马什：《理解课程的关键概念》（第 3 版），徐佳、吴刚平译，4～8 页，北京，教育科学出版社，2009。

意识，反映着学科教育的价值取向和走向；历史课程论，既独立于教学论或教学法，又与其保持密切的联系。抑或说，课程论侧重于设计的、理论的系统，教学论侧重于操作的、经验的系统。

课程定义，因研究者或实践者在其课程思考和工作中对概念的使用而有所不同，因此，没有超出特定的研究、论文、看法或值得讨论的政策文件等背景之外的特殊地给课程下定义的方式。

课程定义的确定有两种主要角度：手段—目的和存在性—个人性。①

(二)课程的分类

首先，从课程性质上分，有国家课程、地方课程和校本课程。为了保障和促进不同地区、学校的发展以及学生多方面的需求，我国实行国家、地方和学校三级课程管理。如《基础教育课程改革纲要(试行)》所说，"教育部总体规划基础教育课程，制订基础教育课程管理政策，确定国家课程门类和课时。""省级教育行政部门依据国家课程管理政策和本地实际情况，制订本省(自治区、直辖市)实施国家课程的计划，规划地方课程，报教育部备案并组织实施。""学校在执行国家课程和地方课程的同时，应视当地社会、经济发展的具体情况，结合本校的传统和优势、学生的兴趣和需要，开发或选用适合本校的课程。"②笼统地说，三级课程的前两级都是政府课程③。历史课程，无论初中历史课程还是高中历史课程都是国家课程。

我国的国家课程，有必修课程和选修课程两种形式。必修课程，顾名思义是为了保证所有学生的基本学力而开发的所有学生必须修习的公共课程。选修课程，则是在学生完成必修课程的基础上，为不同学生提供的能够依据个人学习特点与发展方向选择修习的课程。现行初中历史课程只开设必修课程；高中历史课程，既有必修课程，也有选修课程，而且选修课程再分限定选修课程(必选)和自由选修课程(任选)两种形式。从课程设置的目的看，必修课程和选修课程兼顾公平发展与个性发展两个方面，二者在国家的基础教育体系中具有同等价值，是相互渗透、相互作用的关系。

从课程设计或课程开发的角度区分课程的种类，通常还有分科课程和综合课程。分科课程，即一种单一学科的课程组织模式，它强调学科逻辑体系的完整性，学科门类也相对独立。综合课程，则是运用两种及两种以上学科的知识观和方法论组织的课程模式，因课程设计的取向不同，又分为"学科(discipline)本位综合课程""经验

---

① 江山野主编译：《简明国际教育百科全书》，65 页，北京，教育科学出版社，1997。

② 《基础教育课程改革纲要(试行)》，见钟启泉、崔允漷、张华主编：《为了中华民族的复兴　为了每位学生的发展：〈基础教育课程改革纲要〉解读》，11 页，上海，华东师范大学出版社，2001。

③ 国家课程的概念有广义和狭义之分。广义的国家课程包括教育部制定、颁行的所有与课程开发和实施相关的政策、法规、计划等。狭义的国家课程指依据教育部颁布的课程标准所开设的课程。地方开发的课程，若没有地方课程标准，严格地讲还是国家课程。国家课程集中体现国家意志，具有统一的规定性和强制性。我国现行的三级课程管理制度，增加了国家课程的多样性。

（experience）本位综合课程"或活动（activity）课程①、"社会（social）本位综合课程"。综合课程有很多设计方案，并开发出不同的课程模式，比如相关课程（correlated curriculum）、融合课程（fused curriculum）和广域课程（broad curriculum）。

另外，按照课程性质和功能还可以分为：显性课程和隐性课程。显性课程，也被称为正式课程（formal curriculum）或常规课程（regular curriculum）。顾名思义它是学校教育计划中所实施的官方课程的总称。隐性课程，是指学生在学习环境中所学习到的非预期或非计划性的知识、价值观、规范和态度②。另外，美国还提出了核心课程（core curriculum）③的概念，由政府导向和强化母语、数学、历史与科学等学科教育，同时也强调围绕社会问题或生活领域进行课程设计。

据此，我们可以确认基础教育中的历史课程是国家课程、分科课程、显性课程、核心课程（也是综合课程不可或缺的部分）。诚然，作为典型的人文学科课程，它也不能忽视隐性课程对学生的学习成就及其终身发展的影响和作用。

从课程的本质是经验出发定义课程，至少应当包括如下方面：首先，作为课程的经验，不仅要考虑学习者最终获得的经验（名词），而且要考虑学习者经验的过程——即体验、感受、获得、占有的过程（动词）。一般意义上的科学知识体系并不能直接成为课程。其次，作为课程的经验，具有极强的目的性，是在教育者的干预下实现的，无论是作为学习者获得的结果，还是体验的过程和方式，都应当是经过选择和计划，是对于个人和社会的存在及发展最有价值的。最后，作为课程的经验，是在教育环境中实现的，不仅区别于、高于学习者在日常生活中的经验，而且区别于、高于学习者在学校其他条件下获得的经验④。

二、课程开发与课程模式

（一）何谓课程开发

课程开发，原指新课程的建构、实验、改善和实施过程。同义语还有课程构成（curriculum construction）、课程编制（curriculum making）、课程建设（curriculum building）。但是，这些概念的内涵不尽相同。课程构成的重点是怎样确定课程内容、如何对所选择的内容进行解释，以及由怎样的课程构成要素形成课程的特色；课程编制则需要综合考虑一门课程的社会性质、教育本质、知识特质、教育目的等问题，

---

① 同时还称为"生活课程""儿童中心课程"，都是十分形象的说法。

② 参见叶澜本卷主编：《中国教师新百科·中学教育卷》，302 页，北京，中国大百科全书出版社，2002。

③ 总体而言，核心课程是以社会问题或生活领域为中心进行设计的课程。美国有两种核心课程取向：一是指该课程是所有学生必修的课程，其学习内容也是所有学生必备的基础知识与技能，这里使用的核心课程概念就是这种取向的课程。二是将学生和社会的需要以及学科发展等因素统整起来进行课程设计，第二章对此已有所阐释。

④ 参见丛立新：《课程论问题》，81 页，北京，教育科学出版社，2000。

重点强调什么样的课程目标才是适宜的、如何组织有效的学习活动，以及如何达成课程目标；课程建设，重视课程组织的规则问题，诸如关注学科知识、学科设计及跨学科学习内容的组织。

概括地说，课程构成着眼解决过程性问题，课程编制着眼解决教育哲学问题，课程建设着眼解决内容构成的技术性问题。其实，在实际操作中，研究者并不会泾渭分明地从概念出发做课程研究，这些概念或许只是用来强调课程开发或设计的理论取向，因为不同的理论取向折射出的历史、哲学、文化、政治、经济、心理学等影响因素是复杂的（见表3-1）。引申说，它们决定了课程开发过程中需要解决的独特的问题，并由此形成了不同的课程模式（curriculum models）或类型（curriculum types or categories）。譬如，泰勒（Tyler，R. W.）的目标模式、布鲁纳（Bruner，J. S.）的结构模式、斯腾豪斯（Stenhouse，L.）的过程模式、施瓦布（Schwab，J. J.）的实践模式①。所以，理解课程开发的具体内容，没有一定的课程观念不行，没有相应的途径或技术也不行。

表 3-1　课程设计取向的比较②

类型	基础	目标	内容	方法	评价	代表人物
认知过程取向	要素主义 认知主义	促进个体智力发展；培养有能力的、会学习的、拥有专业化或学术成就的人。	重点是各门学科的程序性知识，处理信息和思考问题的一般方法；与学科相关但又保持各自的特征。	以学科知识为中心，且关注学生的探究特征，遵循学科知识逻辑顺序和完整性。	强调专业化，追求卓越和高标准；关注优等生。	布鲁纳 费尼克莱
人本主义取向	进步主义 存在主义 人本主义	为促进民主的社会生活而培养和发展学生的自我概念与经验。	关注学生个体和集体的经验、兴趣和需要，提供一般的包括情感、社会问题和自我理解的经验。	强调促进学习者的自我激励和支持；以现实和社会生活经验统一课程内容、活动计划。	强调人的整体发展，特别是自我概念的形成；关注过程，关注平等，但对学科知识不重视。	马斯洛 罗杰斯

① 详见施良方：《课程理论——课程的基础、原理与问题》，15 页，北京，教育科学出版社，1996；张华：《课程与教学论》，上海，上海教育出版社，2000；钟启泉主编：《课程论》，75～82 页，北京，教育科学出版社，2007。

② 参见钟启泉主编：《课程论》，64～65 页。

续表

类型	基础	目标	内容	方法	评价	代表人物
社会重建主义取向	进步主义改造主义	培养为改善和重建社会并促进社会变化和改革有自觉和强烈意识与能力的人。	当代社会的主要问题，科目内容是综合的以问题为中心组织起来的。	根据问题或学生的兴趣组织课程内容和计划；学生积极参与探究和表达。如小组活动、小组讨论和社会调查等。	强调一般的非专业性人员的培养；经典学科、实践性学科和职业学科混合；不利于系统知识的设计和学习。	布拉梅尔德；康茨；吉鲁
技术学取向	要素主义行为主义	培养有理性、有能力的人	学术性学科	强调学习者与信息来源之间的关系。如计算机辅助学习、个别指导教学、程序化教学等。	强调通过有效的刺激产生有效的学习效果；但过于机械化和僵化。	斯金纳；泰勒

（二）历史课程的开发

无论哪种课程理论，凡是涉及课程开发就都要考虑教育目标、学习经验、内容的选择与组织、教学过程、课程评价乃至课程改革等种种问题。究竟需要开发怎样的课程，则要看国家或地方政府的相关决策。当然，专家和社会各有关方面的作用非常重要，因为课程专家、学科教育专家、学科专家及一线教师必须共同合作，将课程决策付诸行动，方能完成课程开发或设计的任务。所以，不能忽视专家和一线教师对课程开发理论和技术的作用。

1. 历史课程开发基础

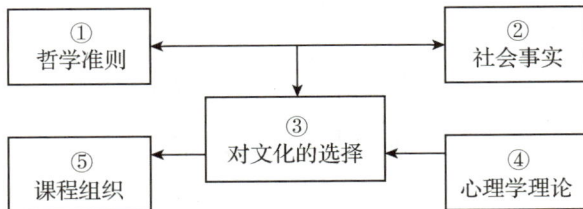

图 3-1　历史课程开发基础示意图[1]

①哲学准则，指课程开发的定位、目的、价值观及其相应的知识类型与结构。凡课程设计、编制的思想以及在设计、编制课程的过程中解决问题的思路等，皆与哲学有关，尤其是现代的课程观念，其都是从哲学派生出来的。②社会事实，指课

------

① 参见［英］丹尼斯·劳顿等：《课程研究的理论与实践》，5 页，北京，人民教育出版社，1986。本图根据该著作中的相关论述整理。

程开发中需要考虑的社会、思想、技术变革或变化因素。③对文化的选择，指课程开发势必触及文化的抉择问题，包括传统的、当下的以及未来的可能性等，它关乎课程特征和效果，集中体现课程预期的达成目标[①]。①②③的关联十分紧密，如为历史课程这样的人文学科课程定位，本身就是追求什么样的文化的问题。单纯考虑"科目内容"的课程编制观念，容易剥离历史课程作为文化课的本质，要么使它成为死记硬背的科目，要么借它灌输大量的与公民的思考无关的知识。即便是瞄准"学科教学知识"编制历史课程，若不能处理好三者的关系，历史课程仍然不会成为"文化的科目""思考的科目"，更非"有智慧的科目"。④心理学理论，主要指课程开发所必需的心理学理论和知识，如华生（Watson，J. B.）和斯金纳（Skinner，B. F.）的行为主义理论、布鲁纳和皮亚杰（Piaget，J.）的认知主义理论、罗杰斯（Rogers，C. R.）和马斯洛（Maslow，A. H.）的人本主义理论等，以及基于何种理论支持应选择的课程类型，如行为—评价、经验—理解、掌握—有意义、知识—建构等着眼认知结果的类型；生活—需求、认知—情感、参与—思维、人格—发展等着眼意义生成的类型。⑤课程组织，即最后构成的课程形态或模式，包括范围、顺序、原则、内容等。

历史课程的基本原理：激发学生的好奇心和想象力；是以探究为主导的学科；是生动而令人兴奋的学科；为学生的未来服务。

历史的真正理解源自于对关键概念和关键历史事件、主题和问题的把握。关键概念是希望学生在离校后依然有重要想法和理解。[②]

2. 历史课程开发的决策系统

对上述内容的认识，影响着历史课程开发决策。课程开发决策，也反过来制约出台怎样的课程决策。历史课程如何走出"不受重视"的困境，需要历史课程开发的决策系统有所改变，甚至是彻底变更。

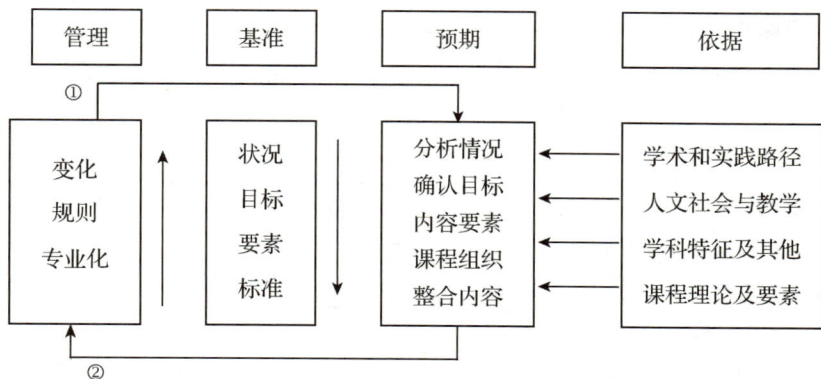

图 3-2　历史课程开发政策流程图

---

①　(2)(3)涉及社会学、政治学、文化学、人类学等相关社会科学知识或学术基础。
②　《新西兰高中历史课程标准》，见赵亚夫、张汉林主编：《国外历史课程标准评介》（下卷），502 页。

第一，课程开发的决策系统，大致包括预期结果、确定基准和评价与管理三个环节。

第二，从其运作的依据看，以下四个方面尤为重要：学术研究基础及可能的实践途径；人文社会学科的相关知识、技能和规则，及其在教学中的应用；本学科的知识特征及与本学科相关的其他教育要素；课程理论及其在教学中的应用。其中，"学术研究和实践路径"决定历史课程的取向，譬如是采用学科中心型课程，还是采用学生中心型课程或问题中心型课程；"人文社会与教学"，除了决定历史课程的内容范围和知识类型外，还影响课程实施的途径、条件和教学形态与方式，如采用何种教学方式或以哪些学习方式达成课程预期的目标，包括接受式学习（reception learning）、发现式教学（discovery teaching）、探究式学习（hands-on inquiry based learning）、问题解决式学习（problem-based learning）等；"学科特征及其他"，则指单一学科课程或综合课程所反映的学科特质，这里的"其他"指为发挥历史教育功能、凸显历史学科特质理应有的人文社会学科视域；"课程理论及要素"，即最后完成的课程形式、形态或模型。

第三，①表示研制的环节或条件，包括指导课程开发的政策性预期、比较确定的课程开发基准①以及评价和管理课程应具备的条件。②表示依据该系统所确定的课程政策。

历史课程开发的政策系统如何定位和运作，对课程实施至关重要。究竟是旧课程还是新课程，首先是这个决策系统决定的。如果这个系统是传统的、封闭性的，历史课程观念就倾向于保守，历史内容就属于狭义的传统主义的内容，历史学习与现实社会、个人经验基本无关，历史教学以陈述为能事。反之，如果这个系统是现代的、开放性的，历史课程观念则倾向于学生的历史理解，历史内容便于学生建构自己的历史解释，历史学习须首先着眼于学生作为合格公民所必备的技能和能力，历史教学强调对话且必须帮助学生学会解决问题、学会改变。

历史教育的核心就在于不断探索并揭示人类社会复杂历程的经验，在此过程中培养学生的自信心和独立意识，使其能运用批判性思维方式发掘问题的本质，并能对社会生活、民族国家乃至世界范围内的不同观点做出辩证的分析。②

3. 历史课程开发的评价系统

①由于人们的学术基础不同，对于历史课程的认识自然各异，历史课程评价标准也就会有差异。②评价及反馈可以分为两个方面，右半部体现课程思想的来源与表现，左半部针对教学实施，二者需要服务于"为理解而教"的理念。③其"条件分

---

① 作为决定课程政策的基准，它反映三个水平：第一，状况，即调查、了解现阶段课程、教学，特别是学生经验的实态；第二，目标，即基于前者所拟定的课程目标；第三，即基于目标研制的标准本体。这些过程不是截然分开的，也不是一次性的。

② 《新加坡初中历史教学大纲》，见赵亚夫、张汉林主编：《国外历史课程标准评介》（下卷），349 页。

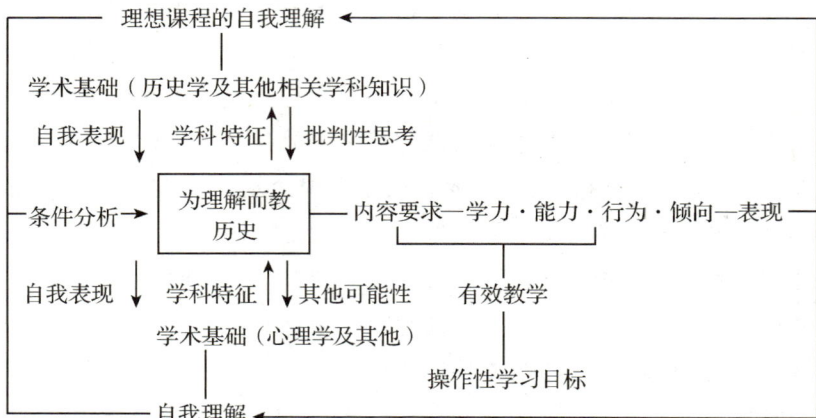

图 3-3 历史课程开发的评价与反馈系统流程图

析"包括四项内容：学生真实的社会经验及学习状况；既存的教育制度和教学经验所产生的抵抗因素；整个政治、经济和社会环境对课程实施的影响；学生发展需求及人类文化学等能够对现行课程做出的解释，或从这些方面能够提炼出来的支持现行课程的有效证据。④评价和反馈有明确基准，而且评价和反馈应该在教学中进行和实现。⑤评价的着眼点不仅要强调学理上的客观性和真实性，更重要的是追求自我理解、自我表现，亦即从中获得自我学习经验。

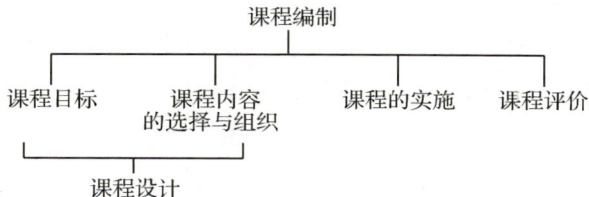

图 3-4 从课程编制系统看课程评价的位置①

三、历史课程论的研究课题

陈志刚认为，我国学者尚未构建起自己的历史课程论架构，其研究仍处在课程与教学混为一谈的时期，成果"仅仅依靠'教学'层面的改革，成效极其有限"。他还认为，"历史课程理论研究进展缓慢，与建立历史课程理论的目标尚有很大的距离。"若改变这种局面，需要从课程目标、课程编制、课程内容、课程实施、课程评价五个方面构建完整的历史课程论②。

1. 课程理论背后的理论

坦率地说，历史教学界不善谈理论，甚至有鄙视理论的现象。究其主要原因，

---

① 参见施良方：《课程理论——课程的基础、原理与问题》，81 页。
② 参见陈志刚：《历史课程本体研究》，11~13 页，天津，天津教育出版社，2012。

一是历史教学内容和方法都具有操作性，理论很少有用武之地；二是传统史学一向忽视理论，历史学家常常贬低历史哲学或历史理论的作用，受其影响，中学历史教师普遍排斥理论学习；三是中学历史教师越对理论陌生就越难以接受它，加之本来就没有接受过一般的理论训练，仅凭自己研修难度很大；四是过去的历史教学法专家、一线教师都没有接触课程和教材改革的机会，不能体会、更不能应用理论，于是他们普遍怀疑理论有切实的用处；五是无论教育理论还是历史理论，的确与历史教育、教学缺少联系，至于历史教育学的相关研究则更是十分薄弱，所以不能形成"理论联系实际"的事实。然而，新课程却迫使广大的历史教育者面对一个新的课程观。甚至说，没有现代的课程观就没有现代的教材观、教学观，这已不是操作的问题，恰恰是理论的问题。

"研究领域植根于世界，当然是它所选择并加以考察的世界。它也受到整个世界的影响：历史、政治、生命与死亡。理解当代课程领域，有必要把课程领域理解为话语（discourse）、理解为文本（text），并且最简单却最深刻地理解为语词与观念。我们用'话语'一词意指一种特殊的推论实践，或者一种表达形式，它包含着特定规则，正是这些规则建构了他研究的对象。"[①]无疑，这是后现代课程的一种看法，但是它也描述了当下我们正在或将来还会继续面对的课程论问题。结合前面就课程概念、分类及开发所陈述的要点，我们或可引申如下理解：其一，课程理论研究所涉及的范围和深度，使课程开发、设计和实施，既涉及哲学层面的认识论、本体论和方法论，也触及现实社会政治和历史背景；其二，对于课程的理解和解释，在实质和形式方面，已经发生了变化，话语、文本不再是特定方法论，而是基于某种认识论、本体论的理解与解释；其三，课程理解和解释方面的差异，正是产生于不同的、而且是特定的规则的建构过程。

世上曾被广泛应用或是现在仍有影响力的课程理论，都有深刻的认识论、本体论和方法论背景。不理解课程理论，无法解释历史课程是旧的还是新的、是进步了还是退步了；不理解课程理论的理论背景，也不可能理解现代的课程理论。这本身就是历史的视野和方法。对于专业人士来说，理论不该成为其认识上的障碍。更何况在今天，理论不仅是视野，更是深层次的意识和观念。事实一再证明，当我们不做理论的功课，却恰恰承担了课程开发或设计者的角色时，至多算是一个政策的执行者，并不能成为合格的课程开发者或设计者。

那么，对于一线的课程实施者来说，理论有什么用呢？起码有两条是很受用的：一是理论会帮助实施者把握课程的方向，实现课程应有的价值，真正做到"我的课堂我做主"；二是理论会帮助实施者证明按照传统方法一味地深挖学科内容不能获得理想的教学效果的道理。

---

① ［美］威廉·派纳等：《理解课程：历史与当代课程话语研究导论》（上），张华等译，7 页，北京，教育科学出版社，2006。

2. 历史课程论的课题范围

我们在确认历史课程论的研究范围时，没有必要刻意回避国外的理论和经验。道理很简单，所有的课程理论，包括概念、范式或规则，几乎都是舶来品。与其不伦不类地自创，我们不如扎实认真地做系统的学习，在经济全球化时代更应如此。积累我国的经验，或是将国外的理论务实地转化为我国的经验，当然需要我们充分了解和尊重国情、重视调查和实验以及和我国实践融会贯通。但是，前提必须是科学的、专门的、规范的。所以说，历史课程理论不是借鉴的太多了，而是远远不够。历史课程论的研究课题同样不能脱离课程论已有的问题以及可能的发展趋势，不能忽视学界的相关研究动态。

在已有的历史教育学研究成果中，叶小兵涉及了课程概念、历史课程的编制及类型、简单的课程史等问题[1]；陈志刚涉及了课程目标、课程编制、课程内容、课程实施、课程评价问题。[2] 在此基础上，研究者们进而研究如何完善和深化已有的研究，诸如对历史课程的多元认识，进而开发和设计更为多样且满足学生多方面发展的历史课程；通过怎样的课程评价和管理，真实地转变教学观、教材观、学习观、评价观；如何通过有效的参与及合作，促使教师从仅知晓一般学科知识且无课程意识的教书匠，转变为将丰富的学科知识与自觉的课程意识融通的专业化教师等。

表 3-2　历史课程论的研究课题

课程类型	历史课程论研究主题	历史课程论研究课题
理想的课程	课程概念与原理；课程目的与目标；课程开发与设计；课程模式与类型；课程编制与实施；课程改革与发展；课程评价与管理；课程资源与利用；课程研究范式	课程政策；课程价值；课程流派；课程目标；课程标准；课程内容；课程参与者；学科课程知识域；课程问题；课程史等
操作的课程	课程取向；课程形式；课程与教学的关系；知识领域；教学价值；教学过程；教学方法；教学途径与资源；教学评价与管理	教育计划；课程标准；教学目标；教学模式；教材分析；学科知识；教学方法；教学评价；教师行动研究；教师赋权等
习得的课程	课程取向；课程形式；课程与学习的关系；学习心理；学习环境；知识领域；学习价值；学习方法；学习途径与资源；学习评价与管理	课程标准；学习目标；学生发展；学习情境；学习意识；学科知识；学科能力；学习方法；学习成效；学习评价等

---

[1] 参见于友西、叶小兵、赵亚夫：《历史学科教育学》，101、109、119 页。

[2] 参见陈志刚：《历史课程本体研究》，11～13 页。另，叶著与陈著之间的研究成果，在陈著中已有梳理，本教材不再重复。

①历史课程论包含历史教学论和历史学习论等。②历史课程论需要处理四种逻辑及其关系：历史已经存在的，或许成为被认识的事实逻辑①（或称史事自身的逻辑）；历史内容的逻辑，无特殊情况的话，即指教科书的内容逻辑（可以说是史学家认知历史的逻辑）；经过教师的教学设计在课堂上呈现的教学逻辑；学生潜在的或显见的自我理解与自我解释的历史学习逻辑。③历史课程论研究的出发点和落脚点都是课程，所以它并不能替代历史教学论、学习论等。

无论描述多么详尽，课程仍然要比课程的描述丰富得多。课程本质上是一项社会性的创造，是集体性设计。判断课程的质量取决于人们在判断时所持有的思想、价值观和看问题的视角，还取决于课程实施环境的具体情形。②

第二节　历史课程改革与课程设计

历史课程论只依赖国家的课程政策来说明其存在的必要性，已难以应对复杂的现实问题；只站在单一的分科课程立场来解释其内容的重要性，也难以使历史课程摆脱"无用"的困境。历史课程论，有必要针对学生的健全发展，全面检讨自身存在的真问题，让历史课程更富有学科性、选择性和挑战性。

一、历史课程改革

20世纪70年代以来，全球性的教育改革一波又一波，历史课程顺应历史潮流大为改观。可以说，传统的历史课程大势已去。我国的历史课程不断深化改革，特别是进入21世纪以后，历史课程发生了深刻变化。

（一）我国的历史课程改革

1. 1949年以来的历史课程改革

（1）1949—1955年：1949年9月，中国人民政治协商会议第一届全体会议通过的《中国人民政治协商会议共同纲领》在第五章明确指出，应积极创建符合新时代要求的"民族的、科学的、大众的文化教育"。为此，中央政府着手创建新的课程与教材体系。具体措施包括三个方面。第一，实行统编教材。1949年10月19日，中共中央宣传部部长陆定一说："教科书要由国家办，因为必须如此，教科书的内容才能

①　即通常所说的"过去的事实"。它是历史学研究的对象，但不能等同于历史学。历史材料（文献等）所形成的专业化是对过去的事实的解释。"过去的事实"是无限的，它本没有重要的或不重要的区别，不同人可以发现不同的历史，并找出自己以为重要或不重要的事情；历史"真相"可以被认识，也可以被后人所颠覆，因为解释总是受各种各样因素的制约。历史教学内容是给定的历史知识，反映学生理应在课堂上学到的知识。在本质上，历史教科书和教师教学所呈现出来的内容都是历史解释，学生或许能够全盘接受，或许不能理解，或许独立思考，如何处理三者的关系，在教学论部分讨论。

②　［美］戴克·F. 沃克、［美］乔纳斯·F. 索尔蒂斯：《课程与目标》，向蓓莉等译，2、6、10页，北京，教育科学出版社，2009。

符合国家政策，……教科书对于国计民生，影响特别巨大，所以非国营不可。"①第二，组建直属教育部的人民教育出版社(1950年)，专门从事基础教育教材的研究、编写、出版和发行等工作。其中，编制教学大纲和编写教科书是最为重要的任务。第三，逐渐统一学校课程、教材，实现统编教材和较为彻底地规范课堂教学法后，就连教学的标准也相对一致化了。

从1950年8月教育部颁发《小学历史课程暂行标准(草案)》②，到1951年6月，初中三年级、高中二年级和三年级开设"中国革命常识""社会科学基本知识""共同纲领"课程，初步认识历史发展的规律、懂得劳动人民创造历史、阶级斗争是推动历史前进的动力的课程目标已然明确。1953年，中共中央政治局举行会议讨论教育工作，随后，决定成立语文和历史两个教学问题委员会，主抓意识形态学科重大问题的研究和教学。1954年6月，由政务院公布《关于改进和发展中学教育的指示》，进一步重申中学教育目的，明确指出中学教育不仅要供应高等学校以足够的、合格的新生，并且还要供应国家建设以具有一定政治觉悟、文化教养和健康体质的新生力量③。历史课程和教学在此背景中，逐渐剔除了民国时期课程和教材的影响，根据苏联和解放区的经验研制了新的中学历史课程、教材、教学体系(相关课程设置与课时见表3-3)。

表3-3　课程设置与课时一览表一

时间	初中	课程名称	周课时	高中	课程名称	周课时
1950—1952	初一	中国古代史	3	高一	中国古代史	3
	初二	中国近代史	3	高二	中国近代史	3
	初三	外国历史	3		新民主主义革命	
				高三	外国历史	3
1952—1955	初一	世界古代史	3	高一	世界近代史	3
	初二	世界古代史	3	高二	苏联现代史	3
		中国古代史			中国近代史	
	初三	中国近代史	3	高三	中国近现代史	3
1956秋	初一	中国古代史	3	高一	世界近现代史	3
	初二	中国近现代史	3	高二	中国古代史	3
	初三	世界历史	3	高三	中国近现代史	3

---

① 陆定一：《致全国新华书店出版工作会议的闭幕词》，见中央教育科学研究所编：《中华人民共和国教育大事记(1949—1982)》，5页，北京，教育科学出版社，1983。

② 参见课程教材研究所编：《20世纪中国中小学课程标准·教学大纲汇编：历史卷》，104页。

③ 参见中央教育科学研究所编：《中华人民共和国教育大事记(1949—1982)》，105页。

课程设置特点：第一，总体看，本国史的学习时间比外国史略多；第二，照搬苏联历史课程体系或受其影响严重①；第三，课程设置不稳定，如1950—1952年先学中国史，后学外国史，到1952—1955年改为先学外国史，后学中国史；第四，基本上是直线式的循环课程模式，即初、高中各学一轮通史，课程内容循环上升；第五，将"外国史"改为"世界史"，不再使用"本国""外国"这样相互排斥的旧说。

（2）1957—1963年：1956年，《初级中学中国历史教学大纲（草案）》出台，这是"新中国建立以来，我国正式公布的第一套完整的初中中国历史教学大纲……1959年以后，由于历史课时的不断减少，这份《大纲》也作了相应的调整，但它的奠基作用是应该肯定的。"②

1963年，我国颁布了第二个《全日制中学历史教学大纲（草案）》，试图矫正和恢复政治运动（"教育革命"）冲击下的非正常的历史课程和教学。这个大纲由"教学目的和要求""教学内容""教学中应该注意的几点""各年级的教学要求和教学内容"四部分组成，强调历史教学必须在马克思列宁主义理论的指导下，按照年代顺序，具体叙述历史，在这个基础上做出正确的分析和结论，做到材料和观点统一。反对空发议论，不注意具体历史知识讲授的做法，也反对只堆砌史料，没有理论观点的做法（相关课程设置与课时见表3-4）。③

1964年2月23日，毛泽东在教育工作座谈会上发表"教改谈话"后，政府做出了缩短学制、精简课程和教材的决定，在中学阶段只计划在初中三年级设置一学年的历史课④，这导致1963年版的教学大纲流产。

表3-4　课程设置与课时一览表二

时间	初中	课程名称	周课时⑤	高中	课程名称	周课时
1963	初二	中国古代史	2	高一	世界史	2/3
	初三	中国近现代史	2			

（3）1978—1990年：1966年"文化大革命"爆发，中学停课。"文化大革命"后期，学校"复课闹革命"，但仍无正常的历史课程。1976年，"文化大革命"结束。翌年5月，邓小平提出"尊重知识，尊重人才"的主张。1978年3月，教育部发出《关于中学历史教学大纲和教材中几个原则性问题如何处理的初步意见》，针对1978年2月

①　参见[苏联]叶菲莫夫主编：《近代世界史教学法》（上、下册），梅溪译，北京，人民教育出版社，1956。
②　苏寿桐：《史编拾遗》，239页，北京，人民教育出版社，1995。
③　参见课程教材研究所编：《20世纪中国中小学课程标准·教学大纲汇编（历史卷）》，256页，北京，人民教育出版社，2001。
④　因无教科书也未实行。
⑤　1963年版的教学大纲中各编教学内容皆有课时数，见课程教材研究所编：《20世纪中国中小学课程标准·教学大纲汇编（历史卷）》，261～326页。但是，一是"各部分的课时是约数，仅供参考"；二是修改过的教学大纲未被实施。

颁布的《全日制十年制学校中学历史教学大纲(试行草案)》做了具体说明,比如破除影射史学和儒法斗争的提法;废除"孔老二""孔丘"的提法,恢复使用"孔子"的称呼;不承认农民战争内部有路线斗争问题;否认农民战争后统治阶级必然反攻倒算的说法,改用"调整统治政策"的概念;不再强调中国共产党党史中的"两条路线斗争";学习中国史内容的下限断在 1949 年,学习世界史内容的下限断在 1945 年。

20 世纪 80 年代,中国全面进入改革时期。1980 年颁布《全日制十年制学校中学历史教学大纲》(对 1978 年版教学大纲的修订);1986 年颁布《全日制中学历史教学大纲》;1988 年颁布《九年制义务教育全日制初级中学历史教学大纲(初审稿)》。这些大纲比较充分地反映了改革开放的时代精神,体现了新时期历史课程的特征,如弘扬爱国主义精神、加强社会主义精神文明建设,培养"四有人才",为提高全民族的素质、增强民族自信心发挥积极作用。特别是 1988 年版的教学大纲将"能力培养"写入大纲,并提出相对具体的要求,对课程、教学的指导意义深远(相关课程设置与课时见表 3-5)。

表 3-5　课程设置与课时一览表三

时间	初中	课程名称	周课时	高中	课程名称	周课时
1978	初一	中国历史	3	高一	世界历史	3
	初二	中国历史	2			
1986	初一	中国历史	3	高一	世界历史	3
	初二	中国历史	3			
		世界历史	2①			
1988	初一	中国历史	2②			
	初二	中国历史	2			
	初三	世界历史	2			

课程设置特点:第一,中国历史的学习比重逐渐加大;第二,世界历史的学习比重相对削弱;第三,恢复初中阶段的世界历史课程;第四,自 1988 年始,明确将基础知识、思想教育"两项任务"变为基础知识、思想教育、能力培养"三项任务"。

(4)1990—2000 年:1990 年,国家教育委员会颁布《现行普通高中教学计划的调整意见》,规定高中课程采取必修和选修两种形式。同年颁布的《全日制中学历史教学大纲(修订本)》落实了这一规定,在高中三年级设置中国古代史选修课程。1991

---

① 初一、初二学习中国历史,共三学期,皆周 3 课时。初二下半学期学世界历史,周 2 课时。
② 以上为六三制学校课时安排。五四制学校,初一中国历史,周 3 课时;初二中国历史,周 2 课时;初四世界历史,周 2 课时。

年 8 月，国家教育委员会制定《中小学历史学科思想政治教育纲要（试用）》，就教育目的、教育内容、教育中应注意的几个问题做了非常具体的规划，它也成为 1992 年《九年义务教育全日制初级中学历史教学大纲（试用）》的指南。1994 年，国家教育委员会根据《关于印发中小学语文等 23 个学科教学大纲调整意见的通知》，做出《〈九年义务教育全日制初级中学历史教学大纲（试用）〉的调整意见》，重点是"减负"，如把初中二年级的历史课时由 3 减到 2，删去"中国近代历史内容要点"中的 4 项内容等。1996 年推出《全日制普通高级中学历史教学大纲（供试验用）》①。2000 年，国家教育委员会颁布《九年义务教育全日制初级中学历史教学大纲（试用修订版）》，面向 21 世纪的教学大纲初见端倪（相关课程设置与课时见表 3-6）。但是，2001 年，随着《全日制义务教育历史课程标准（实验稿）》的出台，教学大纲的时代也告结束。

表 3-6　课程设置与课时一览表四

时间	初中	课程名称	周课时	高中	课程名称	周课时
1990	初一	中国历史	3	高一	中国近现代历史	2
	初二	中国历史	2		世界历史	
			2	高二	世界历史	2
				高三	中国古代史选修	6
1992 1996②	初一	中国历史	2	高一	中国近现代史	3
	初二	中国历史	3	高二	世界近现代史	2
		世界历史	2	高三	中国古代史	3
					中国文化史	
					世界文化史	
2000	初一	中国古代史	2			
	初二	中国近现代史	2			
	初三	世界历史	2			

课程设置特点：第一，依据《中小学加强中国近代、现代史及国情教育的总体纲要（初稿）》《中小学历史学科思想政治教育纲要（试用）》调整教学大纲；第二，在高中设置选修课程；第三，课程内容的知识线索和要点严格对应《中小学历史学科思想政治教育纲要（试用）》；第四，2000 年的教学大纲采用义务教育九年一贯制的课程设置。

---

① 于 1997 年秋，在天津、江西、山西两省一市试验。

② 1992 年为《九年义务教育全日制初级中学历史教学大纲（试用）》；1996 年为《全日制普通高级中学历史教学大纲（供试验用）》。

(5)2000 年至今：为了扎实推进素质教育，落实国务院批转的教育部《面向 21 世纪教育振兴行动计划》，2000 年全面启动课程改革。2001 年 5 月，国务院发布《关于基础教育改革与发展的决定》。2000 年 6 月，教育部印发《基础教育课程改革纲要（试行）》，分课程改革的目标、课程结果、课程标准、教学过程、教材开发与管理、课程评价、课程管理、教师的培养和培训、课程改革的组织与实施九个部分。基于《基础教育课程改革纲要（试行）》编制历史课程标准。《全日制义务教育历史课程标准（实验稿）》于 2001 年颁布，《普通高中历史课程标准（实验）》于 2003 年颁布①。2007 年始开始修订义务教育阶段课程标准，修订稿于 2011 年颁布；《普通高中历史课程标准（2017 年版）》于 2017 年颁布②（相关课程设置与课时见表 3-7）。

表 3-7　课程设置与课时一览表五

时间	初中	课程名称	周课时	高中	课程名称
2001 2003	初一	中国古代史	2	高一	必修Ⅰ、必修Ⅱ、必修Ⅲ 三个模块，每个模块 2 学分；六个选修模块，文科生至少选 3 个模块，每个模块 2 学分
	初二	中国近代史	2	高二	
	初三③	中国现代史		高三	
		世界古代史	2		
		世界近代史			
		世界现代史			
2011 2017	初一	中国古代史	2	高一	中外历史纲要（必修）；国家制度与社会治理、经济与社会生活、文化交流与传播（选择性必修）史学入门、史料研读（选修），必修模块 4 学分，选修每个模块 2 学分
	初二	中国近代史	2	高二	
	初三	中国现代史		高三	
		世界古代史	2		
		世界近代史			
		世界现代史			

课程设置特点：第一，课程结构发生重大变化；第二，2001 年版的课程标准采用主题构建方式，2003 年版的课程标准采用模块及专题构建的方式；第三，2011 年版的课程标准采用"点—线"结合方式，2017 年版的课程标准采用"通史与专题"结合方式；第四，高中课程形态增多，如必修、选择性必修、选修；第五，初中课程难

---

① 2005 年，全国所有地区都进入新课程。
② 到 2020 年，全国所有地区都将使用新版课程标准。
③ 也有将三个学年学习内容全部压在初一、初二完成，周 3 课时。世界历史放在初二下学期。

度降低；第六，高中课程难度明显提高。

教材教育课程改革的具体目标：

改变课程过于注重知识传授的倾向，强调形成积极主动的学习态度，使获得基础知识与基本技能的过程同时成为学会学习和形成正确价值观的过程。

改变课程结构过于强调学科本位、科目过多和缺乏整合的现状，整体设置九年一贯的课程门类和课时比例，并设置综合课程，以适应不同地区和学生发展的需求，体现课程结构的均衡性、综合性和选择性。

改变课程内容"难、繁、偏、旧"和过于注重书本知识的现状，加强课程内容与学生生活以及现代社会和科技发展的联系，关注学生的学习兴趣和经验，精选终身学习必备的基础知识和技能。

改变课程实施过于强调接受学习、死记硬背、机械训练的现状，倡导学生主动参与、乐于探究、勤于动手，培养学生搜集和处理信息的能力、获取新知识的能力、分析和解决问题的能力以及交流与合作的能力。[①]

2. 21世纪历史课程改革面临的问题和挑战

我国的历史课程改革成就受益于国家政策和政府的大力推动，也渗透着学科专家、教材专家、学科教育专家和一线教师为追求理想历史课程所付出的努力。或许正因为诉求的标准越来越高，而且变化太快，导致理想与现实之间出现很多裂痕。笔者择其要者而言。

其一，历史教育目的与历史课程的关系仍较为模糊。因此，基础教育与历史学、公民教育与学科的专门化、大众教育与精英教育的关系等课程本体论问题，很少被关注。而现实中，我们又必须回答为何用"核心素养"替代"三维目标"，或是说由"三维目标"延伸至"核心素养"一类的问题。我们仅从课程改革的背景、任务方面解释，其实还不能解开学科教育方面的疑问。从全球范围看，这并不是我国独有的问题，貌似越是大国、强国，这个问题越是突出。

其二，如果历史教育必须培养学生"学科核心素养"，那就不能仅从课程改革——侧重于解决教育问题——的需要方面考虑问题，必须要涉及学科教育的深层次问题，诸如历史知识的性质、历史思维的特征、历史意识的品质等，而且它们作为核心素养出现时，也不应该突出其唯一性、规定性和学术性。中学所强调的"学科核心素养"是否等同于历史学素养？是否就是历史学家的素养？这些问题仍有待讨论并做进一步的研究。它不仅关涉中学历史教育的专业化方向，更为重要的是它直接影响公民必备何种历史知识，以及培养何种历史视角、方法和能力等关键的历史教育问题（关乎公民素养和行为）。历史早已证明，以经验、理念为特征的历史课程改革，只能对教学内容做裁缝式的剪刀工。所谓适应性，不过是将就现实的教学水平而已，

---

① 摘自《基础教育课程改革纲要（试行）》。这里略去了评价、管理两条内容。

对历史课程本身的进步没有真价值。相反，完全不顾现实教学水平，一味求新求异，改革就没有不失败的道理，因为实施者普遍不能适应时，理想的目标会变成幻想的行动。①

其三，如果义务教育阶段的历史教学薄弱，高中阶段的历史教学也不会理想。落实"学科核心素养"，需要整体地规划基础教育的历史教学。抢高地的办法，不应该成为历史课程改革的特点。到目前为止，我们的历史课程依然是条块状的，初、高中相互分离。它最为突出的问题，一是严重忽略历史的通识教育（指基础知识和基本技能）特色；二是教师和学生总是处于应付变化的状态中，无暇从容地进行学科教学，即忽视常理和常识。解决这些问题，研究者在历史课程理论方面还有很多工作要做。

其四，课程的综合化时代已经到来，培养学生的核心素养，就是学生基于综合的知识、能力养成务实的习惯、态度和行为，并通过做事和解决问题成为健全发展的人。一个学科对养成核心素养是否重要，主要不是它具备了特殊的素养品质，而是它在核心素养中多大程度上能够起到融会贯通的作用。历史是人文学科，历史课程究竟如何定位核心素养，其课程理论在各方面都面临挑战。

其五，课程改革不能脱离全球背景，但是全球发展趋势究竟是什么，不是研究者看几篇研究报告和论文就可以判断的。全面了解国外历史教育发展情况，深入开展国际合作，成为历史课程理论成熟的必要条件。

历史课程改革，既有机遇，也面临挑战。如何深化历史课程改革，"变"只是一个方面，还有很多更深层的"不变"的东西（原因和经验），需要我们慎重思考。

课程的本质就是教学认识的客体……最主要的特点是其中介性。它是认识的对象，又是认识的中介和工具。它主要不是自然客体和社会客体，而是精神客体，学生不是直接跟自然界、社会现象打交道，而是通过课程这个中介客体去认识世界。……因为课程的本质是知识，而知识对学生的发展发挥着决定性的影响，所以，关于"改变以学科知识系统为中心……构建以全面提高学生素质为中心"的说法，以及"实现我国中小学课程从学科本位、知识本位向关注每一个学生的发展的历史性转变"的说法，是很有疑问的。②

（二）国外的课程改革

1. 20世纪70年代课程改革逐渐活跃

20世纪七八十年代，国外课程改革呈现出许多新特点。①课程社会化。一方面表现为学校扩大学生的学习领域，将课程内容引向社区乃至与学生社会生活相

---

① "核心素养"落到学科中会导致一系列关键问题出现，故我们需要认真且深入地研究。以历史学科为例，它与其他相关学科的关系就是一个非常专业和棘手的问题。简言之，我们不能因提倡"学科核心素养"，而使学科视野越来越窄，亦不能因"学科核心素养"的专业性而使解决问题成为某学科的某种特权。

② 王策三、孙喜亭、刘硕：《基础教育改革论》，95页，北京，知识产权出版社，2005。

关的整个社会，另一方面强调在学习领域中发展学生的个性和创造性。②课程多样化。教学内容尊重学生的差异，学校不仅开设多样性课程，而且有针对性地划分学习水平，确保每个学生都能够完成基础水准的学习任务，并尽己所能施展学习能力。③学校重视开发基于本地环境或社会问题的课程，如关于价值观教育、多元文化教育、消费教育、环境教育等方面的课程。④引导所有课程积极运用现代化教育技术，将教育与技术联系起来。⑤推进综合课程或综合化学习。特别是在义务教育阶段，为了促进学生的健全发展，学校要求教师把知识、技能、态度、道德、价值观加以整合，并主张教师在教学过程中采用更为灵活、有效的教学模式，如活用小组（flexible grouping）学习、进行有效教学（operative teaching）、开展有特色的主题活动等。

这些新特点带来的最显著成果之一，便是各学科教育内容的相互渗透，进而使学科教育步入新的发展阶段，研究者对学科教育的认识随之升华。譬如1975年经济合作与开发组织（OECD）教育研究与创新中心（CERI）①发行的《课程开发指南》一书，在广泛研究了学科教育内容、教育观念、教科书、评价标准的基础上，提出"主体课程论"，即学生是学习主体，学科教学必须符合学生的实际经验，满足他们的好奇心和求知欲，促进他们的终生学习。课程开发应具有综合性和整体性特征，避免因过于分割学科教学，导致学生思维和视野简单化、片面化，故称"整体课程"设计。还有一点值得注意，这种课程设计需要计划性，但是不能被刻板的国家标准所替代。

无论是主张"主体课程论"，还是强调"整体课程"设计，国外的研究者在充分考虑学科课程整体性、一贯性的同时，也把课程处理得富有弹性。20世纪90年代，既是"一贯制"的，又具有弹性的历史课程设计，几乎成为一种通则②。从课程开发角度看，美国高中的"简易课程"（或称"研究课题""研究项目"），就是根据学生兴趣开发的选修课程。人们根据对堪萨斯州（Kansas）40所公立高中的调查可知，美国仅在20世纪70年代开设的社会科微型课程（Mini Course）就有977门之多，其中美国史占了其中的360门，包括南北战争、最后的合众国、美国西部、殖民地时代、独立战争、第一次世界大战、第二次世界大战、美国的印第安、少数民族、印第安研究、堪萨斯州史、黑人历史等内容。

再有就是人们对"隐性课程"的关注。首先，涂尔干（Durkheim，E.）等人，用历史和比较的方法研究教育问题③，开启了教育研究的新局面。1968年，杰克逊（Jackson，P. W.）出版《班级生活》一书，首次提出了"显性课程"（或"正规的课程"）和"隐性课程"（或"潜在的课程"）的概念，并从学校课程不可避免地被社会化的角度

---

　　① 即 Organization for Economic Co-operation and Development（OECD）；Center for Educational Research and Innovation（CERI）。

　　② 参见赵亚夫主编：《国外历史课程标准评介》，北京，人民教育出版社，2005。

　　③ 主要指涂尔干的《教育与社会学》（*Education and Sociology*）一书产生的影响。

进行描述，以此对行为主义理论进行批判，还使用"群体""表扬""权力"等概念建立了学校隐性课程的基本结构。以后又出现了"再生产性的隐性课程""抵制性的隐性课程"等。概括其特点：第一，每个学习者都是主体，每个主体的心灵也是独特的，在同一个教育情境中，不同主体会解读出不同的意义，而这些意义难以被教育者预测，所以隐性课程具有弥散性和普遍性；第二，隐性课程都是通过无意识的心理层面对学习者产生影响的，如情感态度与价值观等就是潜移默化的结果，所以隐性课程具有持久性；第三，隐性课程的教育影响，既可能是积极的，也可能是消极的，所以要求教育者的教育技艺要能对学习者施加积极影响；第四，隐性课程的内容，既可以是学术的，也可以是非学术的，其学术性主要指学术性知识、观念、方法和态度，非学术性主要指行为规范和规则、人际交往方式等。① 显然，历史课程不能对此等闲视之。显性课程和隐性课程不仅是互补关系，研究者越强调能力、价值观或人格等人文学科特色，就越应该重视隐性课程的存在价值。

总之，自 20 世纪 70 年代始，全球课程改革趋势，可以概括如下。第一，将以成人为对象的教育学，转变为以学生为对象的教育学，即以终身教育、终生学习理念指导课程改革。第二，由教师主导型课程，转变为优化环境型课程，即注重创设教学情境或更适宜学生需求的学习环境，包括灵活地利用多媒体教学技术等。第三，从德、智、体三项教育任务，转变为以下五项教育任务：一是为了健康、福祉、个人幸福的教育；二是确保教育公平和具有较高质量的教育；三是有针对性地满足学生未来职业化需求的技术教育；四是能够不断让学生进行自我充实的选择性教育；五是增强学生社会行动能力的教育。第四，把单一系统的纵向学习结构的课程模式，转变为按需所取的综合性学习的课程模式，即将成人化、知识性、注重训练的模式化课程，转化为以学生健全发展为目的的、能够应对未知挑战、具有开发学习潜力的非固定模式的课程。

据此，历史课程改革一方面夯实了好的传统，如注意培养时空意识、开发更为丰富的感知材料（传记、遗存、民俗资料）；另一方面又指出了新的方向，如重视反映学科特质的认知研究，强调人类历史活动的生存意义和文化价值，培养学生整体的历史意识；要求从单一的通史视角转为以主题构建为主②的多视角（含兼顾通史与专题结合的视角）的历史学习，以便更好地吸收文化史、思想史、社会史和科技史内容；在注重课程目标、内容应有的确定性的同时，要求保持人文学科课程理应有的弹性或灵活性，以便隐性课程发挥作用；通过有效教学方法，慎重地引入某些有争议的历史问题或社会问题，充实历史教育的公民性，如加强基于阅读的历史研究活动。

---

① 参见钟启泉、张华主编：《课程与教学论》，253～254 页，广州，广东高等教育出版社，1999。

② 参见赵亚夫等编著：《国外历史教育透视》第一、二章，北京，高等教育出版社，2003。

就学习内容和学习方法而言，人文主义课程提出的问题当然会多于课程提供的答案。这种课程提倡尊重多样性，反对一切形式的（文化）霸权、刻板观念和偏见。……说到政策，我们必须要记住，课程框架是将广泛的教育目标与实现这些目标的过程联系起来的桥梁。

公民教育通常具有重要的社会、公民和政治功能，关系到民族认同、共同命运意识到形成和公民的塑造。……跨国社会和政治共同体、民间社会和行动主义都是新型"后国家"公民的表现形式。全球化创造了超越民族国家的新型经济、社会和文化空间，正在促成超越民族国家界限的新的身份认同和动员模式。①

2. 20 世纪 90 年代以来的课程改革

（1）概述

20 世纪 90 年代，很多国家展开了面向 21 世纪的课程改革。其主调是，不仅要让学生获得知识和技能，而且必须帮助其养成基本的、也是较高层次的认知能力、处理人际关系的能力，形成良好的人格特性和人生态度。我们也可以理解为，课程改革将传统的知识和技能转化为 21 世纪的"新知识、新技能"。所以，人们看到，关键的、共通的、21 世纪的、技能、能力这些词汇，频繁出现而且组合成了新概念，如 key competence 或 key competency，我们叫它"核心素养"，直译就是"关键能力"或"核心的胜任能力"。

我们采用 key competence 或 key competency 概念有诸多考虑和背景②，但有一点我们不能忽略，就是 21 世纪的不确定性、不稳定性急剧增加，工业化时代的秩序性观念或许已不再适用，信息化或数字化给人类带来挑战，教育恐怕很难再从过去获得经验，譬如经济全球化背景下究竟需要怎样的全球素养，经济全球化为什么对某些国家是福音，对某些国家是麻烦等。OECD 教育研究与创新中心在名为《大趋势形塑教育》（*Trends Shaping Education*）的报告中，把 26 个主要趋势归纳为 9 大主题，即社会老龄化；全球性挑战；经济新图景；变化中的工作世界；学习型社会；新一代信息通信技术；公民与国家；社会关系与价值观；富裕的可持续性。每个主题都能够引发诸多问题，如在学习型社会"教育成就水平的提升在多大程度上已经转化为学习、技能和文化理解等水平的提升？"在数字化技术快速发展并越来越多地运用于学习的今天，"我们如何提高教师的知识和技能，如何使它们更好地适应需要？""信息通信技术允许自定节奏、互动和自我完善的学习风格吗？"③等。

我们注意到，新学力观也好，新素养也罢，知识在其中都是最显眼的概念之一。20 世纪 90 年代人类迈入了知识经济时代，当下的社会已是知识型社会；我们每个

①　联合国教科文组织编：《反思教育：向"全球共同利益"的理念转变？》，联合国教科文组织总部中文科译，33、57 页，北京，教育科学出版社，2017。

②　参见赵亚夫、熊巧艺：《"核心素养"概念辨析——兼议历史教学改革》，载《中学历史教学参考》，2016(12)。

③　OECD 教育研究与创新中心：《大趋势形塑教育》，赵中建等译，51、61 页，上海，华东师范大学出版社，2009。

人都要适应学习型社会，终身教育、终生学习是 21 世纪人类的生存之道。显然，人们对知识的认识发生了质的改变。知识不局限于书本，不仅是在课堂上由教材、教师所传递的过去的、经过检验而且证明是正确的人类经验。在互联网环境中，知识不仅是海量的，在可能的技术条件下，也是唾手可得的。再有，即便人们能够学到丰富的知识，但是这些知识无法作用于思考、做事和改变的话，人们为什么要学习和掌握它呢？其实，在课程改革背景中，人们已不再纠结知识有用、还是无用的问题了，而是在信息化或数字化、经济全球化时代，社会结构、经济结构、产业结构乃至人们的生活方式、学习方式、思维方式都在急剧变化，获取知识和运用知识的方式与过去大不相同，人们处在了名副其实的复杂多变的生存环境中，于是要变"了解知识"为"拥有知识"。

所谓拥有知识，当然不能只讲接受知识，拥有包含着知识的再产生或者创造。学校应提供可靠、开放、自由的知识（信息源），而且必须成为学习者习得知识和交流经验的主要场所。为了确保每个公民都享有平等的、较高质量和高水平的服务，学校教育（含学科教育）的着眼点理应放在通用（或通识）的知识与技能上面。据此，学生在学校获得什么样的知识，以及通过什么样的技能和能力达到拥有知识的水平，关乎国家的竞争力。于是基础教育课程改革，也就成了国家战略的一部分，具体内容在各国推出课程标准的过程中已反映得十分清楚。

再举一例，20 世纪 90 年代的"国际成人阅读水平调查"（IALS）[1]反映出的阅读能力的重点有四项，即文本理解、图表理解及计算、数据处理及速度、解决问题。[2]其中的热词，包括共通、一般、产生、生成、整合、解释，也被概括为"能力的定义与选择"[3]。世界经济合作与发展组织进行的 PISA[4]，针对阅读、数学及科学的共通知识和技能、综合的分析能力，对中学生进行了评估，此项评估依然着眼的是"新的基本技能"。在发达国家的基础教育课程改革中，上述两项评估都成为制定改革政策的参考性指标。

进入 21 世纪以后，欧盟确定的 key competency 评估内容更为具体，包括运用母语的素养、运用外语的素养、数学及理解和运用科学及科学技术的素养、适应数字化生活的素养（IST[5]）、学会学习、社会与公民的素养、首创的意识和企业家精神（领导力）、理解文化及其表现的素养。

---

① 即 International Adult Literacy Survey。
② 自 1985 年到 2005 年不同组织进行过若干次调查，其内容分类如此，但不同时间的调查内容稍有差异。参见［日］松尾知明：《21 世纪型スキルとは何かコンピテンシ——に基づいて教育改革の国际比较》，13 页，东京，明石书店，2016。
③ 即 Definition and Selecting of Competences。
④ 即国际学生评估项目的缩写，全称是 Program for International Student Assessment。主要对象是 15 岁儿童，主要内容是阅读、数学和科学。
⑤ 主要指信息与社会技术（Information Society Technology）方面。

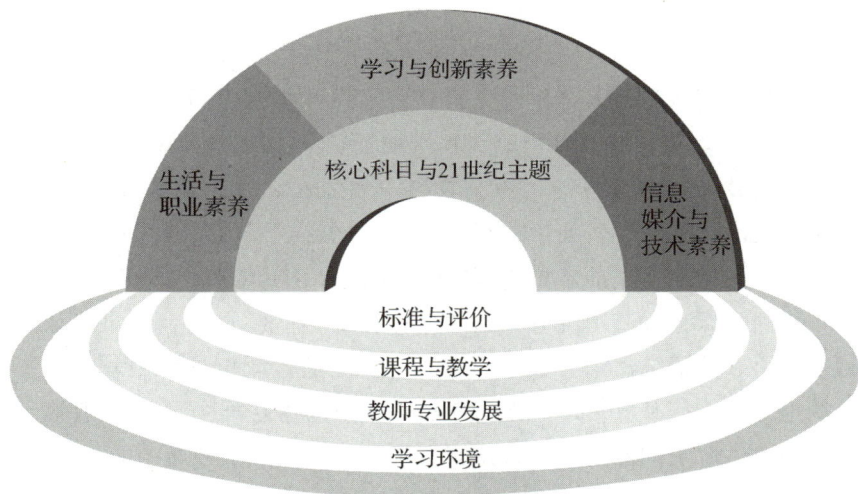

图 3-5　21 世纪技能构造图

　　2009 年，美国的特里林（Trilling，B.）和法德尔（Fadel，C.）设计了"21 世纪技能"彩虹图①。随后，各种各样的"核心素养"方案出现，形成了新一轮的课程改革潮流。我国在 2016 年发布的《中国学生发展核心素养》报告，也是这轮改革的一部分，它分为文化基础、自主发展和社会参与三个方面，以及人文底蕴、科学精神、学会学习、健康生活、责任担当、实践创新六大素养，宗旨仍是培养"21 世纪全面发展的人"。

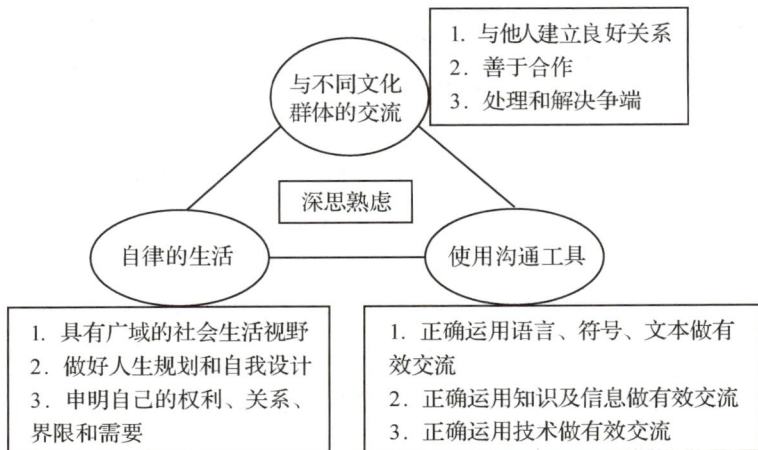

图 3-6　关键能力（核心素养）构造图②

---

　　①　Bernie Trilling and Charles Fadel，*21st Century Skills：Learning for Life in Our Times*，New York，Jossey-Bass，2009，p.119.

　　②　［日］松尾知明：《21 世纪型スキルとは何かコンピテンシ——に基づいて教育改革の国际比较》，15 页，东京，明石书店，2016。

（2）发达国家课程改革的关注点

第一，英国在 1999 年修订国家课程时，确立了"核心技能（key skills）"的概念，包括沟通、数学应用、与他人合作、完善自我学习和提高学习成绩的能力、解决问题等方面。2003 年，英国又修订国家课程增加了思考技能（thinking skills），主要内容是处理信息的技能、推理技能、探究技能、创造性思考技能和评价技能。至此，英国完成了从关注"学什么"转变为"为什么学"或"怎样学"的过程。2007 年，英国再度修订国家课程，将上述技能定格在了"功能性技能"（functional skills）上。

第二，德国的课程改革围绕着什么才是课程的"基准"进行，最早确认为国家基准的学科是德语、英语或法语、数学、理科等。之后，政府试图用较为统一的国家基准来协调地方基准。从 2002 年以来的方案看，这些基准主要指向理解事实的能力、运用恰当方法解决问题的能力、认识自己的能力、认识社会的能力 4 个方面。

第三，法国在 2005 年出台《学校基本法》，明确义务教育阶段学生必备的基础能力，针对的学科及内容主要有法语应用、数学基础、为行使公民权和保护自由所必须的人文学科教养、能够应用一门以上的外语、掌握日常生活中的信息通信技术。2012年，奥朗德（Hollande，F.）政府修改《学校基本法》，将提高教育质量以及学生的学习水平定位在了 7 个方面：新教师的培养与在职教师的培训；改革小学教育；适应数字化时代；更新教育内容；整体设计幼儿园到中学的学习系统；改革中等教育；学校与地方的联系并推进有效评价。目前，法国基础教育的共通能力，包括掌握法语、能够应用一门现代外语、掌握数学的基本原理及具有科技素养、能够运用日常生活中信息通信技术、具有人文素养，以及作为社会成员及公民所必备的技能、具有自律性和自发性。

第四，芬兰于 1970 年确定国家的基础教育课程标准，其后的 1985 年、1994年、2004 年都有修订。2004 年版的国家课程标准规定了三大教育方针，即"使作为人类及社会中一员的（芬兰人）得到发展""获得为了生存和发展所必备的知识与技能""以终身教育为基础，推进教育公平并均衡发展"。2016 年版的国家课程标准确定的基础能力是：思考能力；运用文化的能力、能够相互作用且具表现性的能力；自信的生存技能，如自我管理、应付日常社会生活的行动、确保安全的能力；多方面解读文本的能力；掌握信息与通信技术的能力；就业的技能及企业家精神；满足参与、产生影响、可持续发展的能力。

第五，美国从里根时期便以《国家处于危机之中》的报告为契机（1983 年），强化国家主导的教育标准，目的是提高美国人的全球竞争力，并把卓越和公平确定为教育改革准则。布什上台后，进一步推进这一政策。1989 年弗吉尼亚大学"教育高峰会议"明确提出要制订全国教育目标。1990 年美国政府公布《全国教育目标》。1991年美国政府颁布《美国 2000 年教育战略》，其主要目标，一是改变"两个美国"（能阅读的人群和不能阅读的人群）的现状，二是中学毕业率要达到 90%，三是把英语、数学、科学、历史和地理列为核心课程，四是使数学和科学教育在全球名列前茅，五是成人掌握的文化知识要能够适应全球经济竞争等。① 2002 年，小布什政府推出《不让一个孩子掉队法案》(*No Child Left Behind*，简称 NCLB 法案)，开宗明义就说："联邦政府在教育中的作用不是为体制服务，而是为孩子们服务。"该法案的实现目标是通过真实的学力落实教育标准。2008 年，奥巴马政府起草了《美国共同核心州立教育标准》(Common Core State Standard，CCSS)，这也是一个试图推进统一标准的举措，目前已有 43 州加入 CCSS。美国的 21 世纪能力以"21 世纪技能"彩虹图为代表，如果再将其具体化，则以 CCSS 的"核心技能"为典型，有三个实现目标：一是用于创新的技能或能力，二是如技术专业人员那样的通用技术技能或能力，三是与职业相关的技能或能力。培养这些技能的主要学科，包括英语、历史/社会科、科学、技术、数学②。

第六，对"21 世纪技能"的表述，加拿大各省依据自己的特点在制定标准时选择不同的关键词，如有强调"basic skill"(基本技能)的、有使用"competency"的，还有强调"intercultural competency"(跨文化能力)的。从历史课程标准看，学习技能与学习习惯、知识与理解、思维、沟通、应用是它最有特色的地方。

第七，澳大利亚从 1989 年开始制定国家课程标准，2008 年出台《墨尔本宣言》，揭示了国家课程标准研制计划，同时成立"国家课程委员会"。课程改革分为三个阶段，第一阶段从 2008 年到 2010 年，改革的学科是英语、数学、科学和历史；第二阶段从 2010 年到 2012 年，改革的学科是地理、外语、艺术；第三阶段从 2011 年到 2013 年，改革的学科是体育健康、信息通信、设计、技术、经济、工商管理等。2014 年，澳大利亚实施国家课程标准。国家课程不只是贯彻"关键能力"，而且强调"职业技能"(employability skill)。其课程规划的基本思路及基本能力内容如图 3-7。

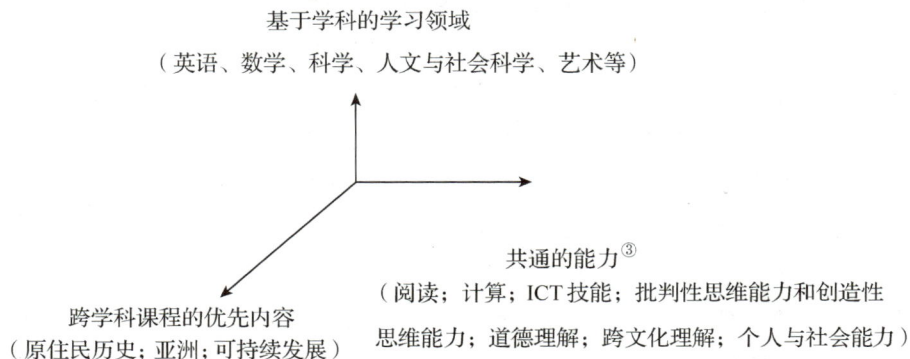

基于学科的学习领域
（英语、数学、科学、人文与社会科学、艺术等）

共通的能力③
（阅读；计算；ICT 技能；批判性思维能力和创造性思维能力；道德理解；跨文化理解；个人与社会能力）

跨学科课程的优先内容
（原住民历史；亚洲；可持续发展）

图 3-7　澳大利亚国家课程的三个主轴

---

① 参见郑军：《美国 2000 年的教育目标和教育战略》，载《教育研究与实验》，1991(4)。

② 需要特别关注核心课程的概念和内涵。就历史课程而言，不仅是地位的提高，更重要的是核心课程所赋予的内涵。

③ 这些共通的或通用的能力原文是：Literacy；numberacy；ICT capbility；critical and creative thinking；ethical understanding；intercultural understanding；personal and social competence.

第八，新加坡的基础教育在20世纪90年代实现质的转变。1997年，吴作栋总理发表题为《思考型学校，学习型国家》的演说，鼓励学校要培养学生的创造性思维、终生学习的愿望，并关心国家的未来。其在演说中提出的"效率驱动""能力主导"以及"创新精神"成为课程改革的导向。2005年，新加坡教育部进一步明确课程改革的目标，要"从量转为质"，即"少教，多学"（Teach Less，Learn More）。具体做法是减少10％～20％的教学内容，给教师一周不少于2小时的时间去研究教学内容，以便帮助学生学到更多的东西。过去的记忆性、重复性和齐一化的教学方式必须改变，代之以学生生动活泼的、有质量的学习活动。要达成的目标包括做自信的人（confident person）、自我学习、积极参与、做负责任的公民。2010年，新加坡政府发布《课程：2015》，描绘了21世纪关键能力及期望学生达到的学习成就。它由三个圆环组成①，最中心的圆是"核心价值观"（core values），内容包括尊敬、责任、诚实、关心、适应力、和谐；第二重圆有"社会情感能力""自我管理能力""关系管理能力"和"负责任的决策能力"；第三重圆则是针对世界提出的"公民素养，全球意识和跨文化技能""批判性思维和创造性思维""信息与沟通技能"。

第九，日本政府于2001年推出《21世纪教育新生计划》，其基本设想有四个：培养具有丰富人性的日本人；发展每个人的才能，特别是要成就有创造性的人；改善学校教育环境，使之成为与21世纪社会变化相适应的新学校；制订教育振兴计划。2003年的新《学习指导要领》（相当于我国的教学大纲），把"基本学力基准"作为改革目标，在继续注重个性、创造性、生存能力、学力和道德教育的同时，强调重视基础的和基本的知识与技能。2007年，日本进一步加强日语、数学、理科的教学比重。2008年修订后的《学习指导要领》，普遍追求"扎实的学力观"。2013年，日本国立教育政策研究所发表《培养适应社会变化的素质与能力的教育课程编制的基本原理》的报告书，提出了日本的"21世纪能力②"构想。它以生存能力为核心，分为基础能力、思考能力、实践能力三个层次。基础能力包括语言技能、计算技能、信息技能；思考能力包括问题解决、发现能力、创造能力，以及逻辑思维能力、批判性能力和多维认知、具有普遍适应性的学习能力；实践能力包括自律的活动能力、人际交往能力、社会参与能力以及可持续的、能够影响未来的负责任的态度。

上述改革对编制新历史课程的启示：第一，所谓核心素养，抽去了关键知识、技能和能力，便是空中楼阁；第二，各国课程改革的特色，其实是对关键知识、技能和能力的选择与组合，夯实关键知识、技能和能力才是硬道理；第三，各国的课

---

① 赵亚夫：《世界基础教育改革与历史课程改革走向》，载《中学历史教学参考》，2018(9)。
② 即"21世纪能力"，笔者在《国外历史课程标准评介》(下卷)特意保留了日语原文"21世纪型能力"是为了突出"型"字本身的"建构"的意涵。

程改革强调通识的知识与能力，而非学术性的、专业性的知识与能力；第四，知识与能力要针对全球化、数字化世界，必须有助于学生融入社会并适应其选择职业；第五，各国课程改革的出发点都是增强本国的竞争力，因此对语言、数学、科学和技术尤为重视；第六，各国的课程改革强化沟通与交流能力，不仅为了提高个体的生存与发展能力，更为重要的是它也是一种集体竞争力；第七，各国的课程改革重视课程与学生生活和经验的联系，在凸显个性、创造性的课程取向的同时，也内在地包含了协助、共生、负责任的课程取向；第八，人文学科面对"key competence"，在学理和实践两方面都面临前所未有的挑战；第九，课程改革方案的政治意图比任何时候都强烈（提升到国家竞争力或战略的高度）。

二、历史课程设计

历史课程设计有许多模式，然而，教学法专家和一线教师对历史课程设计则少有接触。究其原因，以下五个方面最为突出：①人们认为，课程设计是国家的事情，国家推出什么样的课程，我们就研究和实施什么样的课程；②课程设计是少数专家的事情，在统一的国家标准下，学科专家负责编制课程内容，开发课程自然是教育专家的事情；③课程设计的惯性力量一旦形成就很难被打破，如通史课程的经验；④因为缺乏研究动力，历史教学专家对历史课程的构建原理知之甚少，很难胜任课程设计工作；⑤一线教师更没有机会参与课程设计，导致课程的针对性、灵活性、实效性和主动性始终难以协调。要改变这种现状，还需要较长的时间①。

(一)单一课程设计

这里所说的课程设计，不涉及理论基础，只讲课程形态。单一课程设计，即按照学科知识逻辑编制的课程。大致可以分为三类。

第一类，直线型课程。又有单线式和螺旋式两种形式。前者，如通史只讲一次，不再重复；后者，如通史在初、高中各学一遍，教学内容的深度有所区别。我国现行义务教育阶段的历史课程属于单一型课程，设计思路是"依照历史发展的时序，在每个板块内容设计上，采用'点—线'结合的呈现方式。……通过'点'与'点'之间的联系来理解'线'，使学生在掌握历史事实的基础上理解历史发展的过程。"②其重点是"线"，本质是学科取向课程③。

---

① 2000 年以后，学科专家参与课程设计，但设计过程及其关系极为复杂，故本教材只就现行的课程设计摆些事实，不涉及学理方面的道理。

② 中华人民共和国教育部制定：《义务教育历史课程标准(2011 年版)》，3 页，北京，北京师范大学出版社，2012。

③ 传统的教材教法强调的"点—线—面"结合。"点"是基本知识；"线"是历史发展线索；"面"是认识历史现象。

第二类，主题型课程。主题指历史学习内容的组织方法，而非仅是体现作品的主旨。作为课程概念，它至少应该具备几个特征：一是围绕一个被意义化的中心（理念或概念）展开理解，虽然目标必须明确，但是理解的路径可以多种多样；二是主题学习即探究学习，提出问题、发现问题和解决问题是基本要求或基本形式；三是主题与主题之间是可以跳跃的，但一个主题内部须确保某种逻辑关系；四是主题的内容结构为开放的学习方式提供必要条件，它甚至是非中心、无结构化的学习。显然，主题型课程，即为实现有意义的学习所编制的课程。因为主题之间的关联程度不同，又有两种基本形态。一种"兼顾历史发展的时序性与学习内容的内在联系，以反映历史学科的特点"①，其着眼点是时间。另一种则打断了传统的学科时序观，强调时代特征和历史认识，特别是从现实社会捕捉历史问题和事实。因此，时序属于主题内的历史思维方法。这种形态的着眼点是基于一定的因果关系解决问题，如过程、冲突、观点等。布罗代尔的《文明史纲》大致属于这种知识类型，他描述为"讲授总体上属于传统的但又经过改进、适合于媒体的历史学"。②虽然存在颇多争议，但是越来越多的国家采用主题型课程，尤其是义务教育课程都趋向于此。

第三类，专题型课程。它是将同一学习题材或内容组织成为探究性课题的课程。与主题型课程的最大区别是，专题型课程指的是学习内容，而且要求这些学习内容具有深化学习和自由选择的功能。③ 主题型课程本身是学习方式，学习内容弹性很大。更为重要的是，专题型课程学习内容或方式，都可以相对传统，但主题型课程则不能这样。

诚然，对这些课程形态或模式的优缺点，我们不能一概而论。就历史课程的发展趋势看：①义务教育阶段的历史课程必须强调其"义务性"，不宜以学科化的名义不恰当地提高知识难度；②提倡共通基础，不意味着简单地降低学生的学习难度，有目的地降低学习难度是为了吸引学生学习历史，通过好奇心和求知欲培养学生的综合能力；③系统性、学科性等概念不是一成不变的，它们之间的关系也会基于不同的历史教育理论而各异；④历史课程内容越来越综合，即便是单一学科课程，也都在致力于"学科内部的综合"；⑤单一学科课程和综合课程处理各自内容的焦点，都不是"用通史"或"弃通史"的问题，而是如何"构建通史"的问题；⑥历史课程是动态的、发展的，争议是永存的，故我们应赋予它更多的探索意义，而不是简单排斥某种课程组织逻辑；⑦无论哪种课程形态，都有若干与其相应的课

① 中华人民共和国教育部制定：《全日制义务教育历史课程标准（实验稿）》，3 页，北京，北京师范大学出版社，2001。严格地讲，我国还没有典型的主题型课程。这里所说的只是某种倾向。

② ［法］布罗代尔：《文明史纲》，肖昶等译，13 页，桂林，广西师范大学出版社，2003。

③ 参见中华人民共和国教育部制定：《普通高中历史课程标准（实验）》，3 页，北京，北京师范大学出版社，2003；中华人民共和国教育部制定：《普通高中历史课程标准（2017 年版）》，10～411 页，北京，北京师范大学出版社，2017。

程类型[①]；⑧基础教育的历史课程以学生为中心研究问题，而不是以历史学为中心研究问题。

下编 第一部分 欧洲 第十六章 空间与自由 第十七章 基督教、人文主义与科学 第十八章 欧洲的工业化 第十九章 欧洲的统一 第二部分 美洲 第二十章 另一个新大陆：拉丁美洲 第二十一章 杰出的美洲：美国 第二十二章 阴影与困难：从昨天到今天 第二十三章 横穿英语世界 第三部分 另一个欧洲：莫斯科公国、俄罗斯和苏联 第二十四章 从起源到 1917 年十月革命 第二十五章 1917 年以后的苏联

——摘自布罗代尔：《文明史纲》

(二)综合课程[②]设计

"为综合课程下定义从 20 世纪伊始就是大家讨论的主题之一。在上一个百年里，理论家们为跨学科工作提供了三个基本的范畴；他们同样地都给这些范畴下了定义，尽管通常起的名字都不同。"[③]本教材采用多学科、跨学科和超学科这三个概念。

多学科的课程编制方法，关注学科。上述单一课程中的社会史、文化史等内容，也一定程度地使用多学科方法。不过，综合课程的多学科方法，指的是社会科中不同学科内容的综合，如历史与社会。跨学科方法，指围绕交叉学科的基础知识和技能编制的课程。超学科方法，则围绕学生的问题和关注点来组织课程。显然，多学科方法是学科取向课程，重视知识的关联或统合。跨学科方法和超学科方法则是学生取向和问题取向课程，既要求学生习得基本的学科知识和技能，也要求基于学生的真实的生活情境和学习问题，将知识、经验、方法和视野加以整合或融合。最典型的例子是美国社会科课程标准设计的十个主题轴。当然，任何综合也是相对的、灵活的[④]。采用何种综合形式，关键是看执行怎样的课程目标。需要指出的是，就提升素养而言，跨学科和超学科方法所获得的能力水平一般较多学科方法要高，而且更为务实(见表 3-8)。

依据课程综合程度上的差异，在相关课程、融合课程和广域课程概念中，学者们还采用了更为具体的分类方法，以推进综合课程的研究与实施。譬如泰伦(Tryon, R. M.)的四分法：独立型(isolation)、相关型(correlation)、中心整合型(concentration)、融合型(unification)。

---

① 如知识型、经验型、问题型；导言课、新知课、复习课等。教学法著作皆有涉猎，本教材不再讨论。
② 这里的综合课程指社会科(Social Studies)。
③ ［加］德雷克(Drake, S. M.)、［美］伯恩斯(Burns, R. C.)：《综合课程的开发》，廖珊等译，9 页，北京，中国轻工业出版社，2007。
④ 参见有保华：《综合课程论》，23 页，上海，上海教育出版社，2002。

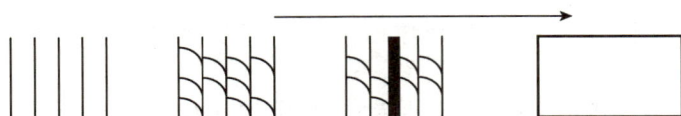

图 3-8　泰伦的四分法

（按照箭头所指方向，综合程度左低右高）

再譬如韦斯利的（Wesley，E. B.）六分法：各科目独立型；非系统相关型；系统相关型；统合型；中心统合型；融合型。[1] 如图 3-9：

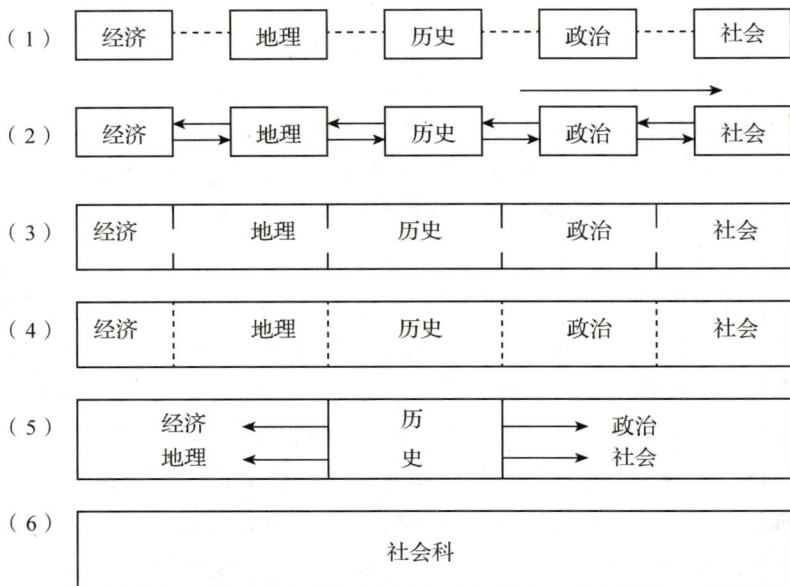

（1）经济　地理　历史　政治　社会

（2）经济　地理　历史　政治　社会

（3）经济　地理　历史　政治　社会

（4）经济　地理　历史　政治　社会

（5）经济　地理　历　史　政治　社会

（6）社会科

图 3-9　韦斯利的六分法

综合课程的发展在课程史上起伏很大，恰恰说明了它具有与生俱来的生命力。如今，我国的相关研究仍较落后，无法满足基础教育课程发展的需要。历史课程若能借助综合课程的有关知识、方法、技能、视野以及理念和方法，并生成新的学习内容、结构、效果，则需要研究者有更大的智慧、胆识和担当。如《世界史：大时代》一书那样，从 130 亿年前的宇宙说起直至当代，全书仅用九章划分了九个大时代，区区 13 万字就构建了一部大历史。其内容结构皆由人类与环境、人类之间、人类与思想三部分构成，简单而又深刻[2]。所以说，历史课程的综合化之路，最大的困难不是技术，而是课程编制者的知识结构；最大的阻力也不是技术，而是课程编

---

[1]　参见赵亚夫：《学会行动：社会科课程公民教育理论与实践》，44 页，北京，高等教育出版社，2004。

[2]　参见［美］埃德蒙·柏克三世、［澳］大卫·克里斯汀、［美］罗斯·杜恩：《世界史：大时代》，上海，华东师范大学出版社，2012。特别需要关注导言中的学会思考世界和结语中的四个原则。

制和实施者的观念。还有一个关键的问题，就是面向公民的历史教育是否需要那么强的功利性和学术性？

表 3-8　三种综合方法的比较表①

	多学科	跨学科	超学科
组织的核心	围绕一个主题来组织学科的课程标准	将跨学科的技能和概念嵌入学科课程标准中	• 现实生活的情境 • 学生的问题
知识概念	• 通过学科结构来更好地学习知识 • 一个正确的答案 • 一个事实	• 由常用的概念和技能将学科连接起来 • 知识被看作是一种社会的建构 • 很多正确的答案	• 所有的知识相互连接，相互依赖 • 很多正确的答案 • 知识被看作是不确定、不明确的
学科的任务	• 学科的程序被看作是最重要的 • 所教的学科技能和概念是截然不同的	强调跨学科的技能和概念	学科的确定要看是否是需要的，是否是现实生活的情境所强调的
教师的角色	• 推动者 • 专家	• 推动者 • 专家/通才	• 合作计划者 • 合作学习者 • 通才/专家
开始位置	学科课程标准和程序	• 跨学科的桥梁 • "知/行/为"	• 学生的问题和关注点 • 现实世界的情境
综合的程度	适中	中等/强烈	范式转换
评估	基于学科	跨学科技能/强调概念	跨学科技能/强调概念
知（KNOW）	跨学科概念和基础知识的理解	跨学科概念和基础知识的理解	跨学科概念和基础知识的理解
行（DO）	• 将学科技能作为核心点 • 将跨学科技能也包含于其中	• 将学科技能作为核心点 • 学科技能也包含于其中	在现实生活的情境下应用跨学科技能和学科技能
为（BE）	• 民主的价值观 • 品格教育 • 思维习惯 • 生活技能（例如联合作业，自我责任感）		
计划过程	• 追溯设计 • 基于课程标准 • 教学、标准和评估的联合		

---

① ［加］德雷克（Drake，S. M.）、［美］伯恩斯（Burns，R. C.）：《综合课程的开发》，17～18 页。

续表

	多学科	跨学科	超学科
教学	・建构主义的方法 ・调查 ・经验学习 ・与个人相关 ・学生选择 ・适应个体差异的教学		
评估	・传统评估与真实性评估的平衡 ・将所教学科综合在一起的终结活动		

第三节　历史课程标准

历史课程标准首先是教学工具。在我国，历史课程标准是由教育部颁布的教学指导文件。它规定历史课程的性质、理念、目标、内容和实施，同时也是编写教科书的准绳，以及进行教学和评价的依据。

一、历史课程标准研究

鉴于我国历史教学界历来重视教学大纲和课程标准的研究，而且成果丰富，针对性也强[1]，所以本节仅按照研究条理列举几个常识性问题。

(一)概念与特点

教学大纲是我们最为熟悉的概念。历史教学法的相关定义主要强调教学大纲的三个特点，一是教学大纲是政府颁布的针对教学的纲领性文件，具有法规的性质；二是教学大纲是教材、教学、评价的依据，同样是刚性的；三是教材、教学内容与教学大纲是一一对应的关系。国外的教学大纲形式多样，与我国教学大纲最为类似的是日本的《学习指导要领》。发达国家的教学大纲也有与我国课程标准类似的情况。

课程标准的形式更多，如称其为内容标准、学术标准、内容框架、课程指南、学习标准等。其特点如下：①体现国家意志及主流价值观；②反映特定学科的教育价值及其知识体系和结构；③规定学科基础的内容标准、成就标准和机会标准；④是全面实施和评估学科教育的依据；⑤具有一定的选择性、开放性，是学科课程、教材、教学的指导性文件[2]。

---

[1] 不同时期的历史教学法、历史教学论、历史课程与教学论、历史教育学，都围绕教学对教学大纲、课程标准进行了具体阐述。

[2] 参见赵亚夫：《追求历史教育的本义——兼论历史课程标准的功能》，载《课程教材教法》，2004(3)。

课程标准与教学大纲的区别是显而见的。其一，课程标准陈述学科教育价值和目的，如"课程性质""课程理念"，而且比较整体地反映有效实施课程的各个方面；教学大纲则主要规定内容标准。其二，课程标准强调指导性，弱化指令性，所以其"建议"的部分，允许有弹性的或选择性的操作；教学大纲正好相反，它只呈现强制性的学习内容。其三，课程标准反映机会标准，即如何让所有学生都获得发展，"机会"可以由划定的水平或要素来体现，也可以通过不同层级的表现方式来达成；教学大纲的功能较为单一。①

无论教学大纲还是课程标准，从文本特征看，都应该具备目标明确、表述精确、学科特色鲜明、概念清晰、无重大争议、可操作性强等特点。比较而言，课程标准还有主体明确、结构灵活、陈述具体、内容周延、针对性强、尊重共同基础等特点。

(二)依据与原则②

研制教学大纲和课程标准的依据，大致说来，主要有四个方面：政府的教育方针，如《基础教育课程改革纲要(试行)》；社会发展需求，如经济全球化环境中的历史教育；学生的健全发展及其规律，如心智水平；学科的性质、功能和教育任务，如用材料说话，论从史出。如何适切地应用这些依据，则要视具体情况而定，这里我们不展开来说，仅强调一点，就是不能孤立地强化某一方面的依据。

研制教学大纲和课程标准的原则，与其所凭借的依据相辅相成。在现阶段，以下原则尤为重要：一是指导性原则，重点是不要把课程标准当教学大纲使用；二是整体性原则，避免割裂地使用课程标准，如只重视课程内容却忽略其他；三是有效性原则，即运用课程标准的目的是追求有效教学，而有效与否的标志是学生的获得水平；四是可行性原则，包括明确性、针对性、具体性，即指课程内容、学习成就和机会都是能够落实的；五是发展性原则，即基于课程标准达成更为理想的学科教育目标。

唯物史观。唯物史观是揭示人类社会历史客观基础及发展规律的科学历史观和方法论。人类对历史的认识是由表及里、逐渐深化的，要透过历史的纷杂表象认识历史的本质，科学的历史观和方法论是非常重要的。

时空观念。时空观念是在特定的时间联系和空间联系中对事物进行观察、分析的意识和思维方式。任何历史事物都是在特定的、具体的历史时间和地理条件下发生的。只有在特定的时空框架当中，才可能对史事有准确的理解。

史料实证。史料实证是指对获取的史料进行辨析，并运用可信的史料努力重现历史真实的态度与方法。……要形成对历史的正确、客观的认识，必须重视史料的搜集、整理和辨析，去伪存真。

历史解释。历史解释是指以史料为依据，对历史事物进行理性分析和客观评判

---

① 这三点是拿过去的苏(联)式教学大纲和新课程以来的课程标准做比较，不涉及更复杂的情况。

② 本部分内容不涉及国外历史课程标准。

的态度、能力与方法。所有历史叙述在本质上都是对历史的解释，即便是对基本事实的陈述也包含了陈述者的主观认识。

家国情怀。家国情怀是学习和探究历史应具有的人文追求，体现了对国家富强、人民幸福的情感，以及对国家的高度认同感、归属感、责任感和使命感。学习和探究历史应具有价值关怀，要充满人文情怀并关注现实问题，以服务于国家强盛、民族自强和人类社会的进步为使命。[①]

(三)类型与结构

历史课程标准的类型和结构繁多，读者可借助 2005 年版和 2017 年版的《国外历史课程标准评介》，做有针对性的了解和研究。

表 3-9　不同历史课程标准的内容结构

国别	标准名称	内容结构(仅反映一级题目及部分的二级题目)
中国	普通高中历史课程标准(2017 年版)	前言；课程性质与基本理念；学科核心素养与课程目标；课程结构(设计依据、结构、学分与选课)；课程内容(必修课程、选择性必修课程、选修课程)；学业质量；实施建议(教学与评价建议、学业水平考试与命题建议、教材编写建议、地方和学校实施校本课程的建议)
加拿大	曼尼托巴省 11 年级加拿大历史实施基础(2014 年)	前言(课程说明、历史思维概念)；曼尼托巴省的社会科；核心概念；公民性；社会科课程中的社会公正；课程综述：11 年级加拿大历史(核心概念与专题；11 年级加拿大历史等)；课程内容：加拿大历史
德国	北莱茵-威斯特法伦州中等教育阶段(二)高级人文与综合中学核心教学计划·历史(2014 年)	序言；前言；专业的任务与目标；能力类型、内容领域和能力期望；学习成果检测与成绩评价；高中毕业考试
日本	日本高中地理历史科·学习指导要领(2013 年)	目标；各学习科目：世界 A(目标、内容、内容的处理建议)；世界史 B(目标、内容、内容的处理建议)；日本史 A(目标、内容、内容的处理建议)；日本史 B(目标、内容、内容的处理建议)
新加坡	新加坡初中历史教学大纲(2014 年)	前言；初中历史教学大纲的设计与实施；初中历史教学内容；21 世纪历史教育能力；初中历史教学大纲的内容范围与程序表；评价

---

① 中华人民共和国教育部制定：《普通高中历史课程标准(2017 年版)》，5 页。

二、有关研究面临的主要问题

(一)课程标准的实效性问题

众所周知，课程标准对于课程、教材和教学具有特定的约束力，它是预期达到的课程"标准"，但不意味着实际教学都能顺利地达到它的规定和要求。一般情况下，课程标准所体现的理想课程与教师、学生所面对的实施课程之间存在距离也是正常现象。甚至说，教师果真依据课程标准去做，反而无法有针对性、实效性地从事教学了。在我国，各地区实际存在着较大的差异，这是不争的事实；"不达标"的历史教学远高于"达标"的历史教学，也是不争的现实。我们想要课程标准"落地"，如果不能面对真问题，"落地"这一提法本身就成了伪命题。"落地"的正式说法，是追求教学的实效性或有效性。为此，我们首先应该高度重视以下困难。

1. 教师在职前普遍缺失学科的专业教育[①]。人们从传统观念出发[②]，认为教师只要具备了一定的历史知识就能够教历史，认为历史教师只要多读书就可以满足教好课的要求。结果是，人们形成了忽视整体的专业素养、只关注学科知识素养的习惯。比如一说到"教学质量"就去拔高历史知识的水平。在大学教学水平不高、社会诱惑太多、职业信念不足以及个人经济窘迫的情况下，教师读书无动力、无感觉，乃至不考试就不读书，这种现象对文科教育是致命的。尤其是在"双基"的思路被抛弃后，专业教育就如同露水、浮萍了，无源又无根，很多教师既没有专业的方向感，也缺乏扎实的专业知识和技能（包括研究生教育）。但是，他们要面对的是要求越来越高的专业教育，如培养学生的学科核心素养。教师不具备基本的学科素养，培养和发展学生的学科核心素养，只能是句空话。

2. 因为教师普遍缺少专业知识、缺欠专业能力，所以其上课时"没的讲"。实施新课程以后又一个普遍现象是，课堂上充斥着各种各样的形式、材料、概念、表现，但是课却越来越不像历史课了。过去，资质不足的教师照本宣科，但讲的还是历史。现在，"教师读不懂教材"，连照本宣科也做不到。毋庸置疑，现在为"教师发展"搭建的平台越来越多，培训是有计划的，研修是制度化的，读学位是开放式的，奖励是五花八门的，不可谓不好，但有几个是真材实料呢?! 当历史教师连课本内容都驾驭不了，只能靠东拉西扯填补课时，历史教学则名存实亡了!

3. 人文学科的教学质量，从根本上说是以教师的学养和教养作为保障的。教师

---

① 学科的专业教育，包括掌握历史学、教育学、心理学和其他相关人文社会科学的知识、技能和一般原理。现在普遍欠缺这种"博雅教育"，本科生和研究生似都少了基础的人文知识和应用能力，有的是较为庞杂的碎片化的知识。

② 苏(联)式师范教育的缺点突出。但是，它也有某些优点：一是学科知识系统化、具体化，学生的基本学力相对扎实(说它都是书本知识，则比较片面)，二是强调对师范生的严格训练，学生熟悉教材教法。现在"进步了"，但新东西没有章法，旧东西又都被抛弃。这样做，究竟对不对，值得深思! 所以，这里的"传统"，没有否定的含义。

的学养和教养，有赖于教师有教学的自信。教师的教学自信，源自其有尊严的人格和体面的生活。也就是说，决定历史教学质量的因素，不单指教师要有良好的知识储备和应用知识的能力，还有教师的经验、阅历、气质和视野等。所以，归根结底要改善历史教师的教育环境和生活待遇，起码让他们有读书的愿望、有读书的时间以及发表见解的动力。

4. 考试不宜成为评价历史教学质量的标准，因为人文教育最为重要的方面，无法通过考试来测量，诸如兴趣、想法、意志、信念、情操，如果我们把它们转化为解释的形式加以考查，得到的只能是被包装的部分。而失去了真实的文科教育就没有了意义。其实，作为核心素养的知识也不适于绝对评价，能够"公平地"考出来的东西，要符合标准化要求，而历史教育本身是排斥这类标准化的东西的。

我们由上述四条可以推导出其他的实效性问题。总之，我们不能仅盯着几个功能性问题去解决课程标准的"落地"问题，如教师上课出示的第一张 PPT 是课程标准中相应的"课程内容"，教师开口的第一句话是说："同学们，这节课的课程标准要求是……"殊不知，这样的做法，意味着教师对学生说："同学们，请注意听讲！课后你们要评价我是否达到了课标的要求"。教师做不到吧！那么做不到的事，为什么非要去做呢？这是形式主义！可是形式主义从来不解决问题。

(二)课程标准的发展性问题

发展性问题是现实的、更为真实的、长远性的问题。譬如数字化时代的信息泛滥问题、历史面向大众如何走通俗化的道路问题以及如何解决个性化解读与集体记忆的差异问题、价值观导向和历史解释的冲突性问题等。有些问题很棘手，如历史教育必须专注解放人的思想问题。有些问题非常重要，只要是历史教育就必须努力为之，如培养学生的历史感。有些问题并不难解决，但需要充分条件。充分条件不是指物理条件，而是指与人文教育相关的学习环境，根本地说，是有助于学生健全发展的教学观念和方法。如学生"做历史"的问题，不是只有发达地区的学生才能做，观念和方法对于不发达地区的学生至关重要，因为它们既是思想解放的工具，也是应对现实、超越现实的法宝。历史课程或历史教育，只要秉持尊重和宽容的态度，事实就是视野的大门。视野决定未来！

学后复习

回顾

1. 定义：历史课程；历史课程标准；历史课程理论。

2. 辨识：单一课程与综合课程；学科课程与经验课程；显性课程与隐性课程。

3. 定位：历史课程的性质和价值取向。

4. 解释：中学历史课程为什么要提倡跨学科学习？

重点思考

1. 实施：如何在历史课程中体现学科的关键能力？

2. 评价：社会科课程理念、目标及内容体系是否对传统的历史课程形成挑战？阐明理由。

批判性思考

1. 分析：①比较 2001 年版和 2011 年版历史课程标准的课程内容，从发展学生的学科核心素养的角度分析所发生的变化；②概括国外历史课程改革的基本特点，并与我国的核心素养进行比较，分析各自的侧重点并尝试阐明"历史学科核心素养"的概念。

2. 综合：通过整理历史教育文献的方式，梳理历史教育养成人格和公民的理据（如课程目标），概述现代历史教育中人格与公民的关系。

应用概念

合作：以小组为单位，分析一个国家或一个州的历史课程标准（含社会科课程标准）中历史知识的类型，并与我国相关的历史课程标准进行比较，得出自己的结论。

技能练习

1. 归纳历史阅读技能的课程设计着眼点，可以历史课程标准为例。

2. 区分 intellection、understanding、comprehension 这三个词汇，思考不同语境中的理解（理解力）在历史教学中的应用。

3. 结合第二章内容辨别课程目标和教学目标，能够熟练地掌握把课程目标转化为教学目标的技能。

拓展阅读及书目简释

课程论著作

1. [美]拉尔夫·泰勒：《课程与教学的基本原理》，施良方译，北京，人民教育出版社，1994。该书提出了所有课程与教学必须回答的四个问题：学校应该试图达到什么教育目标；提供什么教育经验最有可能达到这些目标；怎样有效组织这些教育经验；我们如何确定这些目标正在得以实现。"泰勒原理"对于历史课程的开发和编制也是基础性理论。

2. 钟启泉主编：《课程论》，北京，教育科学出版社，2007。该书是北京师范大学、华东师范大学、东北师范大学、华中师范大学、陕西师范大学、华南师范大学、西北师范大学、南京师范大学、福建师范大学、首都师范大学、湖南师范大学、山东师范大学共同编写的大学课程论教材，适宜国内学者使用。

3. 丛立新：《课程论问题》，北京，教育科学出版社，2000。该书着眼澄清什么是课程、什么是课程论、课程论流派是如何形成、课程的本质与功能、课程及内部结构等基本的、重大的问题，对于把握中学历史教育学课程论的基本问题，特别是对夯实现代历史课程理论具有重要的指导意义和使用价值。另，读者可一并参考施良方的《课程理论》（北京，教育科学出版社，1996 年版）和王策三、孙喜亭、刘硕的《基础教育改革论》（北京，知识产权出版社，2005 年版）。

4. ［澳］科林·马什：《理解课程的关键概念》（第 3 版），徐佳、吴刚平译，北京，教育科学出版社，2009。该书从什么是课程、关键概念导论、课程框架等方面梳理了课程论的主要问题和概念，读者可以将其作为课程论的入门书来读。另，这是"世界课程与教学新理论文库"的一种，其他如［美］亚瑟·K. 埃利斯著《课程理论及其实践范例》（张文军译）、［美］小威廉姆·E. 多尔著《后现代课程观》（王红宇译）、［美］威廉 F. 派纳等著《理解课程》（张华等译），都可以作为丰富中学历史教育学课程论的参考书。当然，这些课程论专著有些比较艰涩难懂，若不是专攻历史课程论，读者最好有针对性地选择能够解决自身问题的作品，没有必要在理论方面耗费太多精力，如［美］艾伦·奥恩斯坦等：《课程：基础、原理和问题》（第 5 版），柯森等译，南京，江苏教育出版社，2002。

基础教育改革纲要

钟启泉、崔允漷、张华主编：《基础教育课程改革纲要（试行）解读》，上海，华东师范大学出版社，2001。该书除课程改革需要外，还有行政推力，因此印次甚多，影响广泛。

历史课程论及其他

1. ［美］埃德蒙·柏克三世、［澳］大卫·克里斯汀、［澳］罗斯·E. 杜思：《世界史：大时代》，杨彪等译，上海，华东师范大学出版社，2012。该书是极简的世界通史，分为人类在宇宙、遍布世界的人类、农耕和复杂社会的出现、交流和交往范围的扩大、区域间的联合模式、全球大联合、工业化及其后果、半个世纪的危机、矛盾中的全球化等九章内容，时间跨度从 130 亿年前到现在，每章的结构都是人类和环境、人与人之间、人类和思想三部分。如果说，布罗代尔的《文明史纲》因缺失了"事件史"而失败了，那么这样的"我们共同的世界史"照理也不能成功。然而，美国不是欧洲。其一，它的综合课程（如 Social studies）已有百余年的实践史；其二，美国的教育理论和实践基础雄厚，也更具有前瞻性；其三，现代科技发展正在从根本上改变传统的教育观。因此，与其把这本书看成某种教材的尝试，不如把它当作新历史课程的探索。

2. 赵亚夫主编：《国外历史课程标准评介》，北京，人民教育出版社，2005。该书收录了美国、英国、加拿大、澳大利亚、日本、韩国的20多个课程标准，并附有介绍，是研究国外历史课程的第一手资料。2017年，北京师范大学出版社出版《国外历史课程标准评介》上、下卷，该书收录美国、加拿大、英国、德国、法国、芬兰、捷克、澳大利亚、新西兰、南非、日本、韩国、新加坡、印度的40多种现行的历史课程标准，并请诸多资深的教学法专家撰写评介。

3. 陈志刚：《历史课程论》，长春出版社，2012。该书是黄牧航主编的"历史教育硕士丛书"的一种，作者从课程目标、课程标准、课程内容、课程的实施与评价等方面，阐述了历史课程的价值取向、建构路径、主要问题，具有参考价值。另，其他的《历史课程与教学论》专著也多涉及上述论题，如朱煜主编的《历史课程与教学论》（长春，东北师范大学出版社，2005）、朱汉国、郑林主编的《新编历史教学论》（上海，华东师范大学出版社，2008）。

4. 课程教材研究所编：《20世纪中国中小学课程标准·教学大纲汇编：历史卷》，北京，人民教育出版社，2001。该书收录了清末、民国时期，以至中华人民共和国时期的课程标准、教学大纲，共计49个，客观地反映了我国中小学历史课程发展的历史，其时间跨度自1902年到2000年，是中学历史课程研究不可或缺的资料。

第四章　历史教材论

○历史教材系统地体现历史教育内容和学习特征
○历史教科书的编写和使用考虑多种因素和影响
○历史教材的丰富性和有用性关乎课程资源质量

学前预习▶ --

定义术语：教材、学材、教材学；教科书、教科书制度；选材、文
本、叙事结构；学习工具、学习材料、学习经验。

识别概念：教材与学材、教材与教科书、体例与体裁、蓝本与文本、
文本系统与学习系统、课程标准与教科书、学生发展特
征与教材的适切性。

积累经验：臧嵘：《历史教材纵横谈》，北京，人民教育出版社，
1999；黄牧航主编：《中学历史教材研究》，长春，长春
出版社，2013。

拓展实践：论证中学历史教材为什么要强调国家意志。

学习目标：

1. 知道教材学不只是教科书的编纂理论和技术，它是整体且系统的
课程资源研究，内容涉及教科书在内的所有纸质的和数字化的学习资源。

2. 理解历史教科书在教材中的位置，认识教科书审查的必要性和编
写教科书的基本环节。

3. 认识教材开发的主要途径和方法，把握教材与课程资源、课程质
量、学习环境和条件之间的关系。

理解内容：

教材系统——教材（teaching material）的开发与质量受政治、经济、文化
等多种因素影响，特别是基础教育中历史教科书（history textbooks）的开发与
使用，更是特定政治和社会环境的产物，它必须呈现符合主流价值观的基本
知识，体现国家意志，并适宜学生学习。同时，它也对作者的学科素养、编
制技术要求较高，如作者除具有整合和建构学科知识体系的能力外，还应当
具有相应的教材学、心理学、学习论、知识传播学的知识。我们不能把教材
学仅仅理解为是研究编写教科书的理论和技术。当然，教材学研究也不能只
作"使用教科书"的附庸。既然是教材学，就应该具有专门性。（第一节）

学习资源——历史教科书不仅是课堂教学的核心素材或学习材料，
还是承载历史文化、传播历史知识、保留历史记忆、导向历史价值观的
特殊工具。建立完善的教材体系，既能够增进教科书的教育功能，也有
助于拓展教师和学生的学习视野和能力。在科学技术和信息化世界不断
发展的今天和未来，一切传统的学习资源，除了自身发生深刻变化外，
也有被淘汰或替代的可能。（第二、三节）

第一节　历史教材与历史教材学

教材论，在历史教育学中也称教材学，"论"与"学"互通，都是具体且全面的教材研究。其成果，以朱煜的《历史教材学概论》(1999)和臧嵘的《历史教材学和史学论丛》(2006)这两部专著为代表。此外，还有黄牧航的《中学历史教材研究》(2013)，其编写目的虽是帮助历史教师了解教材、用好教材，但讨论的问题也是教材学内容。到目前为止，历史教材学的基本面目是清楚的，关于历史教材学的研究还在不断深入。因此，本节对于教材论或教材学的问题缘起、发展脉络及基本内容不再做面面俱到的阐述，仅梳理基本概念和要点，以求为完善其理论和实践体系提供必要的视角。

一、历史教材论的研究基础

与历史教材论相近的概念，还有历史教材学、历史教科书编纂学。它们都是伴随着历史教材的发展，特别是历史教科书的发达，逐渐形成的专门学问。我们难以推断我国的中学历史教材论确切的起始时间。不过，从最早的历史教材学倡导者臧嵘的"历史教材学十二论"看，在1983—1993年，"教材学"的概念已经明确，如果我们把《应当引起重视的一门学问》一文作为"历史教材学"发展的开端，那么历史教材论的兴起时间则是1991年。[①] 宽泛些说，20世纪90年代，作为学问的历史教材研究渐成气候。

(一)历史教材论与历史学的关系

历史教材论或历史教材学、历史教科书编纂学是历史学的一部分。理由一，历史教材是历史著作不可或缺的组成部分，尤其对学历史的人而言，没有阅读便不能入门，历史教材(主要指教科书)则是其学习或研究历史的门径。中学历史教材较之其他类别的历史教材有其特殊性，但这种特殊性不是将历史学排斥在外的特殊性，而是针对阅读目的、阅读对象和学习功能的特殊性，诸如历史学的社会功能、教育功能、传播功能等，恰恰需要历史教材来实现。理由二，历史教材体现历史学的学科性、专业性以及学术性。对于学科性和专业性我们不必多说，因为如将它们抽离了出去，任何历史教材就都失去了作为学科教育载体的功能，其性质当然不能算是历史教材。但是，早期的中学历史教科书主要是通过剪裁专著完成的，历史教材学

---

① 参见臧嵘：《历史教材纵横谈》，北京，人民教育出版社，1999。该书有历史教材学专论十二篇，涉及历史教材的编写体例及原则、教科书的生动性、科学研究、编写内容、与史学的关系、民族关系的处理原则、历史课本怎样体现中国特色、与考古学和古人类学的关系、文化史教育、乡土教材、教材的选择与应用等。另，历史教材学不是一个人的贡献，所有人民教育出版社的历史教科书编写者，也都是历史教科书的研究者，应把他们的研究成果同样视为历史教材学整体建设的重要组成部分。

不仅不是一门学问，而且还被当成学者赚钱谋生的工具，人们轻视它是理所当然的事。即便后来"编教科书"逐渐专门化，但人们习惯的看法没有随之改变。只是最近这十余年来，情况才有较大改观，像历史编纂学（historiography）、历史观念史（history of ideas）[①]这样的理论问题，过去的教材编写者是不接触的，现在的教材编写者则必须广泛涉猎，否则教科书既非通俗读物，也非专门读物，编写者对其难以归类和做专门的研究。理由三，编制中学历史教材所需的学问性或专业性，包括继承中国传统的历史编纂学、吸纳西方当代的历史编纂学，把握未来历史教育的发展方向，譬如历史教材的体裁和体例都导向特定的历史理解、历史解释、历史意识，而且历史教材作为养成历史思维的工具，势必在编纂技艺（属于历史学科的 liberal arts）方面形成更为专业化的、跨学科研究等。

（二）历史教材论与其他学科的关系

历史教材论与历史课程论、历史教学论等一样，都是多学科合作和跨学科性质的研究。因此，如果不考虑政治的强制性，以及作为普及性质的教材自身带来的保守性等因素，基础教育中的历史教材在内容和表现方面，会比其他历史学著作更为灵活或超前。这是因为：①历史教材是学科教育的载体，而教育必定由综合因素发挥作用，如行为科学等；②中学历史教材是为了学习而编写的教材，随着学习理论和脑科学的发展，历史教材的编纂理论和技术越来越专门化，如对不同行动者的定位、教科书功能的变化，以及实施活动的展开等问题[②]，完全超越了传统的"编教材"的概念和范围，更何况历史意识、历史思维、历史知识的内涵，在"为了学习"或"为了理解"的语境中，也不再是传统的"知识"和"接受"，没有多学科合作和跨学科学习，历史教育不可能进步；③历史教材无论导入何种学科、知识、视角、方法，都必须服务于历史教育，抑或说，历史教育向其他学科开放，不是为了使自身成为一个"杂科"，而是更好地发挥历史教育功能和育人作用。所以，历史教材不刻意求新，也不随意扩充学科边界。

二、历史教材的嬗变

"历史教材是涵义更为广泛的历史教学工具，而历史教科书则为历史教材的主干，是狭义范围的历史教材。因此，一些学者有时也就径直将历史教科书和历史教材并称。"[③]这段话言简意赅地道出了两个事实：其一，历史教材包含历史教科书。但事实上，人们常常用历史教科书的概念代替历史教材的概念，认为所谓历史教材，实际指的仅是历史教科书。其二，人们习惯了使用狭义的历史教材概念，其意识中

---

① 西方历史理论的相关观念，参见［德］斯特凡·约尔丹主编：《历史科学基本概念辞典》，孟钟捷译，北京，北京大学出版社，2012，该著作其中很多概念和问题，都是历史教材学必须接触的。

② ［比］弗朗索瓦-玛丽·热拉尔、［比］易克萨维耶·罗日叶：《为了学习的教科书：编写、评估、使用》，汪凌、周振平译，36 页，上海，华东师范大学出版社，2009。

③ 臧嵘、周瑞祥：《历史教材学和史学论丛》，2 页，北京，星球地图出版社，2006。

并没有广义的教材的概念。

(一)历史教材的发展概况

1. 我国古代的历史教材

我国历史悠久，文化积淀深厚，教育绵延不断，历史教育向来受重视。苏寿桐先生推断，"《尚书》应当是孔子时的古代史教材"，《春秋》"是孔子时的近代现代史教材"，《史籀篇》是周时史官教学童识字兼读史书的浅近读物。唐代把"史"置于"经"前，宋代把史学当作"源"、经学当作"流"。可以说，科举以后，推崇儒学，提倡读经，没有不重视历史的朝代，历史教育当然不容忽视，教材则经史未分，集中于古代经典。①

若以学生的年龄和学习的普及性为坐标，则蒙学教材最有代表性。这些教材主要在蒙馆、私塾、义学等场所使用，也流行于家庭教育、社会教育，目的是对儿童进行启蒙教育，内容非常广泛，如识字、诗歌、伦理、历史、经学、故事、家训等，代表性著作有《千字文》《百家姓》《蒙求》《对类》。以选取历史题材且影响较大的蒙学教材为例，至少可以列举唐代胡曾的《咏史诗》、南宋徐钧的《史咏集》和黄继善的《史学提要》、元代许衡的《编年歌括》、明代李廷机的《鉴略妥注》（又名《五字鉴》）、清代旷敏本的《史鉴撮要》、赵南星的《史韵》、任启运的《增注史要》、黄传骥的《史学纂要》、鲍东里的《廿三史评口诀》等。这些蒙学教材的特点如下：①集自然观、伦理观、价值观、历史观乃至神道观于一体；②历史观以唯心主义为主流，而且被伦理化了；③形式多样，语言多采用骈体文或口语押韵，适于儿童咏诵或背诵；④知识密度大，注重朝代更迭，强调以人带事；⑤重视通过历史掌故进行政治伦理、人格养成、意志品质等教育。

中原五代，国统相授。诸藩割据，各有先后。吴杨行密，唐爵为王。四主相承，逊于南唐。②

盘古首出传三皇，有巢燧人功难忘。五帝之说至不一，義轩治迹犹微茫。唐虞历数始可纪，夏商及周为三王。春秋战国不足数，嬴秦蔑古何猖狂！汉能顺取治杂霸，新莽篡之旋灭亡。③

2. 我国近代的历史教材

"我国最早自编的一批教科书，是 1897 年的《蒙学课本》，编者为刚刚成立的南洋公学外院的师范生陈懋治等。一年后，即 1898 年戊戌变法当年，又出现了俞复、丁宝书、吴稚晖等人所编的《蒙学读本》。""现在我们所能看到的我国学者自编的质量较好的中学历史教科书，是 1905 年由上海商务印书馆承印的夏曾佑所编的《最新中

① 参见苏寿桐：《史编拾遗》，2～6 页。

② 摘自(南宋)黄继善：《史学提要》之《五代割据十国·吴》，见王文宝主编：《中国儿童启蒙名著通览》，493 页，北京，中国少年儿童出版社，1997。

③ 摘自(清)鲍东里：《历代国号总括歌》，见王文宝主编：《中国儿童启蒙名著通览》，1168 页。

学中国历史教科书》。"①

　　三代之时，国国皆自成风尚，虽有天子，王朝之政，不能逮于诸侯。故古时官制，其见于《左传》《国语》《战国策》者，各国不同，而秦、楚两国，尤其特异者也。自秦人并六国，夷诸侯为郡县，天下法制，乃定于一，于是天下之官，皆秦制矣。**秦官亦皆沿其国之旧，非始皇所创。**②

　　民国初年"普及国语"，出现了"新体"的白话文教科书。其中，贡献最著者，如吕思勉、何炳松、顾颉刚、陈衡哲、傅运森（商务印书馆）；金兆梓、郑昶（中华书局）；扬人楩（北新书局出版）；周予同、杨东莼（开明书局）；朱翊新、李季谷（世界书局）。随着教科书体制和体系趋于确立，教科书研究也相应地得以展开，并取得一定的成绩。譬如有学者把历史教科书作为"经验的历史"，要求"为一般国民而著"，并取"最大多数人所最常应用的材料"，编制适宜学生学习的"善的历史"，而善的历史教科书，一要使学生对它发生兴趣，二要使学生了解历史也有其实用性的一面，三要易读易学。相反，就有不善的教科书，一曰"专重记诵之病"，二曰"专重陈迹之病"，三曰"历史与传说相牵混之病"，四曰"本国史与外国史不能融贯之病"，五曰"古史与当代史不能融贯之病"，六曰"历史与地理不能融贯之病"，七曰"历史与国文不能融贯之病"。③

　　概括民国时期历史教材的特点如下：①教科书与教学参考用书分为两个系列，教材体系基本成立，如王有朋主编的《中国近代中小学教科书总目》，分教科书（课本）、教学参考书、教学辅导书三类④；②教科书体例多样化，如采用编章节、编章、章节等，并非都是严格意义上的"章节体"；③教科书体裁同样较多，大多都有我国古代史书的编纂形式，包括在课文中应用"大小字"。

　　旧中国中学历史课本的几个特征：一是历届政府都十分重视历史教育和历史课本在培育和熏陶青少年思想方面的作用；二是从清末到民国中学历史课本有一个逐步发展和完善的过程；三是历史教育与政治关系密切，历史也是当下政治环境下的产物。⑤

3. 我国现代的历史教材

　　苏寿桐在《中学历史教科书三十年》一文中，分 1949—1952 年、1953—1957 年、1958—1966 年、1976—1980 年四个阶段，详细阐述了新中国成立后的三十年历史教科书的时代背景、编制观点、内容选择和要求等。作为新中国第一代教科书编写者、前六套历史教科书编写的主要领导者，他的经验体会有以下四点：①历史教学和历

　　①　臧嵘：《历史教材纵横谈》，411～412 页。
　　②　夏曾佑：《中国古代史》，377 页，石家庄，河北教育出版社，2000。
　　③　参见张慕骞：《中学本国历史的教学及其设备问题》，载《教与学》，第 1 卷，第 4 期，1935；瞿兑之：《历史教学法之商榷》，载《新民月报》，第 2 卷，第 1 期，1936。
　　④　参见王有朋主编：《中国近代中小学教科书总目》，570、582 页，上海，上海辞书出版社，2010。
　　⑤　参见臧嵘：《历史教材纵横谈》，423、436、441 页。

史教材担负着对学生进行社会发展规律教育的任务，这是政治思想教育的一个重要方面，同时又是培养学生爱国主义、国际主义和民族自豪感的重要内容；②历史教科书是根据教学计划、教学时数来安排教材分量的；③中小学的语文、政治、历史课程设置，教学时数，应有一个通盘的计划；④中国历史和世界历史在科学上有争论的问题很多，涉及面又广，编者不能等待一切问题都解决了才下笔编写历史教科书，对有争论的问题编者要有自己的专业判断。①

有关最近三十余年的历史教科书发展情况，黄牧航在《中学历史教材研究》一书中，做了如下梳理：20 世纪 70 年代末，教材编写开始拨乱反正；20 世纪 80 年代，历史教材初步改革；20 世纪 90 年代，历史教材改革速度加快。特别是进入 21 世纪以后，针对教科书质量的争鸣引起较大反响，促进了教师教材观发生变化。其中，如何从"教教材"的观念转变为"用教材"观念的争论尤为典型。②

新中国以来，尤其近 20 多年，中学历史教科书从单纯的知识教学到知识教学、情感思想教育和能力培养兼顾，从较严肃到生动活泼和注重个性发展，从观点较"左"到基本能够客观评价历史人物和事件，总体上看能够与时俱进。③

(二)历史教材学的相关概念

1. 教材与教科书

教材，旧称课本或讲义。陈侠先生在《中国大百科全书·教育卷》中解释"教科书"一词时说，"亦称课本，根据教学大纲（或课程标准）编定的系统地反映学科内容的教学用书。"教材则除了"一般以教科书的形式来具体反映"一定学科的知识和技能体系之外，还包括"教师指导学生学习的一切教学材料"。④ 历史教学界的传统是把教科书等同于教材，譬如说"教材也叫教科书，它不同于学术专著，也有异于通俗读物。"⑤

现在，尽管人们在现实中仍然混用教材与教科书的概念，但是在学理上还是做出了区分。"所谓教材，是指教学材料；而教科书是教学活动中最主要、最基本的教材，但不是唯一的教材。"⑥"教材是以特定年级的学生为对象，根据特定时间的教学任务和条件，对特定教学内容进行解释的教学用书。"教科书是教材的物化材料，在教学中具有不可替代的作用。⑦

简单地说，教材包括教学中的一切学习材料；教科书是教材的一种。在我国，

---

① 参见苏寿桐：《史教拾遗》，129 页。

② 参见黄牧航：《中学历史教材研究》，4～12 页，长春，长春出版社，2013。其中引述的马执斌、聂幼犁的争论，亦教材观的争论。

③ 朱煜主编：《历史课程与教学论》，74 页，长春，东北师范大学出版社，2005。

④ 中国大百科全书总编辑委员会：《中国大百科全书·教育卷》，144～145 页，北京，中国大百科全书出版社，1993。

⑤ 赵恒烈：《历史教育学》，118 页。

⑥ 朱煜主编：《历史教材学概论》，4 页，南京，江苏人民出版社，1999。

⑦ 参见于友西、赵亚夫主编：《中学历史教学法》(第 4 版)，52 页，北京，高等教育出版社，2017。

历史教科书与其他历史教材相比，具有独特性：①依据教学大纲或课程标准编写，体现国家意志；②有着严格的准入制度，必须经过政府审定合格后才能使用；③作为"国家标准"的教材，它既是教师教学的"蓝本"，也是评估教与学的重要工具；④使用标准的、规范的语言写作，不允许随意创造或改编；⑤适宜学生阅读，而且应有拓展学习的功能。

历史教科书的内容，即有所限制，斯教材的补充与善为铺叙，乃教师不可或缺的工作。……教材的性质，一般而言：一是普通历史为可以真正叙述真正的事实，除真正真实外他物，此言诚然。否则历史就与小说无异。二是则不足为训。其所以然者，以学生在学校里，假使习惯了一种趋势，不加辨别去承受历史上的事实，那么将来一定要继续的不加辨别去承受一切事实，同应用一切事实，学生在学校里假使习惯了一种倾向，以印刷的书本为事实上真确的证据，那么他将来一定要继续的受印刷书本之黄历压制……①

2. 体裁与体例

体裁、体例的概念较为模糊。据《辞海》"体例"条，"谓事之大体及内容细则也。今多称规定之款式及文辞之体裁曰体例。"②1979 年版《辞海》将"体裁"和"体例"分列两条。其中，"体例"有"纲领制度和内容细则"和"著作的体裁凡例"两种解释；"体裁"也有"在中国古代文学中，指诗文的文风辞藻"和"指文学作品的类别，又称样式"两种解释。③《现代汉语词典》(第 6 版)则把"体例"解释为"著作的编写格式；文章的组织形式。"所谓"体裁"，则是"文学作品的表现形式。可以用各种标准来分类；如根据有韵无韵可分为韵文和散文；根据结构可分为诗歌、小说、散文、戏剧等。"《不列颠百科全书》也采用类似的看法，释"体裁"为"文学作品的分类"。

英文 style(体例)一词，亦含体裁，主要指文体；若用 stylistic rules and layout 一语来翻译"体例"的话，则强调文体的规则和布局。genre(体裁)所指的分类是表述形式，如史诗、悲剧、戏剧、长篇小说或短篇小说等。我们将这一概念迁移到我国传统的历史著作，纪传体、编年体、纪事本末体、政书体、学案体的"体"应是"体裁"，其叙事结构与表现形式就是"体例"。

表 4-1　中国古代历史著作的体裁与体例

体裁	体例	代表作品
纪传体	以人物传记为中心叙述史事，有本纪、世家、列传、书志、史表、史论等内容，如《汉书》卷一上《高帝纪第一上》、《汉书》卷十四《诸侯王表第二》、《汉书》卷二十三《刑法志第三》	《史记》《汉书》等

---

① 参见李絜非：《历史教材与教学要点研究》，载《教育通讯》复刊，1948(5)。
② 参见舒新城等主编：《辞海》，3265 页，北京，中华书局，1981。
③ 参见舒新城等主编：《辞海》(1936 年版修订版)，200～201 页，上海，上海辞书出版社，1979。

续表

体裁	体例	代表作品
编年体	以时间为经，以史事为纬，如《资治通鉴》卷五十八《汉记五十》："孝灵皇帝中 光和四年(辛酉、一八一)"	《春秋》《左传》《资治通鉴》等
纪事本末体	每事一题，为一专篇，按时间先后加以集中叙述，如《左传纪事本末》分卷(诸国)、补遗(增补的史事)、考异(不同说法)、辨误(考证)、发明(编者自己的见解)等	《通鉴纪事本末》《明史记事本末》等
政书体	记述历代典章制度，如《通典》分为食货、选举、职官、礼、乐、兵、刑、州郡、边防九门；《文献通考》则多达二十四门	《通典》《通志》《文献通考》等"十通"
学案体	记述学术源流，如《明儒学案》《师说》，《明儒学案》卷一《崇仁学案一》、《明儒学案》卷六十一《东林学案四》；包括师承关系、学人传记、言行录、著作录要、评论等	明儒学案、宋元学案

在历史教学界，赵恒烈认为，历史教科书的写法是一种"新的通史体裁"[1]。臧嵘认为，"如果说'通史体'侧重于史书内容的话，那么，'章节体'更侧重的是形式。""通史体和章节体，不是历史教科书体例和体裁的全面。历史教科书另有一种全面界定的体裁名称，我们把它称为'历史教科书体'。"[2]朱煜认为，"史书的编撰体例是一种构架，是历史内容的组织样式。"[3]概括地说，教科书是一种体裁，编制教科书所采用的编、章、节、目(即断限、编次等)乃至不同的内容板块设计(包括叙事、征引、注释等)等是体例[4]。

合从连衡的政策与秦国的统一　秦国的强盛，引起了六国的注意，双方便施用种种对付的政策。在种种政策中，或用谲诈，或用暗杀，大都为一时的；至于时期较长的政策，则为"合从"与"连衡"。六国结合攻守同盟的条约，合力抵御秦国，叫合从。合从是苏秦的主张，他奔走于六国之间，劝各国的国君。……

---

① 赵恒烈：《历史教育学》，138 页。
② 臧嵘、周瑞祥：《历史教材学和史学论丛》，26、29 页。
③ 朱煜主编：《历史教材学概论》，7 页。
④ 另，考订词源的话，"体"，乃是文体的总称。"裁"和"例"，都有"类"的意思，故在实际应用时，"体裁""体例"容易产生混乱。不过，"裁"的原义是剪裁，包括裁断、裁制、裁判等词，皆源于剪裁。"例"由"比"衍生，有比照、类推的意思。另外，一些"大词典""大辞书"少有单列"体例"词条者，说明"体例"是"体裁"的组织结构。参见(东汉)许慎著、汤可敬撰：《说文解字今释》，1107、1127 页，长沙，岳麓书社，2006；王凤阳：《古辞辨》，418、549 页，长春，吉林文史出版社，1993。

燕　越　蔡　楚　陈　鲁　齐　宋　秦　卫　郑　晋

燕　　楚　　齐　秦　　韩　赵　魏

秦①

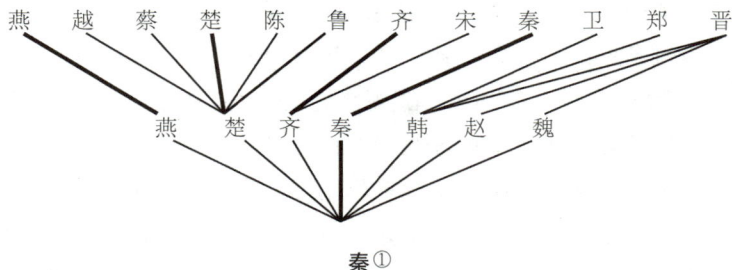

　　以政治为对象，可将本国史分为下列三期：由部落至封建时期（神权政治时代）——自太古至周末（约当公元前 3 世纪中叶以前）；君主专制时期（君权政治时代）——自秦之统一至清末（约公元前 3 世纪中叶至 12 世纪初）；民主共和时期（民权政治时代）——自民国元年至现在。

　　以经济为对象，可将本国史划分为下列三期：由采集经济至粗有农业时期——自太古至西周末；工商勃兴转至农业为本时期——自春秋至清鸦片战争（约公元前 8 世纪至 19 世纪中叶）；新工业输入旧有经济组织动摇时期——自鸦片战争至现代。②

3. 阅读系统与活动系统

　　有学者把中学历史教科书作为一种独立的体裁，称之为"历史教科书体"，这是可以被人们接受的。首倡者臧嵘为此给出了四条理由：其一，历史教科书符合我国培养 21 世纪的社会主义接班人的教育目标；其二，历史教科书对严谨性和科学性的要求很高，不容许有观点性和技术性差错；其三，历史教科书选材要生动，语言要明白易懂，多用感性材料，尽量避免用枯燥乏味的说教语言；其四，教科书的性质是学生学习的读本，也是教师教学得以遵循的教本，还是进行考核考试考查的主要依据③。至于不同历史教科书之间的差异问题，只要变通上述原则即可加以说明和理解。①编制任何教科书都需要遵循特定的编写目标；②编制任何教科书都有较为严格的科学性、技术性标准；③任何教科书都需要慎重选择集体知识，并运用恰当的语言以利于集体性的接受与传播；④历史教科书也是一种历史著述，而且比一般的学术性著作具有更多的受众，进而也有更强大的教育功能；⑤教科书所反映的集体记忆，具有政治性、民族性、现实性，也容纳反思性或批判性。

　　然而，目前人们对历史教科书的认知，特别是针对历史教科书体例的认识，似还不能完全支持上述论点。譬如流行的"二元系统论"说法，即把历史教科书分为"课

---

　　① 陆东平、朱翊新编：《高中本国史》，120 页，上海，世界书局，1929。原书"合纵"写为"合从"。
　　② 以下还有以文化、民族为对象两个子目。从中既可以看到体裁所需考虑的时代断限（不再另说），又能够看出我国早期历史教科书某些特征。参见孙正容：《本国史时期划分的研究》，载《图书展望》，第 1 卷，第 1 期，1936。
　　③ 参见臧嵘、周瑞祥：《历史教材学和史学论丛》，30～32 页。

文系统"和"课文辅助系统"两部分①。前者"即教科书的正文内容",后者是"辅助课文的部分,包括目录、课前提要、补充文、图片及图注、历史地图、文献资料、注释、作业练习、附录等"②。"正辅二元"的悖论是显而易见的。它适宜"教教科书"或"内容主义"的教学环境,所以维护该观点的作者必须反复强调"辅助系统不是可有可无的""课文系统和课文辅助系统也是相互作用"等,生怕"辅助"成了摆设。其实,历史教学如果不是专注于文字(教本),不是教师"一言堂"(教教科书),历史教科书也具有"学本"的功能,那么就不存在谁"正"谁"辅"的问题。况且"系统"本身着眼的就是"整体"。

历史教科书与学术著作不同、与一般的普及性历史读物也不同,其学理和技术的关键点、或专业性就是如何整体地设计教学内容,我们即便叫它"课本"也是就文本的整体而言,不是特指"正课文"的部分。当"教材"越来越倾斜于"学本"或"学材"时,原来"辅助"的部分便会与时俱增,在学习中的位置也越来越重要。历史教科书结构内各要素或"类例"的关系,不仅具有整体性,而且必须加以整合。过去那种比较泾渭分明的内容分类也会逐渐消失。譬如地图、图片或照片,不再充当"正课文"的直观教具,而是一种可以独立存在的信息单元,它们在用于理解历史信息方面,甚至比课文还丰富。当然,这需要教师更为专业的指导。如"提要""活动""思考"这类板块,也不是仅仅为了启发学生兴趣,它们所反映出的学习思路和方法,恰恰应该是适宜的学习方式。所以,如果我们非要从体例方面把握历史教科书,或许用"阅读系统"和"活动系统"的概念更为恰当。这是因为,①教科书的本质是读物,其本体即阅读内容,而且针对学生的阅读方式有很多,更新也很快。因此,教师的教学观和教材观,须破除所有束缚教科书成为"学本""学材"的理念和形式。②历史教科书的发展趋势越来越凸显"自由阅读"的功能,一方面,需要教科书提供尽可能丰富的内容,另一方面,要求学生能够多角度阅读教科书。在教科书不失为"教本"的情况下,历史教科书还需要体现学生的多方面、多层次的学习活动。在整合性的学习板块中,也各有不同的学习指向和功用。③优良的历史教育在任何时代都不依赖教科书,教科书之所以有"用",除了它划定了学习范围之外,更为重要的是因为其结构体中有丰富的学习信息,通过学习板块诱导思考方式和解决问题的方式编制方法,这在其他历史著作中是不存在的。④鉴于现实中人们对"辅助课文系统"概念的滥用,如把教科书划分为导入系统、阐述系统、巩固系统等做法,把教科书的功能肢解了,我们要摒弃"课文系统"和"课文辅助系统"的说法。⑤阅读系统是主干,这个系统可以由各种板块组合,包括文字阅读、图片阅读、史料阅读、地图阅读甚至年表阅读、注释阅读等,它们是一个有机的整体,共同作用于历史教科书的学习性质;活动系统则主要是针对学生集体学习所提示的阅读指导,这种指导应有助于教师基于文本

①　白月桥:《历史教学问题探讨》,216~220页,北京,教育科学出版社,1997。
②　于友西、叶小兵、赵亚夫:《学科历史教育学》,153页。

内容所展开的其他形式的教学活动。

第一，当改定教材，删除琐碎鳞爪，就各时代注意史事加以叙述，尽量引用原文而附加浅显之解释。不必断代，而就大事起讫划为段落，以破除逐时逐事生硬记注之弊，而养成学生提纲挈领之能力。

第二，在本国史中当尽量加入外国史之相关部分。在授西洋史时尤应随时点明本国史约当何时以资印证。

第三，扩充当代史之部分。将本国近年政治经济文化各种变迁叙入，同时将世界大势随带叙述。此后每年所出教本应将此部分随时抽换。

第四，加编地方史，以为各地学校历史一科之辅助读物。①

4. 蓝本与文本

蓝本(blueprint)的本义是底本，并没有法定、神圣的意思。但是，由于学校教育目标的强制性、版本的唯一性、教学环境的狭义性等原因，致使教科书"蓝本化"，进而蓝本的意义也被曲解了。语文教学论专家饶杰腾曾指出，蓝本不仅带有"某种神圣光环"，而且"都有一种神圣不可侵犯的所谓原文原意"。张增田进一步说，"我们发现，'蓝本'观对原文原意的强调是与其所秉持的传统解释学的思维方式分不开的。"②课本即蓝本。过去人们讲，"课本、课本，一课之本。"没有课本便不能上课，因此人们形成了"课本是教师教学的蓝本，学生学习的工具"的观念。

显然，"蓝本观"有特定的历史环境。如在传统学校教育里，以下几种情况对教学效率和质量产生很大影响。①教师、学生皆无课本，学生单凭教师以口头传授的方式接受知识；②教师有课本，学生无课本，学生靠抄写、诵读教师的课本学习知识；③教师、学生皆有同一种课本，学生在教师的讲解下学习知识。这种情况，维持了几百年，当下也没有质的改变。所以人们看课本是比较绝对化的，教学期待、教学质量，连学生的人格塑形都与课本联系起来。再引申说，"教材等于教学大纲或课程标准""教材决定教学质量"等观念，也有一定的合理性，我们越强调教学的一致性，课本的作用就越强大。诚然，课本观念要随着社会的发展而进步。那么，"蓝本观"是否也随着社会的进步而被抛弃呢？答案是肯定的。譬如在这样两个环境中，"蓝本"的观念就难以成立：一是除了确定的课本之外，其他的学习资料也进入课堂；二是由教师自定课本，或师生共同选择课本，或根本不需要课本，而是师生根据学习主题确定若干学习资料。

在信息化社会，历史教育的独特价值绝不是学生单一地获得历史知识，更不是学生习得的知识越多越好、越深越妙。甚至可以说，一个人从历史课本中获得多少

---

① 这是针对教科书的编制与使用而发的议论，将其录入在此是从宏观处着眼上述两个"系统"的自洽性与解构的问题。参见瞿兑之：《历史教学法之商榷》，载《新民月报》，第2卷，第1期，1936。

② 张增田：《从"蓝本"到"文本"：当代课程内容观的转变》，见石鸥主编：《教科书评论》，15页，北京，首都师范大学出版社，2014。

知识没那么重要，再多的知识若不能产生新经验、新认识、新智慧，也是无用的。培养学生的批判性思维①、同理心（empathy）、对世界的敏感性和洞察力、对历史和现实的理解力和解释力，以及熟练地掌握信息和通信技术的能力等，才是历史学科教育所追求的知识观、教材观。为此，我们有必要把"蓝本观"转为"文本观"。

文本（text），指任何书写或印刷的文件。"在文献学中，文本是指原文。"20 世纪后半期，"文本才彻底走出文献学而获得全新的意义。"①传统的语言观念认为，"语言是一个封闭的整体，能指和所指之间的关系是起源式的、单一的和确定的。"②20 世纪中叶，有学者用可靠性代替真理，从所指（他方）回到能指（己方），使能指获得充分的自主性，也有学者强调意义决定于语境（language environment），使文本结构凸显为问题（首先是发现问题）的核心，文本成为作品的概念。任何文本都是一种延宕性存在，意义的延宕性成为文本指向意义的阻力，但文本也就是在这样的解构语境中不断地走向自身的存在。③"20 世纪 80 年代以来，文本越出文字的阈限，开始进入图像世界。这一切为文本注入了更加丰富的内涵。"②

从"蓝本观"转向"文本观"的意义，其一，历史教科书的内容不是静态的、不变的或僵化的，它也是一种历史解释，而且不是原文原意的解释，师生都可以就文本展开对话；其二，问题是探究的源头，理解是求真的必经之路，导向理解的教学只有把教科书作为一种文本来对待时，才能产生实在的历史探究活动，也使历史教科书和历史有被理解的可能；其三，只有历史教科书作为文本被允许讨论时，历史教学活动才能真实起来，学生的历史解释也才能成立；其四，"文本观"引导教学注重使用原始材料，开放历史教学视域；其五，"文本观"使教科书的"活动系统"与"阅读系统"共同发挥重要作用，进而达到两个基本结果，一是教科书设计体现"做历史的"的思想，二是变"教材"为"学材"。

封闭性教科书：这一观点认为教科书就是一个完整而自足的整体。如"程序教学课本"，包括学习所必需的所有因素：信息、方法、练习、评估等。

开放性教科书：这一观点认为，教科书是一种有待于根据具体背景、按照不同方式来加以完善或使用的工具。有内容和方法两个思考视角。

内容上开放的教科书：为学生留白，让他们在学习进行之前能够在上面写出或画出自己对要学习的概念或结构的最初认知。还包括让学生对内容进行补充素材或材料的教科书。

方法上开放的教科书：事先对要使用对学习方法组做任何评价，追求参考概念，其目的在于提供学习所必需的材料，而对学习内容和活动没有任何成见。③

---

① 包括探索新事物、清晰论证、获得洞见、选择和决断、理解他人、影响力等。
② 汪民安主编：《文化研究关键词》，339～342 页。
③ 参见［比］弗朗索瓦-玛丽·热拉尔、［比］易克萨维耶·罗日叶：《为了学习的教科书：编写、评估、使用》，83 页。

三、历史教材学的构成

（一）历史教材的分类

历史教材是教师指导学生展开学科教学的材料。它包括一切用于教学活动的学习材料，无论是课堂教学还是课外活动。与非教材相比，教材必须具有以下特征：一是教材依据一定的教学目的或目标编写，具有较强的针对性和实效性；二是为了满足教学的不同需求，各类教材的使用功能各异；三是教材的技术性要求较高，任何教材，除了必须有相应的功能外，一般都有一定的专业技术要求。至于教材的分类，因要考虑教学功能、用途、方式、方法等多种因素，分类的标准也不一致。如金相成等把教材分为"基干教材"（课本）和"辅助教材"（如阅读材料、文选、图表、图片、历史地图、历史词典等）两类[1]；我把教材分为文章教材（教科书、教学参考用书等）、视听教材（幻灯片、影片、录音录像资料等）、统计教材（年鉴、图表、年表等）、实物教材（遗物、遗址、标本、模型等）四类[2]。

《中学历史教学法》（第4版），先将历史教材分为两类：第一，基于学科知识体系的教材，包括通史教材和专题史教材；第二，基于物质载体，历史教材可以分为纸质教材、实物教材和视听教材。然后其将历史教材进一步分为：①历史教科书；②历史教学参考书；③历史地图册、填图册、练习册；④历史教学图片；⑤历史实物教材；⑥历史视听教材。[3]

如果从使用功能看，我们可以将教材分为文字教材（一切文字阅读形式的教材，教科书、教学参考用书不可或缺，也包含网络文章）、视听教材（幻灯片、影片、录像和录音资料等）、数字教材（数字环境下的各种新媒体教材）、统计教材（年鉴、图表、年表等）、实物教材（遗物、遗址、标本、模型等）。它们的特性如下：①都是具体的、物象的，能够直观和直感的物化教材；②既有多样性，又有综合性；③便于实现基础知识的传播；④能够发展学习者多方面的技能和能力；⑤内在地包括多种参考性；⑥能够反映各种社会和文化现象，提供跨时空的知识信息；⑦需要一定的学业、评估标准或水平做保障。

（二）历史教材学的研究范围

历史教材学发展到今天，研究者们大致有两种思路。一是把教材学限定在教科书的范围，如"我们现在将要叙述的历史教材内容，主要也就限于狭义的教科书的范畴。"其研究范围包括：①历史教科书的使用和编辑制度；②教科书的编写体例；③历史教科书的选材和编写内容的范围；④历史教科书中的一些重大观点；⑤叙述的文字；⑥其他学术界的研究成果，尤其是考古学；⑦特殊的国情；⑧编排技巧问题，如生

---

① 参见金相成主编：《历史教育学》，63～64页。
② 参见赵亚夫：《中学历史教育学》，117页，北京，中国建材工业出版社，1997。
③ 参见于友西、赵亚夫主编：《中学历史教学法》（第4版），54～55页。

动性、趣味性；⑨各类教材的层次、衔接和分工的问题；⑩使用教科书的政策，如采用"一纲多本"或"多纲多本"的体制。① 二是把教材当作一个学习材料群来看待，尽管仍以教科书研究为中心，但在研究的宽度和深度方面都有新的进展，如教材的价值取向研究、内容的逻辑结构研究、图片研究、校本教材研究、教材评价研究和教材比较研究等②。

从比较研究的角度看，《日本学校社会科教育研究》一书给出了 8 个视点：①教科书的地位研究，如相关的教科书政策、教学大纲或课程标准、本国史与世界史的关系、教科书出版制度、教科书与教学的关系、教科书与历史学的关系、教科书与其他教材的关系、历史教科书的历史等；②历史教科书的叙事研究，如历史观点与历史意识、科学性与正确性、总体与局部的关系、基本史实的选择标准与具体性问题、史实知识与理论知识的关系、历史人物的选择、对史实的解释和评价方法、对历史现象的叙述与解释、对注脚和术语的处理方法、学生的年龄与接受能力、文本是否通俗易懂等；③教学立场研究（略）；④历史意识研究，如把握历史意识的程度、责任感和情感、用于描述历史事件的选材是否得当、对连续性和发展性的处理、如何处理民族和历史人物的独特性问题、如何处理历史现象的因果关系及其变化问题、如何使本国史和世界史内容相统一等；⑤历史分期研究，如整体把握历史关系、如何做时代分期、如何处理个别的史实等；⑥一般性历史问题研究（略）；⑦具体的历史事件、历史现象的处理（略）；⑧教科书的外部特征研究（封面、目录、文本、插图、资料、思考题、年表、参考书、索引及其相关的问题）。③ 我们将上述内容转换为评估的角度，则为物质外观（封面、页码、色彩、开本）；内容（与课程标准的关联、与学科知识的关联、学习情境、安全性、社会文化和历史方面、学生活动、补充信息）；内容结构（目录、单元或章节、各章之间的关系）；可读性（语言学上的可读性、与印刷格式有关的可读性、与排版有关的可读性）；插图（封面照片、插图质量和数量、插图和所给出信息的切合性、插图的排版和布局设计）；评估（一般方面、形成性评估、预测性评估、终结性评估）；自主性（教学上的便利性、编写技术上的便利性、所建议的方法）等。④

显然，上述内容也是历史教材学研究的范围。我们可以进一步将其细化为：①研究历史教材的作用，包括价值取向、教科书政策，以及不同教材在教学中的地位等；②研究历史课程标准，包括历史、现状、比较及本体研究等；③研究历史教材内容，包括选材、组织、史料应用、体例、内容结构和处理方法等；④研究历史教材编制技术，包括叙事或书写、风格、插图的设计与使用、地图和图片选择与设计等；

---

① 参见臧嵘、周瑞祥：《历史教材学和史学论丛》，2、9～17 页。
② 参见黄牧航的《中学历史教材研究》一书。
③ 参见赵亚夫：《日本学校社会科教育研究》，130～131 页，北京，北京师范大学出版社，2001。
④ 参见［比］弗朗索瓦-玛丽·热拉尔、［比］易克萨维耶·罗日叶：《为了学习的教科书：编写、评估、使用》，341～350 页。

⑤研究历史教材评估，包括编写、编辑质量及内容的可读性、可行性，以及教材的使用功能与效果等；⑥历史教材比较研究，包括国内教材比较、国外教材比较、中外教材比较；⑦研究历史教材史，包括本国历史教材史、国外历史教材史。我们也可以用"历史教材编纂学"的概念来概括上述内容。如果具体到教材编纂技术的研究课题，其研究范围则大到教材或教科书的内容学①，小到封面、插图的适用性研究等。

历史教科书是历史教材群之"母港"。所谓"教材群的母港"，主要表明教科书仍是"主要的教材"。"主要"的含义，是指教科书赋予其他教材以教育意义的最终"据地"。不是作为"课本"——教师"为教而用"的教材的"据地"，而是"为学而用"的信息源泉的"据地"。

日本教科书研究中心提出了使教科书作为"学材"发挥功能的四个基本的观点：第一，在教师和学生交互作用的过程中，发挥"学材"的功能；第二，在与其他的教材的关联中发挥"学材"的功能；第三，教科书有助于复习和预习时才能成为"学材"；第四，教科书只有适应个别差异才能成为"学材"②。

第二节　历史教科书的编纂与审定

历史教科书是一种特殊的历史叙事文本，是依据课程标准编写的教学用书。就课程实施而言，它还是历史教学的核心教材。新课程进一步要求，"教材改革应有利于引导学生利用已有的知识和经验，主动探索知识的发生与发展，同时也应有利于教师创造性地进行教学。……教材内容的组织应多样、生动，有利于学生探究，并提出观察、实验、操作、调查、讨论的建议。"③

一、历史教科书的编纂

如今的学校教育，依然以学科教学为主流。学科教学，则是以课堂教学为中心。我们会用各种指标评价学校教育质量，但无论怎样确定指标，我们都要摆正教师、学生、教科书三者的关系。教科书是教与学的媒介，是师生达成学科教育目标的工具。一般而言，教科书不仅决定了教师教什么和学生学什么的问题，而且还引导甚至约束师生理应获得什么样的学科教育思想和方法。

---

① 日本学者把上述研究统称为"教材内容学"，并视这些研究最终要解决的问题是教材质量。
② 参见赵亚夫主编：《国外历史教育透视》，173~174 页。
③ 《基础教育课程改革纲要（试行）》：见钟启泉等主编：《为了中华民族的复兴　为了每位学生的发展：〈基础教育课程改革纲要（试行）〉解读》，8 页。

(一)历史教科书的基本特征

1. 理论特征

第一，课程标准所确定的课程方向和任务，如课程理念、课程目标，无不是基于教科书表现出来的学科教育思想。过去，人们有片面强调传授教学内容的倾向，认为教科书只有内容而没有理论。殊不知，当人们"一分为二"地解读教学内容时，就已经在应用了理论。"课程标准指导教学""贯彻学科核心素养要求"，也已转化为教科书内容。特别是当"所有历史叙述在本质上都是历史的解释"的观念成为教学信条时，人们"理解教科书"就不会只是理解史事了，还要理解构成史事的解释，以及解释背后的理论。

第二，教科书使用者需要理解教科书编写者的思想，包括编写者的编写意图或创意、定位和导向，包括教科书使用者能够从学理方面判断教科书究竟具有怎样的学科教育价值，该教科书与学科教育目标、课程目标的吻合程度等。也就是说，教师要能够自主地使用教科书。只有教师自主地使用了教科书，历史意识或历史观念、历史思维(如理解和解释)，以及学习心理、学习意志等学科教育因素，才能由教科书生发出来。因此我们说，教师"教教科书"可以看不到教科书的理论特征，但"用教科书"便不能忽视教科书的理论特征了。毕竟教科书不是静态的课本，而是动态且自由的教与学的工具。

李纯武的"十谈世界历史教材"：体系·结构·重心；交流·渗透·时代特色；分析·认识·借鉴；舞台·人物·声色；事件·进程·时代印记；文化史的陶冶功能；丰富的内容和错综的关联；谁见过原貌的历史；双边和多边的政治关系和经济、文化交流；中外历史结合，思想教育相得益彰。[①]

2. 方法特征

今天的历史教科书，要求编写者尽可能考虑到教学过程。所以，教科书不再是单一功能的"教本"，需要编写者在其内容中贯穿教与学的方法。好的历史教科书当然也是"学本"，一方面，学生自己能够看得懂，另一方面，教师能够通过教科书指引学生拥有知识。

有学者不赞成"课文系统"和"课文辅助系统"的划分方法，因为它大大减弱了教科书的方法特征，而过于强调了内容特征。引申说，教科书编写者的意图明确与否，或是教科书的功能如何强大，都不可能妨碍师生自主地使用它。事实上，也没有哪套教科书能够决定教师的教法和学生的学法，它只能引导教学方向。

传统的历史教科书，仅是提供了教学范围和教学内容的顺序，其方法方面的信息甚少。未来的教科书将是材料、叙事、方法的集合体，它不再是平面的内容载体，而是整体地表现阅读内容和方法——展现历史思维的宽度和深度，故我们不能孤立

---

① 参见李纯武：《历史文稿选存》，1～73 页，北京，人民教育出版社，1997。

地去看教科书的任何部分。如今发达国家的历史教科书已在这些方面发生变化，并积累了一定的编纂经验。

3. 语言特征

教科书内容，即以书面语言形式书写的学科知识。也可以说，教科书内容是对学科的教学内容做语义上的加工、整理和规定。其一，教科书内容必须使用规范的国语，包括标点符号；其二，教科书中陈述及描述的内容理应准确、真实；其三，教科书中的信息容量要符合学生的接受能力；其四，教科书内容尽可能通俗易懂，生动易学，表达和表现形式可以多样化，以便学生愿意借助教科书学习历史；其五，语言反映编者对史事处理的态度和能力；其六，教科书不宜夹杂过多的评判；其七，历史编纂学中的叙事结构、风格及技巧，对于教科书的叙事方式和特征具有借鉴价值。[1]

则徐至广东。以兵力逼英商献其所有之鸦片。英商不得已呈一千余函。则徐欲出其全数。英商不听。遂断其市。英商大困。遂献其全数。则徐悉烧其函。且禁互市。英人遂谋入寇。初以兵舰三艘入广东。要言曰。复互市则已。不然则战。则徐不听。英舰遂击破官船三艘而去。则徐虑其再来。乃修战备。[2]

嘉庆初，又严旨厉禁。但沿海的官吏多贪利纳贿，自不免阳奉阴违听外商与奸民勾结，把鸦片自由输入。……湖广总督林则徐的话，尤其剀切，竟说"鸦片不速行禁绝，则国日贫民日弱；数十年后，岂惟无可筹之饷，抑且无可练之兵"。宣宗大为感动，便于一八三八年以林则徐为钦差大臣，驰驿前往广东实行杜绝鸦片。明年，则徐到广东，便勒令英商把存贮在澳门的鸦片二万另二百八十三箱，悉数缴出烧毁。又绝英人日用的薪蔬食物，逼着退出澳门。英领事义律因见从前经营所得的商业地位将前功尽弃，便调兵舰功澳门。[3]

那时，清朝有见识的大臣林则徐上书道光帝，请求严禁鸦片。他沉痛地指出："如果不赶快禁烟，几十年后，恐怕没有能作战的士兵，也没有充作军饷的白银了。"道光帝感到问题严重，就派林则徐到广东禁烟。[4]

4. 使用特征

中学历史教科书是供在校学生使用的普及读物，其难度不宜过高或过低。而且，编写者还需要在确定适度的水平基础上，考虑弹性学习内容。编写者依照特定的学习对象编写每一种历史教科书的相应的内容，如初中中国历史、高中中国历史。但

---

[1]　参见[荷]安克施密特：《叙事逻辑——历史学家语言的语义分析》，田平、原理译，30～80页，郑州，大象出版社，2012。

[2]　（清）吕端廷、（清）赵澂璧编纂：《新体中国历史》，44页，上海，商务印书馆，1907。

[3]　参见顾颉刚、王钟麟：《本国史》，上海，商务印书馆，1923。该书共3册，到1927年，第1册已有55版；第2、3册分别出了25版和24版。书名也改用《现代教科书初中本国史》《现代初中教科书本国史》。另，中国工人出版社2013年再印，起名《中国史读本》。本教材使用该书，第243页。

[4]　课程教材研究所编著：《中国历史》八年级上，3页，北京，人民教育出版社，2006。

是，由于历史学科内容的特点，以及中学历史教科书相对稳定的体例，教科书内容与学习对象之间存在着诸多难题，如初中学生不易理解古代史、必修内容多且课时少、版面有限且须顾及成本等。所以教科书编写者和使用者要想充分发挥教科书的教学功能，需要把握好教科书的使用特征。

概括地说，我们应关注以下几个问题：①教科书的整体性，如教学内容的主题（或单元）是否连贯，它们之间的关系是否符合课程目标、是否有意义等；②教科书必须遵循学科教育规律，并符合学生的年龄特点和知识基础，而且能够在确定的教学时间内完成特定的教学任务；③教科书所拟定的学习活动要反映真实的教学场景，不能是过于幼稚或理想的、不切实际的随意想象，而是能够激发学生主动探究、并立足于教科书内容展开的恰当的学习活动；④教师完全摒弃教科书或基本不用教科书的行为不可取，因为教科书根据课程标准编写，经过政府审查，已是学科知识产生、传输、理解、解释的较为完整的学习载体，抛弃了教科书的教学，或偏离正常的教学轨道，师生或因不能获得应有的教学效果而不得不额外花大量时间补课。⑤编写者应注意教科书的政治导向，不能使之过于生硬和唐突，尊重事实是教科书的第一准则，如有违背事实的内容当自觉修正。

上古疆域　　夏代国境　　涂山之会

（七）域内文明的互换

古代原有大九州的传说。并有九大州的传说。这九大九州，当初是否交通，也无从考察了。我国叫作赤县神州。黄帝以来，把神州以内划成了九州；尧时划成了十二州；禹时复还了九州。他的疆域；东到海，西到流沙，南到今安南，北到今蒙古、满洲、朝鲜。比黄帝扩张的多了。并且划成了甸、侯、绥、蛮、荒五服，叫他听命于中央。禹尝会诸侯于涂山，执玉帛的共有万国。防风氏后到，禹就把他斩了。足见当时中央的威力。但是我所感想禹的，却不在此；各州有各州的文明，自从禹治洪水之后，便得了文明互换的效果。

老子说过的："至治之极，邻国相望，鸡狗之声相闻，民各甘其食，美其服，安其俗，乐其业，人民至老死不相往来。"你道这是什么现象？

这就是社会不交通的现象。到得洪水发生，才知道社会上有共同的生活，共同的事业，若非彼此相提携，是断断做不来的。①

（二）历史教科书的编写原则

1．科学性原则

科学性原则与思想性原则相辅相成，指历史教科书以唯物史观为指导思想，其内容（叙事）和观点（阐释）须遵循历史学科原理，渗透和体现社会主义核心价值观，坚持正确的思想导向；力图对历史进行全面阐释，做到论从史出，史论结合；对于

---

① 参见赵玉森编：《新著本国史》（上册）第一编，17页，上海，商务印书馆，1922。另，全书皆竖排。

历史概念、历史事实的表述应明确、准确且符合学科的认知规范，不能含糊不清。引申说，历史教科书的科学原则，也是事实性原则，因为不讲事实的科学性是空泛的、说教的。事实性是科学性的前提，它反映历史教科书的本质。

2. 基础性原则

这一原则包括两个方面，一是说历史教科书的知识体系基于历史的常识性知识，尽管历史教学需要学生领略历史的专业性和学术性，但中学历史教育是基础教育、历史知识是普及性的公众知识，不是专门知识或学术知识；二是将历史教育放在基础教育的整体中看，它在知识、技能、素养乃至政治、道德、文化等各个方面，也只能是为公民素养打基础，所以历史教科书强调"根据学生的心理特征和认知水平，以普及历史常识为主，引领学生掌握基本的、重要的历史知识和技能，逐步形成正确的历史意识"[①]才是必要的。需要强调的是，基础性内在地包含趣味性。

3. 稳定性原则

教科书作为一种知识载体，在传输知识方面应具有一定的稳定性。如果没有稳定性作为保障，不仅难以实现教育目标，而且还会造成公民历史知识的混乱。道理很简单，变来变去的学科内容，在让学科知识的信度大大降低的同时，也给公民的历史意识带来潜在的、甚至是致命的危害。还有，历史教科书自身的发展，以及形成自身的风格或特色，也需要稳定的实践环境。

4. 学术性原则

历史教科书也是一种历史著作，理应有较强的学术规范以及学术立场、学术态度、学术研究、学术引导，还要重视科学决策、科学运作等，其涵盖的内容非常广泛。所谓理论联系实际，也体现着某种学术精神。因此，编制历史教科书不是编写者有历史专业知识就能够做好的事，更不是照猫画虎就能出来好的作品。编制教科书对编写者有着较高的专业要求，其中的一条就是编制者不应强调教科书的学术性而使其失去了趣味性。

5. 能力导向原则

历史教科书体例，既反映学生学习什么内容，也体现学生习得内容的过程。如"内容提要"指示学习的重点，"史料阅读"强调认知史事的来源，"问题指引"可以拓展学习思路等。当这些"课文辅助系统"超越了"辅助"观念后，学科学习能力就一定是多向或多维的，如某些材料或学习板块不再是课文的辅助说明，而是不同视角、不同观点的思考素材。也可以说，在能够呈现基本的原始材料的情况下，教师的本领就不再是用讲述法诠释教科书内容的技艺，而是帮助学生基于教科书理解和解释历史问题和现象。

---

① 中华人民共和国教育部制定：《义务教育历史课程标准(2011年版)》，2页，北京，北京师范大学出版社，2012。

6. 工具性原则

如果编写者忽视了教科书的工具性质，也不可能使教科书具有较高的质量。历史教科书的工具性，主要指教师凭借它开展历史教学、学生借助它学习历史。我们不能把教科书"神圣化"，它在本质上是一种学习资源。教科书的工具性能够衍生出很多具体的研究课题，如书写技巧、资源配置、呈现效果、阅读指导、叙事方式、作业指导等。

(三)历史教科书的体例与结构[①]

前面我们已对历史教科书的体例做了解释，我们可以将其看成是内容编纂架构和组织样式。自近代开始，学者们采用中西结合的办法创立了不少教科书体例，譬如"章节体"和"课题体"。现在，还有"主题体"，如 2001 年版的初中历史教科书，还有多个版本的教科书尝试应用这种体例；"专题体"虽然在过去并不成熟，也不是教科书的主流，但是，2003 年高中课程改革以后，它作为一种新的体例开始流行，而且是中外历史混编。

1. 章节体及其结构

与章节体有关的研究视角和问题，臧嵘在《历史教材学和史学论丛》一书的第二章和第四章有详细解读，概括地说，有以下五个方面。①章节体是个舶来品。1897年，由中国学者从日本介绍过来。中国人初次采用章节体编写教科书，即留日学生曾鲲化(笔名"横阳翼天氏")编写的《中国历史》，出版时间是 1903 年。同年，还有丁宝书编写的小学课本《蒙学中国历史教科书》，也是章节体。夏曾佑是近代著名学者、新学代表人物，他的《最新中学中国历史教科书》影响最大，而且有梁启超、章太炎的大力推介，因此人们误把他当成章节体的创始者。②章节体教科书反映了西方的进步主义观念，符合维新思想的政治理念和作为其传播工具的要求。③章节体易于体现历史发展线索以及容纳丰富的历史信息，因此更适宜用来编制高中历史教科书，使历史教学更为系统化、学科化。④自中国历史教科书开始采用章节体编制以来，章节体从来都不是固定面貌，其结构有各种各样的变化，其中也受中国传统史书编撰经验的影响。⑤章节体与其他形式相结合，也可以创生新的历史体例。

表 4-2　民国时期中学章节体历史教科书举要一

名称	出版社	编者	出版时间	事例
中学中华历史教科书	文明书局	章嶔	1913 年	编辑趣意；目录：绪言一、地理；绪言二、人种；绪言三、统系；绪言四、时代；第一编　远代史　始自遂古讫于周末；第一章　远代史发端；第二章　上古上(下略)

①　教科书的结构是指这些功能性(包括术语、事实、概念、原理、步骤五要素，以及学生心理逻辑和学科发展逻辑)教学单元的组织形式以及与之相对应的文字、图表的呈现形式。本教材仅针对体例陈述相应的结构体，不依赖这一概念。

续表

名称	出版社	编者	出版时间	事例
新学制 历史教科书	商务印书馆	傅运森	1923 年	第六编　人类思想的变迁，第一章　概论；第二章　东方的思潮；第三章　西方的思潮
新学制高级中学 教科书西洋史	商务印书馆	陈衡哲	1932 年	例言；目录：近世史　第一章　文艺复兴；第二章　列国新形势；第三章　宗教革命前的欧洲；第四章　宗教革命；第五章　地理上的大发现及殖民地的竞争；第六章　列强政局的开始；第七章　法国革命；第八章　自拿破仑至梅特涅；第九章　一八四八后的欧洲；第十章　欧洲与世界
高中外国史	中华书局	金兆梓	1934 年	编例；目录：绪论；第一编　上古史；第一章　所谓古代东方诸国；第二章　希腊；第三章　罗马
高中外国史	北新书局	杨人楩	1946 年	绪论；目录：第一章　英国人之政治争斗；第二章　法国大革命；第三章　拿破仑时代及其后；第四章　产业革命与社会思潮；第五章　欧洲国家主义之极盛；第六章　美国及美洲；第七章　帝国主义时代；第八章　世界大战；第九章　俄国大革命；第十章　战后之世界；结论

所谓单元体，应该说是由章节体变化而来，如表 4-3 所示，其中"一、二……"的层级就是章，它的下一层级则是"节"。也就是说，章节体有不同的编次，如"编、篇、章、节"为四个层级；"编（篇）、章、节"为三个层级；"编（篇）、一"为两个层级；"一、1"也是两个层级。现在的历史教科书普遍使用章、课或单元、课的体例，又是章节体的一种变形。从原理上说，教科书的层级越多，内容也越多，知识量也就越大、越复杂。

表 4-3　民国时期中学章节体历史教科书举要二

名称	出版社	编者	出版时间	事例
新学制 历史教科书	世界书局	沈味之	1929 年	编辑大纲；目次：一、史学的新建设（什么是历史、历史的历史、史学研究法）
初中本国 历史教本	上海大东书局	梁园东	1932 年	编辑大意；目次：第三期　隋唐至元末；一、隋唐制度的革新；二、唐代势力的扩张；三、备边政策与藩镇之乱；四、藩镇割据与五代的纷扰；五、宋的统一及异族的兴起；六、国势衰弱与变法；七、北方民族的侵入及中国民族的再迁；八、金的兴亡及南宋；九、蒙古族的侵入及其势力

续表

名称	出版社	编者	出版时间	事例
本国史	商务印书馆	吕思勉	1937 年	编辑大意；绪论；上古史；中古史一；中古史二；中古史三；中古史四；中古史五；近代史；现代史；结论
开明本国史教本	开明书店	周予同	1934 年	目录：第四编　近古史：一、集权政策的再现与北方民族的南侵；二、政治革新运动的失败与士大夫社会的内讧；三、女真族的崛兴与中国民族的南移；四、蒙古帝国的建立与瓦解；五、平民革命的再起与君主权威的扩张；六、中印文化的合流；七、中西北通的再展；八、流寇的蜂起与女真的重兴

当下的章节体在结构上有简化的趋势，以人民教育出版社出版的《普通高中课程标准实验教科书·历史必修·第一册》(2004 年初审通过)为例，有前言、目录、课文、附录四大部分；其中，课文由单元、课两个层级构成；单元有若干课，单元首页写有"学习建议"；课内包括学习课题、内容提要、课文、地图、图片、(图表)、(图示)、学思之窗、历史纵横、本课要旨、探究学习总结、注释等部分。其特点如下：①以时间为经，由章节体现较为清晰的时间线索；②围绕章或单元立题，用各章勾连学科知识逻辑，节与节之间有比较鲜明的因果关系；③分篇综论，分门别类；④要求综合贯通的同时，关注具体陈述史事。

甲部课程：第 1 章 华夏政治的肇始 第 1 节 华夏民族的祖先 第 1 节 夏朝的兴亡 第 3 节 商代的盛衰

（谈古说今香江：先秦石刻在蒲台　专题探究坊：籍设计邮票了解近百年中国考古成就）

结构：本章概说；学习重点；学习起跑点；自习材料；思维训练①

2. 课题体及其结构

即以"课"为单位的教科书体例。它是否是一个成熟的教科书体例仍值得研究，但是我们若把它归为章节体则比较勉强。第一，它没有章节体教科书所强调的完整性和系统性，尽管有些教科书在课一级题目上还有历史时代一级题目，但那只是为了确定学习内容范围，是否是章节体主要是由章节内容的关系来决定的。第二，课题体的编制方法主要是"以人带事"或"以事带人"，内容较章节体松散，该体例的着眼点是增强历史学习的趣味性，课与课之间可以关联，也可以不关联。总体上看，它是编写者依据学生的年龄特征和认识水平来选材和组织学习内容的，其中一个重要的编写意图是合理地降低学习难度，所以初中历史教科书多用这种体例。

---

① 参见张志义、文永光、陈锦辉编：《探索中国史》(1)第一章，香港，龄记出版有限公司，2011。

课题体教科书结构与章节体教科书结构没有质的区别，相对而言，课题体教科书简洁很多，如增加图片、地图、图画等直观性素材。最为重要的是，课题体的单元功能与章节体的单元功能不同，前者必须基于学生经验，后者则侧重学科的知识体系；前者主要从学习心理方面关注学生的需求，后者主要侧重从应知应会的专业方面关注学生的需求；前者重视激发学生的理解力，后者要求体现学生较高水平的思维力。

表 4-4　民国时期中学课题体历史教科书举要

名称	出版社	编者	出版时间	事例
汇学课本通史辑	土山湾慈母堂	李问渔	1929 年	目录：总绪；上古史（下设十一课）；中古史（下设十课）；近代史（下设十课）；今世史（第一课　今世总论、第二课　法国革命、第三课　法国及欧洲自一八零四年至一八五年事（中略）、第六课　中国十九世纪大事、第七课　新兴诸国、第八课　十九世纪之工商学艺、第九课　十九世纪之社会情形、第十课　宗教）
初级中学历史	国定中小学教科书七家联合供应处	国立编译馆	1947 年	编辑要旨；目次：第一编　概说　第一课中国历代兴衰的大要；第二课　中国历代文化演进的趋向；第三课　中国历代疆域的沿革；第四课　中国历代政治区域的变迁；第五课　中华民族的起源；第六课　中华民族的形成

3. 史话体及其结构

史话体现在不多见了，其作为教科书的编写体例似已消失。赵恒烈将史话体作为一种历史体裁，而且是与章节体并提。他认为，乡土史的体例与历史教科书类似，但史话体是一种体裁。个别的乡土史可以"挑选几件本地影响较大的史实为题，进行专题性的叙述。"[1]史话体的特点是"活泼生动，取材自由，故事性强。"[2]人民教育出版社出版的原小学历史教科书，无论是采用"红线穿珠"的写法还是"中外合编"的写法，其体例其实都是（或近乎是）史话体。上述写法有如下特点：①"选取某一历史时期或某一朝代的一两个重大历史事件或重要历史人物，以这一历史事件或历史人物为主，写出一课课文，再通过这一课来勾画和反映一个历史时期或一个朝代的历史一斑。"②"这种写法，可以简单概括为'以点带面'或'以点穿线'。"③故事性强；头绪简单；偏重于讲事；文字通俗。③

---

① 赵恒烈：《历史教育学》，146 页。
② 臧嵘、周瑞祥：《历史教材学和史学论丛》，23 页。
③ 参见孙恭恂、丁西玲主编：《历史教学法》，25～26 页，郑州，河南人民出版社，1983。

表 4-5　民国时期中学史话体历史教科书举要

名称	出版社	编者	出版时间	事例
新时代本国历史教本	商务印书馆	王钟麒	1929 年	目次：一、海上交通的促进；(中略)六、文字狱与考据学；七、鸦片战争的遗祸；八、太平天国的兴亡；九、英法联军之役的损失；十、中法战争与南疆脱藩；十一、中日战争与日韩合并；十二、革命之萌芽与维新之失败；(中略)二二、国民党的改组；二三、北伐成功与最近外交；二四、文字革命运动；二五、科学的进步与国学的整理
全日制小学历史	人民教育出版社	历史编辑室	1981 年①	北京人、大禹治水、唐太宗纳谏、松赞干布和文成公主、玄奘和鉴真等

4. 主题体及其结构

主题体已是一种教科书发展趋势，首先流行于综合课程的教科书设计，到 20 世纪 90 年代成为各学科课程普遍使用的教科书构建方式。所谓主题，原本指文艺作品的主要内容或中心思想。作为教科书的组织形式，主题体则反映学习内容主旨，其内涵比原意丰富得多。择其要点而言，①主题是高度概括的主旨性学习内容，因此主题有着较强的学习指向性，包括重要的概念、问题、价值观等；②主题即概念、问题、价值观的焦点，为了理解和解释主题，不仅需要教师灵活地组织各种材料，而且要求学习者必须积极、有效地参与学习活动；③尽管主题可以有学科、经验、问题等多种取向，但是学科取向往往不如经验取向、问题取向那么典型，因为它受学科知识逻辑的制约，不易发挥主题学习特性和特色，特别是在跨学科学习方面限制较多；④主题构建方式要求教师将知识、经验、技能以及理念，贴近学生的现实生活，强调学生的真实学习、自主探究；⑤主题展开的过程，也是活跃思维和发展能力的过程，因此运用主题更能够体现出教师的课程认识深度和知识的广度。②

历史教科书的主题，于编纂理念而言，它易于体现教科书强烈的探究意识、综合的认知能力、整体的知识观念、积极的自我建构等；于编纂方法而言，它易于表现多角度、多方面的历史信息，而且常常围绕学生的理解与问题的解决设计学习活动栏目。所以，主题体教科书的结构都是多层次且立体的，没有一定之规。

---

① 有 1955—1956 年高级小学《历史》一至四册；1963 年十二年制高小《历史》(试教本)一至四册；1981 年全日制小学历史课本上、下册。

② 参见赵亚夫：《换个角度提高历史教学质量：我看专题史教学》，载《中学历史教学参考》，2007(11)。

表 4-6　当代中学主题体历史教科书举要

名称	出版社	编者	出版时间	事例
历史与社会	上海教育出版社	韩震等	2004 年	第一单元　历史悠久的文明古国　第一课　石器开辟的世界；第二课　青铜时代的王朝　第三课　统一国家的形成和发展　第五课　"和同为一家"
高级中学历史	上海教育出版社	苏智良等	2005 年	主题三：18 世纪以来的中国　一、康乾盛世（4 课）　二、屈辱与抗争（6 课）　三、中华民族的和平发展（5 课）

5. 专题体及其结构

专题是编写者将有共性特征的学习内容集中起来的编纂形式，如古代史专题、近代史专题；政治史专题、经济史专题、文化史专题；历史人物专题、历史器物专题等。专题与主题的主要区别是，专题着眼的是同类学习内容的集合，而非考究学习取向和学习意涵。因此，专题内容没有"新旧"之分，教师采用专题体教材时，既可以采取陈旧的方式组织传统的学习内容，也可以应用先进的方法组织现代的学习内容。

新课改后的高中历史教科书即在政治史、经济史和思想文化史等模块下，由若干专题构成知识体系。专题体有别于章节体，它依照教学内容的类别，从通史中选择有关知识，形成相对独立的专题内容。其特点如下：①一定程度上避免了与初中教材的雷同；②对于知识的组织比较灵活，包括选择个性化的知识，特别有助于中外混编；③便于从某个特定的视角，对历史事件、历史现象和历史人物进行更为深入的探究。[①]

专题体的结构同样五花八门，以人民教育出版社出版的《普通高中课程标准实验教科书·历史必修·第三册》专题六"西方人文精神的起源与发展"为例，由课前提示、课文、学习思考、知识链接、资料卡片、自我测评、材料阅读与思考构成编写样式。[②]

表 4-7　中学专题体历史教科书举要

名称	出版社	编者	出版时间	事例
世界读本（第三册）	商务印书馆	孙毓修	1913 年	目录：第一章　欧美人衣食居室之道；第二章　都会中之交通；第三章　旅馆；第四章　博物院；第五章　题画明信片；第六章　店肆；第七章　游戏；第八章　公园；第九章　戏院；第十章　公德

[①]　参见姚锦祥的《高中历史新教材的设计与分析》一文，见朱煜主编：《走进高中新课改：历史教师必读》，49～53 页，南京，南京师范大学出版社，2005。

[②]　参见朱汉国主编：《普通高中课程标准实验教科书·历史必修·第三册》专题六，100 页，北京，人民出版社，2009。

续表

名称	出版社	编者	出版时间	事例
新著中国近百年史	商务印书馆	李泰棻	1924年	第三编　文明史；第一篇　制度（有官制、兵制、赋税、刑法、学校、选举六章）；第二篇　宗教（有佛教及喇嘛教、回教及基督教、道教及杂教三章）；第三篇　学术（有理学、经学、文字学及金石学、书籍考古学、词章学、史学、地理学、算学、医学、艺术十章）；第四篇　社会（有生活、礼俗二章）
高中本国史	世界书局	陆东平　朱翊新	1930年	本册提要；目次：第四编　社会（一、有史以前社会生活的一斑等共十八节）；第五编　学术（一、学术的萌芽等共十节）；第六编　外交（一、中外国际关系的发生等共十节）
本国史纲	世界书局	朱翊新	1939年	编辑旨趣；例言；目录；篇一、导言；篇二、历代兴亡史；篇三、政制改革史；篇四、社会变迁史；篇五、学术演进史；篇六、国际关系史
历史必修第三册	人民出版社	朱汉国	2009年	专题六、西方人文精神的起源与发展　一、蒙昧中的觉醒；二、神权下的自我；三、专制下的启蒙；四、理性之光与浪漫之声

　　概括地说，上述体例仅是一种宏观的、整体的教学内容组织构架，其内部结构则反映教科书合乎某一学习逻辑的组织方式，它的各部分（或学习板块）要素规定微观的、具体的编排样式。为了使学生对所学习的知识和技能能够理解、巩固和运用，并且调动学生的学习积极性，编写者需要将提要（或导语）、课文、材料、活动设计、图片、图表、年表、作业（或练习）等构成要素，根据一定的目的和要求加以设计和编排。一方面，每一种体例都有相对稳定的结构，否则它便没有特色；另一方面，体例内的构成要素多是共性的东西，所以要素自身并不直接反映体例的特色，而是结构化的、特别是有创意的组织结构，才使体例得以成立。从这个意义上说，我们也不能把体例绝对化。

（四）历史教科书的表现

　　历史教科书的表现形式或许比历史教科书的课文更重要。

　　其一，尽管史事必须通过文字叙事才能呈现，但是传统历史教科书已成型的标准难以通过文字达到最佳的阅读效果。譬如，基本课文的编写原则是叙述应力求简明扼要，不能做过多的细节描述，即"简约型"教科书很大程度地限制了文字表现力，而采用"简约型"教科书则是由国情决定的。

　　其二，现代教科书编制技术强调整体性，课文不能单独发挥作用。其他方面，如地图、图片等也一样，历史教科书缺了哪个部分都不可能适应"数字时代"（或"读图时代"）的学生的需要。

其三，历史教科书应具有的工具性、学科性、科学性乃至学术性（专业性）等特性，要求其内容必须具有结构性、综合性和资源性的特点。即便是"纯文本"理解，也不是"纯文字"理解，而是由文字和其他内容要素交互形成的"整体文本"理解。

其四，现代历史教科书渗透着各种技能和能力元素，学生阅读历史教科书与接受历史学科训练密切相关。尽管我们的历史教科书研究已经进步到把"课文系统"区分为基本课文、补充性课文、绪论性课文、史料性课文、探究性课文的水平[1]，但是"课文"的本义毕竟过窄，而且文字表现的心理特征、表意特征等依然不能覆盖数字的、形象的、行为的表现。

其五，教科书的内容无疑也体现学科教育的主旨，即内容的书写方式和内容的编制技术，都反映具体的历史教育思想。

所以，着眼教科书"如何表现"的研究比死盯着教科书课文的研究更有价值。

1. 叙事研究

怀特（White，H.）认为，"史学家'发现'故事，而小说家'创造'故事。"他又说，"历史学是科学和艺术的一种混合物。"因此，无论是编年史、故事，还是情节化模式、论证模式或意识形态蕴含模式[2]，就书写（writing）而言，也都是发现和创造、科学和艺术的混合物。我们虽然不能将历史教科书简单地对号入座，但其与生俱来的书写功能以及符号、板块、版式的象征意义，使其必定倾向于某种模式，或者是呈现出一种新的混合模式。引申说，教科书书写不能脱离历史著作范式，其学术功能（理论的）和使用功能（实践的），要求它也成为一种有效的叙事学[3]。所以，现代的历史教科书不仅应一如既往地重视书写内容，而且应该特别强调书写形式，即历史教科书通过怎样的叙事（narration）表现力（包括陈述、描写、论证、评判等）达成已定的学习目标——由教科书知识表现出来的历史思想和方法。

然而，我们让历史教科书抛开"好的书写"或"不好的书写"（主要指形式或形态）、"精神的书写"或"科学的书写"（主要指是教化的取向还是学问的取向）的"二元对立"（就学科的整体而言）模式并非易事。即便编写者尽可能剔除情节、论证和评判等主观因素，使教科书书写做到"客观地陈述事实"，只要存在国家或集体意志，教科书的知识、结构、陈述就一定被编写者赋予特定的意义。所以，我们说教科书本能地依赖"二元对立"论也不为过。为了避免编写者和使用者的思维惰性，现代历史教科书体现出的叙事视角和行为越来越多元、立体，而且其强调各部分、要素的交叉作

①　参见于友西、赵亚夫主编：《中学历史教学法》（第4版），60页。

②　参见［美］海登·怀特：《元史学：19世纪欧洲的历史想象》，6、8页。

③　何谓叙事学或叙述学、叙述，参见赵一凡等主编：《西方文论关键词》，726、736页，北京，外语教学与研究出版社，2007。

用。也就是我们将教科书的叙事类型和模式着意体现在文本表现力（或魅力）方面，包括语言表现、结构表现、材料表现、视觉表现、技术表现等。抑或说，中学生不再依赖单一的文字叙事去理解历史事实，而是把教科书作为一个整体并运用多种编辑技术呈现各要素和部类的叙事文本，或是强调其中各种表现形式能够综合地体现历史教科书的叙事功能。只有这样，理解本文的视域，才能涉猎到文本的真问题①。

世俗文明在宗教文明旁边自觉地壮大起来了。这股世俗文明的潜能，过去一千年来早已伴随着西方民族理智生活的宗教主流此起彼落，不断膨胀扩大，形成较强大的力量，到此时就顽强地破土而出了。

近代科学，就这样逐渐发展，不断前进，从中世纪观念中解放了出来；近代科学的此种复杂的形成过程与整个近代生活开始时丰富多彩的活动齐步前进。……中世纪精神所集中的坚强统一性在时间发展的过程中被打破了，原始生命力争断了历史强加在各民族心灵上的共同的传统枷锁。②

2. 地图研究

历史地图（historical map）是历史教科书的一个重要工具，历史教科书如果缺少了地图是难以想象的事。传统教科书中的地图，多反映人类活动的地理方位，以及历史事件的区位和疆域变迁等基本情况。现代历史教科书中的地图，应具有更为丰富的信息量、更为多样而且独特的学习功能，它所蕴含的历史信息已经超越了我们传统的"空间观念"，比如涉及探究历史上的人地关系、人类活动的空间分布、不同区域间的文化差异、人类社会历史进程以及更为深入的历史思维和历史文化问题，就像《泰晤士世界历史》③那样，"文（字）""（地）图"并茂，开放思维，进而使学习者的自主探究成为可能。

历史地图研究越来越丰富，其研究成果种类繁多，而且其本身就是重要的历史资料。用于历史教科书的地图，常常与图片一同构成教科书的编纂特色，编写者对其细节的处理方法更是百花齐放。地图还是确保历史教科书质量的重要因素，关于地图的评价，内容大致如下：种类是否多样；信息是否完整；是否具有拓展信息或延伸思考的功能；是否足够清晰、明了；呈现的内容是否重要；反映的数据是否可靠；是否有助于学生读懂信息；在教科书中的位置是否有助于学习者的阅读等。总之，地图研究是决定历史教科书表现力的最为重要的因素之一。

每一幅地图本身也都自成一个世界。……每幅地图都接受有一个外在世界存在的事实。……每幅地图都是制图者和使用者持续不断进行协调的结果，因为他们对

---

① 参见［德］汉斯-格奥尔格·伽达默尔：《真理与方法》（上卷），洪汉鼎译，475 页，上海，上海译文出版社，1992。

② 这里用一本严肃的哲学史举例，试图说明教科书的语言同样可以具有很强的表现力。参见［德］文德尔班：《哲学史教程》下卷，罗达仁译，469 页，北京，商务印书馆，1997。

③ 参见［英］理查德·奥弗里等编：《泰晤士世界历史》，毛昭晰等译，广州，希望出版社，2011。另，本教材的篇幅无法展现各类历史地图形式，读者借助此书可以领略各种历史地图的魅力。

世界的理解也在不断发生改变。

地图并非单纯地反映世界，更是对世界的一份提议，而这些提议都来源于特定文化中的流行假设和既有见解。地图和这些假设与见解之间的关系总是互相影响的，但并不一定是固定或稳定的。①

3. 插图研究

历史教科书或多或少都有插图（illustration），就其发展趋势而言，教科书插图的内容越来越丰富、形式越来越多样。与插图相近的概念还有图片（picture）。广义的图片，包括历史图像（images）②、历史插图和历史图片③。针对历史教科书研究，有学者认为，采用插图的概念更为贴切。泛泛地说，课文之外一切插画或配图，都可称为插图，诸如图画、漫画、遗址遗迹照片、图表、年表等④。历史插图有如下特点：①历史插图皆反映或简单或复杂的历史信息，不同类别插图的信息量及理解的难易程度各异；②历史插图的教育意义或学习价值，需要使用者深入开发才能转化为历史思维能力；③有些历史插图本身即是史料，或许还是第一手史料，编写者不仅需要特加注意，而且应该尽量使用有史料价值的插图；④编写者放入历史教科书的插图，必须有清楚的来源，因为所有历史插图都会被当作历史解释来使用；⑤历史插图具有在场感或现场感，过去它被当作直观教具，现在则是历史思维的工具。

有关插图的表现力问题，我们可以借助下列评估范例予以证明：是否按照学习目标选择插图类型；插图是否具有可读性；是否为插图配有标题和说明文字；说明文字是否清晰地指出了有待识别的部分；所配插图是否与课文相对应；插图在课文中的位置是否合适；插图是否有碍阅读；插图的质量和数量（如是否鲜明、色彩是否和谐、尺寸是否得当、是否有足够的插图）；封面或单元页的插图设计与主体是否贴切等。

表 4-8　六种插图考查方式⑤

考查方式	问题表述
观察	插图描绘了哪个历史事件？
探寻来源	插图作者是谁及他为什么创作该作品？作者想传递的信息是什么？
联系历史背景	你能从作品所反映的历史事件或历史背景中得出哪些推论？

① ［英］杰里·布罗顿：《十二幅地图中的世界史》，林盛译，357～358 页，杭州，浙江人民出版社，2016。

② 包括各种画像，如油画、版画、广告画、宣传画、漫画；雕塑、徽章、工艺品等。

③ 参见冯子仪：《试论历史图片在高中历史教学中的运用》，硕士学位论文，首都师范大学，2017。该文对历史图片、历史图像等概念做了细致梳理。

④ 很多研究也将地图归入其中。本教材为凸显地图的重要性和独特性，则把它单列一类。

⑤ 参见冯子仪：《试论历史图片在高中历史教学中的运用》，48 页。

续表

考查方式	问题表述
证实	不同种类的插图如何描绘同一历史事件或相似的历史时期、不同的行为及其背后的原因？
判断历史意义	该作品对于理解其描绘的历史事件有什么帮助？为什么？
指出局限性	你还想知道什么？该作品关于它所描绘的历史事件或历史时期还有哪些信息没有被反映出来？还有哪些插图能帮助你更好地理解历史事实？如果有，需要做哪些功课？

其他的表现形式，如封面和封底设计、图片质量、排版技术、开本大小、印刷格式等，同样影响教科书的质量，我们不可小觑。

二、历史教科书审定

世界各国采用不同的教科书管理制度，大致可分四种体制，即国定制、审定制、认定制和选定制。但是，如今各国政府对基础教育的控制不断加强，一些原本采用教科书选定制的国家也在发生着变化。[1]

(一)不同的教科书制度

简单地说，教科书国定制，即国家统一计划、统一编制、统一出版和发行教科书，其管理和实施要求严格，不允许教科书在编写、使用的任何环节脱离国家"法定"的轨道，国定制教科书俗称"统编本"教科书。因为"无论在国家内部，还是国家与国家之间，权力、意志、思想意识的交锋等，都会在教科书中有所体现"。[2] 所以一些国家出于国情需要，会将历史学科这样的人文学科纳入"意识形态学科"的范畴，以便凸显它传承"法定文化"或"制度文化"(institutional culture)的义务。

采用教科书审定制的国家，可以通行多套教科书，如我们常说的"一纲多本""一标多本"，即编写者和出版方合作，依照国家(或政府)颁布的教学大纲、课程标准编纂教科书，再由国家教育行政主管部门指定的审查机构进行审定，通过者方可被地方教育行政部门认定使用。审定制实施一段时间后，被审定的教科书版本和使用范围大致是确定的，这主要出于两种考虑：一是基础教育教科书需要一定的稳定性；二是有助于编者和出版方不断提高教科书质量。除此之外，我们还可以从管理和实施两方面加以思考。所以，审查机构要求送审者反复修改的现象常有，不通过审查的情况则很少发生。因此，审定制仍带着较为强烈的国家(或政府)色彩，其优缺点同样鲜明。不同国家把握审定制的分寸也各不相同。

---

① 相关背景材料参见赵亚夫、张汉林主编的《国外历史课程标准评介》，其中介绍了美国、加拿大、英国、法国、德国、芬兰、捷克、日本、韩国、新加坡、印度、澳大利亚、新西兰、南非等国的相关情况。
② 陈月茹：《中小学教科书改革研究》，128页，北京，教育科学出版社，2009。

认定制即民间编写教科书，由政府（州或省教育行政部门）认可后，即可使用。如果政府干预"认定"的力度过强，则倾向于审议制，如政府对一些敏感的政治、社会问题能够使用否定权的话，就会限制"让步"的幅度[①]；如果仅是一般原则和程序上的认定，就与选定制无大区别。理论上说，选定制意味着谁都可以编写、出版、发行教科书，使用权在学校。但是在 20 世纪 90 年代以后，实施这一制度的国家都在强化政府对课程、教材的影响力度。事实上，当国家开始主导课程标准时，教科书制度就不可能是完全自由、不受干预和控制的了。

实际上，历史是唯一一门让学生学得越多就越愚蠢的学科。

理解过去是一种理解自身、理解周围世界的关键能力。

学生们是对的：教科书太乏味了。历史教科书所讲的故事都是预言性的；每个问题都已经得到解决或一定会得到解决。教科书排除了冲突，排除了真正的悬念。它们剔除了任何可能给我们国家的国格抹黑的内容。[②]

（二）我国的历史教科书审定制度

1949 年以后，我国在较长时间内实行教科书国定制，即遵行"一纲一本"的教科书体制，历史教科书由人民教育出版社统一计划、编写和出版，全国新华书店发行。1986 年《义务教育法》颁布。翌年，教育部颁发《全国中小学教材审定委员会工作章程》和《中小学教材审定标准》《中小学教材送审办法》两个附件，明文规定国家实行教科书审定制度，并成立全国教材审定委员会。此后，上海作为实验区率先成立地方教材审定委员会，编写地方教学大纲和地方教材。

1996 年，国家教育委员会修订并颁布了新的《全国中小学教材审定委员会工作章程》，把委员会的职责由"审定"改为"审议"。2001 年 6 月，中华人民共和国教育部颁布《中小学教材编写审定管理暂行办法》。其中，第五条规定："教材的编写、审定，实行国务院教育行政部门和省级教育行政部门两级管理，国务院教育行政部门负责国家课程教科书的编写和审定管理，省级教育行政部门负责地方课程教科书的编写和审定管理"。2017 年，中华人民共和国教育部教材局成立，作为指导和统筹全国教材的最高机构，它的一项重要工作是审查意识形态属性较强的国家规划教材，历史是其中的一个学科，历史教科书就此进入新的"一标一本"时期。

教科书的审定程序，包括申请、送审、接收、审查、审核和审批等几个阶段。审定的依据，包括《中华人民共和国义务教育法（2006 年）》第三十九条、《中小学教材编写审定管理暂行办法（2001 年）》第十八条等相关规定。审定的重点有，是否体现国家意志，如中华优秀传统教育、革命传统教育、民族团结教育、国家主权和海

---

① 如今这些问题从观念扩展到技术，如教科书中的男性与女性的比例、不同族裔的文化定位、精英与大众的书写分量等。在经济全球化背景中，历史教科书触及的类似问题还会越来越多、越来越复杂，处理不好，还会引发国际性争议，所以无论是认定还是任选，都会有一定的制度约束。

② ［美］詹姆斯·洛温：《老师的谎言》，马万利译，11、14 页，北京，中央编译出版社，2009。

洋意识教育、国际理解教育等；学科内容是否符合课程标准要求，如是否贯彻学科核心素养等；教材的容量和深广度是否适当、是否遵循了学科学习规范等。一旦审定合格，教科书便标有"经全国中小学教材审定委员会××年初审通过"的字样①。

(三)历史教科书审定中的其他问题

作为"大众课本"的历史教科书，具有高度的政治、文化敏感性，而且相关的议题会随时代的发展呈现为各种各样的专业性很强且具有"教科书伦理"性质的问题，譬如教科书内容中隐含的现代性(modernity)、多元文化(multiculturalism)、性别歧视(sex discrimination)、文化中心主义、文化冲突论(clash of civilization)等。也就是说，为纠正史事的偏误或尽可能避免历史教科书带来的偏见，无论是政府审定教科书，还是民间审议教科书，对于教科书的评定标准皆趋向严格。

(1)德国国际教科书研究所，位于下萨克森州首府不伦瑞克市，成立于1951年。原附属于不伦瑞克教育学院，1975年独立。机构杂志《国际教科书研究》(季刊)。(2)美国教科书委员会于1989年成立，主要从事各州公立学校历史教科书和社会科教科书的研究。(3)日本教科书研究中心成立于1976年，是70余家出版社自由联合的民间组织，附设世界各国教科书图书馆。(4)澳大利亚于1986年成立教学资源和教科书研究联盟，附属于悉尼大学教育学院。②

第三节 教材学应开发的其他教材

教科书的容量毕竟有限，不能满足学校历史教育的全部需要。所以，在教科书、教学参考用书之外，教材学还开发了其他教材，如校本教材、地方教材、参考资料、工具书、复习资料、考试指导、网络学习资源等。

一、作为学习资源的教材

有研究表明，教科书不等于"学材"。其理由有二：一是"学材"必须有大量可供学习者自由选择的内容，因为它要面对千差万别的个体学习者，当前的纸质教科书对此力不从心；二是学生的学科基础有限，认知策略还在形成中，所以他们必须首先经由教师的引导启发，才能对知识进行建构。如果是这样，那么夸美纽斯所说的"我们必须永远从少的、短的、简单的、一般的、近的、规则的东西开始，逐步向更多的、更长的、更复杂的、更特殊的、更远的、更不规则的前进"③，就仍然适用。另外，这样的"学材"的定位，其隐含着如下的教材观：教科书是教本，

---

① 关于是审定还是审议，以及相关的主管部门、审定程序及结果样式等，仍有微调，可随时关注。
② 参见陈月茹：《中小学教科书改革研究》，15～17页。
③ ［捷］夸美纽斯：《大教学论·教学法解析》，311页。

教师不教，学生不会；存在对所有学生都适用的课本；纸质教科书的信息容量，使它不可能成为"学材"；可以自由选择的"学材"在排除了教科书后，实际上是肯定了教科书的"法定"地位；学生的知识建构依赖教科书，教师必须基于教科书指导学生的学习。

（一）教材的整体化趋势

尽管让教科书具有令人信服的"学材"功能并非易事，但是让它朝着"学材"方向发展则是不争的事实。① 如前所述，教科书的地位、作用在国定制和审定制下，是由国家的权力和权威决定的；而在认定制和选定制下，其地位、作用则更多地体现为形制的特殊性，而非对教或学的过程的管理和约束。就历史教育而言，教科书负责其规定性，其他更为自由的资源性或拓展性、思考性功能，则由多样化的教材分担。也就是说，教科书自带"学材"的功能，如再能配合其他优质教材，它的教与学的功能会更为突出。如下面这则内容：

> 鸦片泛滥给中华民族带来深重灾难。白银大量外流直接威胁到清政府的财政；许多官员、士兵吸食鸦片，不但严重摧残了他们的体质，更导致政治腐败和军队战斗力削弱。这些都引起统治阶级中一些有识之士的重视。1838年底，道光帝派力主禁烟的林则徐为钦差大臣，前往广东查禁鸦片。②

我们暂撇开图片、图表和注释不谈，仅从文字看，它首先是要学生自己看得懂，这是学（了解素材）的第一步。而且，学生看懂的不仅是一般史事，还有文字表述体现的情感态度与价值观。如果历史教学就是讲述故事，我们将教学内容具体化即可。但是我们想要做历史探究，就不能不运用史料做进一步的证实了。于是，我们便有了对历史理解的追求。即学生只有将教科书提供的知识转化为自我认识，才能产生知识建构，这是学（素材加工）的第二步。所以，教科书既是教本也是学本。如果我们视教科书为历史对话的文本，就不应只依赖教师"补充资料"这类传统备课的做法，而是需要开发和开放各种教材。就理念而言，学校历史教育应破除知识的权威性，让学生成为知识的拥有者；就过程而言，学校历史教育应由封闭的传授知识的过程，转变为以学生为主体的历史探究的过程；就范围而言，学校教育中哪里有历史教育，哪里就应有适宜的教材③；就效果而言，学校历史教育作用于学生整体的学校生活，教材也应针对全面的学业成就和评估。概言之，历史教材是一个整体性的学习资源的概念，只有多样的、各具功能的历史教材，才能确保学校历史教育达到求真务实的目的。

---

① 有关学材的功能等议题，可参见钟启泉、张华主编：《世界课程改革趋势研究》（课程改革专题研究），286 页，北京，北京师范大学出版社，2002。

② 教育部组织编写：《中国历史》八年级上册，3 页，北京，人民教育出版社，2017。

③ 即便是学校的历史教育，也不局限于课堂教学，还有许多途径，如采访活动、口述史活动、节庆活动、主题教育活动、游学活动等。

（二）教材的本质是学习资源

教材是特殊的叙事文本，其本质是学习资源，即便是教师参考用书，其编写目的仍是通过有效的"教"达到更好地"学"。也可以说，凡是追求有效教学者，殊途同归都是帮助学生获得优良的学习成就。因此，每一种教材也都是针对特定的学习任务为学习者提供学习资源。在数字化时代，压缩学科学习资源不是明智之举，扩大和深化学科学习资源才是正途。

像教科书一样，关于民族国家的叙事总是未完的工程，需要不断地修订和反复地解释，以便在变化的时代保持其连续性。……教科书之争揭示了社会就民族主义叙事进行协商、制度化和再协商的一个重要方式。……教育有助于解释国家和社会之间的关系，规定公民身份的边界和定义。①

二、教材学必须适应教学研究

所有教材的开发和使用，都要围绕教学或学习活动有序地展开，而且这里的教材主要指纸质教材和数字教材。

（一）重点开发的教材种类

除教科书之外，重点开发的教材大致可以分为教师用书、学生用书、校本教材和地方教材四大类。教师用书包括教学指导用书（如设定课程重点、教学策略、教学目标、教学建议、教法教具、插图、练习要旨、多角度思考、解体指引、与其他课程的练习、名词解释、人物档案、史事补充、中外对照等栏目②）和参考资料（如专门供教师参考的原始资料）；学生用书则种类繁多，包括学习活动设计、学习活动资料、地图资料、图片资料、习题集、模拟题及指南等③；校本教材和地方教材具有辅助性、地域性、多样性、动态性和实用性等特点，各种教学法专著对此都有专论，这里不再赘述④。

（二）开发各类教材对于教材学的意义

显然，教材学要围绕着教学研究开发各类教材，以便全面实现学校历史教育目标。其一，健全的历史教育有很多具体的学习目标，历史教科书却无法面面俱到；其二，任何一种学习资源，无论它多么优秀，只要被赋予了唯一性，就难免不生偏见，这是历史学科教育的一个特性；其三，不同体裁及文本形式的叙事方法各异，编写者在教材中需要设计相应的活动以达成深化阅读的目的，于是教材之间形成了

---

① 参见[美]劳拉·赫茵、[美]马克·塞尔登编：《审查历史——日本、德国和美国的公民身份和记忆》，聂露译，3页，北京，社会科学文献出版社，2012。我们可以把这段文字中的"教科书"置换为"教材"，针对某些特定的现实，其意义将会更深刻。

② 参见杜振醉、马桂锦主编：《新视野中国历史教师用书》（高中），新界，香港教育图书公司，2009。

③ 如日本开发有多种学习用书，像《世界史图录》《世界史详解》《世界史指导资料》《世界史コンパニオン（帮手）》《世界史用语（术语）集》等就很有特色。

④ 参见于友西、赵亚夫主编：《中学历史教学法》（第4版），67页；朱煜主编：《历史教材学概论》，203页。

有效学习的整体结构；其四，历史教育若与历史思维结合，便需要学习者多角度、多方面地理解和解释历史，因此不同教材在内容的来源、叙事的结构、学习的效率、探究的视角、形式的表现、练习的目的等方面，具有不同的价值；其五，历史教育要求教材具有丰富性和具体性，然而，没有哪一部中学教材可以充分地满足这一要求，更不要说"简约型"的历史教科书了。所以，教材学是一个有着强烈教学研究倾向的概念，因为教学是整体的、系统的，教材也应该是整体的、系统的。引申说，我们需要把教材观和教学观整合为一个东西。

还有一个问题值得关注，即教材研究与现实的关系。教材研究当然不能脱离实际，甚至可以说，教材研究的所有方面都在满足理想的课程和教学需要，它一定要能用，而且要好用。但是，我们也不能以"实用"为借口，拒绝"超前"的教材研究。如果教学是进步的，那么教材也应是"先行"的。因为：①历史教材要通过人类的文明进程反映人类共同的价值观，其内容具有广泛性和整合性；②历史教材要学习和借鉴世界上先进的教材理论和编纂经验，否则难以创新和突出特色；③历史教材在改变历史教学方式和学习方式方面影响甚大，并对教师的专业发展发生作用。

学后复习

回顾

1. 定义：历史教材学、历史编纂学。

2. 辨识：教材与教科书、纸质教材与数字（化）教材、教材资源与学习资源。

3. 定位：历史教科书的体裁与体例。

4. 解释：阅读系统和活动系统，课文系统和课文辅助系统。

重点思考

1. 描述：从课程目标和内容的角度，厘清历史课程标准与教科书的关系。

2. 评价：国定制、审定制、认定制和选定制的利弊。

批判性思考

1. 分析：为什么要统编历史教科书？分析不同时期实施统编教材的背景和理由。

2. 综合：评估影响历史教科书质量的多种因素，并依据你所搜集的材料，尝试拟定一份评定历史教科书客观性的检定标准（附加简要说明）。

应用概念

1. 合作：以小组为单位，分析某套历史教科书的体例和结构，需充分陈述理由。

2. 辨别：依据历史叙事的一般原理，检视历史教科书的课文和插图的学习功能及相互作用（制定现行教科书的某一部分）。

技能练习

1. 在课任教师的指导下，尝试编写一个子目的历史教科书。要求①确定学习对象和学习时间、使用第一手资料、文字通俗易懂、符合中学历史教科书编写规范。然后，听取其他人的评价。②书写一段包含历史图片（或地图、图表）的课文，然后讨论以下问题：课文是否反映史实；是否显示了学习路径；文图是否搭配；图片来源是否可靠；图片信息是否真实；采用了何种编纂方法等。

2. 假设自己是一位历史教科书编写者，请列出编写历史教科书应注意的问题清单。

拓展阅读及书目简释

历史编纂学

1.（唐）刘知几撰：《史通》，（清）浦起龙通释，吕思勉评，李永圻、张耕华导读整理，上海，上海古籍出版社，2008。内容包括编纂体例（如编年史、纪传体等）、编纂方法（叙事、言语、题目、模拟、断限、书法、人物、编次、称谓等）、史料搜集（如搜集和鉴别）等方面。

2.（清）章学诚：《文史通义校注》，叶瑛校注，北京，中华书局，2008。主要阅读卷三、卷四，即内篇三、内篇四，内容包括史德、史释、史注、师说、辨似、知难、释通、横通、匡谬、质性等。

3.［美］海登·怀特：《元史学：十九世纪欧洲的历史想象》，陈新译，南京，译林出版社，2004。该书所阐述的历史编纂风格及其方法，对中学历史教材编纂学也有启发。另，［意］贝内德托·克罗齐（Croce, B.）：《历史学的理论和历史》，田时纲译，北京，中国人民大学出版社，2012。该书分为上编"历史学的理论"、下编"历史学的历史"及旁注（札记和评论）三部分，其中，"历史与编年史""作为普遍历史的历史""选择与分期""兰克的普遍历史观""历史著作及其前提"等，对改善中学历史教科书编写方法，具有较高的参考价值。西方相关的理论著作甚多，读者可有选择地阅读。

教材研究

1.［比］弗朗索瓦-玛丽·热拉尔、［比］易克萨维耶·罗日叶：《为了学习的教科书：编写、评估和使用》，汪林凌、周振平译，上海，华东师范大学出版社，2009。

该书分为概念框架、为了编写教科书、为了评估教科书三部分，将编写和使用、教科书与教学方法、教科书研究等问题做了很好的整合，并附录教科书评估范例。

2. 陈月茹：《中小学教科书改革研究》，北京，教育科学出版社，2009。该书基于作者的博士论文，内容有教科书地位与目标定位，教师、学生与教科书，教育技术发展与教科书，建构主义与教科书等，具有一定的参考价值。

教科书史研究

1. 吴小鸥：《中国近代教科书的启蒙价值》，福州，福建教育出版社，2011。该书分为发展、启蒙、审理三篇，对我国的近代教科书有较为整体的认识。另，毕苑：《建造常识：教科书与近代中国文化转型》，福州，福建教育出版社，2010；方成智：《艰难的规整——新中国十七年(1949—1966)中小学教科书研究》，长沙，湖南师范大学出版社，2013；段发明：《新中国"红色"课本研究》，北京，知识产权出版社，2015。这些著作对中学历史教材研究也有借鉴价值。

2. 课程教材研究所编著：《新中国中小学教材建设史(1949—2000)研究丛书·历史卷》，北京，人民教育出版社，2010。该著作分为新中国成立初期历史教材的改编与选用、历史教材的奠基时期、曲折发展时期历史教材的建设、陷入歧途时期的历史教材、拨乱反正与改革开放初期的历史教材、新时期历史教材的大改革、五十年来历史教材建设的心得与反思七章内容，完整地记录和阐释了新中国历史教材的发展史。

历史教材论

1. 朱煜主编：《历史教材学概论》，南京，江苏人民出版社，1999。该书分为导论、历史教科书的地位、历史教科书的编纂理论、历史教材的系列化趋势、面向21世纪的历史教学大纲、面向21世纪的历史教科书、历史教科书的史料和教学、典型教材分析和教学研究、乡土史教材和教学、历史视听教学和教学、海内外历史教科书比较十一章内容，是国内较早系统研究历史教科书的专著。

2. 李纯武：《历史文稿选存》，北京，人民教育出版社，1997。该文集分编写体会、教材说明、专题论文、其他四部分。其中，"编写体会"中有关世界历史教材的编写"十谈"非常重要，是我国历史教材学的重要遗产。另，苏寿桐：《史编拾遗》，北京，人民教育出版社，1995，该著作中"史编""史论""史评"部分涉及丰富的历史教材编纂学问题；王宏志：《历史教材的改革与实践》，北京，人民教育出版社，2000，该著作中的"教材改革篇""大纲、教材阐释篇""教材交流篇"等也值得一看。其他如马执斌、严志梁、陈其等教科书编纂专家的文集，读者也应当涉猎。

3. 臧嵘：《历史教材纵横谈》，北京，人民教育出版社，1999。作者力倡建立我国的历史教材学，自20世纪80年代始勤于笔耕。该书分历史教育、历史课程总论，历史教材学十二论，各类历史教学大纲、历史教科书编写说明，历史教学大纲、历史教科书沿革史和历史教材比较研究，历史教育与历史普及五部分。另，臧嵘、周瑞祥：《历史教材学和史学论丛》，北京，星球地图出版社，2006，该著作能够呈现完整的历史教材学体系，是我国历史教材学研究不可或缺的专著。

国外历史教材

1. [美]马克·凯什岚斯基（Kishlansky，M.）、[美]帕特里克·吉尔里（Geary，P.）、[美]帕特里夏·奥布赖恩（O'brien，P.）：《西方文明史：延续不断的遗产》，孟广林等译，北京，中国人民大学出版社，2014。该书是美国颇受欢迎的高校历史教程，全书三十章，书后列有详尽的专业词汇和索引。

2. [法]费尔南·布罗代尔：《文明史纲》，肖昶、冯棠、张文英、王明毅译，桂林，广西师范大学出版社，2003。该书于1963年出版，是"专为法国的中学结业班的使用而构思和撰写的……说得严重一点，这是费尔南·布罗代尔的教程，他是在有些特殊的情况下撰写的，也因为布罗代尔那种不顾一切的风格而遭到抵制。也就是说，这部作品不是为史学同仁而写，也不是为广大读者而写，在那个时期他还不为他们所知，同时他对读者大众也不大关心。他这部作品是为完全确定的读者，16到18岁的男女中学生而写的。"①全书分为上中下三编，共二十五章。上编是"文明史纲"；中编分别讲述"伊斯兰与穆斯林世界""黑色大陆""远东"历史；下编是"欧洲""美洲""另一个欧洲：莫斯科公国、俄罗斯和苏联"的历史。

3. [美]劳拉·赫茵（Hein，L.）、[美]马克·塞尔登（Selden，M.）编：《审查历史：日本、德国和美国的公民身份和记忆》，聂露译，北京，社会科学文献出版社，2012。该著作是"献给老师们"的书，有导论、教科书与历史记忆、教室里的政治三部分，收录了日、德、美三国学者的11篇文章，如"战争的教训、全球霸权和变迁""日本的教育、民族主义和家永三郎的教科书诉讼""德国学校教科书中的认同与超国家化""战争罪行和越南人民：美国的表述和沉默""集中营和大屠杀教育"等。另，[美]詹姆斯·格温（Loewen，J. W.）：《老师的谎言：美国老师教科书中的错误》，马万利译，北京，中央编译出版社，2009。该著作非常值得一读。

---

① [法]莫里斯·埃马尔：《布罗代尔教授历史》，见[法]费尔南·布罗代尔：《文明史纲》，1页，桂林，广西师范大学出版社，2003。

第五章 历史教学论

○历史教学活动是学校历史教育的实体
○历史教学既是接受过程也是探究过程
○历史教学设计将理论转变为实施技术
○历史教学方法有直接和间接两种方式

学前预习 ▶ --

定义术语：行为主义、认知主义、结构主义、建构主义；教学理念、教学过程、教学原则、教学模式、教学设计、教学方法、教学技术。

识别概念：直接教学与间接教学、教学模式与教学方式、备课与教学设计、接受与探究、以知识为中心教学与以学生为中心教学、教学过程与学习成就、教学方法与教学技术。

积累经验：聂幼犁主编：《历史课程与教学论》，杭州，浙江教育出版社，2003；赵克礼主编：《历史教学论》，陕西师范大学出版社，2012。

拓展实践：列举讲述法与讲解法的异同。

学习目标：

1. 认识促使历史教学观念转变的诸种因素。

2. 理解历史教学过程即学生有效获得知识和技能的过程。

3. 理解历史教学的价值取向和能力取向。

4. 认识历史教学模式和教学设计的一般原理。

5. 知道历史教学方法是达成有效教学的手段。

理解内容：

能力导向——现代教学理论满足和支持能力导向的历史教学。据此，学生不是接受知识的容器，教师不是解释知识的权威，教科书不是真理性知识的载体。历史教学只有发展学生的历史思维和批判性思维能力才有其现实意义，即不仅要把学生看成是历史教学的主体，而且理应促使他们成为历史知识的拥有者。所谓历史学科核心素养，从教学角度说，就是怎样帮助学生真实地拥有历史知识，这也是教学的根本问题。（第一节）

教学即探究——无论是以知识为中心的教学，还是以经验为中心的教学，都不应该是孤立地传授知识或单一地强调经验，历史教学的特质本来就要求以充分的事实性知识为基础。但是，由于中学历史教学受制于目的和目标、时间和空间、资源和技术等多种因素，致使混合型（或综合）教学——以培养学科能力为导向——在寻找事实、判断事实和解释事实方面更具有优势。若着眼于教学效果，无论何种取向的教学模式和设计，只要它是灌输式的被动学习，就不可能是好的教学。相反，启发式的、主动的探究性学习才是好的教学。即便是最传统的历史教学，优秀的教师也会一定程度地（自觉或不自觉地）使用探究方法。现在，教学环境大为改善，教学资源空前丰富，教学技术飞速进步，因此学生"做历史"（doing history）的条件好了、机会多了，尝试像史学家一样思考和做事的探究性学习，理所当然地成为历史教学的本色。（第二、三节）

以学生获得为中心——历史教学方法是历史教学论的核心内容。所谓促进学生发展，没有不通过恰当的教学方法就能达成适切的教学目标的例子，即任何一种教学方法都是以获得良好的教学结果为目的的。引申说，教育目的变了，教学方法也会随之改变；教育内容不同，也需要匹配相宜的教学方法。从 18 世纪到现在，教育原理的每一次进步都意味着教学方法的革新。然而，教学方法常常滞后于教育理念乃至现实需求，也是不争的事实。究其根本原因，除了教师自身的行动力不足外，陈旧的教学观念显得更为致命。（第三节）

第一节　历史教学论的研究基础

到目前为止，教什么（what to teach）、如何教（how to teach）的目标，依然决定着学什么（what to learn）和如何学（how to learn）的方向[1]，协调好这两组关系，并由此达成理想的教育效果，也是历史教学论的基本命题。然而，我们在现实中不能深究这个基本命题，因为如果我们较真了反而说不清楚。

何谓教学？何谓教学论？何谓教学本质？何谓教学过程？教与学的关系，教学论与教学法的关系，教学论与学科教学论的关系等，即由教什么、如何教、学什么、如何学的问题，基于不同的教育理论会生成各种看法。在历史教学界，也是莫衷一是。在以往的历史教学法、历史课程与教学论、历史教学论、历史教育学专著中，无论是涉及教学论，还是专述教学论，皆是套用或假借教学论的原理和概念，具体到实用的部分其实就是教学法。抑或说，剔除了历史教学论的教学法，也就成了鸡肋，实无用处又弃之不能。所以，历史教学问题还有重新讨论的必要。

一、我们需要什么样的历史教学论

教学是什么？这个问题在第一章已有所涉及。通常的理解，就是教师向学生传授知识和技能的认识活动。自古至今，教学的场所都是学校，教学的内容都是

---

[1]　有学者认为，"教什么"（内容）属于课程论（curriculum）范畴的问题，"如何教"（方法）属于教学论范畴的问题。参见肖锋：《学会教学——课堂教学技能的理论与实践》，40 页，杭州，浙江大学出版社，2004。

知识和技能，只是构成教学的要素多有变化。在古代，教学的要素主要是教师、内容（或专指教材）和学生。到了近代，人们将教的方法提升到与内容同等重要的位置。17世纪到19世纪，所有教育家都会将教育理论和方法一并阐述，此外，还讨论教育的目标、环境等问题。现代教学论则容纳了更多的要素，教学论专家将其概括为"三要素""七要素"①等。如果我们孤立而且单一地看这些要素，至多形成一条线与一个面的印象。但是它们相互交错形成各种关系后，问题就变得复杂和多变了。因此，教学论也是教学的系统论，每一种教学论学说都是由特定的理论系统派生出来的。

当一般的教学论与历史学科融通以后，人的要素和物质的、环境的要素之间，绝不可能是一条线和一个面的关系。无论怎样概括教学要素，学习内容中的人及其由人的活动形成的文化（作为整体的历史），乃至从教学活动着眼的基于人类过往经验所能达到的培养人的目的（学习有价值的历史），都是其中最重要、最需要优先思考的要素②。即没有学科的独特性所体现的历史文化——不管它被视为内容或目标，还是被称为方法或视角——这个要素，其他要素便不能自由自在地发挥作用，因为历史文化能够决定其他要素是否有必要存在，以及以哪种状态存在（因人而存在、也因它能够充分顾及对人的思想和行为的理解而使教学具有了活力），包括教师和学生这两个要素。如果只是传授知识（只能接受给定的知识），所有教学要素就都成了物理性要素，而物理性要素与学科教育的意义无关。所以，我们首先要为历史教学论定位，以明确它应该做什么，如何通过它优化教学过程并收获更佳的教学效果。

（一）历史教学论不同于历史教学法

"'教学论'这个词常常与'教学法'一词发生混淆。'教学法'这个词有时即指教学论，讲的是教学的一般原理，而有时则指某某学科的教学法（语文教学法、数学教学法、外语教学法……），又有时指具体的教学方法（讲授法、练习法……），这后两种情况就不同于教学论了。教学论不是具体学科的教学法，也不是具体的教学方法。它是关于教学的一般原理。这是它的特征。"③

王策三的这段话概述得非常清楚，其一，教学论的研究内容是教学的一般原理，不是操作性技术或行为；其二，一般的教学原理针对教学的普遍规律，揭示教学本质，指导普通的教学实践，学科教学法是其下位概念的东西④；其三，具体的教学

---

① 三要素：教师、学生、内容；四要素：教师、学生、内容、方法；五要素：教师、学生、内容、方法、媒体；六要素：教师、学生、内容、方法、媒体、目标；七要素：教师、学生、内容、方法、媒体、目标、环境。参见王本陆主编：《课程与教学论》（第3版），138页，北京，高等教育出版社，2017。

② 这里所说的文化指历史教学内容的基本特征，学习历史等于了解人类过往的文化经验。其主要的传播方式是叙事，而叙事又以学习者获得何种思考作为必要前提。历史教学若没有独立思考和文化内涵，便没有历史教育。

③ 王策三：《教学论稿》，2页，北京，人民教育出版社，1985。

④ 按照这个思路推论，学科教学论研究学科的教学原理，具有具体性和特殊性。学科教学法是学科教学论的一部分。王策三先生在区别教学论和教学法时，不涉及学科教学论的问题。

方法或许是教学论本体研究的一个重点，而不是其全部。

传统上，教育学、教学论(含教学法)、学科教学法构成师范学校的课程体系。过去，因为学科教学法课程并不关涉学科的教育、教学原理，所以与一般教育学、教学论等理论课程互不影响。现在，造成上述概念混淆的根本原因之一，是学科教育的发展产生了"越界"现象。其"越界"的理由可谓直截了当：①现代教育科学发展的特征之一，便是领域与领域、学科与学科以及领域和学科内部有了高度分化和高度整合趋向。整合又是其中最为突出的表现，具有必然性；②学科教学法发展到学科教育的阶段，既主动从上位学科(如教育学、历史学)获得自身发展的资源和动力，同时也通过不断完善的学科教育理论使自己成为新的教育、教学理论的创造者，再不满足于做反刍一般教学原理的角色。③一般的教学原理难以满足学科教育对自身独特理论和实践的要求，尤其是历史学科，其人文社会科学的基础越深厚，一般的教学原理就越显得单薄和无力。④学科教育、教学在最近30年发展迅速，其原理部分大致成熟，它促使学科教育研究者有能力将研究一般教学原理，转化为研究普适的学科教学原理。⑤学科教学原理涉及的学科教育哲学更为具体和复杂，譬如历史教学论需要围绕历史意识、历史思维、历史知识等哲学视角解决教学的本真问题，否则就只能复制一般教学论，不会有太大的实用价值。因此，王策三的定义，恰恰能够解释为什么不能把历史教学论和历史教学法混为一谈，并指导历史教学论研究不偏离教学原理指定的方向。

(二)教育理论经典作家的历史教学论

教学论的英文是 didactics(或 theories of teaching)[1]。不过，早期的教学论的确亦称"教学法"，如"教学法的含义是教学的艺术"，亦可以说是具有一定科学含义的艺术。为此，夸美纽斯宣称："我们敢于承诺一种伟大的教学法(great didactica)，即是说，将一切事物教给一切人的无所不包的艺术，它是真正能以确定性教授它们、务使必有成效的教学艺术，它是愉快地进行教授的艺术，即是说，教师和学生双方都没有烦恼或厌恶，而是双方都引为最大的乐事；它是彻底地而不是肤浅地、浮华地进行教学的艺术，这种教学能导致真实的知识、文雅的道德和最深厚的虔信。"教授科学的(泛指一切近代学科教育)人应当遵守的要点如下：①必须教需要知道的东西；②凡所教的东西，应当教它在日常生活中的实际应用和某种确定的用途；③凡所教的东西，应当教得简单易懂，不要用复杂的方法教；④凡所教的东西，必须联系它的真正本性和它的根源；⑤凡是要学的东西，必须首先解释它的一般原理，然后才考虑它的细节；⑥对象的各个部分，即使是最小的部分，都必须毫无例外地联

---

① "教常用 teaching 表示，学多用 learning 表示，而教学则常用 instruction。"参见王本陆主编：《课程与教学论》，136 页，北京，高等教育出版社，2007。"教学论，或教学理论，英语为 Didactics(又称 Theory of instruction)。"王策三：《教学论稿》，1 页，北京，人民教育出版社，1985。另，有关教育学、教学论的关系，参见[德]第斯多惠：《德国教师培养指南》，袁一安译，70~72 页，北京，人民教育出版社，1990(2003 年重印)。

系它的顺序、地位以及相互之间的关系来学习；⑦一切事物的教学都必须有连续性，一段时间内不要教两件以上的事；⑧在彻底理解每一门学科以前，不应当放弃任何一门学科；⑨着重点应放在事物之间的差别上，以便使获得的知识清晰、明显。①这就是 17 世纪的教学论，经过 18 世纪、19 世纪的科学洗礼，各学科的教学论变得逐渐地丰富和深刻起来，如针对历史学科的教学论：

1. 教师应当积极生动地讲授历史，但决不允许随意篡改历史；教历史课要用历史的方法；主观任意（选择＝任意）万万要不得，我们要的是客观方法；人本身就是方法，事物就是方法；一切历史事实都属于经验知识，这些历史事实是人们用感官觉察到的主体世界的现象和特点；理解事实就要开始思维，就要了解事物的本质，就要认识知识，这种知识从一开始就存在于认识中。②

2. 诗歌和历史的描述往往突出地反映了人在交际方面表现出来的顺服性与倔强性，同时反映了那种使各种相互冲突的力量得到缓和并相处在一起的需要的迫切心；③ 教师在讲授中有时在这里必须控制描述，在那里必须作渲染；而当他感动了听众时，他自己却不能失去镇静与周密的思考；历史应当是人类的教师；假如我们想及早应用历史来温暖青年的心灵，那么需要特别小心，以便恰恰在少年时代激发他们的理解力与热情。④

3. "学习历史"主要是获得认识动作和人的联系的能力；历史作为一门学科，只是有关和我们的生活密切相连的社会群体的种种活动和疾苦的一批已知的事实，参考这些事实，我们自己的风俗和制度可以得到说明。使动作集中和有顺序是指导的两个方面，一个是空间的，另一个是时间的。前者保证击中要害；后者保持进一步行动的平衡。⑤

4. 单做事实的穿凿、记忆、叙述，决〔绝〕不是历史教学；尤其历史不只是简单的过去的记录；特别是我们不希望把历史视为"向后看的"东西，视为后退的东西；更不能单纯将历史看成死了的形骸，而应看作活着的文化，看作人的活动、生命的跃动；历史不光是政治和战争，也不是人生变故的全部。千万不要忘记比这些都宝贵的文化运动。⑥

5. 历史知识的内容应当为教师直接触及学生的个人精神世界提供尽可能多的机会。智力的发展在学习历史过程中较之在学习任何其他课程时更取决于学生所理解

---

① 参见［捷克］夸美纽斯：《大教学论·教学法解析》，任钟印译，7、172～174 页，北京，人民教育出版社，2006。

② 参见［德］第斯多惠：《德国教师培养指南》，袁一安译，158、161 页，北京，人民教育出版社，1990（2003 年重印）。

③ 参见［德］赫尔巴特：《普通教育学》，李其龙译，93 页，北京，人民教育出版社，2015。

④ 参见［德］赫尔巴特：《教育学讲授纲要》，李其龙译，127、132 页，北京，人民教育出版社，2015。

⑤ 参见［美］约翰·杜威：《民主主义与教育》，王承绪译，226～227、32 页，北京，人民教育出版社，1990。

⑥ 参见［日］小原国芳：《小原国芳教育论著选》（下卷），刘剑乔、吴光威译，105～107 页，北京，人民教育出版社，1993。

的事实与现象的广泛程度。多理解，并不意味着多识记，或在记忆里多保持。学习历史时的智育效果比起学习其他科目时的智育效果来，其依赖记忆中保有知识量的程度更低一些。这里重要的是，为了使学生在看待历史过程时树立起科学唯物主义观点，为使这些观点成为个人的信念。[①]

这些论述即便是教学法，也是有原理意味的教学法，而非仅仅满足于"能教什么"的方法。其实，过去历史教学法的标志性口号是"研究教学全过程"，其含义同样倾向于历史教学论。遗憾的是，在教学法实践中，"苏联模式"让教师的技艺不但没有拓展和深化，反而陷入了彻底的教材教法，以致后来成了抄来抄去的东西，基本上失去了创新性和实用性。

今日研究历史教学者，每多立论历史教材及教法，少有涉及历史教学之理论基础，而于历史教学之心理基础的阐述，尤属罕见。[②]

历史教学的宗旨：(1)历史事实的获得：使学生获得正确的历史事实，使对于人生的活动，有正当的了解。(2)历史意识和线索的了解：使学生具有历史的眼光，以为探求古今事实的因果，及将来之推测。(3)社会化态度之养成：使学生能发生所谓社会的态度，因而感觉到他们现在所处的地位，所享的权利，所得到的安逸，都是经过他们的祖先困苦经营出来的。[③]

(三)当代历史教学论的基础理论

理论是对事实、现象的高度概括或严整归纳。繁杂的教学事实、现象涉及各种理论，如第二章论述的唯物史观问题，就是指导教学实践的根本理论，而目标理论则是实施教学的基础理论。然而，尽管本教材各章都涉及相应理论，但它毕竟不是阐述某一个专门理论的教学论著作。我们把本章的理论看成是综合的教学指引更为恰当。历史教学论研究的理论基础非常宽厚，如认识论方面的存在主义(existentialism)、人本主义(humanism)、结构主义(structuralism)或后结构主义(post-structuralism)，以及教育心理学方面的认知理论(cognitive theory)、元认知理论(metacognition)、多元智能理论(the theory of multiple intelligences)等，本节难以面面俱到。所以本节仍采用列举范例的方式，从教与学的整体性与发展性的角度，为读者提示以下研究视角。

1. 客观知识和个人知识

教历史或学历史，无疑首先是教历史知识或学历史知识。一切弱化知识的教与学的行为，要么是虚假的，要么是无知的。无论如何改革学校教育，无非都是围绕教育教学质量进行的，而习得什么知识以及运用何种方式、手段习得知识，正是评定教育

---

① 参见[苏]苏霍姆林斯基：《帕夫雷什中学》，赵玮等译，279 页，北京，教育科学出版社，1983(1999 重印)。

② 参见雷国鼎：《历史教学之心理基础》，载《贵州教育》，第 4 卷，第 10 期，1942。

③ 参见吴振春：《中学历史教学法的研究》，载《教育通讯》，第 4 卷，第 5 期，1947。

教学质量的核心内容。可是，何谓知识？何谓真知识？何谓历史学科的真知识？并非一言以蔽之的事情。平日里，人们常说的知识大致有两类：课本知识和生活知识。历史知识，则几乎等于课本知识。传统的历史教学认识是，先确定课本历史知识为"真"，然后依此获得终生受用的历史知识。通常情况下，人们不会再对课本知识有所检验，即学生应把课本知识当作"真"知识，这也是教师得意的教学结果。殊不知，课本知识的"真"乃是特殊的"真"（写出来的历史），而非切实的"真"（事实上的历史）。当人们不加审辨地接受它时（无论它本身是否经过严格的检验），它就是主观的记叙性知识①。在教学形式上，这种知识以死记硬背或注入式教学（chalk-and-talk）为特征。

波普尔（Popper，K. R.）否定主观的知识。在他看来，人们面对着三个世界，即物理世界（物理实体和物理状态，即世界一）、精神世界或心理世界（意识专题、心理素质、主观经验，即世界二）、客观知识世界（思想内容，即世界三）。他所研究的世界三，即客观的知识（objective knowledge），要求"科学、哲学以及理性思维都必须从常识出发"，并视"全部科学和全部哲学都是文明的常识"。概括地说，世界一与物质体相互作用，世界二与人的身体相互作用，世界三对世界二的作用是直接的，对世界一的作用是间接的。②

这于历史教学有什么用处呢？其一，确立以理解为中心的教学。"人文科学与自然科学大不相同，而最突出的区别在于人文科学的中心任务是理解。""理解就其基本形式来说是对别人的一种直观识别，在这个活动中我们借助于手势、语言这类表达手段。其次，理解是指对人类行为的理解。最后，理解是指对人的精神产物的理解。"③其二，强调知识是客观的同时，也认定知识的猜测性。即"一个陈述是真的，当且仅当它符合事实。"譬如在讨论"逼真性"问题时，波普尔指出："直观地讲，一个理论 T_1 比另一个理论 T_2 具有较少的逼真性，当且仅当（1）T_1 和 T_2 的真内容或假内容（或它们的测度）是可比较的；（2）T_1 的真内容而不是假内容比 T_2 的少；（3）T_1 的真理性内容并不比 T_2 的真理性内容多，而 T_1 的假内容却比 T_2 的假内容多。简言之，我们断定 T_2 比 T_1 更接近真理或者更近似真理，当且仅当有更多的真陈述、而不是更多的假陈述可以从 T_2 中推出，或者，至少 T_2 与 T_1 有同样多的真陈述，并且 T_2 有较少的假陈述。"④这一论断让历史教学，既遵循应有的科学性，也开放了假设的充分条件⑤。其三，仔细了解客观知识论后，人们可以系统且深入地分析陈述逻辑与真理概念之间的恰当关系，以便达到对"真知识"的把握。因此，历史教学的目标（期

---

① 进一步的立论，参见金岳霖：《知识论》，6～13 页，北京，商务印书馆，1983。

② 参见［英］波普尔：《客观知识：一个进化论的研究》，舒炜光等译，37～38 页，上海，上海译文出版社，2015。

③ 参见［英］波普尔：《客观知识：一个进化论的研究》，舒炜光等译，209 页。注意：波普尔在此注明了"理解"基于 hermeneutics（诠释学或解释学）。

④ 参见［英］波普尔：《客观知识：一个进化论的研究》，舒炜光等译，53、59 页。

⑤ 至于该假设是用 hypothesis 还是 postulate 来表现，则需要视实证的内容而定。

望)、内容(常识)、概念(认知)、批判(行为)等,必须具有客观性和真实性。基于此,才能追求有意义的、有启发性的真理,追求能够解答有意义的问题的理论,甚至是深刻的理论。① 其四,养成批判性思维(critical thinking)的习惯,譬如对常识知识论(如直接性、确定性)和主观主义知识论的批判②。其五,历史知识若作为客观知识,就必须直接或间接地与其他知识发生关系。因为"真知识",就是不同知识关联的结构。据此,它也是能够论证问题和解决问题的知识。

波兰尼(Polanyi,M.)的个人知识(personal knowledge)论,则对非个人化的客观性知识进行了批判。他强调任何认知都涉及特定的、具体的认知个体,并就个人知识的性质给出了如下维度:①精确科学体系的理解和运用离不开个人参与;②精确知识的运用和学习是某种个人化的技能或技艺;③语言层面和理性层面的知识需要以非语言、非理性的默会知识或意会知识作为基础;④认知活动涉及个人的情感因素;⑤个人化的知识可以通过默会共享成为社会共识;⑥知识中总有某些不可怀疑、不可批判的个人预设;⑦知识是一种个人的信托或者寄托行为。③

这里涉及默会知识(tacit knowledge,或隐性知识,相对显性知识而言)的概念,属于"行动中的知识"(knowledge in action)或"内在于行动中的知识"(action-inherent knowledge),其本质是一种判断力、理解力和领悟力。诸如"真理的确立本质依赖于我们自身的一套个人评价标准,但这套标准却不能被正式界定";隐性学习(latent learning)"与窍门学习和符号学习相比,动物能学到智力表现形式更多样且更具创新性的东西";"从默会到言述的过渡只限于言语的陈述性形式,即用于对事实的陈述";"说话就是设计符号,观察它们的适用性并阐释它们的种种可选关系";"当我说到无法表达的知识时,应该从字面意义去理解,而不应该被看作神秘的经验";"有三样东西必须牢记在心:文本、文本所暗示的观念以及可能与此相关的经验"。④

显然,默会知识强调启发、观察、洞见、解释、实践、交流和创造力等。也可以说,个人知识是个人心智解放的工具。其在教学中的作用,一是以学生为本,积极探索个性化教学,注重学生的默会认知潜能,如采用启发式教学、发现式教学、自由式教学等;二是强调交流和对话,其前提是把参与实践和融入文化历史看成获得默会知识的根本途径,只有主客体之间进行充分对话和互动,才能达成知识建构目标,因此打破了"好课都是教师讲出来"的传统观念;三是因为获取默会知识需要

---

① 参见[英]波普尔:《客观知识:一个进化论的研究》,舒炜光等译,59页。

② 这种批判是建立在世界三客观性和自主性基础上的。比如,他说:"尽管第三世界是人类的产物,人类的创造物,但是它也像其他动物的产物一样,反过来又创造它自己的自主性领域。"[英]波普尔:《客观知识:一个进化论的研究》,舒炜光等译,136页。"阅读(即译释)罗素的作品在一定程度上根据对罗素原文的观察;但这里没有值得分析的问题;我们都知道阅读是一个复杂的过程,在这一过程中我们同时要做几种不同的事情。"参见[英]波普尔:《客观知识:一个进化论的研究》,舒炜光等译,74页。

③ 参见[英]迈克尔·波兰尼:《个人知识:朝向后批判哲学》(译者前言),徐陶译,5~8页,上海,上海人民出版社,2017。

④ 参见[英]迈克尔·波兰尼:《个人知识:朝向后批判哲学》,徐陶译,83、86、90、95、109页。

全员参与(full participation)，并将课堂教学视为文化实践场所，每个学生都在实践共同体中获得有意义、真实的知识。于是，教师必须有能力指导学生积极的合作，如改善学习环境，创设情境(situation)和实践环节，并把领会和经验作为学习目标，毕竟默会知识的本质依然是理解①。

简言之，无论是波普尔的客观知识论，还是波兰尼的个人知识论，都将较大程度地改变(或正在改变着)传统的历史知识观，诸如以理解为中心、充分重视学生个体的历史解释、促使历史教学成为思想解放的途径等。这种改变或许现在还不是颠覆性的，但当它开始全面渗透历史教学时，就一定具有颠覆性的影响力。②

默会知识概念指的是即使在某种知识没有或被表达为语言形式时，人也可以获得这类知识。我们还可以区分"事实默会知识"(actual tacit knowledge)和"原理默会知识"(tacit knowledge in principle)，前者通常是可以用语言加以清晰阐述的，而后者则超出了精确语言表达的限度(某种程度上与弗洛伊德的"前意识"和"无意识"概念相类似)。③

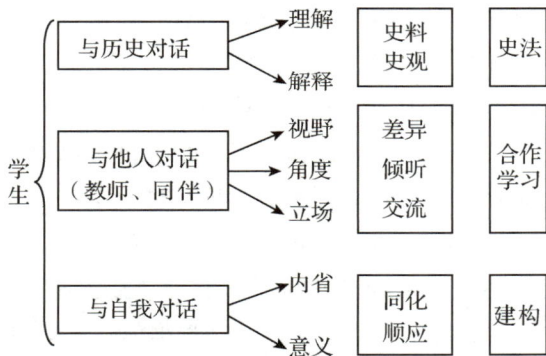

图 5-1　以学生为主体的对话类型④

2. 认知与元认知

认知(cognition)是"与知识获取有关的过程或知识获得行为，包含知觉和判断。认知涵盖了所有与知识获得有关的心理过程，这些过程不同于情感或意愿的体验。简言之，认知包括知识建立所需的全部意识过程，如知觉、识别、想象和推理等。认知的本质是判断，通过判断实现对特定客体的区分，并通过概念对客体进行界定。""心理学家所关注的是认知过程对学习和行为的影响。当代认知理论采用两种主

---

① 具体内容参见［英］迈克尔·波兰尼：《个人知识：朝向后批判哲学》，徐陶译，第五、六、七章。

② 有关知识的理论有很多，本教材选择客观知识和个人知识两种理论，旨在说明研究历史知识理论有很多途径和方法，而且能够做得相当深入和实际。

③ ［丹］伊列雷斯：《我们如何学习：全视角学习理论》，孙玫璐译，18～19 页，北京，教育科学出版社，2014。

④ 参见徐赐成、赵亚夫、张汉林主编：《初中历史有效教学》，29 页，北京，北京师范大学出版社，2015。

要方法。第一种是信息加工方法，尝试把人的心理过程与高精度计算机的知识获取、加工、存储过程以及不同的程序中使用这些知识的过程进行对比，借以探索人类的思维和推理过程。第二种以瑞士心理学家皮亚杰(Piaget，J.)的研究为基础，皮亚杰通过两个基本过程阐释认知适应性：同化和顺应。同化是个体根据建立在过去经验之上的、关于世界的内部模型而对现实进行解释的过程；顺应是通过发展对现实的各种适应机制而对内部模型进行修改的过程。皮亚杰认为，心理表征不是来源于社会语言，而是来源于作为后天语言习得基础的独特符号。美国心理学家布鲁纳扩展了皮亚杰的概念，认为认知过程受三种外部世界表征模型的作用：借助活动进行表征的参与模式；借助视觉和心理表征进行表征的形象模式；借助语言进行表征的符号模式。"[1]

究竟如何给元认知下定义，学界并没有一致的看法。根据弗拉维尔(Flavell，J. H.)的研究，它由"元认知知识(meta-cognitive knowledge)和元认知体验(meta-cognitive experience)或元认知调节(meta-cognitive regulation)组成。元认知知识是关于什么因素和变量以什么方式影响认知行为的过程和结果的知识或信念。这些因素或变量主要包括人、任务和策略。关于人的元认知知识，就是个体对自己或他人作为认知主体的特征的认识。关于任务的元认知知识，是指对个体在认知过程中能够达到的目标的认识。关于策略的元认知知识，是大量可以习得的、有关哪种策略对达到什么目标以及哪种认知任务中有效的知识。也就是说，元认知知识是个体关于自己的认知能力(如我记性很差)、任务(对项目进行分类比回忆容易)和认知策略(如要记住电话号码就要复述)的知识。""元认知调节包括各种执行功能，如计划、资源分配、监测、检查、错误监测和纠正等。……根据信息是流向'元水平'还是从'元水平'流出，把元认知调节划分为监测过程和控制过程：在监测过程(如阅读时追踪自己对材料的理解)，'元水平'接受来自'目标水平'的信息；而在控制过程(如对重要的学习材料分配更多的注意和努力)，'元水平'对认知进行修正。"所谓元认知体验，则是"在元认知调节过程中产生的有意识的体验，是个体意识到的一种认知和情感状态，它与元认知调节密不可分。"[2]

简单地说，元认知就是帮助学生如何进行思维。在历史教学中，它的作用主要体现在：①让学生意识到思维所包含的内容，并了解思维过程；②教师应不断改善思维环境，包括创设学习情境，帮助学生把注意力集中在思维的构成要素和解决问题上；③激发元认知活动，包括有意识地进行选择、按不同标准进行分类、对所学习内容加以解释、思考答案的推导途径和方法、进行"我思考"活动、自我制订计划

---

① 中国大百科全书出版社《简明不列颠百科全书》编辑部译编：《简明不列颠百科全书》第4册，331～332页，北京，中国大百科全书出版社，1985。

② 参见吴庆麟主编：《教育心理学——献给老师的书》，182～183页，上海，华东师范大学出版社，2003。

等；④培养反思思维的态度(或批判性思维的态度与习惯)等。

无论是认知还是元认知，都已经广泛地运用于历史教学，只是不同区域教师对其认识的深浅程度各异而已。当然，视而不见或不愿意顾及元认知的教师也大有人在。然而，只要是有意识、负责任的教师，就会让学生产生概念、知觉、想象、判断等心理活动。抑或说，学生的感知、记忆、联想、思维一旦发生，必然涉及认知过程(cognitive processes)和认知方式(cognitive style)。如今，教师们耳熟能详的建构主义理论、学习动机理论、有效教学理论、多元智能理论乃至教学设计理论，其共同基础即认知与元认知理论，甚至也依赖认知科学(cognitive science)①的发展。像"学生在阅读、写作和解决问题时了解自己的思维"；"要使学习达到最佳状态，学习者必须了解自己作为能够有意识地达到特定目标的自我调节的认知主体的特征"等研究成果②，已经在历史教学中脱颖而出。

需要特别指出的是，教师不能因为地区落后或学生学习较差就拒绝接受认知理论。罔顾学生学习基础盲目提高教学水平，与借口学生来源差只能照本宣科维持现状，是同一性质的不负责的教学行为。其实上，教师正确应用认知理论有助于开发学生的学习潜能，完善学科教学，并促使教师提高自己的教学素养。

为什么要教"发现日"：(1)教导"在关联中理解史料"的机会。帮助学生替文献定年、定位，让学生知道，培养历史性的思考习惯(historical habits of mind)，将会直接指引他们到文献塑造的脉络中去。(2)探索历史被以不同方式运用的机会。历史一直都以不同方式被运用着；同样一个历史人物或事件，或许因为不同的目的，在不同的时间点有着相异的用途。(3)教导"随时间而变迁"的机会。学生们总是假设，他们所生在其中的这个世界的区划一直以来都是这个样子……对1890年代做一番巡礼，会帮助学生了解，从几乎难以容忍外来者的新教徒国家，到具有各种各样宗教信仰的多元文化，美国在这段旅途上已经走了多远。(4)与今日的关联。如何应付美国人口组成递变的情况，预示了一个在政治景观中已经成为固定套式的策略——向各式不同的选区选民伸手拜票。③

3. 叙事与实证

叙事(narration)是人类发展的一个基本特征④，也是历史教学的基本特性。甚至可以说，没有叙事就没有历史教学。撰写故事，表达故事以及讲故事，都是通过叙事完成的。譬如从事有关叙事的写作，叫做文字叙事；从事有关叙事的讲述，叫

---

①　认知科学包括心智哲学、认知心理学、认知语言学、认知人类学、人工智能和认知神经科学六个门类，它们再相互交叉其他学科。

②　参见吴庆麟主编：《教育心理学——献给老师的书》，185页。

③　参见[美]山姆·温士堡等：《像史家一般阅读　在课堂里教历史阅读素养》，宋家复译，137~138页，台北，"台湾"大学出版中心，2016。

④　第四章着眼教科书的叙事，这里则将教科书和教学的叙事联系起来讨论问题。参见[美]林恩·亨特：《全球时代的史学写作》，赵辉兵译，99页，郑州，大象出版社，2017。

做口头叙事。简言之，叙事就是采用文字或口头的表达形式构成较为完整的故事。

了解和掌握叙事——无论是撰写形式，还是表述行为——关乎历史教学的方向和质量。所以，历史教育者不仅要熟知和运用叙事技巧[1]，而且还需要具有揭示本学科或本专业的叙事构成要素、结构关系和运作规律的能力。引申说，历史教育应该也有自己的叙事学（narratology，或叙述学）。起码在教材和教学两方面，历史教育再不能承袭复制的传统，总是老生常谈地说"历史必须依照时序编写""历史就是讲故事""教科书自有一套教科书编写规则"等套话。历史教育要解决的实际问题是：为什么要改变固有的时序观念（或如何理解时序的概念）？什么就叫讲好故事（或谁来讲好故事）？教科书体裁离学生的阅读兴趣和习惯越来越远，是否还有保留它的必要（或在信息时代怎样创新叙事形式）？

按照元史学（metahistory）的观点，历史学家只能在话语形式之中而不能在它之外把握历史，话语又必然具有转义性。事实上，正是把话语转为叙事的过程，内在地包含了作者的思想意识，所以人们在叙事时，无论选择哪种叙事类型[2]，都会使作者的思想意识外化。譬如历史学家不仅需要把历史事件经由叙事变成故事，而且其构建故事的过程同时经历着基于自身立场或认识的历史解释，即历史学家"在选择特定叙事形式时就已经具有了一般意识形态倾向，包括对人文社会科学之科学性的态度，对社会现状及其改造可能性的观念、对改变社会的方向及手段的构想以及历史学家的时间取向等"[3]。中学历史教师照理与之没有质的区别，只是在统一的教学环境下，较大程度地削弱了叙事的思维功能和多样的陈述方式而已。如今，学科核心素养的内容明确规定，"所有历史叙述在本质上都是对历史的解释，即便是对基本事实的陈述也包含了陈述者的主观认识。"[4]换个说法，即任何历史解释都有其合理性和主观性。引申说，历史教学所面对的文化差异和人类共识，既需要借助叙事技巧和结构达到一般性理解，也必须基于不同思想意识的叙事类型和方式做到深刻性理解，否则历史叙述的本质就少有求真的意义。

就"元叙事"（meta-narrative）而言，一方面"每一个单独的解释必须包括自身存在的某种解释，必须表明它自己的证据并证明自己合乎道理"；另一方面"对'元叙事'的自觉，也就是对叙事本身的语境化和历史化理解。当文化不仅包含了叙事作

---

[1]　这里的历史教育者，指从事中学历史教育、教学工作的全体人员。如第四章教材论中所论及的体裁问题，以及与描写、阐述、论证、评论等相对照的体例问题，既是教材编写要研究的叙事形式，也是教师应掌握的叙事内容。

[2]　包括事后叙述（一般用过去时叙述业已发生的事）、事前预叙（一般用将来时预言将要发生的事）、同时叙述（用现在时叙述正在发生的事）、插入叙述（叙述在此期间发生的事）；故事外叙述（叙述者处于故事之外）、故事内叙述（叙述者处于下一层故事之内）；异故事（没有参与自己所述的故事）、同故事（参与了自己所叙述的故事）等。参见赵一凡等主编：《西方文论关键词》，741～742 页，北京，外语教学与研究出版社，2006。

[3]　汪民安主编：《文化研究关键词》，468 页。

[4]　中华人民共和国教育部制定：《普通高中历史课程标准（2017 年版）》，5 页，北京，人民教育出版社，2018。

品，而且由叙事所包含的时候，那么叙事就在当今世界中无处不在。"①从认知的角度讲，叙事无疑也是认知过程，而且内在地包含高层次的能力。

将叙事应用于历史教学，①叙事即通过故事、话语和叙事行为呈现历史解释的形式；②在宏大叙事之外，还应该包括更多的小叙事，既便于学生亲近、熟悉和理解历史，也使历史形象更为完整、真实；③当历史叙事通过作者、文本、读者与社会历史语境产生交互作用时，学生便能够经由教师的指导，去关注对具体叙事作品的意义的探讨，并因此带来教与学的方式的根本转变，如实现真实的对话教学、阅读教学；④无论是教材的叙事研究，还是教学的叙事研究，都会从理解的立场处理叙事内容和行为，诸如专注于叙事体文本的学习，引发学生对历史概念的发现和记忆，直接收集信息并与书中人物或事件产生共鸣，围绕历史概念或主题的背景知识讲述真实的故事，加强同理心，更好地理解自己的情感和评价等；⑤有利于落实具体的学习技能，如在阅读或写作中，发展学生的叙事技能（如对人物、情节、背景的处理）；⑥搭建历时性和共时性认知平台，更有效地开展跨学科学习②；⑦叙事结构的变化，意味着学生能够获得更多的探究视角和机会。需要指出的是，上述观点势必对历史教科书产生重要影响，使其叙事结构和叙事方式更为生动、有趣，打破"客观叙事"的生硬面孔。

实证即基于充足的证据进行充分推理、验证假说，并获得确凿的事实的一种形式。作为经验哲学方法论的实证，也是"建立在生活的经验、表达和理解三者之间的关系之上"的对事实的澄明过程③。早期的社会科学实证是 19 世纪上半期法国哲学家、社会学家孔德（Comte，A.）创造的实证主义（positivism）方法论或实证论④。它指涉确实的、精确的、有用的，能够通过观察、实验和体认得到的经验事实，并赋予自然科学以首要地位，主张依据经验的科学方法——对于经验事实本身的描写和记载——观察和研究事物，探求事实的本原和变化的现象。因为"确实的"事实能够被"科学的"方法证实，尽管证实的对象是经验的事实，而非自然的事实，但是证实本身即为科学。这样的话，经验科学与自然科学就被同质化了。抑或说，凡是不能用科学方法去研究的，即不能根据经验材料和合理的推论加以研究的现象（或对象），就都是非实证的现象（或对象）。

到 20 世纪，把自然科学视为可靠知识的最重要的、甚至是唯一的源泉的实证主义逐渐式微。以波普尔的证伪理论和哈贝马斯（Habermas，J.）社会行为理论为代表

---

① 参见赵一凡等主编：《西方文论关键词》，476 页；汪民安主编：《文化研究关键词》，471 页。

② 这里所说的跨学科学习在第三章已有说明，它不等于"整体史"，而是各学科的"科际"整合。

③ 参见［英］伯恩斯（Burns，R. M.）、［英］皮卡德（Pickard，H. R.）：《历史哲学：从启蒙到后现代性》，张羽佳译，243 页，北京，北京师范大学出版社，2008。

④ 即狭义的实证主义或孔德的哲学。广义的实证主义，则包括"只要囿于经验材料、拒斥先验的形而上学的思辨"的任何哲学体系。《历史哲学：从启蒙到后现代》的第四章，以代表人物为纲讨论实证主义问题，可作为进一步的阅读。

的新学说，对过去的实证主义观点形成了巨大挑战。前者认为，经验的对象是个别的，其意义在于证伪而不是证真；所有科学都只是猜想和假说，它们不会被最终证实，但却会被随时证伪①。后者强调，"社会科学的方法论必须从根本上不同于自然科学的方法论"。"即使是在证实一个理论的时候，对事实的观察也是不够的。"也可以说，现实虽然是"真实"的，但不能被完全了解。所谓"科学自身依赖于实证主义没有看到的过程——社会性的互动过程、谈判和交往的过程"，则是对客观主义和实验主义的修正。其着眼点是，"社会世界是一个意义关联的世界，而不是一个因果关联的世界。"因此，有必要把全部社会科学置于解释学之中。②从研究视角看，研究的结果有可能是真实的，但不能说采用了科学方法取得的研究成果就都是真实的。据此，实证不是研究问题的说明方法，而是研究问题的阐释方法，其手段不是实验，而是鞭辟入里的分析。

显然，倡导实证也需要甄别，由自然科学导向的实证主义观点（在历史教学上的表现，如高唱"求真求实"的调子），则是忽略历史学本质的实证。在历史教学中，当个体无力分析和解释历史材料时，"史料实证"犹如采用一套公式说明给定的史事一般，实证的过程不过旨在证明已有的公式就是定理罢了。教学的意图在于用公式推理应有的"真实"，而非通过分析进行"证伪"。当然，材料可以产生意义，也可以遮蔽意义；历史教学可以启发思考，也可以完全没有思考。

毋庸置疑，叙事与实证相互联系，能够同时作用于历史教学的知识观、教材观、教学观和学习观。如果说历史教学就是一个基于经验材料进行缜密推理的叙事过程，那么其实证的过程，既可以是分析思考的过程，也可以是机械地运用技术的过程。如何使它们服务于生动的、有意义的历史教学呢？我们需要考虑以下特征：①参与历史学习或探究的主体必须在开放的学习环境和思想体系中，才能获得确实、有用、真实的知识；②当学习中的所有资源、环境呈现为积极且互动的态势时，才有可能获得确实、有用、真实的知识，而在学习中让学生试错（或尝试各种假说），既是必要的，也是必需的；③探究本身就是提出问题并检验问题的过程，它是否有效，则取决于学生具有怎样的批判（或分析）态度，以及据此运用何种方式、方法表达和表现他们已理解的东西，而学习程度的深浅则要视学生的既有水平，不可能预设非常确定的标准；④基于理解或以学生为中心的历史教学，不是松散或散漫的教学，它恰恰要求叙事和实证必须符合更为规范的方法论，而且这种方法论在技能方面，远比传统历史教学更强调自身的学术性（或学科性、探索性）；⑤史料本身并不能直接带来相应的历史理解与历史解释，也不能直接反映历史真相，即没有被学生经验证

---

① 参见[英]卡尔·波普尔：《猜想与反驳——科学知识的增长》，傅季重、纪树立、周昌忠等译，上海，上海译文出版社，1986。另，波普尔提出的知识划分也值得关注：常识；经验知识；神话故事、传说；科学知识；哲学；艺术知识；宗教。

② 参见[英]安德鲁·埃德加：《哈贝马斯：关键概念》，杨礼银、朱松峰译，122～123页，南京，江苏人民出版社，2009。

实（或体认）过的史料不能被学生理解，只有被学生内化（不管是否全面、深刻）的史料才能被解释、也才有意义；⑥只有学生能够运用史料叙事和实证时，才是好的、真实的历史教学，因为这样的历史教学一定嵌入了解读者（言说者）的各种思想意识，所以不必期待个别的经验比一般的经验更保险，小叙事比宏大叙事存在更少的偏见，需要关注的问题应是，如何引导学生叙事和实证，这已然是历史教师搪塞不了的专业任务；⑦上述种种特征里历史知识、历史思维能力、历史意识贯穿始终，而且要求教师在表现方式上尽可能多种多样、生动活泼。

在传播国家叙事（官方历史）和把特定的身份认同定义为或重新定义为国家认同方面，教育是最有效的途径之一。无论国家是否直接参与教科书的编写和发行，国家都能轻易地强化主导性的意识形态。作为一种回应，其他的和反对的力量则建立了他们自己的反叙事（counter-narratives）和认同。因为既定的身份认同的含义（meanings）——这里指民族认同（national identity）——是不稳定的和去中心化的各种社会意义（social meanings）的混合物，这些社会意义随政治斗争而不断地变化着。············即建立一种反叙事和认同，同时围绕这一叙事和认同建立一种共识，这实际上改变着人们看待世界和自身的方式。①

4. 批判性与表现性

上述三个问题都涉及批判性和表现性的议题，尤其是批判性思维（critical thinking，CT，也译为批判性思考、审辨式思维），简直就是历史教学的灵魂。过去，我们或把它视为与创造性思维相类似的思维形式，训练学生寻求有独创性的解决问题的方法；或从 critical 的词源出发（希腊语 kriticos，标准），着眼于培养学生辨明式的判断能力，如教师指导学生阅读时，就作品事先不做任何评判和判断，而是让学生原汁原味地接受下来，直到收集到所有的（当然是有限的）相关观点后，再进行梳理和判断；或把它作为历史思维的有机部分，强调其中的独立思考成分。根据现在的研究，我们在使用和强调批判性（criticalness）时，就已经把它同其他思维类型区别开了；抑或强调，批判性思维是一种思维类型，具有"非本质化"的复杂思维的特征，即一种否定本质（essence）、单维（uni-dimensional）或线性（linear）的思维方式。它主张运用提问、理解、意义化及问题解决的方式、方法去做事，注重信息处理技能，尤其是对原始资料或未经解释的信息加以处理的技能。因此，在实践中，人们习惯上把它和分析与解释信息（数据）的能力联系起来，并推导出下列内容：对事例的不同点和共同点做出假设；根据其他资料和事例对解释性假设做出评估；做出能被其他资料和事例加以检验的合理的推论；根据资料或事例得出结论或进行归纳概括等。②

---

① 参见［美］赫茵、［美］塞尔登编：《审查历史：日本、德国和美国的公民身份与记忆》，聂露译，99、120 页，北京，社会科学文献出版社，2012。

② 参见［美］大卫·威尔顿：《美国中小学社会课教学策略》（第 7 版），吴玉军等译，323 页，北京，华夏出版社，2004。

　　说到表现，其实并不难理解，叙事即表现。宽泛地说，人们从外界获得信息刺激，总要作用于情感、思维和行为，然后通过语言的或非语言的形式表现出来。然而，作为教学场域（teaching field）的表现却并不容易实现。一个重要原因是传统"教学法"对表现工具与形式（如语言文字或艺术形式），有着种种制约①。什么情况运用何种工具表现何种教学过程和内容，皆由特定的知识及惯例来决定；什么情况运用何种形式表现何种习得的成果，也由特定的教学目标及任务来决定。又因为学科教育（即师范教育）为教师划定的知识域极为狭小、能确定的惯例相当滞后、教学的目标和任务十分生硬和过于功利等因素，历史学科成了最没有表现欲的学科。当然，历史教学也是最难发展师生表现力的学科教学。社会生活、人际交流乃至学习集体中自发的、自觉的表现性（expressive）活动，到了历史教学中几乎就被泯灭了，换之以没完没了的宣教式的讲述和不厌其烦的试题分析。尽管新课程理念中已经包含了这样的意思：有多少教学资源（内容），就有多少表现形式。但是，历史教学依然把单纯的语言教学（讲述）视为正宗，其他如绘画、戏剧等表现方式，要么作为讲述的补充形式偶尔使用，要么根本不能进入课堂去占用正常的教学时间。至于说到学科的表现性研究，除高考试题在不断变换花样外，其他研究不过是偶尔"下点毛毛雨"而已。

　　但是，历史学科毕竟是经验学科，历史科学亦是经验科学。没有建构、解释、表现，历史学科和历史科学就不能成立。再有，历史不仅是一类知识，而且这类知识背后蕴含着各种各样的价值观或思想体系，如强调史学学科的主旨在于教育或教化（bildung），而非知识；② 历史学家有一种特殊的能力，表现在他们能够让令人确定不移的知识变得不再那么确定，甚至还会拷问自己借以解析历史的观念本身是否已经过时。③ 历史教学当然责无旁贷地要培养学生的表现力。其一，表现是历史学科的特质，没有表现，无法把握理解；其二，无论是教化还是反思，都首先赋予历史教育优先权。特别是前者，如果不被权力辖制或充当蹩脚的教化工具，历史教学就必须是动态的，能够洞悉变迁与变化的，或说是批判性的，能够增长智慧且有助于精神解放的。据此，表现不仅是形式——用多维视角去打破单维模式，而且还是思考和态度——没有积极的想法便没有好的表现。

　　表现的视域需要涉及本体论、认识论和方法论的层面，譬如"'表现'（representation）的词根可以让我们接近其本体论属性：我们通过展示某一不在场者的替代物

---

　　① 需要指出的是，这里加引号的"教学法"不是指理论上的或学理周延的"pedagogical"，而是在现实中普遍认知的——即在大学里学到的教学法——被认为是教学法的东西。其基本特征是：缺少学理支持系统，以中学课堂教学现状为参照系，只传授授课技能。而且在多数情况下，这样的大学教法课是由中学老师兼职的；教学法课程内容凌乱，所谓"中学需要什么教什么"或"现在兴什么教什么"，故课程内容极不稳定，以致先后两三届毕业生在同一学校学到的教学法都不一样。事实上，教学法原理——作为教学法存在的基础——已经崩溃。

　　② 参见［荷］安克斯密特：《历史表现》，周建漳译，15页，北京，北京大学出版社，2011。

　　③ 参见［美］乔·古尔迪、［英］大卫·阿米蒂奇：《历史学宣言》，孙岳译，15页，上海，格致出版社；上海人民出版社，2017。

令其'再度呈现'(re-presentation)"。甚至说，我们理应使表现发挥尽可能大的获得历史洞见的能力，因为历史洞见不会使各种观点不断"收敛"或"对真理的不断趋近"，而是让"各种可能观点的'爆炸'"。[①] 或者正是因为基于历史表现的研究和教学，把历史文本看成了过去的表现，所以我们不宜用历史解释的概念替换历史表现的概念，以便由历史表现去牵涉更为丰富的学术线索和理论内涵。特别是作为理解者的学习者，如何利用历史表现逼近历史真实，这也决定了它对历史教学的影响。①无论是叙事还是其他表现形式，本质上都是思维形态，或充分运用历史表现无异于在激活历史思维。于是，表现不等于表达。②表现不仅是思维的外观，还是内在的情感、意志、态度和价值观的反映。因此只有恰当地深究判断、修辞、论证的技艺[②]，才能获得更有效的教学成果。在这里，表现不宜变为表达。③表现性与批判性在历史教学中是相辅相成的关系，单一的表现不可能引发地道的批判和反思。表达可以不要批判性。④表现技能需要培养，它要求历史教学制定相应的具体且实用的训练标准。历史表现更为专业、丰富。⑤学生所运用的表现形式及其表现出来的深度，与历史理解和思考密切相关，教师不能一厢情愿地拔高或降低其水平。即教师的表现不代表学生的表现。再者就是教师习惯于过度干预学生的表现，学生表现出来的东西便不会真实。因此，表现必须是基于学生自主的理解。

上述五个角度会导致历史教学观念发生深刻变化。它们是现代历史教学论的共同基础，彼此也是相辅相成的关系。譬如历史知识的不确定性和有限性，既被客观知识论和个人知识论所证实，也有认知理论的充分支持；叙事不等于讲故事，更不是照本宣科，只有理论和事实恰当地构成了实证和分析过程，叙事才能转化为历史理解和历史解释，即叙事和教学同时获得意义；实证不是对材料（或史料）的说明，而是基于材料（或史料）的论证过程，学生从中只能了解部分的真，却不能证明全部的真，即中学历史教学的实证过程，与其说是为了获得绝对真实的历史，不如说是训练学生由实证习得追寻真相的技能和态度，或者是从实证中得到"知道怎样知道"的知识；真理即便存在，也是相对的，为让知识、技能、观念等教育目标是受用的、持续改进的，教师必须运用和掌握批判性思维技巧，以便学生学会学习（learn to know）、学会改变（learn to change）。

最后强调一点，历史表现在中学有很多研究方面和角度，如教科书的内容表现、历史作业表现（戏剧表演）以及表现性评价等，本节仅讨论了课堂教学活动中的常规做法。

课堂教学中，老师总对学生讲，课题范围要小、论证用料要集中，因此史学专业的学生就学会了限定史料和数据的范围，有时也束缚住了自己的思想。…………

---

① 参见［荷］安克斯密特：《历史表现》，周建漳译，11、16、83页。

② 参见［美］布鲁克摩尔、理查德帕克：《批判的思考》，余飞、谢友倩译，北京，东方出版社，2007。第一部分第1章、第3章；第三部分第7章、第8章、第10章、第11章。

对专业知识——即"对越来越少的东西知道得越来越多"——的焦虑一直困扰着职业化、专家化的兴起和发展。……历史的视野愈开阔,便愈能得见更为清晰的发展前景。①

(四)历史教学论的能力导向

无疑,上述所有理论和视角都满足和推动历史教学的能力导向。一般说来,学生不是接受知识的容器,教师也不是解释知识的权威,教科书更不是真理性知识的载体。通常描述的历史教学论的进程是,从"知识中心"教学(1.0版)到"能力中心"教学(2.0版),再到"核心素养中心"教学(3.0版)②,这是线性发展的过程。其实,它们并没有必然的逻辑关系。

其一,"以知识为中心"的教学,也讲"双基",好的"双基"就包含能力;"以能力为中心"的教学,如果"能力"的含义过于宽泛或狭窄或仅瞄准考试能力的话,那也不是能力导向的历史教学;至于"以核心素养为中心"的教学,也有可能因强调素养而架空能力。总之,以课本知识为中心的教学或可否定,以考试能力为中心的教学未必就好,素养究竟包含哪些要素以及基于素养的教学有怎样的实践基础等,都还是悬而未决的问题。比较教育理论界的说法,则是"以学科知识为中心""以学生经验为中心""以社会问题为中心"(包括实践中心论),而且并没有评定它们之中哪个为更进步,只是明确了各自的价值取向不同。特别是"以学科知识为中心"的课程与教学,今天不但没有废除,而且还在不断改变。

其二,不仅知识、能力、素养语焉不详,而且这种逻辑推式背后的思维模式更值得深究。一是用一般的现象掩盖了特殊的事实,抹杀了学科理应踏实遵循的学科教育本义,如什么知识是有用的,需要什么样的能力去获得有用的知识;二是把学科教育置于泛化的改革情境,机械地类推学科教学的发展趋势。事实上,现今的历史教学所面临的问题比过去更为棘手,历史教学论要解决的重大问题比过去更为艰巨,线性思维除了盲目乐观外,并不能解决什么问题。比如,八九十年前人们讨论的问题,今天依旧没有太多改变;过去的精英教育、精英教师,现在换成了大众教育、大众教师,其专业水平也没有提高,反而普遍下降;过去,历史是典型的文化课,现在则是需要应付的"小儿科";过去的历史教师仅面对课本就能够把课上好,现在则有太多的任务和要求,负重太多。也可以说,历史教学的确有进步的方面(如其普及程度前所未有),同时,问题层出不穷且难归本位。其中,最为关键的问题是,学科能力中的人文要素逐渐被抽空,能力变成了某些"技术化"训练的招牌。

如果想用"真知识"解决"真问题",就必须围绕学科能力组织历史教学论。历史学科能力,不仅要解决如何学的问题,更要解决如何运用并充分考虑运用其价值和

---

① 参见[美]乔·古尔迪、[英]大卫·阿米蒂奇:《历史学宣言》,孙岳译,47、56、83页。
② 1.0版、2.0版及3.0版是老师们对教学目标的口语化表达,它是一种比较典型的线性思维,并不能全面反映历史教学发展的事实。

意义的问题。换句话说，历史教学能力要作用于人的思维和精神。所谓让学科核心素养落地，也是要针对知识与理解这一核心命题，形成学科的关键能力，并使其作用于学生的思想自由和精神解放。因此，历史教学论的所有问题，其实都围绕着选择和运用技能和能力的问题展开和深入。今后，需要我们更加关注基于学科思想、知识类型、思维方式、教学技术、网络资源和技术所要求的技能和能力。概言之，技能与能力系统就是历史教学应构建并能正常运作的关键系统，弱化或缺少了这个关键的运作系统，知识与理解、态度与价值观，就只剩下了概念层面的东西，甚至会产生诸多的观念纠葛，纵使人们再有怎样的美好理想，也无法成为解决问题的真实行为或付诸行动的观念。

可以将知识广泛地理解为通过学习获得的信息、理解、技能、价值观和态度；知识本身与创造及再生产知识的文化、社会、环境和体制背景密不可分；当我们为某种知识形式赋予特权时，我们其实是在为某种权力体系赋予特权；教育不仅关系到获取技能，还涉及尊重生命和人格尊严的价值观，而这是在多样化世界中实现社会和谐的必要条件；应将教育和知识视为全球共同利益，再也不能将教育治理与知识治理分开了。[①]

二、历史教学的性质与原则

历史教学是学校教育活动中不可或缺的组成部分，其任务是向学生传授历史知识和技能，让学生掌握学科的关键能力；其作用是传承人类历史留存下来的经验教训和优秀文化，达成一定的认同教育（identification）[②]，增进人类理解，拓展人生视野；其基本目标，除了让学生在知识和技能方面，获得良好的学习成就外，还应使知识和技能切实地有助于学生的终身发展。因此，教与学不可分割，教的目的正是为了学的需要。

(一)历史教学过程

教学是一个认识过程[③]。至于是何种认识过程，研究者结合不同的理论与实践有不同的理解。王本陆教授主编的《课程与教学论》一书，就人们对教学本质的探索做了归纳总结。他认为，特殊认识说、发展说、实践说、交往说这四种观点，提供了三个基本维度：过程、归纳和关系。"特殊认识说和实践说侧重于教学过程，发展说侧重于教学价值和功能，交往说侧重于教学关系。认识—发展说、认识实践说、多层次多类型说等教学本质观，则对不同观察维度进行了组合。应该说，过程、功能和关系，都是观察教学本质的可行角度。"同时他还指出，"教学本身是一种活动而

---

① 参见联合国教科文组织编：《反思教育：向"全球共同利益"的理念转变？》，联合国教科文组织总部中文科译、熊建辉校译，8、23、29、72页，北京，教育科学出版社，2017。

② 主要指身份认同、国家认同、民族认同、文化认同等。

③ 参见王策三：《教学论稿》，北京，人民教育出版社，1985。

不是其他东西，相对来说，从过程角度进行就较为方便，有助于充分教学的特性。"于是，强调"教学本质上是一种特殊认识活动"，包括"教学认识是学生个体认识活动""有教师教是教学认识的重要特征""教学认识具有间接性""教学认识还在发展"四个论证视角。[1] 钟启泉、张华主编的《课程与教学论》一书，则从以下三个方面具体分析了教学过程的本质：教学过程是教师与学生以课堂为主渠道的交往过程；教学过程是教学认识过程与人类认识过程的统一；教学过程是教育和教养的统一。[2]

结合历史学科教学实践，笔者将上述有关教学本质和教学过程本质的观点归纳为以下几个要点。①历史学科教学有其自身的规定性。其教学的特殊性，关乎历史教学的过程、功能和关系。②历史学科教学过程，除了关注和研究诸如目的、对象、内容、环境、条件等一般要素外——所谓研究教学的全过程，更需要深究学科认识过程的人文自觉要素和文化意涵。③历史教学活动具有间接、多维、导向、互动、发展等特征，[3] 但就教学过程的本质而言，就是进行历史探究的过程。因为是探究，才须统一交往和理解、情感和认识等关系。

1. 教学过程集中体现教学论的本质

教学过程(instructional process)是综合性教学活动的复杂运作形式，包括教学计划、教学目标、教学模式、教学设计、教学类型、教学行为、教学组织、教学方法和教学管理等环节和技艺。

着眼其特征，教学过程具有整合性和多变性（文科更是如此），既采用间接经验（提供认识），也可介入直接经验（自我认识），经由交往（多样和多维的）所接受或形成的知识、技能以及情意、态度相互作用，凸显为过程中的生成性和发展性。

着眼其功能，教学过程所提供的经验知识与学生已有的知识、经验、倾向、智力，并非都能借助对立统一的关系来处理，从确立教学目标到初步实施教学行动，再由传授知识或学习指导到完成教学评价，其中涉及诸多社会、历史、文化乃至自然的知识、观念或事实、问题。这是因为：①基于效率的视角，教学过程则需要经过预先计划，并施以一定的选择、控制和组织，教师主导课堂教学需要较充分地说明和展示学习内容，讲授的方式及内容要易于学生理解和接受，并通过及时评价和学生反馈矫正教学效果。完美的教学过程，要能做到科学性和艺术性的统一。②基于效益的视角，教学过程则要求更为实质性的效果。它把教学环境和教学资源，看成比教学计划和教学内容更重要的条件。因为获取何种知识和技能，培养何种能力并达到何种水平，以及为什么学、在何时学、如何运用所学的知识，并不能被完全计划、规定和控制，特别是在教学过程中，能否生成以及生成什么问题，既取决于计划的动机、规定的目标、控制的分寸，更关乎执教者对学科教学性质的深层理解、

---

[1] 参见王本陆主编：《课程与教学论》，136 页，北京，高等教育出版社，2007。

[2] 参见钟启泉、张华主编：《课程与教学论》，广州，广东高等教育出版社，2000。

[3] 参见于友西主编：《中学历史教学法》（第 3 版），131～132 页，北京，高等教育出版社，2009。

教学过程的灵活程度，以及在处理教学事件时是否立足于学科教育。简单地说，就是历史教学的有用性问题。

事实的悖论是，计划性、目的性和组织性越强，教学活动越难与交往性相容；教师、教材、教法的主导性越严格，教学过程越不易有探究性。常规的历史教学，都以集体教学的形式在课堂完成。但是，当学生的兴趣、需求、动机或好奇心被激发后，不仅感知度会高度灵敏，而且以问题为表征的思维活动也会非常活跃。这个时候，教学环境（或教学情境）高于教学内容（或课本知识），教师的教学行为如果还停留在单一（形式）且孤立（思维）地传授知识的状态，那么教学过程等于抑制思想和拒绝真实的知识。当然，这样的教学过程，没有深究的必要。

我们说，教学过程集中体现教学论的本质，当然是瞄准有效的教学过程。首先，它所涉及的知识无一例外地包括信息、理解、技能、态度和价值观，而非传统所说的系统知识，更不是仅仅掌握课本知识。其次，通过教学过程所获得的知识是能够内化为历史理解并形成历史解释的知识。说到底，历史教学过程，是活化知识的过程。作用其中的关键因素，便是非常具体的、有针对性的技能和能力。所以，历史教学支持"教学过程即学习过程"的观点。

图 5-2　自然状态下的学习方式

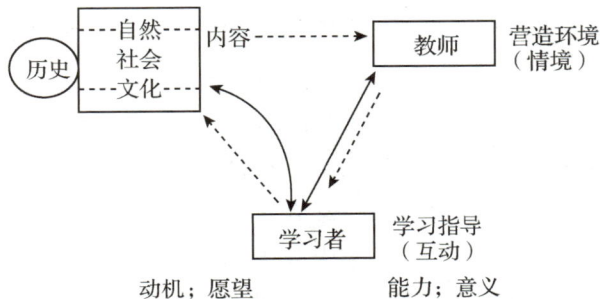

图 5-3　自然状态下的教学方式

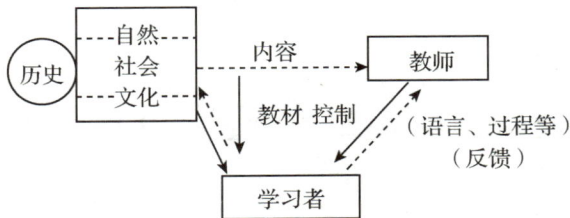

图 5-4　近代学校传统的教学方式

图 5-2 的学习方式没有教师的介入或缺少固定教师，属于随意性的学习，学生自己主要以效仿的形式向自然、社会、文化学习，尽管不乏成年人教导，但双方的交往很弱，而且是无计划甚至无目的的，包括在家庭中和通过周遭社会环境习得的知识，是不稳定的知识和单一的知识，学习水平较低，视野狭窄。图 5-3 的学习方式有教师介入，满足教学或教学过程的基本条件。它有两种截然不同的形式：第一种主要指古代学校教学（单箭头表示），因局限于传统、文化以及环境、条件等因素，其教学目标、计划、内容、方法均比较松散，没有班级教学，没有心理学依据，教师单凭个人经验教学，对教学过程的控制力一般很差，教学内容的实用性偏低；另一种主要指当代的学校教学（双箭头表示），它基于丰富的教学资源和先进的教学方法，其教学的目标、计划、内容、方法、成就，植入参与和交往之中（互动的），重视学生的自我认识（理解）、自我决定（决策）和自我行动（实现）[1]，教师的作用是指导学生习得最佳的学习方法并获得真实的学习成就。图 5-4 中，教师承担了帮助学生认识自然、社会、文化的责任。教师依照确定的、共同的教学标准，采用统一的教学活动规范（流程）、遵循统一的教学方法、依照统一的教学内容（教材）控制学生的学习过程，它使教与学相对和谐，能够达到较高的教学效率，较快地充实学生的知识，并在一定程度上实现教育公平。其短处是学生的学习比较被动，独立思考严重不足。

现在，由于盛行各种教育理论，特别是以现代课程与教学论、教育心理学、学习论和脑科学、现代教育技术为基础的教学过程设计层出不穷，我们无须再斤斤计较学科教学某个部分或某种教学方法的成效，应该从学科教育的知识本体论——谁拥有历史知识？拥有何种历史知识？历史知识能够解决何种问题？——整体地思考历史教学论的本质。

"在教学过程中，教师是主导，学生是主体。"这种观点可简称为"主导主体论"。这种观点与以往的观点相比有重大的进步，那就是明确地承认了学生在教学过程中的主体地位。但细究起来，这种观点似有自相矛盾之嫌。当教师在教学过程中的主导地位确立并发挥主导作用的时候，学生这个"主体"是被人（教师）主导的，那学生的主体地位就得不到真正体现。反过来，当学生的主体地位真正确立起来的时候，教师又如何能够"主导"？当教师与学生交互主体地参与教学过程的时候，教师的作用就不是"主导作用"，而是在尊重学生主体性前提下的组织、引导、咨询、促进作用。教师成为"咨询者""促进者"。[2]

2. 历史教学过程的本质是探究

"教学"是一个动态的发展概念，对于教学过程的本质是什么的问题，历来存有

---

[1] 依然是指在课堂的集体学习，强调积极参与和交往。所谓自我，是指教学过程中作为独立思考者的学生所拥有的主体地位，以及他们个人在集体中（多数情况下以小组为单位）理应发挥的个体作用和影响。

[2] 参见钟启泉、张华主编：《课程与教学论》，295～296 页，广州，广东高等教育出版社，2000。

争议。本教材倾向于"交往说"。即认为，教学是师生双方的共同活动，是由教师的教与学生的学组合起来的共同活动过程，教学的本质是探究、对话、交流和沟通，是师生以教学资源为媒介的交互影响的过程。因此，学校教学中的"学习"，跟一般范畴的"学习"也存在着差异。按照日本学者佐藤正夫的说法：①在教学过程中，教师要不断地创造推动学生学习过程、认识过程的原动力；②在知识掌握过程中，必须活跃学生的思维，促进知识掌握，选择出与儿童感知相应中容易理解的、最简单、典型的事物与现象，直观地提供出来。① 显然，现代教学论定义下的教学过程，更重视教学的形式、方法和教学对于学习生活的当下意义。它强调，无论从何种角度看教学或教学过程的本质，首先要确认的是，学生是教学主体的探究者或建构者。

对于如何获得知识、特别是如何拥有知识的问题，建构主义者的观点最为鲜明。它强调，知识并不是对现实的准确表征，而只是一种解释、一种假设。科学的知识包含真理性，但不是绝对的、唯一的答案。随着人类的发展进步，新的假设将不断产生。而且，知识也不可能以实体形式存在于具体的个体之外，尽管我们通过语言赋予了知识一定的外在形式（这些命题还没有得到普遍的认可），但是这并不意味着学习者会完全理解，因为理解只能由个体学习者基于自己的知识经验背景加以建构后才能实现，这又取决于特定情境下的教学（或学习）过程。这种理论至少在以下方面，对探讨历史教学过程的本质具有启示作用。

第一，关于教学过程。教学活动是学生根据外在信息，通过自己的知识背景，建构自己的知识的过程。每个学习者都以自己原有的经验系统为基础对新的信息进行编码，建构自己的理解，而原有的知识由于新经验的进入也会发生调整和改变。为此，教学活动要重视这样四个因素：学生的背景知识、学生的情感、新知识本身蕴含的潜在意义、新知识的组织与呈现方式。如果教学活动是有价值和意义的，还应该满足两个条件：学生的背景知识与新知识要有相关度；新知识的潜在意义要能引起学生的情感变化。② 一个学习活动完成之后，学生需通过与教师和其他学生的交流和沟通，使自己形成新知识的意义建构。

第二，关于学生的知识背景。学生并非头脑空空地进入教室，在日常及以往的学习生活中，他们已经积累了一定的经验和背景知识。因此，离开了学习者的背景和经验来谈学习不免空洞。

然而，在传统的教学观中，教学的目的是帮助学生了解世界，而不是鼓励学生自己观察分析所需了解的东西。这样做，虽然能给教师的教学带来方便，但却限制了学生的思维活动。建构主义的教学理论，则基于两个事实：一是学生或多或少都

---

① 参见［日］佐藤正夫：《教学原理》，钟启泉译，246 页，北京，教育科学出版社，2001。

② 参见［美］柯里尔等：《潜能的力量：秘密背后的秘密》，欧文峰编译，长春，吉林出版集团有限责任公司，2011。其中，第 2 章中的"意识""潜意识"；第 10 章中的"唯一的力量"；第 14 章中的"思考的学问"，以及第二部分的课例，皆有助于做进一步思考。

具有"前理解"的资质；二是必须改善学习内容，赋予学习本来就有的价值和意义。据此，教师需努力创造一个适宜的学习环境（故创设情境才是必需的），以便让学生能够积极主动地拥有自己的知识；在教学过程中，教师要注重培养学生分析问题、解决问题的能力和创造性思维，进而也能够真实地养成学生的学习兴趣乃至学习信念。

当然，人们会以种种理由为"白纸论"辩护，历史这样的人文学科更是如此。譬如有人认为学生"没有接触过正规的历史教育"，所以"什么都不知道"。甚至还有人认为，不发达地区的学生，"根本没有接触历史的机会""学习历史只能靠灌输"。我们暂且不论其中的"歧视"因素，仅对学生的知识背景的看法而言，这些观点似都站得住脚。但是，如果不是视"正规""系统"的学校历史教育为圭臬，学生是否还从网络、家庭、民俗等多种渠道接受历史知识呢？即便学生进入学校学习，课本知识以外，一定还有生活知识和社会知识。后者不是为了让学生学哪一门学科而准备的知识，作为学习经验，它们或许是零星的、难以捕捉的，却是学好"正规""系统"知识不可或缺的部分。不善于利用这些知识，教学要么流于灌输，要么启而不发、难以理解。其实，建构知识或意义，对于历史教学并没有那么复杂和高深。它要求教师关注学生的隐性经验，通过激发知识欲的办法，引导学生获得真实且实用的知识。因此，建构主义的学习标准，不是接受而是理解；也不是为所有人确定一样的理解标准，而是希望每个人能够学有所得。

第三，关于学生中心论。学生中心论指在教师的指导下，围绕学生真实的理解和获得开展学习活动，它需要满足四个基本要素：创设学习环境（基于历史材料的情境与问题）、积极协作或参与（基于历史材料假设与探究）、多角度和有挑战性的对话（对于历史问题的证明与反驳）、对知识的意义建构（历史理解与解释）。我们也可以这样理解，在整个教学过程中，教师是组织者、指导者、帮助者和促进者，借助情境、协作、对话充分发挥学生的主动性、积极性和独特性，最终促使学生达成对所学知识的意义建构。

总之，建构主义强调人在认识世界的同时认识自身，主张人在建构与创造世界的同时也建构与创造自身。[①] 据此，它否定"满堂灌"的教学方式，要求学生充分地启动自己的学习动力、积极主动地投入建构知识的过程。

我们将现代教学论所强调的"对话""交流"和"沟通"，转化为对历史教学过程本质的认识，便可以概括为"历史教学的本质是探究"这句话。因为"对话""交流"和"沟通"是"探究"的行为表现，或者是途径、手段和方法。为什么这样说呢？

其一，人的知识是通过各种感觉器官获得的，但只有感觉器官发挥认知功能（cognitive functions）时，才产生高级知识，如语言、推理、计划和决策等。学习即

---

① 参见高文、徐斌艳、吴刚主编：《建构主义教育研究》第一、二、五部分，北京，教育科学出版社，2008。

对感知和信息进行整合的结果。这个结果，既表现为学习知识、了解如何习得知识，也必须做到知道如何在现实中运用知识，进而使信息整合带来脑内结构的改变——使人聪明且有行动力①。一般而言，教师在教学过程中采用的不同方法，都是强化学生认知功能的手段，如耳闻目睹、读写结合、交叉讲练等。知识的传递，一方面主要依靠师生双向的语言交流，另一方面也依赖师生对文本等教学资源的认知过程和认知深度。教师使用单一、单向传授知识的方式，无论他多么善于处理知识，都难以使学生成为知识（包括观念）拥有者，唯有教师在课堂教学中生成问题，学生在解决问题时把全部感知参与到理解之中，所获得的知识才是真实、有用的。所以，与其说历史教学是依凭语言文字教授历史知识，不如说历史教学启动各种感知依凭多样的资源探寻历史答案。它主要依据文字材料和语言传输，但不特加强调它们的地位。因为被感知的对象，不仅有文本——特指文字文本，而且在文字文本之外，还需要借助其他形式或手段才能被有效地感知。譬如文本中各种认知媒介所形成的概念纠葛、观念冲突和问题生成等。这其中，教师和教科书的作用无疑是重要的，可是如果没有探究（inquiry）的存在——作为多方寻求历史答案、研究历史问题的过程——课堂教学活动或许可以成为掌握知识的终点，却绝不是学生拥有知识的起点。

其二，教与学的过程是一个使非生命载体的知识向生命载体的知识转化的过程，探究是激活知识生成与生长的手段。要使历史探究活动有效，一是需要教师内化历史知识，并通过教学设计付诸行动，既要赋予历史知识探究的性质（真理和真相不是给定的知识），又要坚持"取舍、衔接、充实、提高"的原则科学地处理教学资源；二是需要教师有能力表现历史知识，以展现和发展学生的思维为主线，突出这样两个过程：促进学生历史思维发展的过程，主要借助相应的学习技能建立有层次、可持续、可测量的学习技能体系；基于历史问题的学科实践过程，通过讲授、阅读、写作、调查等教学活动，养成学生发现和解决历史问题的兴趣，逐步建立学科的研究意识。一言以蔽之，未来的历史教学应该具有一定的研究性。在信息时代，学科性理应包含研究性，学科的研究性也更容易凸显人文性。因此，探究不仅还原了历史教学的本义，诸如"求索知识或信息，特别是求真的活动；是搜寻、研究、调查、检验的活动；是提问和质疑的活动"，而且也正是历史教学过程理应享有的生命力，"寻求所需的东西，寻求可能的目标，寻求对某一现象或某一疑问的解释，寻求解决问题的途径和答案，寻求符合要求的设计"等②。无论怎样做，个人的自主性和独立性，都是"活的历史"的前提。

其三，教学中感知、理解、运用历史知识的主体是学生。学生主动构建历史知

①　参见经济合作与发展组织编：《理解脑：新的学习科学的诞生》，周加仙等译，北京，教育科学出版社，2010。

②　参见赵亚夫、高峡主编：《〈品德与社会〉教学基本概念解读》，119 页，北京，教育科学出版社，2007。

识的过程，就是探究知识并拥有知识的过程。它需要落实在以下几个方面：①学生主动参与学习过程；②师生、学生与学生乃至学生与社会之间应保持有效互动；③充分保障学习材料的丰富性以及充足的探究时间和空间；④学生对知识的真实理解，需要经历实证过程；⑤重视学生的自我监控和反思能力；⑥让学生获得积极的情意体验。教师在教学过程中所发挥的作用主要表现在：①提供信息和问题背景，激发学生的探究欲望；②在关键处进行点拨、引导，升华学生的思维能力，规范探究方法；③把握整体的教学目标，防止教学陷入随意性等。

探究式的历史教学，要求以学生的理解为中心，建立一种共同参与、互相合作的师生关系。作为合格的探究引领者，教师理应具有探究意识和探究技能，名义上的探究或根本就是假探究，会使教学陷入混乱，尤其是会伤害学生的学科认知。那比不探究更为糟糕。要知道，探究是一种历史教学方式，也是教学过程，还是教学观念。之所以说探究反映了历史教学的本质，主要是因为历史事实不能不证自明，甚至实证也难有确定的结论。在中学历史教育中，历史探究在观念和方法方面的意义大于兴趣和内容。

历史技能：在合适的语境中，使用历史术语和概念来描述历史知识与理解；通过制定、检验和修改命题来研究历史问题；设计问题来引导探究，为探究制订一个连贯的计划；从一系列一手史料和二手史料中识别、查找和组织相关信息；在研究时识别和实践道德学识；识别史料的来源、目的和语境；为得出和支撑历史论据，应该从不同种类的史料中分析、解读和进行综合处理；为得出支持历史论点的有效判断，应评估史料的可信度、有效性和可检验性。[1]

(二)历史教学原则

"教学原则是根据教育、教学目的、反映教学规律而制定的指导教学工作的基本要求。""一旦把一般的理解加以具体化的时候，特别是在具体地论证和提出教学原则的时候，就出现分歧和异议了。"[2]制定历史学科教学原则，一般要考虑这样几个条件或因素：一是必须符合社会的育人需要和个人发展的基本愿望；二是遵循学科教育规律，反映学科教学的基本规范；三是具有一定的稳定性、普适性和实践性；四是促进学科向更理想的方向进步，而不是故步自封、因循守旧。

1.《学记》的教学原则

《学记》是我国古代最有代表性的教学论作品，它比较系统和全面地概括了先秦的教育经验。虽然已经过去了两千多年，但是其中有关教学原则的内容，对于今天的历史教学，在原理方面依然适用。

第一，教学相长原则。《学记》曰："学然后知不足，教然后知困。知不足，然后

---

① 参见澳大利亚《高中(11～12年级)现代史课程标准》，见赵亚夫、张汉林主编：《国外历史课程标准评介》(下册)，468页。

② 王策三：《教学论稿》，144页，北京，人民教育出版社，1985。

能自反也；知困，然后能自强也。故曰：'教学相长也。'《兑命》曰：'学学半，其此之谓乎！'"它旨在说明教与学关系。直译就是，人通过学习才知道自己的不足；承担了教学工作以后，才会真的有困惑。人知道了自己的不足，便能够回头鞭策自己；感到困惑，就有了努力钻研的动力。所以说，教与学是相互促进的。《兑命》说，教与学是一件事情的两个方面（学学半），就是这个意思[①]。

第二，藏息相辅的原则。《学记》曰："大学之教也：时教必有正业，退息必有居学。不学操缦，不能安弦；不学博依，不能安诗；不学杂服，不能安礼；不兴其艺，不能乐学。故君子之于学也，藏焉修焉，息焉游焉。夫然故安其学而亲其师，乐其友而信其道，是以虽离师辅而不反。"这条原则是强调正业和休闲学习、学问和艺能之间的互利关系。音乐、诗歌、礼道是君子的必修科目，我们无疑是要充分重视的。但是必修科目的时间是有限的，而且我们必须要经过亲身体验才能悟到所做的学问，所以需要有大量的自修时间。《学记》的主张很明确，就是必修（正业）与自修（休闲）的学习都应该充分，鼓励学生去尽心学习。因为这样做了，艺能便可使学生达到"安其学，亲其师、乐其友，信其道"的境界。引申说，操缦（操弄琴弦）、博依（歌咏杂曲）、杂服（冕服、皮弁）是基础的教养，是养成学习兴趣的内容，是最容易被实践和学习的东西，也是现实社会生活所需要的内容；而弦、诗、礼是有关信仰的教养，是立志成仁的内容，是能够确立人格的部分。因此，能够藏息相辅才是好的教育。

第三，预防性原则。《学记》曰："大学之法：禁于未发之谓豫；当其可之谓时；不陵节而施之谓孙；相观而善之谓摩。此四者，教之所由兴也。""发然后禁，则扞（hàn）格而不胜；时过然后学，则勤苦而难成；杂施而不孙，则坏乱而不修；独学而无友，则孤陋而寡闻；燕朋逆其师；燕辟废其学。此六者，教之所由废也。"这段话，涉及预防性原则、及时性原则和观摩性原则。所谓豫，通"预"，就是预防的意思。"禁于未发"，是说学生的不良行为还没有养成时，教师就已经采取措施制止了。相反，到了"扞格而不胜"的地步，则会遭到学生抵触，教师难以纠正，不易收到好的教学效果。我们说，教育的作用如果仅仅是纠正学生的非正常行为，那么它本身就是一种消极、低效甚至无效的社会作为。人类实施教育，一是为了掌握生存和生活的基本知识和技能；二是为了获得作为人的基本良知，再进一步则是理解和认同人类的共同价值观；三是追求或满足人类过美好生活的愿望，并为此培养应具备的能力。所以，预防性原则在教学目标和教学设计，以及教学过程和教学管理中被普遍使用。

第四，及时性原则。这个原则讲了两个方面：一个是错过了教育的最佳时机（过时）；另一个是还没有到该实施此种教育的时候（未时），就提前施教。错过了教育的良机，"则勤苦而难成"（学起来吃力，而不见成绩）；没有到时候就施教，"则坏乱而

---

① 详见《礼记正义》卷三十六《学记第十八》，见（清）阮元校刻：《十三经注疏》下册，1521 页，北京，中华书局，1980。

不修"（教学不问对象，没有条理，没有好的效果）。《学记》强调，"当其可之谓时；不陵节而施之谓孙"（不失良机的施教，称作"时"，顺其自然，不超越学生已有基础的施教，叫作"孙"）。如果再细分的话，"时"和"孙"也可以分列两条原则。不过，按照今天人们对教学的理解，循序渐进地施教的内涵仍是把握教育时机，因为"时""孙"的基准都要着眼学生的年龄和心理特征。"不陵节而施"，也可以理解为教师不能只把教学当任务，或强行向学生灌输知识。因为这样的"陵节"，会让学生对学习失去起码的诚意。

第五，观摩性原则。《学记》将论学取友作为考查学生学业的一项重要内容，而且也是一条教育、教学原则。它主张"相观而善之谓摩"（取长补短，相互学习），不赞成"独学"。它说，"独学而无友，则孤陋而寡闻"。其实，是看重亲师、乐友的教育环境，警惕"燕朋逆其师，燕辟废其学"（交一些坏朋友，不听师长的教诲；在三朋四友中谈些不正经的事情，荒废了学业）的现象。显然，这里说的观摩的概念，要比现在通常说的"观摩教学"的概念范围宽得多，它是就整个教育、教学环境而言的，我们可以根据具体情况使用这条原则。

第六，启发性原则。《学记》不主张记问之学（"记问之学，不足以为人师"），强调"时观而弗语，存其心也"。并曰："君子之教喻也：道而弗牵；强而弗抑；开而弗达。道而弗牵则和；强而弗抑则易；开而弗达则思。"简单地翻译成白话，就是君子的诱导方法是：引导学生而不牵着他们走；策励学生而不推着他们走；启发学生而不代替他们去学习。引导学生而不牵着他们走，师生关系就会融洽；策励学生而不推着他们走，学生学习才能独立思考。因此，教师需要知道学生的学习程度有深浅，资质也有区别，然后才能多方面指导他们的学习。善于指导别人学习的人，才能成为教师。

第七，长善救失原则。《学记》曰："人之学也，或失则多，或失则寡，或失则易，或失则止。"意思是说，学生在学习上会有这些缺点：贪多务得，孤陋寡闻，轻率盲勇，畏难而退。为什么会这样呢？因为"心之莫同也"。所以，教师施教时，不仅要注意学生表象的方面的差异，更要注意其内心的东西，诸如心情、品味、意志等方面的差异。在教育实践中，教师面对有着各种差异的学生。即使同一个学生，在不同环境下也会也变化。只有切实地了解学生的变化，善于捕捉学生心理的教师，才能被学生喜欢，并收获满意的教学成绩。[①]

2. 当代历史教学原则

上述教学原则在今天仍然具有普适性和实效性。历史教学实践理应全面地继承下来，无须在大方向、大原则方面叠床架屋。有人会说，具体学科的教学原则，需要结合时代要求和学科发展，需要与时俱进。这话当然是对的。不过，着眼历史教

---

① 以上引文皆引自《礼记正义》卷三十六《学记第十八》，见（清）阮元校刻：《十三经注疏》（下册），1521～1525 页，北京，中华书局，1980。

学原则时，我们还是先认定一些一般原则为好。因为学科教学原则的特殊性，恰恰是对一般原则进一步的规定和制约。如果学科教学原则与一般教学原则雷同或使二者同质化了，学科教学原则也就失去了实用价值。所以，下面所说的历史教学原则排除了一般的、共性的原则，只列举在当下以至将来能够保证历史教学的特殊性和个性的原则。

第一，以知识为基础的理解性原则。这一原则要求：①夯实学生的历史知识基础，这是中学历史教学的基本任务；②学生接受和理解历史知识的宽度和深度，受其年龄、心理、智力等多方面因素的制约，制定知识参照水平不宜采用标准化的做法；③以理解为中心的历史教学须与学生主体理论相一致，学生的主体地位不容忽视；④历史教学的知识系统应该具有开放性、探究性，不宜以知识的系统性封闭知识的开放性和探究性；⑤历史知识关乎信息、技能、能力、态度和价值观等多个方面，关注这样的知识本身就是培养学科素养；⑥理解知识需要各种角度和多方面的认知过程，讲述不是唯一的途径，而且过度讲述是有害的；⑦历史知识首先是人文性知识，拥有历史知识，除了认知过程还有体认过程；⑧理解历史知识，既需要历史思维，也需要批判性思维；⑨因为该原则针对的是学生的理解，所以应该排斥一切违背学生理解的教学行为；⑩理解历史知识的途径、工具和技术直接影响学生的学科技能，所以历史教学过程也是学生夯实学科技能的过程。

第二，以材料为中心的探究性原则。这一原则要求：①历史材料在历史教学中应该是公开的、显性的，不能被教师的陈述所隐藏，即只听故事，不见材料；②材料是叙事的证据，需要教师呈现对其进行论证的过程，这个过程可以是说明性的，也可以是解释性的；③教师应该追求以运用原始材料见长的课堂教学；④"基于史料的教学"须抑制教师的过度描述、渲染以及表演；⑤在教师的教学系统中，材料越开放，学生获得的探究空间越大，思想也越自由；⑥教师在一节课中用什么材料、用多少材料，要视学生的认知水平而定；⑦"基于史料的教学"，不意味着教师只展示材料，而是通过适宜的教学方式，基于材料研究历史问题、探寻历史答案；⑧不切实际、浮光掠影地大量展示材料，以及过度挖掘和解读材料的教学行为，不会让学生理解历史，只能让学生产生反感；⑨每则材料都有自己的解释边界，其所载信息是有限的，结合材料叙事对讲述是一种约束，学生应该学会"就事论事"，避免信口开河；⑩探究的本义是追寻真相，尽管中学历史教学更像是一种模拟活动，但我们应使其成为运用历史思维和批判性思维的实践活动；⑪探究不仅是教学方式，同时也是教学观念；⑫一般而言，教师所选用的材料须以理解基本知识为准则，在此基础上可以适当扩充史料来源和范围，但也应以深化理解"课标"要求为基准，不宜猎奇或片面增加专业难度。

第三，以对话为方式的参与性原则。对话是一种人与人的关系，是"真正把'你'当作'你'去体验，即不要忽视他的主张，而是去倾听他对我们说了些什么。为了这个目的，开放性就是必要的了。但这种开放性最终并不只为言说者而存在，而是谁倾听，谁就彻底是开放的。相互之间没有这种开放性，就不会有真正的人与人的关系。相互拥有（belonging together）也总是'意味'着能够相互倾听。两个人相互理解了，并不是说某人在审视的含义上'理解'了他人。同样，听从某人也不是指我们无条件地做他人所想做的事情。"①这段话，主要关注"以言行事"的对话范畴。

历史是人类自己的创造活动。人类理解人类的历史，或许更需要对话的形式，使认知、情绪、意志等多层次信息得以交流。在历史教学中，这一原则要求：①教师既是客观知识的传授者，也是个人知识的激发者；②教师知道自己知识的局限性，承认学生也可能有更好的理解；③倾听是师生双方的事情，倾听专注的是对文本的理解，即说明者或阐释者是否表达了文本的原意；④对话必须是自由的，真实的对话能够产生各种教学形式，即围绕文本的对话形式，以学生能够更好地理解的形式展开；⑤教师需要掌握提问、追问等提出问题的技巧，拒绝满堂灌或满堂问，引导学生探究问题；⑥学生必须是主动的学习者、参与者和交流者，而对话则为这些角色提供机会；⑦作为对话的问题及行为应该是真诚的、能理解的和可检测的；⑧对话应该围绕文本理解生成历史意义，而不是为文本附加历史意义；⑨师生对话是平等的，不过，一旦学生要求解读而且能够解读时，解读的天平便会倾向学生，毕竟他们才是理解者；⑩对话应避免高屋建瓴、口若悬河或以势压人，为了由对话生成问题和意义，需要情境或现场感，但不需要表演；⑪对话与演讲不同，需要冷静、理性乃至慎重的思考，机敏不代表不理智；⑫对话不一定都符合预期目标，应该给开放性答案留有空间；⑬现代科学技术手段（包括网络）能够实现更有效的对话；⑭对话是探究的手段，一般的目标是理解给定的历史知识，较高的目标是知道如何发现和研究历史问题。

表 5-1　书写文本和对话的区别②

书写文本	对话
1. 是持久的、静态的"客体"	1. 是暂时的、"动态"的
2. 随时可以重读	2. 一般不能回顾
3. 很少要求作出快速反应	3. 参与者必须立刻反应，即"在线"
4. 由离散的、单独的符号组成	4. 本质上是持续的
5. 语词很容易被分开	5. 语词和其他行动融合在一起
6. 文本按照空间组织	6. 对话围绕时间进行
7. 相对不受情境限制	7. 对情境绝对依赖
8. 只使用语词和标点	8. 使用面部表情、手势等

①　邓友超：《教育解释学》，165 页，北京，教育科学出版社，2009。
②　邓友超：《教育解释学》，172 页。

续表

书写文本	对话
9. 语词非常明显	9. 语词没有那么明确
10. 文本是一种独白	10. 对话是一种"社会相互作用"
11. 没有直接的读者	11. 受话人是在场的
12. 作者和读者在不同地方	12. 参与者在同一个情境
13. 文本常常面向的是一般性读者	13. 对话可以利用情境和正在进行的会话
14. 作为第二级社会化来获得	14. 作为第一级社会化来获得
15. 读写能力是制度化习得的	15. 对话是人际习得的
16. 用明确的、有意识的规则来教授	16. 是实践的,不是明确教授的
17. 规则是标准化的,缺少变化	17. 规则比较自由,有更多的变化

第二节 历史教学模式与教学设计

教学模式(instructional models)的定义较多,美国学者乔伊斯(Joyce,B.)等人在《教学模式》一书中列举了 22 种教学理论,又从上百种教学模式中选出 25 种教学模式,分别代表了信息处理、人格发展、人际关系、行为控制四个类型[①]。我国学者的研究同样丰富,譬如认识教学模式是在教学实践中形成的一种设计和组织教学的理论,这种理论是以简化的形式表达处理的(张武升);教学模式是在一定教学思想或理解指导下建立起来的各种各类教学活动的基本结构或框架(吴也显);教学模式是开展教学活动的一整套方法论体系,实质上是在一定教学思想或教学理论指导下建立起来的、较为稳定的教学活动结构框架和活动程序(黄甫全);教学模式不仅是从教学手段,而且是从教学原理、教学内容、教学目标和任务、教学过程直到教学组织形式的整体、系统的操作样式,并将这种样式加以理论化(叶澜)[②]。历史教学模式在理论和实践两方面,也从上述定义中得到启示。

一、历史教学模式的几个重点问题

教学模式的研究是把教学理论与教学实践紧密联系起来,将涉及教学的诸种因素(如理论、程序、结构、方法、策略等)合为一个综合体系加以探索,从整体的范

[①] 参见[美]乔伊斯(Joyce,B.)等:《教学模式》,荆建华、宋富钢、花清亮译,15～23 页,北京,中国轻工业出版社,2002。

[②] 参见张武升:《关于教育模式的探讨》,载《教育研究》,1988(7);吴也显:《试析教学模式编教育学教程》,上海,华东师范大学出版社,1993;吴也显:《试析教学模式的研究》,载《课程教材教法》,1992(4);黄甫全、王本陆主编:《现代教学论课程》,北京,教育科学出版社,1998;叶澜:《新编教育学教程》,上海,华东师范大学出版社,1991(1993 重印)。

畴上研究教学，从而使实际的教学形式具有理论化、系统化和稳定化。① 这是把教学模式定义运用于历史学科较为完整的表述，一方面说明历史教学模式是学科化的教学模式，另一方面，强调历史教学同样具有整体性、指向性、简约性、操作性和稳定性特征。

(一)历史教学模式的两个基本问题

如果把教学模式定义为在一定的理论指导下，基于扎实的教学实践，为完成特定的教学目标和任务，形成稳定而且确定的教学结构，并利于教师实际操作的一整套的教学活动程序、方式和方法，那么教学模式在古代就有雏形了，如"博学之、审问之，慎思之，明辨之，笃行之"②这类学习过程。但是，教学模式理论的提出，毕竟是建立在当代教学实践基础上的，其面对的理论与实践问题关乎整体的教学定位和走向，所以我们只能把它看成一个现代教学问题。

1. 模式与模式化

孤树不成林。当只有一种或两种教学模式时，人们很少产生争议，甚至不会形成对模式问题的关注。教学模式成熟为理论，并对实践进行指导，得益许多因素，譬如现代教育理论的活跃，教学科学化的需要等。模式(model)的本义是"模型""范式"，指的是有结构性的框架或可操作的系统，它可以复制和检验，具有推广性和延展性。在教学领域使用"模式"的概念，意味着某种教学观念、教学方法已经成熟，运用某种教学模式有助于设计或计划较高水平的教学方案，有助于把握预期较好的教学成果，有能力完成较为确定的教学任务，有利于实现一定标准的而且是规范化的教学，同时也适于教师和管理者对集体学习的控制，进而提高教学质量。20 世纪60 年代，各种各样的教学模式纷纷登场，以后则不断推陈出新。

所有教学模式，都为教师提供了理论体系和教学实施指导框架。譬如"传递—接受模式""自学—指导模式""目标—导控模式""引导—发现模式""情境—陶冶模式"③，无论其出发点和立足点如何，都有着确定的教学运行结构和程式。于是，"定模式"不仅是人们对科学化的教学的追求，而且也成了现代教学论的一个标志。值得注意的是，历史教学一向对此动作不大。以我国为例，仅 20 世纪 80 年代出现过比较火热的创新潮流，到 20 世纪 90 年代中期以后基本停滞，有关"历史教学论"的主张出现了不少，实质性的进步却不大。至今历史教学模式的主流，仍是"传递—接受模式"和"目标—导控模式"。究其重要原因，有两点不容忽视：一是新的教学模式，对于养成历史思维似无特别之处，甚至还有削弱之嫌；二是传统的历史教学模式在实用方面，仍保留巨大影响力。

---

① 参见于友西主编：《中学历史教学法》(第 3 版)，144 页，北京，高等教育出版社，2009。

② 《中庸》曰："诚者，天下之道也。……诚之者，择善而固执之者也。博学之，审问之，慎思之，明辨之，笃行之。"显然，从"博学之"到"笃行之"，是承"择善固执"而言。即怎样才能做到择善固执以诚之呢？是需要从学问思辨行为上努力的。

③ 参见王嘉毅主编：《课程与教学设计》，170～175 页，北京，高等教育出版社，2007。

应该说，在历史教学界，一方面，"定模式"是教学发展的一般趋势，另一方面，"非模式"或"反模式"的立足点是学科教学特点，基于现实的立论似更易被人们接受。诸如：①强调课本知识的重要性，认为课堂教学的首要任务是给学生实用的课本知识；②历史教学最为重要的特征是使时序不至于混乱，而新的"模式"化教学往往以强调活动和学生经验为重点，刻意地忽视时序问题，结果损害了历史教学的完整性和系统性；③新"模式"教学关注教学催生的疑问，但是这些疑问没有足够的背景知识作为支撑，由于"新"模式教学疏忽时间界限、内容细节以及随时间发生的具体变化，因此也就丢失了培养学生历史思维能力的机会；④大量的活动方式，没有增强学生把握现实与历史关系的能力，反而使无意义的活动隔离了历史(过程)与现在(问题)的关系；⑤历史教学应关注学生的历史思考而非他们的个人决定，但新"模式"教学则缺乏将问题与其原因相互联系的办法(如理解过程)；⑥历史思维是一个特别领域，它既不是一个自然发生的过程，也不是一个无意识的发展过程(不是常规的)，历史思维必须经过系统的学习和训练才能获得，而新"模式"教学的着眼点并不在这里。无疑，这些问题都值得人们认真对待。

其实，"定模式"和"非模式"之间并没有鸿沟。我们认真梳理上述观点就会发现：第一，大凡成熟的教学都具有一定的模式，所以"定模式"或"非模式"不是在说要不要模式，而是探索什么样的模式；第二，新的模式仍不够丰富、稳定、有效，甚至在理论上还远未成熟，所以在实践中出现了这样那样的问题，使其在针对性、实效性方面大打折扣，这不是"定模式"本身的问题；第三，无论是"定模式""非模式"，还是"新模式""旧模式"，其面临的学科教学关键问题大致是一样的，不能把"旧模式"解决不了的问题，或"新模式"还未及解决的问题，都算在"新模式"的账上，或是因"定模式"还未被广泛认识而且实施者并不能熟练掌握等原因，就断定历史应该是"非模式"化的教学；第四，作用于新历史教学观念的教学模式还未脱颖而出，需要我们继续探索，这恰恰要求有较大的实践空间；第五，我们应该把"模式"和"模式化"区分开，历史教学需要多种教学模式，但也反对把任何一种教学模式固定化，像对待历史教学方法一样，没有哪一种方法是完全适用于所有教学内容的，更不可能对应某一种历史思维的培养。因此，我们主张研究和创新历史教学模式，而不赞成认定某一种教学模式就是历史教学模式，让历史教学模式化。

2. 历史教学模式的共同要素

我们将所有历史教学模式都视为一定理论的结果，因此阐述其构成要素如同说明其理论。抑或说，历史教学模式理论针对教学实践都应该直接面对有效教学(effective teaching)，其构成要素包括教学目标、教学主体、教学环境、教学策略、学习方式、任务角色、教学方法和教学评价等。

要素一，教学目标(instructional objective)是对教学目的的具体化，指教师在教学中期待学生所达成的学习成就。教学活动以目标为导向，教学目标既是教学的起点，也是教学的归宿。

要素二，教学主体（instructional subject），包括三个含义：一是教学主体是现实的人，教师和学生都可能成为主体；二是可能的主体转变为现实的主体需要的确证，意味着教师和学生都不可能总是主体；三是教学主体是个体主体和群体主体的统一体。

要素三，教学环境（instructional environment）是与教学相关并影响学生身心发展的条件、力量和各种外部刺激因素。一般可以分为教学物质环境和心理环境。

要素四，教学策略（teaching strategies）是一种为了完成一定的教学任务，师生在共同活动中采用的手段。既包括教师教的策略，也包括学生学的策略。从课堂教学的角度说，教学策略则是教师为了现实课堂教学目标，根据课堂教学的实际情境，对教学实施过程所做的特定的整体性教学措施，包括组织教学内容，选择教学方法和手段，确定教学组织方案等。

要素五，教学方法（instructional methods）则是在教学过程中师生相互交往，共同活动，为实现教学目标运用的一套操作策略。

要素六，教学评价（instructional assessment）是为了一定的评价目标，评价主体遵照一定的评价依据，通过系统地收集资料，对影响学生素质的教学质量和教学水平进行价值判断的过程。①

要素七，任务角色（task role）即在教学中针对一定的目标、内容和策略，师生对应或承担教学任务，并基于某种教学模式成为任务的完成者或问题的解决者。因为师生在教学中常常采用角色扮演（roll play）的方式，所以角色的任务实际反映对所学内容寄予的期望，在学习效果上则有助于理解他人的观点。

要素八，学习方式（learning style）②是指个体在进行学习活动时所表现出来的具有个性倾向的行为方式与特征。它与学习内容有关，如学科导向、经验导向、问题导向和实践导向的内容会展现或偏向于不同的学习行为，它也反映个体的学习差异，这类差异又与个体的性格及学习习惯有关。

学科导向的程序主要适合于传播以及旨在导向有关知识、技能、理解以及含义、一般文化和/或方法论方向和理解的学习结果。

问题导向的程序主要适合传播和旨在导向覆盖了上面所提到的种类，以及个性特征发展的学习结果。

经验导向的程序主要适合传统和旨在导向那些性质上是个性特征发展的学习结果。

---

① 详见叶澜主编：《中国教师新百科·中学教育卷》，332页，北京，中国大百科全书出版社，2002。

② 什么是学习方式，学界有多种看法。请参考钟祖荣：《论学习方式及其变革的规律》，载《北京教育学院学报》，2005(2)；孙企平：《论学习方式的转变》，载《全球教育展望》，2001(8)；刘树仁：《新基础教育课程与学习方式的变革》，载《教育科学研究》，2002(11)；冯一下、李洁：《试论历史学习方式及其变革》，载《历史教学》，2003(2)。

实践导向的程序，像问题导向的程序一样，广泛使用于传播性的学习结果，在性质上既有更为传统的也有更为个性发展的，尽管它们并不直接导向一种总体和基于力量的理解。①

(二)历史教学模式与类型

"教学模式就是学习模式。在帮助学生获得信息、思想、技能、价值、思维方式及表达方式时，我们也在教他们如何学习。事实上，教育的最终目的是将来能够提高学生更容易、更有效地进行学习的能力，因为他们不仅获得了知识技能，也掌握了学习过程。""教学过程的核心就是创设一种环境。在这个环境里，学生能够互相影响，学会如何学习。一种教学模式就是一种学习环境。这种环境有多种用途。"②依据这样的定义，概括出历史学科究竟有多少种类的教学模式，几乎是不可能的事情。比较妥当的办法是抓大放小，既从大处理解教学模式的学科走向，也为历史教学模式的研究与实践留出足够空间。

1. 直接教学模式

历史学科可谓是"内容学科"，一般而言，学生基本上依赖历史材料③获得历史知识。历史材料反映人类的过往经历，它所提供的间接经验，学生需要有一定的学力、阅历和技能才能了解和把握。或者说，历史知识的过去性、时序性、多样性、具体性、因果联系性等特征，要求学生在教师指导下经过有序的、渐进的学习，达到规定的教学效果。如果再赋予历史知识以思想性、科学性、规律性特征，则更需要强调教师的作用，以便借助教师良好的教学，让历史知识具有更强的教育功能。

中学历史教学与历史研究或历史学不同。前者必须使历史知识产生教育、教学价值，后者则不然；前者必须使历史教育、教学作用于公民智识(在义务教育阶段追求其通识性)才有意义，后者则不然。所以，传统的历史教学都强调教材教法，以确保历史的教育性。历史研究或历史学(如史学即史料)，不仅不需要教材教法，甚至根本不考虑历史的教育性。

简单地说，历史学科的(或可比作历史学)知识特征及其教育性(或历史学的教育功能)，与基础教育联系起来并作为一门意识形态学科存在时，直接教学模式就成为它的首选。这一教学模式特别强调：①让学生有什么收获；②教学活动流程化；③由教师控制学习环境。其教学理论和实践以行为理论、社会学习理论、教师效能研究为重点，要求为促进学生了解事实性知识和循序渐进地掌握技能(程序性知识)而进行教学设计。

---

① 参见[丹]克努兹·伊列雷斯：《我们如何学习——全视角学习理论》，孙玫璐译，263～264 页，北京，教育科学出版社，2014。

② [美]乔伊斯(Joyce，B.)等：《教学模式》，荆建华、宋富钢、花清亮译，7、15 页，北京，中国轻工业出版社，2002。

③ 即教科书提供的历史内容。

直接教学模式，以教师为中心安排教学活动。其教学目的，不是促进学生的社会性学习或培养他们的高级思维能力，以此为目的使用直接教学模式也不会有效果。具体的教学程序分五个步骤：创设情境，解释或示范，指导联系，反馈，拓展练习。直接教学需要教师做出认真细致的安排，同时也需要一个有条理的，以任务为取向的学习环境。① 最为传统的直接教学模式，遵循讲授、朗读、背诵、考试的教学程序。现在，这种样式的直接教学逐渐被新的知识传授型模式、材料研习型模式、情境导向型模式所替代。

（1）学习的两种宽泛划分是：事实、规则和动作序列的学习（类型 1/直接教学）；概念、模式和抽象概念的学习（类型 2/间接教学）。（2）类型 1 的结果一般来说代表认知、情感和动作技能领域中复杂水平较低的行为；类型 2 的结果经常代表这几个领域中复杂水平较高的行为。（3）类型 1 的教学活动要求把处于知识和理解水平的事实、规则组合动作序列，动作序列可以通过观察、机械重复和练习来学习；有唯一的"正确答案"，能通过记忆和练习来学习。（4）类型 2 的敬爱偶像活动超越事实、规则和序列，帮助学习者创造、综合、鉴别和识别出不能轻易模仿或记忆的答案；可能有很多"正确答案"，答案具有构成概念或模式的标准的特点。（5）对事实、规则和动作序列的学习，最常用强调知识获得的教学策略来教授；而对概念、模式和抽象概念的学习，最常用强调咨询和解决问题的教学策略来教授。（6）事实、规则和动作序列以讲演——朗诵方式传递给学生，其中涉及大量的教师谈话，问与答，回顾与练习，以及对学生错误的及时纠正。（7）直接教学模式的特点：全班教学；以你提出的问题为基础组织教学；提供详细而反复的练习；呈现材料时使学生掌握一个新事实、规则或序列，然后教师再呈现下一个；使学生尽可能多地操练和练习。②

2. 间接教学模式

间接教学（indirect instruction）模式是与直接教学模式相对应的概念。譬如，①直接教学以教师为中心；间接教学则以学生为中心。②直接教学适用于教学内容比较具体、结构性较强的课程；间接教学则适用于更强调知识建构的课程。③直接教学中教师的角色是知识的阐释者、学习过程的控制者、学生学习的管理者；间接教学中的教师角色是知识的启发者（或发现者）、学习过程的参与者、学生学习的促进者。④直接教学要求教师事先对教材内容及教学过程做周详的准备或设计，教学过程必须按照预设的目标和程序进行，教学具有结构性特征；间接教学则通过创设学习环境，提供参与机会，进行观察、调研、推理、讨论活动，教学具有建构性特征。⑤直接教学强调目标、讲述、抽象思维、循序渐进、及时测验与反馈，掌握知

---

① 参见［美］阿兰兹：《学会教学》（第 6 版），丛立新等译，251 页，上海，华东师范大学出版社，2007。
② 参见［美］鲍里奇：《有效教学方法》（第 4 版），易东平译，170～171 页，南京，江苏教育出版社，2002。

识和技能，重视教的过程和效果；间接教学主张问题、直觉思维、假设、对话、探究、生成、意义化，允许思维跳跃，无法事先进行仔细的规划或设计，重视学的过程和效果。再做简要的概括，或可说"探究、解决问题，以及发现学习"都是间接教学模式的不同形式。其突出的特征是，"习得过程为探询；结果是发现；习得的内容为一个问题。"①

历史教学中的问题解决模式、阅读研究模式、社会实践模式以及在互联网环境下展开的其他教学模式，都更倾向于间接教学。它们的共同点有以下五个方面。①问题和事实是学习内容的中心。学习过程和方式，由提出的问题和所探究的事实来决定。②必须基于材料（史料）形成假设和论证。通常情况下，学生是在教师所给材料基础上，进行历史理解和历史解释并发现材料中存在的问题和关系的。③无论采用何种方式方法，教师都需要首先关注学生的学习动机、兴趣、好奇心、经验，以及知识和能力基础。学习是通过探究展开的，学习指导也是在探究中实现的；④直觉是分析的基础。没有大量的感知，不能形成联想、理解和迁移。就是说，只有充分感知具体的事实，才能获得判断、理解、解释和意义。⑤教师基于历史材料创设历史情境，引导学生参与探究活动，并指导他们应用历史技能形成自己的看法并解决问题。

我们认识世界以及世界交互作用的方式有两种：理性方式与感性方式。这种区分大致等同于人们对"内心"与"头脑"的区分。"'你内心认定某事'与'理智的头脑认定某事'是两种不同的认可程度，后者的程度更深。"头脑中的理性控制与感性控制呈现稳定的反比例关系；感觉越强烈，情绪脑的作用越强，而理智脑的作用则越弱。②

"强学习"是一种学习方式，它需要聪明的老师。老师会告诉学生应该知道些什么，而学生则分析信息并将其储存在记忆中。……艾克利一直在推动对"弱学习"的研究，他认为这是一种让计算空间最大化的方式：利用最少的输入信息，获取最多的输出信息。"我一直在试图找出最愚笨、最孤陋寡闻的老师，"艾克利告诉我，"我想我找到了。答案是：死亡。"死亡是进化中唯一的老师。艾克利的使命就是查明：只以死亡为老师，能学到什么？③

3. 有效教学模式

如果说直接教学和间接教学是两种对立的教学模式，那么有效教学（effective teaching）就是二者的混合模式。何谓有效教学，学界尽管存在不同的界定视角，但对其内涵的理解则相当一致。"有效"是指学生通过教学过程获得满意的学习成就。说得宽泛些，只要是达到了预期的教学效果，并能够促进学生发展的教学活动，都可以称为有效教学。显然，衡量有效教学的标准有高低之分，它是为了追求普遍的

① 参见［美］鲍里奇：《有效教学方法》（第4版），易东平译，174页。
② 参见［英］罗宾逊：《让思维自由起来》，石孟磊译，141页，北京，东方出版社，2010。
③ 参见［美］凯利：《失控》，东西文库译，446～447页，北京，新星出版社，2012。

教学质量而提出的教学概念。

历史教学界提出有效教学概念的时间相对较晚（2006 年），至今对是否提倡有效教学仍有争议。其焦点集中在两点：以考代学（也有主动学习因素）——为考试服务——的历史教学，是否就是有效教学？以讲代学（也培养独立思考能力）——满堂灌或讲故事——的历史教学，是否就是有效教学？从"达到了预期效果"的方面来判断，它们或许是有效教学。但是，如果以"促进学生发展"为目标来判断，它们就不是有效教学了，起码不是我们应追求的有效教学。然而，"促进学生发展"这句话毕竟过于笼统。加之，如果不用考试这把客观的尺子来衡量历史教学，似乎也没有什么立竿见影的测量标准。所以，有效教学的提出对历史教学而言，的确显得有点不合时宜。

其实，追求教学的效率、效果和效益是近代学校教育的普遍现象。但到 20 世纪 60 年代才普及有效教学的概念，并形成各种有效教学理论，恐怕就不是偶然的现象了。仅就历史教学而言，除了考试的现实功能外，其知识、能力、态度、价值观等方面，有多少被人们认为是有用的呢？除了学科内还有的一点专业自负外，历史知识在公众知识系统和他人知识系统[①]方面，究竟处于何种地位？抑或说，学了历史对于人的心智、社会意识、解决问题的能力、文化态度会产生哪些直接的影响呢？如果只是视学校历史课为一门备考的学科，或者只是强调它的部分的学问兴趣，这样的历史教学当然不能对学生的发展有什么益处，自然不是有效教学[②]。

笔者在 2006 年提出历史学科有效教学的系统问题，其要点有五个方面。①教师要把握历史课程的基本意义。其思考要素包括人类经验（精选学习内容）、学习计划（保障学生思考力的健全发展）、文化素养（体现历史学习价值）。②历史有效教学的基本原则，应围绕以下四个方面规范历史教学行为：启发人性（自由精神）、养成国民性（理性批判）、学会认知（反省意识）、形成社会态度和责任感（社会行动）。③历史有效教学的目标有三个。第一，历史须用于思考。历史教学应基于历史事实进行历史解释；任何具有生命力的知识，都具有不断生成新思想的品质。第二，历史须用于理解生活。历史教学应基于历史方法透析社会问题；任何有价值的知识，都应该对现实生活有所助益。第三，知道历史是一种相对的经验。历史教学应基于多方面、多角度的历史视角认识历史过程；任何作为教育的历史事实，都是解释性乃至结论式的。④教师要弹性地处理历史教学内容，主要从史论、史事和史料三个方面看。史论关乎视野、求是的部分，其要点是：历史的特殊性由历史话语体现；作为社会科学的历史，实证性或理性、逻辑分析是认识历史的工具；作为人文科学的历

---

① 这是一个知识系统问题。公众知识指所有人都了解相对少量的观点与信息的系统。为了更深入地了解世界，需要依赖他人的知识。文化创造力取决于公众知识的开放性，以及获得他人知识的便利性。

② 关于这些问题的解决视角，参见赵亚夫主编的《历史课堂的有效教学》（北京师范大学出版社，2007 年），以及《有效教学丛书》历史学科部分（北京师范大学出版社，2014 年、2015 年、2016 年）。

史，则依赖理解与解释，并必须形成历史认识或历史意义；论从史出、史论结合的原则须基于实践，仅仅讲述故事不能追寻真相。史事关乎知识、求实的部分，其要点是：需要探究历史知识的性质；需辨别历史的假问题和伪问题；有意义的知识，才是有价值和有用的知识；在中学历史教育中，教师需要向学生提供有用的历史知识，但不能垄断历史思考和历史认识。史料关乎方法、求真的部分，其要点是：学生需要通过阅读了解史料的分类和用途；掌握识别史料的技巧，以及史料的解读方法。在中学历史教育中，认识史料在追寻真相、坚持真理方面的功能和作用，比运用史料做单一的史学素养训练要重要得多。⑤历史有效教学过程的几个环节：前期准备（找史料，摆事实）；设计理念（勿胡编，慎决断）；教学过程（要探究，抠细节）；学习指导（依事实，讲证据）；自主探究（求险绝，先平直）；达成目标（重理解，精解释）①。

这是较高要求的历史有效教学，但其中也包含了历史有效教学的基本规定。从过去十年的经验看，教师只要合理地摘取与实际教学情况相符的内容加以实践，就能够实现有效教学。

作为教学逻辑必要条件的四个元素：引起意向（教师有目的地引起学生投入积极的学习状态）；明释内容（教师的说明与解释）；调适形式（易于学生理解，适合学生发展水平）；关注结果（促进学生的全面发展，每位学生学有所得，各有所获）②。

确保有效教学的五种关键行为：清晰授课；多样化教学；任务导向；引导学生投入学习过程；确保学生成功率。③

二、历史教学设计

教学设计作为教育科学化的重要成果之一，在将教育原理转化为教学行动并形成系统指导方法等方面，发挥了重要作用。教学设计可以服务于以教师为中心和以学生为中心的两种取向的课程，但从学科的发展趋势看，其功能会越来越倾向于后者。

（一）历史教学设计的一般原理

1. 历史教学设计视角

Design 一词，包含着计划、构想、方法、表现等一系列过程，反映与意识相关的一整套的被系统化的程序性活动。教学设计作为课堂教学计划、技术、方法、流程的综合方案，既强调有效教学，也赋予教学特殊的意义。传统概念中的备课，围绕教科书产生意义，其中少有课程意识和理论指导，它所运用的技术和方法都是线性或局部性的，自身的调节性和系统性非常有限。教学设计则遵循系统性、程序性、

---

① 参见赵亚夫 2006 年 12 月 2 日在北京石景山区首届全国历史有效教学研讨会的 PPT《历史学科有效教学的原动力》（部分）。
② 参见崔允漷主编：《有效教学》，12～13 页，上海，华东师范大学出版社，2009。
③ ［美］鲍里奇：《有效教学方法》（第 4 版），易东平译，8 页。

可行性和反馈性原则，运用现代的各种教育理论和教学应用技术生成不同的教学模型①，能够更好地解决教什么、怎样教以至学了什么、怎样学会学习的问题。

第一，教学设计首先是一种教学意识。其表现为以下几个方面：①被构造的（结构化）教学活动系统，它有助于学生建立可靠的知识类型；②追求有效教学，即教师所期待的教学成果，就是学生理应获得的学习成就；③有效教学依赖于适切的教学技术，无论是针对教学方法还是导入学习策略，着眼点都是创设多样化的学习机会；④有意义的历史教学都连带一定的历史意识，或者说，被意义化的历史教学，都与学生的精神解放和智慧生长相关。

第二，教学设计流程理应是一个开放系统。教学设计是一个实操方案、一项专业技能，抑或说是针对"教"而言的教学技术。当该技术——运用系统方法分析和研究教学过程中相互联系的各种问题和需求——实际应用于解决问题时，必须呈现出解决问题的方法、步骤，以及充分预期教学成果；针对现实存在的问题，强调运用系统方法分析教学问题，重点是建立合理的、科学的问题解决方案，也包括教学过程中的评价和修正过程。显然，无论是预设的部分还是实施的部分，都要求设计系统是开放的。

第三，教学设计是促使教学生成意义的途径。其思考角度有以下几点。①谁在学。学习的主体是学生，教学内容和活动须指向自由而且健全发展的学生。②为何而教。即教师期望自己的教学达成怎样的目标。③教什么。好的教学设计基于事实，而不依赖教科书；基于掌握概念和方法，而不依赖故事和搞活动。总之，教的目的是开发学生的历史思维。④怎样教好。教师尽可能在教学中使操作性技能与价值性目标结合起来，用材料澄明事实，运用多方面、多角度的方法进行有效探究，鼓励学生独立思考和行动。⑤教得怎样。教师通过反馈不断改进和研究教学。

第四，历史教学设计需要整体地认识学习内容。教学设计不同于教案，教师不必将其写成讲义。教学设计呈现的是教与学的思维路径，或者说是教师为了学生理解历史学习内容所搭建的知识结构，所以要求教师清楚地描述需要解决的问题和应该获得的实际效果。②

(二)历史教学设计流程与策略

1. 预设和生成

凡是有目的、有计划的教学活动，都需要教师预先准备实施方案。所谓预设，就是教师事先充分预想所要达成的教学结果，并为此设计出一个可行的实施方案。预想的过程即非常专业化的设计过程，包括实施方向（有目的）、实施步骤（有计划）

---

① 在［美］坦尼森、［德］肖特、［荷］戴克斯特拉主编的《教学设计的国际观 第1册 理论·研究·模型》中有着充分的论证（教育科学出版社，2005年）。

② 对于初学者来说，注意教学设计的意图、结构、特点和意义最为实用。意图即教学目标要清晰、明确，知道自己做什么；结构即如何组织教学内容，知道学生做什么；特点是从材料、学生等方面，体现学习指导水平；意义在原则上是学生的真实获得。

和实施策略(有方法)。良好的教学设计，不仅让教学结果一目了然，而且能够比较充分地体现教师的学识、经验和责任心。

所谓上课要"达标"，指的是教师完成课程标准所指定的教学任务。"达标"包括内容标准、成就标准和机会标准三项内容。对于内容标准和成就标准，教师们已有共识，也可以理解成"教什么"和"学什么"，以及"教的结果"和"学的成绩"。机会标准则是课程改革后逐渐建立起来的观念，而且要求教师在教学中尽可能地去实现。譬如，教师要在预设阶段思考到教学过程应该生成的内容，即学生可以做什么、做了会怎样以及教师应有的指导策略，也就是要考虑到让学生积极参与教学过程，并获得学习成就。其强调教学过程中内容的生成，使原有的教学预想的范围扩大了，那些有价值的教学事件——学生提出的新问题、新见解——也可以包括在预设中。

预设的水平会反映到教学过程中内容的生成质量上，如何教的命题最终也要落实在如何学的解决方案中。这就要求教师的教学设计策略要特别关注以下方面：由学习目标代替教学目标；树立价值性知识受事实性知识制约的观点；摒弃内容主义的设计立场，重视导入各种学习指导方法进行历史探究；强化学习指导观，把教学策略与学习策略相互融合。

2. 对学习课题的把握和提炼

"破解课题"亦如预设条件。有经验的教师不会抛开课题直奔教学内容，更何况教学设计就是针对学习课题展开的有意义的过程或技艺，其中既包括如何组织学习内容、展开历史知识，也包括如何设计学习活动，习得有用的技能，以便形成知识结构和价值观。也就是说，学习课题不仅要呈现学习内容(教师教什么)，同时也要指向学习结果(学生学到什么)。当然，教师安排怎样的学习逻辑，组织怎样的学习活动，都需要首先理解学习课题。归根结底，把握和提炼学习课题考验的是教师的理论功底。

3. 教学目标的确定与编制①

(1)何谓"以学定教"。在英文中，"教学目标"和"学习目标"都是"learning objectives"。但是，中文语境的"教学目标"和"学习目标"，显然不同。前者是"以教(教科书内容)定教"还是"以学(学生经验)定教"相对模糊，后者则明确为"以学定教"。

(2)理解教学目标中的课程意识。"以学定教"的真正含义是追求学生的真实获得，它需要把教学意识嵌入教学目标，并用多角度的能力主义教学观替代单一的内容主义的教学观。其知识维度、认知过程维度乃至价值观维度的内涵会同时发生变化。

(3)教学目标的层次。准确定位教学以后，材料的取舍、方法的选择、活动的组

---

① 本教材第一章讨论过教育目标分类学，本节仅从教学设计流程简要罗列相关的应用原理。

织、资源的整合等一系列工作，才能有序展开。需要指出的是：教学的起点和终点，都在教学目标；制定有效的教学目标，掌握目标理论、清楚目标的层次是重要条件。关于后者，要求教师注意以下几点：在一定时间内能够完成哪些教学任务；能够创设怎样的教学环境，以及可以利用哪些教学资源；通过哪些测量手段知道达到目标的效果。

（4）了解教学目标的有关研究。为了科学地编制教学目标需要深究目标理论。从泰勒到布卢姆，再到安德森和马扎诺，教师应知道目标科学化的途径、方法和工具。

（5）教学目标的编制。编制目标的原理清楚了，技术性的问题就比较容易解决了。第一，目标分层，知道自己的教学成果落在哪里。第二，正确使用行为动词，知道自己的教学成果何以达成。譬如教师清楚地陈述目标的主体——谁在学习；清晰描述学习结果——学习应有的收获；使学习的结果性的目标（如知识、能力）和表现性目标（如过程、方法）相互结合——追求学习收效的最大化；导向有意义的教学——突出课题的学习价值。第三，紧扣核心概念，体现学习过程，落实教学意义。

4. 历史材料的选择与使用

"基于史料的教学"是历史教学的特质。传统的历史教学讲究教法，强调古今联系、史论结合，最实用的法则就是教材教法，即它看重的是内容与方法的关系。所谓内容，特指教科书内容，这是教学的核心；所谓方法，则是针对教科书的教法。当然，它也连带教学的方式，既有运用史观的方法，如论从史出，也有实施教学和培养学生学习能力的方法，如生动、形象、具体地讲述历史知识，以及激发学生求知欲、启发思考、巩固记忆的方法等。但是，由于教材教法的特性是忠实于教科书，因此一切教学手段和方法也都服务于教科书内容。无论谁、从何种角度、如何强调史事的重要性，都不会是"基于史料的教学"。因为：基础教育中的历史教育有着特定的目标和任务；中学历史知识作为集体记忆具有确定性；中学历史教育受认知科学和历史学发展程度的制约以及工业化时代思维方式的影响等。

从世界范围看，20世纪70年代以后，学校历史教育逐渐发生了深刻变化。其中"基于史料①的教学"最具有理论意义和现实价值。一方面，围绕历史材料展开教学，促使历史教学和历史教师进入专业化发展阶段；另一方面，它在改变历史教学——包括性质和形式——的同时，让学生真正地接触到学科化的历史教育，如像史学家一样思考或工作。

①材料的分类和鉴别。中学历史教学使用的历史材料很广，包括一切用于教学的历史文本，如历史典籍、历史专著、教科书乃至文学作品、漫画等。所谓基于史料的教学，应该指"原始资料"或"第一手资料"，否则不能与传统的历史教学加以区分，也就无所谓学着像"史学家一样思考"了。

---

① 即各种历史材料。

②材料的解读。在实际教学中，它有两个方向：一是通常情况下，历史材料需要围绕教科书内容来充实和深化，若完全脱离教科书给定的内容，另找材料做历史解读，常常得不偿失；二是基于史料的教学，常常超越教科书内容，材料解读需要另行设计。

学生解读材料必须关注三个要求。一是读懂材料，了解其内在的意义，并运用材料有理有据地分析和论证。诸如，学生应知道历史材料的来源，能识别材料的主要观点，能区分不同形式的历史记录。二是扩展知识。诸如，区分直接资料和间接资料，解释历史地图、照片、遗物以及考古资料，能够从历史陈述、因果关系中看出偏见、曲解或宣传的角度。三是运用解释技巧分析历史材料。诸如，解释历史著述、争论和结论所反映的作者的偏见，分析其中的文化差异和所处时代的主导思想，把口述材料作为历史来解释，把材料放在产生它的社会、政治和经济背景中做评价，并考查其可信度，评估其存在的偏见，比较从多种渠道获得的资料的可靠性。

5. 学习指导策略

第一，学习指导在教学设计中的位置。"学习指导"不等于"教会"。在功能和方法方面，学习指导都不把"如何教"作为重点，而是着重于如何帮助学生通过自主学习获得更广泛、更真实的学习成果。所谓指导，一是通过有效的学习过程确立习得知识和技能的方法（如知识情境化、思维结构化），二是通过有效的学习活动使学生养成良好的学习行为习惯（如目标精细化、行动实效化）。所以，学习指导策略强调当习得知识的过程成为唤起主体自觉地投入且积极支持其学习行为时，才能使主体成为知识的拥有者。在教学设计中，"学习指导"主要指教师针对具体的学习对象和内容，有目的、有步骤地设计学生习得知识的过程和方法，既包括应用各种相应的学习技能，并在其中确认正确的学习行为、矫正错误的学习行为，也包括对学科学习价值（意义）的理解。

第二，学习指导有三个立脚点。一为概念，即从教到学，从讲授到指导；二为意义，即从对答到对话，从知道到建构；三为方案，即帮助学生获得良好的学习成就。需要注意的是：其一，方案具有技术性和任务性。它是为学生到哪儿、干什么以及获得什么而设计的。因此，好的教学设计方案会落实精细的教学目标，关注教学过程中内容的生成和学生知识的建构。其二，指导具有功能性和结果性。它反映教师将要做什么、为什么这样做以及做了会怎样，前提和结果应当是相当有逻辑的和清晰的。因此，好的教学设计必须关注教学的意义化。[①]

第三，运用批判性思维进行学习指导。批判性思维于历史教育至少有三方面的作用：展开有逻辑的历史思考，通过论证形成历史解释；确立独立思考在学习指导中的首要地位，在历史分析中建构历史知识，并获得探究乐趣；拓展新的学习指导

---

① 参见何克抗：《教学设计理论与方法研究评论（中）》，载《电化教育研究》，1998(03)。

途径和方法，如把历史阅读和写作作为独立的学习形态。

第四，学习指导与课堂教学行为的转变。教师选择学习指导方法时，对人文社会科学基本方法了解得越多就越容易获得好的效果，比如采用史料研读、田野调查、口述史等方法。

第五，明确学习效果检测方法的有用性。教学设计包含教学反思。通过检测学习效果进行教学反思的途径和方式很多，如小课题研究、课例研究和实录分析研究、教育日志和教育叙事等。从操作程序看，以下步骤不可或缺：学生知道什么；教师要做什么；达到什么要求；实际效果如何。[①]

第三节　历史教学方法

教学方法或可被视为教学原理的操作系统，是教学模式和教学设计的实施法则和策略。如今，教学方法在追求有效教学的同时，特别重视如何让学习者自觉地投入学习过程，以及在互动中积极地追寻事实（或真相）的功能。历史教学方法则针对材料或文本实施操作性策略，如确认历史问题或研究主题，限定历史背景，分析历史文本，运用历史思维，选择叙述形式，规定学术或研究的法则等。这些策略既反映出一般教学方法的普遍性和具体性特征，也是在保持学科特色教学方法的基础上摸索出的新的准则和途径。

一、教学方法概述

古代的教学法即教（jiāo）法。我们把中文的"教"拆开来看，"爻"是教育内容，"子"是教育对象，"攴"是教育方法[②]。即"教"包含方法的意思。若把"教学"与"方法"联系起来，从词源看，仍是围绕"教"的准则和途径。英文 teaching，也大致如此，其本义是讲授。直到 20 世纪初，"teaching"才被"instructional"替代。"instructional"强调"指导"，包含着新的教学观念。引申说，教学法的工具性、双边性、可选择性、整体性和发展性等特征，在"teaching"中既不完整也不突出，却能被"instructional"完全体现。

不过，东西方的思想体系各异，教学法系统也存在较大差异，不宜一概而论。从大的时代背景看，东西方的教学法在稳定性或停滞性方面确有共同特征，但是其

---

① 参考赵亚夫《历史教学设计的流程、诊断与策略》，载《中学历史教学参考》，2014 年第 10、11、12 期，2015 年第 1、2、3、4、6 期。

② 肖锋：《学会教学：课堂教学技能的理论与实践》，28 页，杭州，浙江大学出版社，2002。注意，这种解读有其合理性，但仍然需要词源学予以充分支持。

体到实质性方面的差异，则各有特色。譬如孔子所采用的观察法、启发法①与苏格拉底的反诘法，柏拉图的对话法中的观察、启发不同。《中庸》的"五学之序"（博学之，审问之，慎思之，明辨之，笃行之）与苏格拉底的辩证法、柏拉图的讲演法、亚里士多德的演绎法（三段论）更不是同类的东西。所以，我们讨论教学法时不能笼统言之，需要结合特定的时代背景和具体语境，特别是要看到，各个教学法的内涵有些具有本质的区别。

　　着眼人类的整体发展进程，科学的教学法源于科学的时代。其中，影响最著者是德国的赫尔巴特建立的"四段教学法"，以及经过齐勒尔（Ziller，T.）和莱因（Rein，W.）改造的"五段教学法"②。它们是典型的教师中心教学法，或说是科学的注入式教学法。20世纪初，问题教学法（project teaching method）③、自学辅导教学法（supervised study）、设计教学法（project method of teaching）④、协同教学（team teaching）或合作学习（cooperative teaching）、知行合一教学法、廉方教学法⑤等新教学方法异军突起，试图将教师中心教学法转变为学生中心教学法。而20世纪五六十年代兴起的程序教学法（programmed instruction）、探究教学法（inquiry method）和发现教学法（discovery teaching method）等，则是基于现代科学技术和认知科学的发展。20世纪80年代，反思性教学（reflective teaching）成为主流。

　　还有一个事实需要我们关注，20世纪以来，教师中心教学法和学生中心教学法并没有被绝对化，即进行你死我活的淘汰战。较之早期的教师中心教学法和学生中心教学法，在认知科学、脑科学和信息科学进一步发展的今天，二者都在相互协调。其大趋势是，更加尊重学生的主体性，更为侧重学生的经验，更强调学生的健全发展。

　　善问者如攻坚木；失其易者，而后其节目，及其久也相说以解。不善问者反此。善待问者如撞钟：叩之以小者则小鸣，叩之以大者则大鸣；待其从容，然后尽其声，不善答问者反此。此皆进学之道也。（问答法）

　　善歌者使人继其声；善教者使人继其志。其言也，约而达，微而臧，罕譬而喻，可谓继志矣。（讲解法）

　　良冶之子，必学为裘；良弓之子，必学为箕；始驾马者反之，车在马前。君子

---

①　如《论语》"视其所以，观其所由，察其所安，人焉廋哉！""不愤不启，不悱不发，举一隅不以三隅反，则不复也。"等，以及更为普遍的师生对话。

②　赫尔巴特的"四段教学法"：明了（clearness）、联想（association）、系统（system）、方法（method）。齐勒尔的"五段教学法"：预备（preparation）、提示（presentation）、比较（comparison）、概括（generalization）、应用（application）。莱因又对齐勒尔的"五段教学法"做了进一步解释，程序或实施步骤上没有大的变化。

③　强调培养学生的思考力，包括提出问题（问题叙述）、分析问题（或定义问题）、解释问题（假设与说明）、论证问题（验证假设）等步骤。

④　由［美］克伯屈（Kilpatrick）提出，其基本程序包括目的（purposing）、计划（planning）、执行（executing）、判断（judging）或疑难（diffculty）、暗示（suggestion）、推理（reasoning）、实证（verification）等。

⑤　陶行知和李廉方创造的方法（以实用、兴趣、正确、经济为目标），适于小学。

察于此三者，可以有志于学矣。（练习法）①

诚以教学历史，应该使其"宛然在目"和"栩栩如生"，质言之，就是使人由以想象物质的状况和事实，抑且在我们自己心目中，重新产生决定那种状况与事实之同样的心理状态。②

二、历史教学方法

历史教学法十分丰富，《中学历史教学法》（第4版）详细介绍了讲授法、谈话法、讨论法、探究法四种方法和相关的教学技艺③。曾经流行过的还有直观教具演示法、图示教学法、情感教学法等。本教材仅列举以下三类教学法的基本构成要素及特征。

1. 讲授法 (expository method)

顾名思义，讲授法即教师运用口头语言传授知识的方法。它有很多类型和形式，如讲述法、讲解法、讲读法；陈述法、概述法、描述法等。其构成要素是：语言、概念、叙事、解释；其基本特征是教师主导课堂，诸如设定教学目标、系统讲解知识、组织教学结构、控制教学过程等。"讲"既是形式也是方法，教学是否有效全在一个"讲"字。其优点鲜明，包括具体、生动、有感染力；经济、实用、信息量大；易懂、易练、见效快等。

讲授法适用于历史教学，是不争的事实。但是，其缺点也显而易见。特别是当教师不能恰当地运用讲授法时，它极易遮蔽学生的理解力，甚至沦为教师的表演工具。这样的话，教师越善于讲授，对于学生的思考越没有益处。

2. 探究法 (inquiry method)

我们把探究性学习 (inquiry learning)、发现性学习 (discovery learning)、问题解决学习 (problem solving learning) 等都归入此法。其教与学 (teaching and learning) 的形态很多，如自主探究、小组探究、问题探究、活动探究、主题探究等。总体而言，凡是教师从学科内容或现实社会生活中选择和确定研究主题，在教学中创设一种类似于学术研究的情境，通过学生自主、独立地发现问题、建构知识，并经历设计、调查、信息搜集和处理、技术与操作、分析与实证、表达与交流等探索活动，获得知识与技能，发展情感与态度（特别是探索精神和创新能力）的学习过程和学习方式，都属于探究法的范畴。在历史教学中，探究总是与提出或发现问题、依据证据探寻真相联系起来，如果学生不能主动参与教学过程、缺少质疑，那么它就不是探究性学习。

探究性学习不同于接受性学习（无论它是否有意义）。接受性学习依赖教师传授

---

① 《礼记正义》卷三十六《学记第十八》，见（清）阮元校刻：《十三经注疏》（下册），1521～1525页。
② 参见李絜非：《论历史教学上的设备》，载《教育通讯》，第5卷，第8期，1948。
③ 参见于友西、赵亚夫主编：《中学历史教学法》（第4版），112～122页、126～155页，北京，高等教育出版社，2017。

学习内容，其教学方法主要采用讲授法，尽管接受性学习不排斥谈话，但是受知识传授效率的制约，它更见长的是对答法，而非对话法。探究性学习则必须要具备问题性、参与性、实践性和开放性。其目标是：通过探究建构知识，在建构中理解和解决问题，以寻找和使用证据的方式理解真相，体验解决问题的过程，收获拥有知识的快乐。尽管语言、概念、叙事、解释同样作为探究的基本要素，但语言是对话的形态，概念不限于教师讲授而是经由学生自主探源才能完全获得，叙事的主体是学生而非教师，解释亦非教师的独白而是学生基于自我理解所采用的各种表现。此外，探究性学习必备阅读、写作、体验、分析（逻辑推理）、迁移（想象与联想）、表达与表现等学习方式。基本功能是：增强学生独立判断和思考的能力，培养学生良好的认知习惯，使学生掌握有效的论证方法，养成学生客观的处事态度，帮助学生树立正确的价值观念。

另外，探究法能够拓展和运用很多社会科学方法，如史料研习、专业阅读、田野调查等。与讲授法相比，探究法的重点除了掌握探寻真相的方法和策略外，还在于它能够较大程度地解放学生的思想。探究意味着挑战权威和尊重事实。当然，探究法对于教师的领导力和专业素养也提出了更高的要求。[①]

3. 范例法（exemplar teaching）

范例教学诞生在 20 世纪 50 年代的德意志联邦共和国，目的是让学生获得系统的认识，而非记住所谓系统性的知识（材料），它用彻底性代替肤浅的全面性，以便追求深层次教学。因此，其教学原则是基本性（知识结构和规律）、基础性（学生经验和智力层次）和范例性（如通过一定的历史事件说明一定历史时期的本质与性质）；其教学过程需经历阐明"个"（选择与描述范例）、"类"（说明一般或抽象的道理）、把握法则（掌握规律和范畴的关系）、获得经验（了解意义）四个阶段；其构成要素，包括精选（范例）、因素（本质的、根本的、基础的典型事例）、经验（切身的、常识的）、关系（个别与一般、主体与客体、实质与形式、教学与教育等）、法则（归纳、规律）、整合（关联）、意义（获得新经验）等。

范例教学与主题教学有着很高的关联度，其特性运用于主题教学，或可有更广阔的前景，而且非常实用，如提高学生对学科的整体认知能力，帮助他们掌握学习方法；开放学科的知识系统，以培养思维能力等。据此，教师的教学理应注重教学原理、学习分析、内容结构、智力作用、未来意义，而不是封闭性的备课本或材料。[②]

---

① 参考《新加坡初中历史教学大纲》"教学方法建议"之"历史探究法"，详见赵亚夫、张汉林主编：《国外历史课程标准评介》（下卷），363～365 页。

② 参见李其龙编著：《德国教学论流派》，西安，陕西人民教育出版社，1993。参见第一章"范例教学论"；附录一、二、三瓦根舍因的"范例教学的概念""关于范例教学原则的说明""范例教学"。

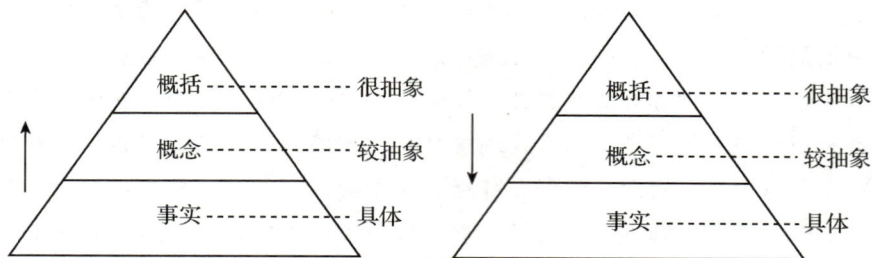

图 5-5　探究法指导学生学习　　　探究法教学设计程序①

学习领导力持续不断地在学习者和共同体中传授学习，创造学习自主性并赋予权力。学习领导力的目标使发现一些可迁移的理论，包括变革关联理论，共享式、协作式和团队领导力策略，并发现能够提供学习的组织，这些组织拥有"价值—创造"链，能够"读取"并解释现实（诸如学校中的课堂，或课堂中的学校）。②

学后复习

回顾

1. 定义：历史教学模式；历史教学过程；历史教学设计；历史教学方法。
2. 概述：制定历史教学原则的依据。
3. 定位：客观知识和个人知识。
4. 辨析："史料教学"和"基于史料的教学"；表达与表现。

重点思考

1. 实施：选择一个教学课题，尝试撰写基于不同教学法的教学提纲，如讲授法和阅读法，并提炼各自的特点。
2. 评价：结合实例，评价 2001 年版《义务教育历史课程标准（实验稿）》和《普通高中历史课程标准（2017 年版）》在转变教师的教学观念方面有何作用？

---

①　左边三角的指导程序是：先辅导学生从所搜集的资料及已知的"事实"中归纳成若干"概念"（concept），再结合两个以上相关的"概念"形成概括（generalization）。所以，学生对于概念的认知，既非教师注入式的灌输，也非对教科书做盲目的记诵，而是由具体到抽象，由低层次到高层次的一种周密的归纳思考过程。依照箭头所指由具体的事实开始学习。右边三角的设计程序是：先从单元教材中提出"概括"，然后据以分析若干"概念"，再由概念更详细地分析符合学生经验的"事实"。参见徐珍编著：《中外教学法演进》，171 页，北京，群言出版社，1996。

②　参见 OECD 教育研究与创新中心主编：《促进 21 世纪学习的领导力》，王美、李晓红译，16 页，上海，华东师范大学出版社，2016。

批判性思考

1. 分析：①"素质教育"与"素养教育"有无实质性变化？②基于你对"史料实证"的理解，分析历史教育可能的专业发展方向。

2. 从教学研究的角度，分析现状并阐释历史教学为什么要强调基于常识的教学。

应用概念

合作：①以小组为单位，选择恰当的教学设计进行研讨，要求围绕设计者的教学取向或教学立意讨论问题，找出该方案的亮点，并对其不足给出解决策略；②目前，在教学设计中有不少夸张的说法，如不恰当地使用"道""器"的概念比喻实证概念和实证方法的关系，把教学设计或教学结构说得玄而又玄，请回答，为什么中学历史教学需要返璞归真？

技能练习

1. 根据具体的学习课题、年级和班级（模拟）和教科书内容，编写"学情分析"，并对其中用到的心理学术语进行解释。

2. 依据直接教学模式（或间接教学模式）的基本原理，拟定一份清晰的教学设计流程。

3. 仿照范例教学法的结构，尝试整合义务教育阶段的中国近代史学习内容。

4. 列举历史教学必须关注的教学伦理问题的清单。

拓展阅读及书目简释

知识理论与学习理论

1.［英］波普尔（Popper，K. R.）：《客观知识：一个进化论的研究》，舒炜光等译，上海，上海译文出版社，2015。该书反对主观主义知识论，认为对于认识论具有决定性意义的是客观知识；客观知识包括思想内容以及语言所表述的理论内容；客观知识的本质是猜想，它可以促使人们去想、去做。

2.［英］迈克尔·波兰尼：《个人知识：朝向后批判哲学》，徐陶译，上海，上海人民出版社，2017。该书认为，任何认知都涉及特定的、具体的认知个体；认知主体是具有情感、意志、倾向、信念、特定知识框架和认知环境的人；知识由于与实在世界的真实接触，才具有客观知识的地位。

3.［丹］克努兹·伊列雷斯：《我们如何学习——全视角学习理论》，孙玫璐译，北京，教育科学出版社，2010。该书覆盖了传统的、经典的学习理论，并对学习概念、学习维度、学习类型及其相关实践进行了缜密论证，概念清晰，重点突出，易于理解。其第三、四、七、八、十二、十三章，历史教育研究者当特别关注。

4. 金岳霖著：《知识论》，北京，商务印书馆，1983。其中，第五章"认识"、第六章"思想"、第十章"时空"、第十二章"因果"、第十四章"事实"、第十七章"真假"，很值得一读。另，[美]约翰·波洛克、[美]乔·克拉兹：《当代知识论》，陈真译，上海，复旦大学出版社，2008；[美]路罗斯·P. 波伊曼：《知识论导论》，洪汉鼎译，北京，中国人民大学出版社，2008。

教育原理经典著作

1. 杨荣春主编：《先秦教育论著选》，北京，人民教育出版社，1997。它系统而全面地阐明了古代学校教育的目的和作用，教学的原则和方法，以及教育过程中的师生关系、同学关系和教师的地位与作用。另，人民教育出版社出版的"中国古代教育论著丛书"，有关教学论的部分，读者都可以涉猎。近代部分可以舒新城编的《中国近代教育史数据》（上、中、下）（北京，人民教育出版社，1980 年版）为索引。

2. [捷]夸美纽斯：《大教学论·教学法解析》，任钟印译，北京，人民教育出版社，2007。《教学法解析》与《大教学论》合并出版，便于读者整体认识夸美纽斯的教学论。《教学法解析》所涉及的 187 个定理中，很多在今天仍有启示作用，如"认知就是能够运用思维、行动或词语描述事物"；"没有观念或本始映象就没有知识"；"我们必须学习我们要知道的东西"；"凡是没有意义的东西，就既不能被理解，又不能得到评价，因而不可能存留在记忆中"。

3. [德]赫尔巴特：《教育学讲授纲要》，李其龙译，北京，人民教育出版社，2015。其中，第二编第二部分"教学"，有"教学的目的""多方面性的条件""兴趣的条件""兴趣的类型""关于教学内容的不同观点""教学的过程""关于一般教学计划"等，值得细读。

4. [美]杜威：《我们怎样思维：经验与教育》，姜文闵译，北京，人民教育出版社，2005。什么是历史思维，如何进行历史思维，乃至如何有效地展开历史思维训练，也是中学历史教育学研究的重要问题，该书为此提供了理论基础。另，读者也可一并参考[英]约翰·洛克：《理解能力指导散论》，吴棠译，北京，人民教育出版社，2005；[英]斯宾塞：《斯宾塞教育论著选》，胡毅、汪承绪译，北京，人民教育出版社，1995。

5. [苏]赞科夫编：《教学与发展》，杜殿坤、张世臣、俞翔辉等译，北京，人民教育出版社，1985。该书第一编"实验教学论体系"、第二编"学生发展进程"，可以作为阅读重点。此外，[苏]巴班斯基：《教学过程最优化——一般教学论方面》，张定璋等译，北京，人民教育出版社，2007。该书的第一章"教学过程的结构"、第二章"教学过程最优化的理论基础"，读者可一并阅读；[苏]乌申斯基：《人是教育的对象——教育人类学初探》，张佩珍等译，北京，人民教育出版社，2004。该书第一、二部分"论意识""论感知"，仍有参考价值。

6.［苏］苏霍姆林斯基：《给教师的建议》，杜殿坤编译，北京，教育科学出版社，1984。［苏］赞科夫：《和教师的谈话》，杜殿坤译，北京，教育科学出版社，1980。这两本著作在教师中较为流行，它们围绕教学中的实际问题展开谈话，有较强的针对性和指导性。不过，其中也有不少陈旧的教育教学观念需要排除。

7.［美］D. P. 奥苏贝尔等：《教育心理学——认知观点》，佘星南、宋钧译，北京，人民教育出版社，1994。这本书值得认真学习。该书扉页上写了这样一段话："假如让我把全部教育心理学仅仅归结为一条原理的话，那么，我将一言以蔽之日：影响学习的唯一最重要的因素，就是学习者已经知道了什么。"读者可以循着此思路去了解全书的内容。

8.［美］林格伦：《课堂教育心理学》，章志光、张世富、肖毓秀等译，昆明，云南人民出版社，1983。该书是美国、加拿大高等院校心理系、教育系及相关学习领域的心理学教材。其中的"对教和学心理学的理解""学习者及其动机""课堂中的问题行为""教学过程的心理学概念""以学习者为中心的课堂"等内容，写得深入浅出。

9.［美］加涅：《教学设计原理》，皮连生等译，上海，华东师范大学出版社，1999。该书在国内知名度很高，也是中学历史教育者参考最多的理论著作之一。另，读者可一并阅读加涅的《学习的条件和教学论》(皮连生等译，上海，华东师范大学出版社，1999)。

教学论专著

1. 王策三：《教学论稿》，北京，人民教育出版社，1985年第1版，以后多次印刷。该书是国内影响最大的教学论专著之一，被很多大学选用教学论必修课教材，也是中学历史教学论研究者参考最多的教学论专著。其中有关教学过程、教学原则、课程设计方法、教学设计方法、教学手段的论述，对历史学科教学影响深远。另，读者需同时关注李秉德主编：《教学论》，北京，人民教育出版社，2001。

2. 王本陆主编的《课程与教学论》(北京，高等教育出版社，2004)和钟启泉、张华主编的《课程与教学论》(广州，广东高等教育出版社，1999)都是大学教材，特点是注重教材，内容充分，条理清楚，便于掌握。

3.［日］佐藤正夫：《教学原理》，钟启泉译，北京，教育科学出版社，2001，2006年第3次印刷。该书除帮助读者厘清教学论的概念、了解教学论发展的历史外，其"教学内容"的"历史学科的出现""儿童中心课程"，以及"教学过程""教学方法"等内容皆有较高的学习价值。

4.［美］阿兰兹：《学会教学(第6版)》，丛立新等译，上海，华东师范大学出版社，2005。该书分为"当今课堂上的教与学""教学的领导""教学的互动""教学的组织"四部分，内容实用，文字平实，易于理解。

5.［美］鲍里奇：《有效教学方法(第4版)》，易东平译，南京，江苏教育出版社，

2002。该书第二章"理解你的学生"、第三章"教学目的与教学目标"、第五章"直接教学策略"、第六章"间接教学策略"、第八章"自主学习"等，也是中学历史教学论研究的重点问题。

6. 王天蓉、徐谊编著：《有效学习设计——问题化、图式化、信息化》，北京，教育科学出版社，2010。该书是"做研究"的最终表达形式，其内容基于语文、数学、科学、综合课实践，由问题化、图式化、信息化、学科教学实践四个部分构成主体内容，值得参考。

历史教育与教学

1. 于友西、赵亚夫主编：《中学历史教学法》（第4版），北京，高等教育出版社，2017。该书是"新形态教材"，体现在：一是重新梳理和建构了中学历史教学法内容体系，使其脱离了与第3版《中学历史教育学》雷同的倾向；二是通过嵌入二维码资源使教材"立体化"，既突出了学习的针对性和实用性，又拓展了学习资源的范围；三是渗透学科核心素养要求，指导读者追求做学者型教师。

2. 张汉林：《历史教育：追寻什么及如何可能》，北京，中国民主法制出版社，2015。该书基于作者的历史教育实践和思考，比较务实地阐述了自己对历史教育、历史课程标准、历史教学设计、历史教学方法、历史教育评价、多元智能和历史教师专业发展的看法。

3. 徐赐成、赵亚夫、张汉林主编：《初中历史有效教学》，北京，北京师范大学出版社，2015。该书有两版，一版是专为安徽教师培训使用的《初中历史有效教学模式》，另一版是全国版《初中历史有效教学》，其特点是培训用书，以问题为导向，以案例为载体，以解决教学难点为指标，内容简洁实用，而且有利于培训者和读者自我拓展。另，齐健主编的《走进高中历史教学现场》（北京，首都师范大学出版社，2011）也属于同种类作品。

第六章　历史教育评价论

○ 历史教育评价旨在激励、发展并矫正学生的学业成绩

○ 历史教育评价是教师改善教学和提高教学质量的工具

○ 多种实施途径和方法确保历史教育评价的真实、客观

学前预习 ▶ ┈┈┈┈┈┈┈┈┈┈┈┈┈┈┈┈┈┈┈┈┈┈┈┈┈┈┈┈┈┈┈

　　定义术语：测量、评价、效度、信度；相对评价、绝对评价；诊断
　　　　　　　性评价、形成性评价、总结性评价；量的评价、质的评
　　　　　　　价；学业评价、发展性评价。
　　识别概念：教育测量与教育评价、评价功能与方法、评价基准与标
　　　　　　　准、维度与思考；反馈与分析。
　　积累经验：张汉林主编：《初中历史有效学习评价》，北京，北京师
　　　　　　　范大学出版社，2015；陈志刚：《高中历史学业水平考试
　　　　　　　研究》，桂林，广西师范大学出版社，2016。
　　拓展实践：思考考试所获得的学业成果是否与真实的学业水平是一
　　　　　　　致的。
　　学习目标：
　　1. 了解历史教育评价的基本原理及主要的研究课题。
　　2. 理解历史教育评价的基本概念，能够运用概念获得真实性评价。
　　3. 掌握历史教育评价方法，提高学生的学科素养，促进其健全发展。
　　理解内容：
　　发展性——给学生什么知识和技能，既是评价的出发点，也是评价
的落脚点。从测验（test）到考试（examination），从测量（measurement）到
评价（evaluation），反映出历史学科的知识观、教学观、质量观、教师观
等一系列教育、教学观念已经发生了变化。学科评价的着眼点不仅要立
足于知识和能力，而且也要促进情感态度与价值观健康、健全地发展。
无论是"为掌握而学习"（learning for mastery），还是"为理解而学习"
（learning for understanding），都应内在地发展学生的关键能力。（第一、
二节）
　　系统性——历史教育评价贯穿于历史教与学的全过程。有学者从知识
评价、能力评价、人格评价三方面规划历史教育评价体系，力图基于学科
学习价值更为系统且有效地探索历史教育评价的途径和方法，诸如将知识
分类原理（事实性知识、概念性知识、程序性知识、元认知知识）运用于历
史教育评价；将哲学、心理学和教育学等领域中的理解，与历史学科教育
中的理解结合起来，进而帮助学生生成真实的历史知识、历史思维和历史
意识（如解释、应用、洞察、移情、自我认知）。（第二、三节）

真实性——评价或评定都必须是真实可靠的。我们认同"评价是对课程内容进行价值判断，评定是特别用来评价学生的到达程度"的观点①。因为历史教育评价针对学科教育意义必定使用价值判断，但是作为正确的价值判断（或科学判断）基础的知识和技能，又必须是清晰的、准确的、可测的和可行的，特别是进行学业成就考试时，达成度的标准和水平更不能忽视，否则历史教育就会沦为无用之学，连记问之学都不是。（第一、二、三节）

第一节　历史教育评价与测量

历史教育评价同教育评价（educational evaluation）一样，也是一个完整的系统。除通常研究的学业评价和考试研究外，还包括课程评价、教师评价、教科书评价、学校评价等确保历史教育质量的评价活动。抑或是历史教育评价，不仅要能够确定学校历史教育做到了什么，而且还必须把握理应做的或可能做的做到更好的程度，毕竟"evaluation"的词根是"value"，即需要对教育进行赋值和判断。如果把泰勒原理转换为历史教育评价的表述，即意味着：学校应该试图达到怎样的历史教育目标；提供什么经验最有可能达到给定的历史教育目标；怎样有效组织历史教育经验；又如何确定历史教育目标正在逐步实现。

一、从教育测量到教育评价

作为人类活动的教育评价，中外自古有之。最为著名且对世界影响最大的评价制度，莫过于我国的科举考试。② 然而，今天我们所说的"教育评价"概念，则在 20 世纪 30 年代才出现，其背景是泰勒等人对"测量运动"（measurement movement）③的批判和矫枉过正。

"测量运动"有两个源头。一个是桑代克（Thorndike，E. L.），他于 1904 年发表

①　[日]田中耕治：《教育评价》，高峡、田辉、项纯译，76 页，北京，北京师范大学出版社，2011。
②　一般而言，科举（科第、科选）始于隋代。作为制度的成熟期是在唐代。《隋书》卷二《高祖纪下》和《隋书》卷四《炀帝纪下》皆记载"分科举人"的事情。《通典》卷十四《选举典》曰："炀帝始建进士科。"又《唐摭言》卷一《述进士篇》曰："进士，隋大业中所置。"《散序进士》曰："进士科始于隋大业中，盛于贞观、永徽之际。"鉴于通常把建立进士科作为科举制的标志，故隋炀帝大业年间，应为科举制的创始时间。
③　教育测量的历史很长，如 1702 年英国的剑桥大学开始在口试和面试以外，增加笔试（问答题）。美国最早采用笔试测试学生学习成绩的是马萨诸塞州的波士顿教育委员会（1845 年）。此后，测量的观念逐渐代替考评的观念。到 20 世纪 20 年代的"测量运动"，不仅教育测量成为热词，而且它也是名副其实的"科学管理运动"。其先驱是英国的高尔顿（Galton，F.），美国的卡尔特（Cattell，J. M.），法国的比奈（Binrt，A.），他们推进了心理测试和教育统计。桑代克是其中最具影响力的人物。参见涂艳国主编：《教育评价》，25～27 页，北京，高等教育出版社，2007。

《心理及社会测量理论导论》[①]这一划时代的作品。根据他的理论，研究者开发出了标准化试题(standard test)，进而推动了规模(scale)化的常模参照测试的开展。因此，桑代克也被称为"测量之父"。另一个是推孟(Terman，L. M.)，他运用"斯坦福—比纳量表"(Stanford-Binet Scale)测定智商(1916 年)的活动，带动了心理测试的发展[②]。

"测量运动"最显著的特征是进行标准化测试。在此基础上，诊断性测试(diagnostic test)和分析性测试(analysis test)得以普及。但是，在标准化、客观化旗帜下形成的"教育测量"(educational measurement)，也带有明显的偏颇，如综合的学力观、人格测试手段，虽然比单一的智力测试更科学，可是当测试把智力、个人差异绝对化时，便又出现了另一倾向的教育偏见。在"测量运动"的鼎盛期，要素主义(essentialism)和进步主义(progressivism)两派的代表人物巴格利(Ragley，W. C.)和杜威(Dewey，J.)，批评的正是这些背离了民主主义教育原则的非公众倾向。尤其像杜威指出的那样，测量运动本身带有的"图式"，就是一种由"智力差异"导致"教育差异""社会地位差异"的逻辑。教育评价依此指导教育实践的话，其结果则会严重危害教育的公正性和公平性。事实上，新的"教育测量"理论，不仅没有彻底动摇传统教学的基础，而且还加固了教科书在教学中的中心地位。有学者指出，那时的"测验内容主要是教材中要求学生记诵的知识内容，十分片面。对于学生情感、态度、价值观等的发展，当时的教育测验都无能为力。"[③]

直到 20 世纪 30 年代，美国进步主义教育协会(Progressive Education Association)开展的"八年研究"(1933—1940)，才开辟了一条通往新时代的光明大道，将教育测量转向为教育评价。"八年研究"(The Eight-Year Study)的辉煌成就，是泰勒领导的评价委员会提出的新设想。据此，他开发了更为广泛的教育评价方法，还用评价的观念把测验、考试和测量等种种概念融入其中，正因为泰勒是教育评价的"时代奠基人"，所以他也名副其实地成了"教育评价之父"。

教育测量是教育评价活动的重要组成部分，是在教育评价领域中进行科学化、客观化、标准化管理的重要手段。它主要指依据特定的规则对测试或其他评价方式的结果进行量化的方法和过程。

教育评价是一个更为全面，涵盖范围更为广泛的术语。包括获取与被评价者有关信息的所有方法，也包括对被评价者进行价值判断的过程。教育测量必须采用定量测量或描述的方法，教育评价除此之外，还采用定性描述方法，而且总是包含对结果的价值判断。[④]

泰勒提出新的考试方案的设想。(1)明确课程目标；(2)结合学生的行为设定各

[①]　即 *An Introduction to the Theory of Mental and Social Measurements*。
[②]　著名的还有：费希尔的《量表集》(1846 年)；"比奈—西蒙智力量表"(1905 年)；伍德沃斯的人格测验(1917 年)；西蒙兹的《人格和行为诊断》(1931 年)等。
[③]　参见涂艳国主编：《教育评价》，27 页，北京，高等教育出版社，2007。
[④]　参见涂艳国主编：《教育评价》，135 页，北京，高等教育出版社，2007。

科教学目标；（3）收集学生是否制定了自身学习目标的情况；（4）向学生说明情况；
（5）对照各个目标评价学生的反应；（6）确定评价的客观性；（7）必要时修改客观性；
（8）确定评价的可信度；（9）必要时修改可信度；（10）根据实际需要开发可操作的测
量方法。[①]

二、历史教育评价的着眼点

（一）历史教育评价研究简况

涂艳国把我国教育评价的历史，分为经验考核、科举考试、系统发展三个时期。
其中，系统发展期又可细化为，引入西方教育测量（1905—1949）、教育评价的曲折
发展（1949—1977）、教育评价的全面发展（1978 至今）三个阶段。[②] 我们以此为背景，
考察历史教育评价的历史，可以 2000 年为界，之前学界主要关心历史学业测量的问
题，此后学业评价体系、机制和方法问题得到广泛关注。[③] 历史教育评价的特点如
下：①在相当长的时间里，历史教学评价的主角是测验和测量；②因为学校课程与
学级编制，主要服务于升学的目的，评价带有较强的功利色彩；③评价的范围集中
在课堂教学和教科书，着眼点是掌握学科知识；④20 世纪 90 年代历史测量学成为
专门的研究领域，考试研究取得长足进步；⑤尽管测量观和测量技术围绕学科能力
多有突破，但是总体的评价观依然是基于选拔，而非发展。

民国时期因中学入学率低，学校数量少，教学弹性大，社会动荡，日本侵略等
诸多原因，没有良好的环境和条件开展系统的教育测量研究。全国统一高考也仅维
系了 3 年（1938—1942）。

中华人民共和国成立以后，随着教学法研究的逐步规范和成熟，教育测量才渐
有起色。特别是改革开放以后，历史教育测量迎来了第一个发展期。代表性成果有：
聂幼犁、金相成、朱志明著《中学历史学科学业评价》（河南教育出版社，1989 年）；
刘芃编著《历史学科考试测量的理论与实践》（人民教育出版社，1996 年）。2000 年课
程改革启动，此后是第二个发展期。与前期不同，一是以历史教育学为代表的专著
中，开始把功利性研究转向发展性研究；二是研究范围扩大，除学业评价、考试研
究的水平进一步提高外，也拓展到教科书评价、发展性评价等新课题。代表性成果
有：陈伟国著《历史教育测量与评价》（高等教育出版社，2003 年）；黄牧航主编《历
史教学与学业评价》（广东教育出版社，2005 年）；姚锦祥著《历史教育考试研究》（东
北师范大学出版社，2008 年）；黄牧航著《高中历史科学业评价体系研究》（长春出版
社，2011 年）等[④]。

---

①　参见［日］田中耕治：《教育评价》，高峡、田辉、项纯译，25 页，北京，北京师范大学出版社，2011。

②　参见涂艳国主编：《教育评价》第二章第二节，北京，高等教育出版社，2007。

③　参见姚锦祥、赵亚夫主编：《历史课程与教学研究：1979—2009》，26 页，南京，南京师范大学出版
社，2014。

④　参见赵亚夫、陈德运：《历史教育学研究著述提要（四）》，载《中学历史教学参考》，2012(10)。

（二）历史教育评价的目的

传统的历史教育测量，把教学目标、教材（内容）和评价（结果）视为一个稳定的教学过程。这个过程是否有效，主要由学业（或课业）成绩来评定。在观念上，测量即评价，其长处是目标明确、针对性强、短期内可获得明显效果，缺点是不追问学科的实质性、本质性问题。因此，评价目的比较短视和狭窄。譬如，评价者（谁评价）、评价对象（评价谁）、评价目标（评价什么）、评价方法（如何评价）的出发点和落脚点不仅是功利性的，而且常常相互矛盾甚至对立。

由着眼课堂教学评价到关注学科教育评价，是从学业评价引入 SOLO①、Web-Quest② 的理念和技术开始的。③ 其实，在 20 世纪 90 年代，已有学者呼吁拓展历史教育评价范围，学科教育评价应考虑：从教师的视角确认指导的目的；从学生的视角确认学习的目的；从教师、学校、大学、社会等多视角确认管理的目的；从教师、专家、社区、家长等多视角确认研究的目的。④ 否则，无法准确拟定历史教育评价的目的。

当然，对于什么才是教育评价的本质和目的的争论，历史上从未停止。从陈玉琨教授对国外研究梳理的情况看，就教育评价本质的争论，西方学界采用两种主要的界定："其一是试图淡化评价的判断属性，以取得人们对评价的肯定态度。其二是反对统一的判断标准。"⑤ 有关教育评价目的的争论，则集中在如何客观地看待过程性评价和总结性评价的关系上。比较一致的观点是：既重视形成性评价的重要作用，也不贬损总结性评价的功能。显然，历史教育评价作为人文教育评价的一种，既要力戒一把尺子量所有人，也要尊重一定的育人标准。

上述内容，从教育评价的历史和现实问题等维度，为人们理解历史教育评价的目的提供了视野。至于说采用何种标准具体呈现评价目的，就历史教育评价的复杂性而言，我们还是以一种开放的态度、宽泛的理解来处理比较妥当，譬如以下方向应该予以考虑：①为追求优质的历史教育，须顾全指导、学习、管理、研究等方面，全方位地促进有效的历史教育管理；②"教的过程即学的过程"，评价的目的不是选拔或甄别，而是对历史教育实践进行反思，时时调整和矫正历史学科教育的方向；③历史教育评价必须以发展学科能力为中心，而且能力的类型及其内涵必须是与时

---

① 即 Structure of the Observed Learning Outcome（可观察的学习结果结构）。澳大利亚学者约翰·比格斯（Biggs）和科利斯（Collis, F. K.）于 1982 年提出的以等级描述为基本特征的质性评价方法。

② 1995 年由美国圣地亚哥州立大学教育技术学院的伯尼·道格（Bernie·Dodge）和汤姆·马奇（Tom·March）开发，本质是基于网络的探究式活动。

③ 参见赵亚夫主编：《历史课堂的有效教学》，141～182 页，北京，北京师范大学出版社，2007。黄牧航：《高中历史科学业评价体系研究》，25～36 页，长春，长春出版社，2011。

④ 参见赵亚夫：《中学历史教育学》，247～253 页，中国建材工业出版社，1997。于友西等：《历史学科教育学》，283～286 页，首都师范大学出版社，1999。

⑤ 陈玉琨：《教育评价学》，18 页，北京，人民教育出版社，1998。

俱进的，不能刻板地固守传统的学科能力观；④历史教育评价需运用跨学科视野和方法，任何单一的专业化倾向都是限制性的、缺乏发展性的评价；⑤历史教育评价具有专业性，其评价工具和方法与评价观念一样重要，它们不仅是达到教育评价目的的途径和手段，而且具有修正和完善教育评价的功能。

回到教育评价的两个基本问题：一是学期结束时，学生对历史应有怎样的理解？二是学生毕业以后，还有哪些能够记忆犹新的人类历史知识？归根结底，历史教育评价的目的无疑指向的也就是这样的问题。

泰勒认为，教育评价就是衡量教育活动达到教育目标程度的一种活动；克龙巴赫（Cronbach，L.）认为，评价的最大贡献是确定教程需要改进的方面；斯塔弗尔比姆（Stufflebeam，D.）认为，评价最重要的意图不是为了证明，而是为了改进。美国教育评价标准联合委员会给出的界定是："评价是对某些现象的价值，如优缺点的系统调查。"上述争议的焦点是，评价是否属于一种价值判断过程。[1]

制定学习评价，是基于历史技能和思维模式的特点以及教学大纲核心内容的要求。评估将特别重视学生依据其知识基础构建历史的能力、区别本质与非本质信息的能力、理解当下并知晓因果关系的能力，以及批判性地评价历史现象和历史材料的能力。课程评价将会使用不同的方法：可能会使用学习任务、研究论文和其他的评价方式代替考试。[2]

(三)历史教育评价的功能

教育评价的目的与功能紧密联系，甚至可以说，只有把握了教育评价的功能，才能更好地认识教育评价的目的。从目的论的角度看，教育评价有鉴定（选拔）、导向（激励）、诊断（改进）、反馈（调节）、管理（监督）等多种功能。如何发挥这些功能，需要充分认识以下内容及其关系。

1. 评价的范围与对象

评价范围包括课程（理想课程或预期课程、实施课程或实现课程、习得课程或获得课程[3]、课程标准）、教材（教科书及其他教学材料）、教学（课堂教学及其他教学活动）、学业（学习成就）与考试（中、高考及各种目的的测验）、管理（所有与历史教育相关的）、教师（以培养与培训为中心的教师发展）、教育教学伦理等。评价的主体和对象也是多元和多维的，包括教育者、受教育者；环境、条件；物质、精神和行为等不同方面。田中耕治依据"课程是有目的地组织学生成长和发展所需文化的整体计划，以及根据计划进行实践与评价的总和"的主张，列出了学校论、领域论、学科论、设置论、升级论、衔接论、设施论七个方面[4]，也可谓课程评价的七个方面，

---

① 陈玉琨：《教育评价学》，14～19页，北京，人民教育出版社，1993。

② 赵亚夫、张汉林主编：《国外历史课程标准评介》（下卷），174～175页。

③ 即 intended curriculum；implemented curriculum；attained curriculum。

④ 参见［日］田中耕治：《教育评价》，高峡、田辉、项纯译，83页。

其涉及的"利益相关者"自然不只是教师。历史教育评价只是从学科的角度阐述这些方面,其他并无二致。

研究是为了寻求真理(truth),而评价则是为了寻求价值(worth)。①

①评价是教学过程的一部分,它是对学习过程进行的诊断,能够帮助教师提高教学水平,检验教育内容与教学方法是否匹配等。②为了评价学生的多种能力,要准备合适的评价项目和完成基准。③比起辨别个别差异的目的,提高评价项目的效度、信度、客观度才是最重要的。④评价时,事先告诉学生评价事项、评价方法、评价基准,要使得评价对历史学习产生积极作用。②

2. 质的评价和量的评价

现代教育评价提倡质的评价和量的评价是互补关系。质的评价包括参与性观察、深度访谈、档案袋(成长记录)、教育叙事、作品分析等方法;量的评价包括观察、调查、实验、测量等方法。

社会科学研究从大的方面还可以分为量的研究(实证的)和质的研究(解释的),比较与分析不同的研究方法论的意义和主要过程,特别是从研究者的作用、客观性和主观性的意义、一般的可能性等方面来看待这两种方法论有什么不同。③

3. 诊断性评价、形成性评价和总结性评价

布卢姆主张在教学过程中实施评价,按照功能可分为诊断性评价(diagnostic evaluation)、形成性评价(formative evaluation)和总结性评价(summative evaluation)。诊断性评价是为了把握学生的前理解(prior understanding)和生活经验进行的评价;形成性评价是针对在教学过程中发现的教和学的问题进行的评价;总结性评价是教学活动告一段落后,为了解教学活动的最终效果进行的评价。

如今提倡的发展性评价,强调关注评价对象内在的发展潜质,恰当使用诊断性评价、形成性评价和总结性评价,不仅不会孤立地使用或过于偏倚哪一种评价方式,而且这本身就是系统地搜集评价信息、综合地分析评价信息、进而促进被评价者健全发展的评价行为。

教育通常是一种涉及人类相互作用的人类活动。启发式评价的创导者认为,有关实际学习过程和环境的信息是极其重要的,是对个体的描述和反应,人们可以使用各种方式,其中之一是在研究对象时不带任何预定观念。④

描述性、论述性评价是为了评价学生们的历史思考力、批判力和创造力,⋯⋯通过教学过程把所体验到的事情用文字表述出来。⋯⋯表现性评价是检验得出正确答案的思考过程,不是检验学习结果,即检验学生的活动过程。⋯⋯在历史教学过

---

① 参见陈玉琨、赵永平选编:《教育评价》,751页,北京,人民教育出版社,1989。
② 参见赵亚夫、张汉林主编:《国外历史课程标准评介》(下卷),259~260页。
③ 赵亚夫、张汉林主编:《国外历史课程标准评介》(下卷),282页。另,第八章对质的研究和量的研究有进一步阐述,亦涉及评价要素,故这里的陈述从简。
④ 参见陈玉琨、赵永平选编:《教育评价》,769页,北京,人民教育出版社,1989。

程中还可以用到其他的评价工具，如心智图、概念图、历史地图、制作历史报、编制年表、角色扮演(历史剧)等。①

4. 评价与评估

在美国，评价与评估(assessment 或评定)有三种用法：①评估基本上与评价是同义词。②评估的功能指通过多视角、多种评价收集评价资料；评价从评估获得资料，并对照教育实践目标对达成度进行价值判断，进而提出改善意见。③采用评估的概念表述评价。在英国，评价指对课程内容进行的价值判断；评估用来评价学生的到达程度。②

此外，还有他人评价与自我评价、正式评价与非正式评价、绝对评价与相对评价、元评价③等种种概念和关系，这些都与理解历史教育评价的功能有关，教师需要在实践中逐一厘清。

教学评价是历史教学环节的重要组成部分，对改进历史教学、提高教学质量具有重要意义。在教学过程中要充分发挥教学评价的导向功能、诊断功能、激励功能和促进功能，促进学生学习能力和创新意识的提高。④

学生的学习评价是历史教学评价的重要组成部分，具有反馈、调控教学并促进学生全面发展的重要功能。⑤

学习评价应坚持诊断性评价、形成性评价与终结性评价相结合，教师评价与学生自我评价、同伴评价相结合，量化评价与质性评价相结合的原则。既要注重评价学生学业成就……还要考虑到学习的其他变化。⑥

第二节　基于学生发展的历史教育评价

历史教育的目的在于服务学生的人生，历史教育评价为其提供保障。究竟有哪些方面的保障呢？《中学历史教学参考》的主编任鹏杰将其概括为，学习包括反思、基于日常教学、交互主体性、养成自尊四个方面。历史教育评价的内涵，包括

---

① 参见《韩国社会科选择教育课程标准》，见赵亚夫、张汉林主编：《国外历史课程标准评介》(下卷)，268 页。

② 参见[日]田中耕治：《教育评价》，高峡、田辉、项纯译，76 页。

③ 即 meta-evaluation，对评价的评价，主要指对教育评价技术的质量及研究成果进行评价。

④ 中华人民共和国教育部：《全日制义务教育历史课程标准(实验)》，43 页，北京，北京师范大学出版社，2001。

⑤ 中华人民共和国教育部：《普通高中历史课程标准(实验稿)》，30~31 页，北京，人民教育出版社，2003。

⑥ 中华人民共和国教育部：《义务教育历史课程标准(2011 年版)》，38~39 页，北京，北京师范大学出版社，2012。

评价是学习内在的促进条件、教师应确知学生理解了什么和未能理解什么、予以适时且有效的反馈、养成自评习惯；评价无处不在、"投入的学习者"评价、根植于日常教学、改善师生关系；凸显彼此的理解、倾听和引导、多一些观点与角度、避免滥用互动；加强表现性评价、发展学生自尊、对话务求适切、让学生坚信努力就会有成就。① 据此，历史教育评价可有多种途径和方法。

一、有效评价的基本要素

(一)教育目的与教学目标

教育目的(educational goal)是教育预期实现的结果，反映培养的规格和方向。历史教育则有政治、精神、道德、社会、文化等多个层面的目的，并有多种解说，如将认同归纳为民族认同、国家认同、文化认同等，或将爱国主义作为历史教育的核心目的。教学目标②在本质上与教育目的一致，它是指向教学活动所期待得到的学习结果(specific learning outcome)。过去，达成教学目的和教学目标的手段是教授教科书中的教学内容；现在，则强调评定学习者的能力表现。即教育目的和教育目标的实施结果由学生的学习成绩(pupil performance)和达成成就来体现。而且单一的笔试无法充分地体现学生的学习成绩和达成成就，需要更为灵活多样且多维的表现性评价。

多维度进行评价：注重课堂学习评价和实践活动评价的有机结合；注重形成性评价和终结性评价的有机结合；注重量化评价和质性评价的有机结合；注重评价主体的多元化和评价方式的多样化。重视评价反馈。③

(二)效度与信度

效度(validity)即有效性，指测量工具和手段所测出的结果与要考察内容的吻合程度。信度(reliability)指测量工具和手段所测出的结果的一致性、稳定性和可靠性。效度和信度是保障评价客观性的两个重要因素，二者相辅相成，才能够达到"真实性评价"。

(三)标准与基准

标准(standard)有两层意思。一是指事物质变的临界点，或认识是事物质变过程中量的规定性。直白地说，就是所要求完成的程度或水平。二是指测量的量表、尺度(scale)。由于评价的基准④——以课程目标为出发点——不同，还分为相对评

---

① 参见任鹏杰：《发展性评价应该根植于日常教学——教育评价需要关注的几个认识问题》，载《中学历史教学参考》，2007(8)。

② 指 general instructional objective。教学目标细分的话，包括课程目标、课堂教学目标。如今课堂教学目标犹如学习目标(learning target)。

③ 中华人民共和国教育部：《普通高中历史课程标准(2017年版)》，57～58页，北京，人民教育出版社，2018。

④ 英语中的"criterion"是"基准"，"standard"对应的是"标准"。

价（relative evaluation）和绝对评价（absolute evaluation）。相对评价的特点是，"评价目的在于区分评价对象的相对优良程度，以便择优选拔或择优扶植"。绝对评价的特点是，"标准不以某一特定的评价为转移，而与教育目的有关"。[1] 相对评价和绝对评价各有各的缺点，基准越是客观、公平、科学，评价的误差就越小。因此，无论实施哪种标准，从标准或基准的角度，有必要连同适宜度或效度一同考虑。

学校的课堂教学一般来说分为教学计划、教学实施和教学评价三个阶段，这三个阶段当然不是线性的，而是循环往复、周而复始的过程。所以，探讨教学评价的目的与功能、视点与框架、工具与方法的问题，是不可或缺的环节。

在应试教育仍然盛行的今日，课堂评价乱象丛生；在我看来，至少存在如下表现：第一种表现，重视"教"的评价，轻视"学"的评价；……第二种表现，重视单一的学业成绩的评定，轻视综合学力的评价；……第三种表现，重视个人层面的评价，轻视集体层面的评价；……第四种表现，重视终结性评价，轻视形成性评价；……第五种表现，重视"主科"的评价，轻视"副科"的评价；……第六种表现，重视基于教学过程的一般视点的评价，轻视基于学科固有逻辑的评价；……第七种表现，重视基于外在标准的观测者的评价，轻视基于内在标准的自我评价；……第八种表现，重视量化取向的评价，轻视描述取向的评价。[2]

二、有效评价的内容与方法

（一）学业评价的内容与方法

学业评价是学习评价的重要组成部分。它以教育目标为依据，运用恰当的、有效的评价方法，系统地收集学生的学业信息，科学地进行分析处理，并对学生的学业变化进行价值判断。学业评价主要是对学生的学习能力和学业成绩进行评价。[3]

1. 从评价功能看学业评价

诊断性评价、形成性评价和总结性评价体现教育评价的功能，并贯穿整个教学过程。所以，学业评价同样关涉教学评价。

（1）诊断性评价

诊断即教师对学生学习情况的把握，以便确认教学应该做什么以及可能达到的理想方向。对学生而言，则是在教师指导下做好学习准备，包括调动学习动机、调整学习情绪、启动已有知识和经验等。教学法通常讲的"教学预备期"，指的就是这个阶段，其重点是启动学业活动的条件。诊断的重点，则是明了推进学业活动的程序。

---

① 参见陈玉琨：《教育评价学》，43～45 页，北京，人民教育出版社，1998。

② 参见钟启泉：《跳出课堂评价的"新八股"》，载《中国教育报》，2017-05-11。

③ 参见涂艳国主编：《教育评价》，288 页，北京，高等教育出版社，2007。

诊断性评价也是教师"通过适当的措施使教和学在各方面得到最佳结合的评价"[①]。它要求诊断的功能从以下三个方面凸显出来：第一，帮助学生懂得如何关联已知的和未知的东西；第二，教师帮助学生了解如何调动自己的经验，明白用什么样的态度进行学习；第三，教师借此明确应该怎样开始自己的教学。

诊断性评价的基本作用在于从认知和非认知两个方面向学生揭示其已备知识和经验的状态，进而明确自己的学习程度和学习位置；教师能够因此掌握每个学生的学习情况，认识深层次的教学问题，把握好教学方向。在此基础上，教师所提炼的教学设计，就能够促成有效的学业活动。从教学设计的角度说，便叫作"学情分析"。

（2）形成性评价

形成性评价是一个深化处理教学信息，进而为获得良好的教学效果所进行的评价。它以促进学习为目的，能够适时反馈教与学的结果，充实和改进教学步骤。这个评价过程涉及系统的操作方法，针对进行中的教学过程，如基于单元测试，了解学生掌握单元学习内容的情况，从一个单元到多个单元的整体联系，依据测试结果组织综合性评价等。

基于单元的形成性评价相对容易，基于学期或学年的形成性评价较为困难。这是因为：目前的教科书设计，既不是单元也不是主题，需要教师自己设定有序的学习单元或学习步骤；历史教育的终极目标，不是掌握历史知识，而是以历史知识为基础达成历史认识，而任何一种历史认识又依赖相应的历史思维能力，需要通过有效的教学过程逐渐积累和生发，总结性评价对此不起决定作用。另一方面，历史知识是否有助于学生形成正确的历史认识并发展历史思维能力，虽然与教学预设直接相关，但那毕竟不是真实的结果或事实。形成性评价能够将预设和结果连接起来，使评价真正服务于一个缜密而有效的教与学的过程。

因此，形成性评价对有效教学不可或缺，其作用是：第一，调整学习活动，使教学和评价具有完整性；第二，强化学习行为，引导学生获得寻求知识的方法；第三，调整和修改问题点，不让教学中的错误行为影响学习质量；第四，提出矫正教与学的行为的办法。包括由师生双方在宽松自然的情境中，探讨学习方法；增强学习的自律性等。

形成性评价既能够促进学生"为掌握而学习"（learning for mastery），也能够鼓励学生"为理解而学习"（learning for understanding）。对于后者，形成性评价更具有积极意义。首先，学生能够有效地确认自己对学习的理解程度。他们为到达理解的目标，会常问自己"为什么这样表达""怎样做才更好"，并依此自觉地调整学习心态和学习行为。其次，学生会从内心追问自己"还能够做什么""之后又该做什么"一类的问题。对教师而言，让学生明白自己目前的学习状态，了解自己所处的学习环境，

[①] 金相成主编：《历史教育学》，223页，杭州，浙江教育出版社，1994。

正是营造良好学习环境、展开有效教学的条件。

（3）总结性评价

总结性评价是在系统的教学过程结束之后，[①] 认定各学习阶段的教学效果、学习成绩的评价。其目标是对整个学习成果进行全面评定，也力图把握完整的学习效果。一般而言，"它的基本依据是系统教学目标，要分析和评价学生的学业是否已按计划达标，达标程度如何，在某种程度上还要有助于教师了解学生在完成这一系统目标学习后，相对于以后的学习或进行某种工作的最低水平限度的距离。"[②]因此，总结性评价也称为"系统目标评价"。

历史教学评价经常使用百分制和水平划分等级等总结性评价。从目标分类学的观点看，总结性评价的难度，在于如何从系统目标中，由低到高地实现理想的通过率。在现实中，不同的试验目的的通过率差别很大。需要强调是，凡是人为干扰通过率，使其提高或降低的办法，都是违背评价原则的行为。即便是标准化考试，评价目的不正确，其结果也不值得信赖。

需要指出的是，诊断性评价、形成性评价和总结性评价涉及的评价主体有多个，如学生、教师和管理者。不能只看到教师，也不要只针对学生。

表 6-1　基于学习指导的评价类型表

分类	诊断性评价	形成性评价	总结性评价
基本功能	确认是否具备了必要的学习条件、获得学习的认知基础、持续学习的关键因素，了解学生差异，考虑相应的教学方法	反馈教学进展情况（教师和学生），确认学习指导目标，明确学习的效率，调适或调整学习内容	在单元、学期、学年课程结束时，对学习目标进行系统评价，评估学业成绩，认定学业等级
实施时间	在学习活动开始时	在学习活动进行中	在学习活动结束时
目标重点	知识与理解，技能与能力，情感态度与价值观	知识与理解、技能与能力	知识与理解，技能与能力，情感态度与价值观
评价手段	观察、测试或实验	针对性测验	期末或结业考试
抽样评价	依照特定要求做成的能力水平样本、课程目标样本、学习指导方法样本、学生学习变数样本等	与单元学习相关的所有针对性样本，用于反馈短期学习效果，强化正确的学习行为，明确学习指导方向，调整学习进度，改进学习方法等	达成目标的概括性和表现性分析样本，用于整体把握学习结果

---

① "系统"，是把整个的课程学习（包括单元、学期等）看成一个完整系列。总结性评价的核心任务，传统上是评定学习等级，现在强调评定学生个体达成的学习水平。

② 金相成主编：《历史教育学》，224 页。

2. 学业评价技术

从 20 世纪 90 年代至今历史学业评价方法已比较多样。如郭景扬依据历史教育的内部联系，提出的学业评价体系和方法；杨向阳结合评价理论所阐述的学业评价功能和方法；聂幼犁和姚锦祥等人基于历史学业评价的整体论，对学业评价方法给予具体指导，以及金娣、黄牧航等推介的 SOLO 方法；聂幼犁介绍的 GCSE 考试方法等①。本节对此不再赘述，仅从另外角度给些提示。

（1）基于掌握学习的学业评价

掌握学习（mastery learning）是 1976 年由布卢姆率先提出的概念。他认为，所有学生都能够掌握他们所学习的东西，关键是能否给他们提供最佳的学习环境和足够的学习时间。掌握学习基于学习单元编制形成性评价，每个单元学习之后再进行总结性评价，以确保学生达到完全掌握的水平。

掌握学习要求学生必须清楚自己的学习任务，必须具备学习新知识的相应知识和技能，同时还要有学习的意愿。教师的角色，不仅是学习材料和线索的提供者，而且更是强化、反馈和矫正学生学习过程和结果的指导者。结合历史教育评价的实践，教师须认识和做到以下几点。

其一，通过诊断性评价把握学生的学习实态，并能够做到：拟定明确、具体的教学目标；掌握学生已有知识的程度和理解力，如采用前测（Pre-test）或预备测验（readiness test）获得学习信息；拟定教学设计，并有充分的预期。为此，教师可以采用问卷法、测试法、面谈法或在学习过程中运用设问法，并顺利开展教学活动。

其二，通过形成性评价确保每个学生都能掌握单元学习内容。譬如，在单元学习结束时，进行具有补充和深化指导性质的测试，为目标分析制定针对性评价项，用以判断学生掌握知识和技能的程度，以及教师达成了哪类目标以及水平；把握过程性成果，矫正不良的学习行为或不当的教学方法等，使形成性评价具有反馈（feed-back）和前馈（feed forward）两种功能；形成性评价可再进一步分为完成程度评价、教学过程评价、教学成果评价和课程评价。

其三，总结性评价主要依赖如下方法：书面考试，主要用于对知识理解和认识的评价；撰写报告书或小论文；教师观察笔记；面试；学生自我评价；学生互评；反思评价等。

①活用多种评价方法。比起学生的学习结果，更要重视学习过程。可以考虑采用多种评价方法，如为了提高效度和信度，积极活用学生的自我评价、同伴相互评价、组别评价等方法。②提高历史学习能力。通过评价结果除检验学生的完成水平以外，还可以分析产生的影响。评价结果作为提供给学生、教师、学生父母、教育

---

① 参见姚锦祥、赵亚夫主编：《历史课程与教学研究：1979—2009》，27 页，南京，南京师范大学出版社，2014。

相关者的依据，可以针对提高学生历史学习能力加以使用。①

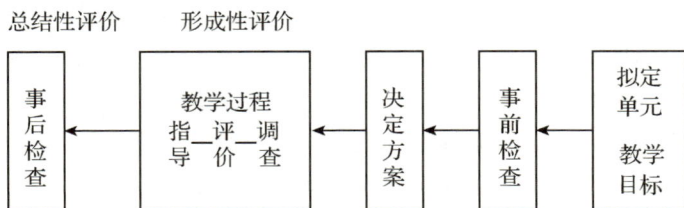

图 6-1 单元整体评价示意图

（2）"逆向设计"与评价

"逆向设计"由美国的威金斯（Wiggins，W.）等人提出，其过程是：明确预期的学习结果（明确教学目标）；确定如何证明学生实现了理解的标准与措施（选择与开发评价方法）；安排各种教学活动与指导学习活动（安排教学）。所谓"逆向"，指的是这个设计程序不是从"该怎样做"开始，其起点是"学习成果和衡量该成果的评价方法"。

对历史教育评价而言，威金斯提出的"既是学力模式也是学习模式"的"理解"最值得关注。何谓理解了，一直是困扰着历史教育专家的关键问题。威金斯为此给出了六个理解层面，即说明、释译、应用、洞察、移情、自我认识。"在这样的教学设计中，'理解'以转移的可能性为指标，对于已经学过的内容以及认定为知识的内容进行重新思考和修正。这反映出了建构主义的观点，即'知识'不是储存在个人的头脑中，而是在与周围的人进行'对话''合作'的过程中建构起来的。"②据此，运用WHERETO模板（见表 6-2）进行教学设计，的确相当实用。

表 6-2 WHERETO——教学设计的要素

W	让学生明确理解该单元的目标在何处（where），为什么（why）选择这样的目标
H	怎样从一开始就吸引（hook）学生，并持续（hold）吸引他们的注意力到最后时刻
E	为了让学生达到目标设定的行为，要准备（equip）必要的学习经验，工具、知识和方法
R	让学生重新思考（revise）核心概念，反思（reflect）进步，多为学生提供修改（revise）作品的机会
E	引导学生评价（evaluate）自己的进步，创造自我评价的机会
T	为了反映出每一个学生的才能、兴趣、特点、需求，进行调整（tailored）
O	与肤浅的面面俱到的内容相反，组织（organized）能够引起最大限度深刻理解的内容

（3）表现性评价与历史思维

表现性评价指的是通过表演、展示、操作、写作等更真实的表现来评价学生口头表达能力、文字表达能力、思维能力、创造能力、实践能力的评价方法。表现性的评

---

① 详见赵亚夫、张汉林主编：《国外历史课程标准评介》（下卷），268 页。

② ［日］田中耕治：《教育评价》，高峡、田辉、项纯译，144 页。

价又可以分为两种，一种是限制式的表现性评价，另一种是开放式的表现性评价。①

我们在这里仅就表现性评价与历史思维的关系阐释如下。第一，通过表现性评价让学生更为自然地流露出对历史事实、历史观点和历史理论的看法。第二，运用表现性评价鼓励学生展现表现、表达、辩论、演绎方面的才能，真实地反映他们分析、评价历史事实以及综合运用历史证据的能力。第三，学生在表现性评价中能够与不同的对象进行交流，并通过表现和表达发展他们的交往、交流能力。

无疑，表现性评价能够带来各种有效的教与学的技能，这些技能既能够提高学生的教学参与度，也对他们的思想产生冲击，促使他们运用多元智能交流所知所想。作为发展性评价的表现性评价，将知识、推理和交流三个维度整合成为一个有层次的思维培养模式，教师可运用它提升学生的历史素养。与传统的教学评价不同，首先，教师需要告诉学生这些维度有怎样的标准和水平。其次，教师要引领学生由基本标准和水平开始，去达到较高的标准和水平。为了使表现性评价真实且的确能够作为学生以后学习的基础，教师不能替代学生思考。

①知识维度（knowledge dimension）。有关历史证据的知识，是学生展开推理和交流的先决条件。学生拥有了知识就能分辨、定义和描述历史概念、事实和细节。尽管掌握给定的历史人物和事件，以及了解教科书的叙述和知识结构也是重要的，但是学生若不能超越这些给定的知识，他们就不算拥有知识。他们或依赖教师的讲授了解那些知识，或只是记住历史信息的碎片。因此，一个优秀的历史教师绝不满足于做一个出色的讲师，更不会陶醉于给了学生多少知识。

②推理维度（reasoning dimension）。推理是一个主动思考问题的过程，也是学生与信息之间的思维转换过程。推理涵盖了多种水平的技能，如对信息的释译、解释、应用、分析、假设及评估等。推理要求学生找出历史事实与背景之间、价值观与观点之间的关系，据此他们才能进行判断，给出符合逻辑的结论，进而解决真实问题。然而，这一切都取决于学生能否驾驭所拥有的历史知识。推理使得事实和理论更有意义，也因而能让人们对学习主题有更深的理解。②

③交流维度（communication dimension）。历史知识和历史推理在交流中才有价值和意义。在有效的历史教学中，某位学生的一个发散性的想法，就能够激发全体同学的积极参与，并碰出火花；一个学生要想述说过去的故事，必须具备明确的理论支撑，以及能够以人们熟知的方式生动地描述故事；一个组织良好的论述，必须有可靠的例子支持观点，而且必须基于多种史料综合分析其提供的结论。抑或是学生运用的知识和推理，应该使用逻辑自洽（self-consistent）的证据。③

---

① 参见黄牧航：《高中历史科学业评价体系研究》，47页，长春，长春出版社，2011。

② 参见赵亚夫主编：《国外历史课程标准评介》，18～25页，北京，人民教育出版社，2005。

③ 以上内容根据此书整理。Frederick D. Drake, Lynn R. Nelson：*Engagement in Teaching History：Theory and Practices for Middle and Secondary Teachers*（*second edition*）. Pearson education 2005，pp. 115-212.

为此，表现性评价提供了多种方式和方法，让学生相互交流知识并进行推理练习，包括分析第一手资料、创作政治漫画或海报、参加历史模拟活动以及写学术性论文等。一个富有想象力的教师，可以有很多办法在课后、单元学习中或期末实施各种形式和水平的评价。无论采用什么样的评价活动，以下问题对教师而言都值得经常自问：该活动能体现教学目标吗？该活动能充分地体现预期结果吗？学生能在多大程度上，运用历史知识和历史思维？该活动有助于提高学生的推理和交流能力吗？该活动能否激发学生积极表现的欲望？他们会表现出怎样的能力水平？

美国人才培养新标准(A New Model)：①心智习惯(habits of mind)，包括创造力、好奇心、恢复能力、毅力、自我效能等；②领导力及团队合作能力(leadership and teamwork)，包括提出新想法、为他人提供帮助、执行决策等；③全球视野(global perspective)，包括包容开放的心态、理解非西方的历史及文化、通过技术与全球的人和活动建立连接、掌握有效的跨文化交际技巧与思维能力、使用21世纪的技能去理解和解决全球性问题等；④沟通能力，包括理解并使用两种及以上语言、面对不同类型的人如何清晰地交流、用心倾听等；⑤适应性与探索力，包括敢于尝试陌生的领域、探索和实验、勇于独立探索新的角色、思想和策略等；⑥信息技术及数理能力(digital and quantitative literacy)，包括理解和使用及应用信息技术、创造数字知识和媒体、以不同的形式运用多媒体资源进行有效沟通等；⑦诚信与决策力(integrity and ethical decision-making)，包括保持同理心和同情心、表现出对抗不公正的勇气、关注其他人的利益和福利、面对复杂的问题等；⑧分析和创造力(批判性思维包含其中)(analytical and creative thinking)，包括定义和管理及应对复杂问题、鉴别偏见、区分可靠的和不全面的信息、应对信息过载、提出有意义的问题、找出多种选择、建立跨学科的知识和视野、持续推理、融合与适应、解决没有常规答案的新问题、运用知识和创造力去解决复杂的真实问题等。[①]

第三节　历史教育评价的体系化

为实现培养历史学科素养的目的，历史教育评价必须体系化，从理论的角度说，其包括这样三个子系统：以历史知识为中心的学业评价系统、以历史思维为中心的能力评价系统、以历史认识为中心的人格评价系统。

一、以历史知识为中心的学业评价系统

(一)教育目标与教育评价的整合

教育评价不应再以教科书为中心，而是以真正提高学生的学科素养为中心。即从

---

① 参见王晓平、齐森、谢小庆：《美国高校招生"新模式"的启示》，载《中国考试》，2018(3)。

关注把握教科书的精细程度，转变为注重教学设计、教学过程的针对性、实效性和自主性。所以，教育评价应该把评价或评估的规范性、客观性和有效性作为重点①。

1971年，布卢姆出版了《学习评价指南》一书，重申目标、行为、评价技术和测试问题是一个整体，而且等量齐观。他将学生外显的、具体的行为作为目标的陈述对象，将泰勒原理中目标与评价之间的关系处理得更为完善。这种观点要求学科教育不仅要突出自身的教育特色，而且理应蕴含或贯彻本学科的教育理想。因此，学习评价首先是对课程标准进行评价，然后才是对教科书、教学进行评价。评价的目的是使教育目标和教育行为达成一致，使理想课程不再是纸上谈兵。

表6-3 与课程、教学评价相关的辩论②（节选）

主题	核心问题
课程变革	课程变革需要教师来承担义务吗？
自由与学习	当理想目标与现实冲突时，应该怎样办？
为了生活的教育	是进步课程还是传统课程使一个人为生活做了更好的准备？
个体差异与机会平等	对社会有好处的东西对个人也会有好处吗？
国家教育报告	课程应当服务于国家需求吗？
大众文化还是课堂文化	流行文化是否应在课程中占有一席之位？
个性化学习	有没有一个为每个孩子而设立的课程？
评分政策	评分政策以及课程对教师最有用？
作为批判者的教师	在实际事务中，教育研究处于什么位置？
谁的目标最重要	对于（课程）目标的争论，如何处理？

（二）学业评价的体系化

1. 学力与评价

所谓"学力"（learning capacity），简单说，就是通过现在的学习，为以后适应环境、实现有创意的生活、奠定学识与能力基础。③ 确定学力目标，首先要考虑三个问题：以往的学力要求怎样？现行的学力标准怎样？该评价对学生今后的发展有何种影响？过去的教学法，把这类问题表述为"教什么""如何教""怎样教得更好"。

---

① 故有学者把20世纪20年代比作"测量的儿童期"，20世纪40年代比作"测量的成人期"。成人期的重要标志是被强化的目标理论。

② 参见［美］沃克、［美］乔纳斯·索尔蒂斯：《课程与目标》（第4版），向蓓莉、王纾、莫雷钰译，117页，北京，教育科学出版社，2009。

③ 我国古代，"学力"有学术造诣、精通等多种意思。现在用于教育领域的"学力"是一个日语词汇。至今教育理论界对该词没有一致的看法。这里使用的概念，主要指对知识的认知、掌握和理解能力。参见［日］寺内義和：《大きな学力》第一章，旬报社，1996。

当然，打好知识基础是评价目标之一。评价的前提是针对学生"应该获得的知识"制定可量化的、有层级的指标①。诸如把握事实性知识、知道解释事实性知识的一般方法，以及获得事实性知识的方法，都是初级水平的指标。再进一步，便是对知识的理解与解释，不仅要掌握知识，而且要能够表达和运用知识。因此，知识将涉及更深层次的规范（如运用术语和方法）、评判（如把握事实之间的复杂关系）和行为（如将理解的内容表现出来）。据此，对知识的评价重点，不再是一般概念，如时间、空间、过程、影响，而是需要明确把握事实之间的从属关系，如本质与现象的关系、整体与部分的关系；理解延续与变迁、叙事与结构、证据与事实、论证与意义等概念；通过分析、迁移、论证、推论和解释等技能，发展真实的学科能力。

解读和评价原始材料

在利用原始资料时，学生能够理解、分析和鉴定：

原始资料是历史探究的重要组成部分；多角度解读和呈现历史的方式，包括：理解和提取相关信息；根据已知信息做出推论；将不同的观点进行比较；区分事实、观点和判断；识别并肯定价值的同时察觉偏见；明确已知信息的实际作用；基于合理充分的证据和讨论形成结论。②

2. 学力与能力

一定的学力与一定的能力相匹配。较高水平的学力都与思考能力和表现能力相关。历史的思考和表现能力，则基于历史材料所获得的历史认知③和历史认识④。一般而言，培养历史思考能力需要教师诱导出学生思考问题及解决问题的欲望与自发性，让学生对学习内容产生疑问，或抱有强烈的问题意识；培养学生应用具体知识及原理分析问题的能力；培养学生的再生性思考能力等⑤。教师应采用能够说明史实的现象和本质、合理推论结果、独立进行论证的评价方式和方法。

一般说来，依据资料教学所培育的能力不外四个方面：其一，对资料的理解和分析能力。包括正确使用符号、图表、图解、术语的能力；解读资料的能力；对资料作一般性的统计和计算的能力；分析资料内在的构成要素及原理，比较不同资料，并对资料作抽象处理的能力。其二，判断资料的可信度及关联性的能力。包括评价

---

① "指标"，即对目标的规定，它是具体的、可测量的、行为化和操作化的目标。

② 参见赵亚夫、张汉林主编：《国外历史课程标准评介》（下卷），640 页。

③ 认知（recognition），即"再认"，心理学术语，指记忆过程中的一个基本环节。记忆是认知过程的组成要素，表现为人对过去经验的识记、保持、认知和回忆。布鲁纳和奥苏贝尔等人的认知理论对改善历史思考的评价方法，具有重要意义。参见高觉敷、叶浩生主编：《西方教育心理学发展史》，243～334 页，福州，福建教育出版社，1996。

④ 认识（cognition），心理学术语，反映脑的机能和外部世界的辩证统一过程，或客观世界的主观映像，包括感觉、知觉、注意、表象、记忆、现象、思维和语言等。

⑤ 包括理解所学、所述问题的意义，联想并运用相关的知识与原理；具有辨识、归纳知识与原理的能力；具有整合学习教材的知识与原理的能力；掌握必要的议论、立论等有逻辑地进行论证的知识。也是创造能力和批判性思维能力。

资料作者的人格、资格以及有无偏见的能力；对资料的收集、整理及使用方法作适当评价的能力；判断资料各部分的相互关系的能力。其三，认识资料使用界限的能力。包括依据资料出处、产生时间及收集方法，判断使用界限的能力；判断信史依据的能力；判断资料中感情性结论、倾向性结论的能力。其四，以资料为基础建立假说的能力。包括以资料为认识基础，调动已有知识，提出补充新资料的方法，确立问题假说，导出法则或概括意见的能力；表述恰当的结论的认知能力；运用适当的论理充分支持假说的能力。①

二、以历史思维为中心的能力评价系统

(一)能力与评价

第斯多惠深信教学的最高目的，"不是广度的实质的目的，而是深度的形式的目的"②。在他那里，观察力、记忆力、思维力是被当作可激发的性格力量，也是影响人的个性特征的主要因素。

对什么是能力的问题，至今学者们莫衷一是。有的学者认为，它包含反应能力、适应能力、独立思考能力、洞察能力、个人生活能力、自我判断能力等。有的学者则把能力看成是感觉、知觉、联想、记忆、想象、辨别、判断、推理等行为的复合的精神(mental)过程。概括其特点：它是被抽象化了的思考能力、判断能力、推理能力、洞察能力等高级能力的总和；它是通过学习而获得的能力；它是针对新的环境、新的问题而具备的适应能力。

在评价活动中，学者们通常运用以下观点，在测试中：所有学生具有同等机会；激发所有学生的动机；所有学生需发挥应有的能力；使所有学生的情绪、身体和感情处于良好的状态。因此，在测试学生的学习能力时，测评者应充分考虑学生的个人经验、学习动机、情绪适应性以及考出优良成绩所必需的测试技能等条件，尽量使所有学生都得到获得发展的机会。

(二)能力评价的体系化

1. 能力的多种表述

最早的智力评估是比奈(Binet，A.)和西蒙(Simon，T.)于1905年合作完成《比奈—西蒙智力测试表》之后，在该表基础上推广的测试方案，还有点数式智力测试(1915)、斯坦福—比奈智力测试(1916，分L型和M型)。1926年，美国人开发了以人物绘画为材料的智力测试；1944年，一种不受社会阶层差别和国别文化影响，以图形、颜色为工具的测试方法，即所谓的"超文化智力测试"也在美国诞生。随着测试工具的开发和测试范围的扩大，人们对智能本身的认识也得到发展。为有效的

---

① 参见赵亚夫：《现代教育评价理论与中学历史教育评价的体系化》，载《首都师范大学学报》(社会科学版)，1997(6)。

② 张焕庭主编：《西方资产阶级教育论著选》，369页，北京，人民教育出版社，1979。

定义智能内容，测评者必须搞清楚智力和能力之间的关系，以及各自的内容结构，否则无法保证测试的可靠性。

桑代克把能力分为 3 种：社会能力（每个人都应具有的能力）、具体能力（应用特殊技术和科学、理解和处理事物的能力）、抽象能力（理解、记忆、加工、语言和数学运算的能力）。社会能力对应社会性问题，具体能力对应适应性问题，抽象能力对应操作性问题。[1] 斯皮尔曼（Spearman，C.E.）采用因素分析方法，将能力分为一般因素（即 G 因素，General—factor）和特殊因素（即 S 因素，Specific—factor）。[2] 瑟斯顿（Thurstone，L.L.）又将能力因素分为 7 种，提倡多维的分析方法（N 因素/数学、V 因素/语言、W 因素/语言流畅度、M 因素/记忆、S 因素/空间知觉、P 因素/知觉的敏感度、R 因素/归纳、演绎及综合、推理）。吉尔福德（Guilford，J.P.）在 1959 年设计了能力构造理论模式。他将一个立方体分为 3 个层面：能力的功能（5 个）、素材（4 个）和能力的属概念（6 个），并确认存在着 120 个能力因素，即 $5 \times 4 \times 6$。此外，还有弗侬（Vernon，P.E.）等人的综合因素分析说[3]，以及大家非常熟悉的加德纳（Gardner，H.）的多元智能理论。

2. 能力的测试种类

能力测试，按照测试目的区分有一般性能力测试（了解一般能力发展程度）、诊断性能力测试（获得 IQ 发展指数）；按照测试人数区分有个人测试、集体测试；按照问题形式区分有语言形式测试法、非语言形式测试法、混合测试和动作测试；按照试题形式区分有作业限制式、时间限制式等。其要求是：必须细化能力目标；能力发展程度应与学力成正比关系；能力测试的着眼点不是差异，而是个性和个体发展；能力测试鼓励创造性发现，包括想象、理解、态度、性格、表现、技能、论证、批判等因素。总之，能力测试方法注重自身的流畅性、发散性、独创性和具体性。[4]

美国学者加德纳认为人类至少具有语言智能、逻辑数学智能、视觉空间智能、身体运动智能、音乐智能、人际智能、内省智能、自然观察者智能等众多智能。无论加德纳的"多元智能理论"是否全面，我们都应看到，它打破了传统智力理论对人格、情感等因素的忽视和排斥；运用加德纳的多元智能理论进行发展性评价，正是促进学生情感投入的绝佳契机。因为正如世界上没有两片相同的树叶一样，我们的课堂上也绝不会出现两名相同的学生；即便是双胞胎，也会因为环境等因素的影响

---

① 参见〔日〕辰见敏夫：《教育评价的争点》，97 页，东京，教育开发研究所，1984。

② 如二因说（theory of two factors）在一般因素（用 g 表示某人较为平衡的那些因素）与特殊因素（用 s 表示某人不平衡的因素，如记忆力强而推理能力弱）之间构成若干智能考查标准。

③ 参见赵亚夫：《历史学科能力测定的概念、种类及其一般原理》，载《首都师范大学学报》（社会科学版），1998（5）。

④ 托兰克（Torranc，E.P.）在梳理创造性试题时，有这样的描述：流畅性指思考的速度和准确性，针对回答问题的总数；发散性指思考的广度，针对回答问题的点数；独创性指思考的新颖性，针对与他人不同的解答方式；具体性指思考的深度，针对回答问题的手段、构造和条件等。

导致其学习动机、情感、态度等因素有所差别。所以，教师需要充分利用多元智能理论调动起学生内心深处积极的情感因素，让学生真正投入历史学习中。①

三、以历史认识为中心的人格评价体系

(一)人格与评价

人格(personality)是一个多义且非常复杂的概念，它涉及人的思想、情感、价值观、行为模式乃至性格、气质。就其本质而言，则是人作为活动主体的一种资格②。在教育心理学界，行为主义学派、格式塔学派(gestalt psychology)、人本主义学派的学者们，都尽可能地使该词词义符合自己的主张。如阿尔波特(Allport，G. W.)认为："人格是体现个人具有特征性的行为与思想的内在(心理的)及外在(物质的)的诸种体系，并合成一个人特有的内趋力。"巴拉斯(Blas，P.)认为："人格是个人诸种态度及行为倾向的总和。它养成个人对周围环境应有的适应能力。"莱纳德(Leonard，J. P.)认为："人格是存在于个人内部的反映倾向、习惯类型、态度、价值观等趋动力的结构体。它们彼此作用，并以此体现个人对其环境的适应能力。"艾萨克(Eysenck，H. J.)认为："人格是个性化的认识、感情、意志及身体特征的总和。"若从社会学方面看，人格是一个人各种反映趋势的总和。它既体现个人的精神统一，也将健康的精神与外界做自由而积极的调和。它要求社会中的人要具有一贯的合作精神，具有对人类社会的价值信念和责任感，并努力使自己通过富有创建性的劳动，更多地贡献于人类的文明发展。③

历史教育所讲的人格，是从行为倾向与反映、情感与意志、知识与理解、理想与信念、道德品质、精神状态、智慧、自尊以及各种能力方面，综合培养符合人类文明发展要求的人文素养。它既从人的历史行为中反映"人创造人的历史"的种种过程，也让学习者从中了解拥有善的人性的必要条件、环境和理由。

人格评价目标因人而异，因学派而异。日本心理学家牛岛义友采用素质性格(含倾向性、情绪性、意志气质)、社会适应性、自觉人格(含态度、趣味等)三分法；大西宪明从测验角度，将人格评价分为气质与适应性(评估个人行为类型及情绪状态的平衡性)，趣味、态度、意义及价值观(评估动机、理想及价值观)，道德和性格(评估社会规范、传统及伦理规则，识别个人的善良程度)等方面。桥本重治提出了八分法，即气质(遗传、素质及秉性)；情绪(人的情绪倾向)；欲望(心

---

① 张汉林主编：《初中历史有效学习评价》，51～52页，北京，北京师范大学出版社，2015。

② 亦可分为道德人格(人的道德品质)、心理人格(主要指人的性格)和法律人格(法律赋予的权利，如名誉权、姓名权、荣誉权、肖像权)。以上内容根据日本学者桥本重治的研究整理。参见[日]桥本重治：《新·教育评价法总说》(下)，217页，东京，金子书房，1985。

③ 在第二章已涉猎马克思的人格理论，如"在马克思哲学中，真正的人是从事现实活动的人，是历史中行动的人，也就是作为活动主体的人。人格也就是人作为活动主体的资格"。(袁贵仁：《马克思的人学思想》，126页。)本章专讲评价问题，故仅涉及教育学、心理学相关的人格概念，但不意味着我们可以丢弃或违背马克思的人格理论。

理要求、纠葛及情节①）；适应性（适应周遭环境及控制自我行为）；态度（看问题的方式、思考方法和行为倾向）；趣味（对社会现象、问题和学习内容的反应）、行为（在思考道德问题及形成价值观过程中，由自身实践表现出来）；道德（遵守社会公序良俗，适应社会规范）②。

显然，人格评价在扩大了评价范围和功能的同时，将彻底改变历史教育评价仅仅停留在学业评价以及基于学业评价研究考试的传统，真正地促使狭义的历史教学转变为普遍的历史教育，变功利的历史教学为思考的历史教育。因此，评价的目标和方法，势必导向以人为本的评价观：其一，态度、意志和价值观等，不仅是评价内容，而且是学力或能力的内在动力；其二，不仅要把握整体性知识，更应该强调知识的衍生性；其三，追求自己理解的历史，而不是依赖别人给定的历史；重视对个人生活有用的历史，而不是为学问而作的历史。当然，还可以挖掘更深刻的内容。抑或是将知识—能力—政治思想教育的评价逻辑程序，转变为学力—行动—人格的评价逻辑程序。③

（二）人格评价的体系化

人格评价主要采用质的评价方法，而且它与学业评价、能力评价不能截然分离。如针对学生学业发展的档案袋评价法（portfolio assessment）、作品分析法（内容分析法，content analysis）和表现性评价法，针对教师教学优良度的案例分析法，针对课程标准和教材的比较研究法、抽样调查法等。本节只给出以下范例。

1. 问卷法

这是针对特征性问题采用的测试方法。譬如评价正直感、忍耐性、合作能力；情绪的波动性、倾向性、适应性、依赖性和基本愿望以及态度、兴趣等内容。倾向性测验、情绪性测验和适应性测验等评价，适宜选用绝对评价或标准化试题。但是，测评者不能单一地运用数据统计法分析测试结果，还应该运用精神分析理论对测试结果进行解释。另外，一个人通常具有外向性和内向性两种性格。在一定时期或一定环境下，只能测出哪种性格更强。

测试情绪方面的问卷法，其目的是为了把握学生在学习中的稳定性情绪，以便教师适时调整学习指导计划。因此，测评者适宜通过多角度的观察，来处理异常反应、精神倾向、自尊强度、自卑感、自我中心、家庭关系、学校关系等情况，评估工具以档案袋法、自我评价法为主。

2. 作业表现法

作业是学业的重要组成部分，随着教育模式、方法的不断更新，作业的种类越

---

① 即 complex，表示在无意识中，被压抑的精神状态。另外，开发潜意识，提高学习意欲，能激发成就动机。

② 参见［日］桥本重治：《新·教育评价法总说》（下），220～222页，东京，金子书房，1985。

③ 参见赵亚夫：《历史学科能力的测定概念、种类及其一般原理》，载《首都师范大学学报》，1998(5)。

来越多，如文本表现形式（格式塔或完形①、论文、报告书和编写故事）、造型表现活动（绘画、模型、漫画等）、戏剧创作或表演活动（创作、表演及完形测验）、统计（或制作）活动（地图、年表、图表）、田野调查活动（调查、口述史）、社会服务活动（社区服务）等。这种评价的目的是激发学生的兴趣和好奇心，唤醒学生对历史和社会的关心和探究欲，提高学生学习和研究历史的热情。

历史教育评价应能够帮助学生习得必要的技能，发展知识迁移能力，理解历史与社会并增长相关的学习经验，依据实际体验，认识正确的价值观和生活理念，获得真实的成就感等。所以，这类评价要求：确定明确的评价目标；预期成果要与学生的实际能力相吻合；承认作业表现有差异性；强调学生必须获得的学习成就。②

第四节　考试研究与历史教育评价

综合素质评价成为高考评价的重要依据、毕业考试和学业水平测试纳入高考的范畴等举动，宣告了高考录取标准已经朝着多元化的方向发展，也说明新课程提倡的过程性评价的理念开始在高考改革中体现。③

一、考试研究具有很强的专业性

考试是较为严格的测量工具，适宜用来客观地检测知识习得程度和水平。其形式是在特定场合、特定时间内让受试群体完成一份相同的答卷，它要求统一试卷和统一答案，有严格的考试和监考纪律，以公平性、客观性、科学性、选拔性、发展性为原则，是社会成员公平竞争、实现发展愿望，以及不同机构选拔人才的重要手段之一。

（一）考试的一般概念

1. 考查和考试

考查即用一定的标准检查学生学业成绩或教学效果的测试手段，形式和方法多样。与考试相比，它更有弹性，不像考试那么正规和严格。考查和考试，都有笔试、口试和面试三种基本方式。

2. 中考、会考和高考

中考，即"初中学业水平考试"。顾名思义是测试初中生是否完成义务教育学业水平的考试；会考，即"普通高中毕业会考"，是测试毕业生是否合格的统一考试。与高考不同，会考的题目限于学科的基础知识部分，是教育行政部门对学校进行宏

---

① 即 Gestalt Test，学生通过扮演角色意识到自己个性的测验法。
② 参见赵亚夫、张汉林主编：《国外历史课程标准评介》（下卷），328 页。
③ 参见姚锦祥：《历史教育考试研究》，31～32 页，长春，东北师范大学出版社，2008。

观控制的一种手段。高考，即"普通高等学校招生全国统一考试"，是合格的高中毕业生或具有同等学力的考生参加的选拔性考试。

中考、会考和高考制度不断变化，目的是更好地适应国家、社会的发展要求，满足考生的升学需要。

3. 指标与效标

指标（indicator）是教育评价的重要工具，它以数量的形式表示教育概念和关系，并由指标来分析教学过程和结果。指标与目标相统一，指标使目标具体化和可测量。譬如测评者依据目标把学生的学习成就分成若干层次和水平，其中需要确认各种达成指标，没有指标就不能测定总的教育活动效果。由于教育活动的复杂性，指标的种类和功能不尽相同，有些指标侧重即时性效果，有的指标侧重前瞻性的预期。指标分析有单指标量化分析、双指标量化分析、多指标量化分析等量的研究手段。

效标（validity criterion）则是一种衡量测验有效性的参照标准。效标测量要求稳定可靠、尽可能避免误差，保证客观性。

4. 权重与权集

权重（weight）是指某一指标在整体评价中的相对重要程度。权集的"权"，即权重。权集（weight sets）则表明以数值形式呈现出的指标（或准则）在集中情况下其价值有多大。在实践中，人们提出了一条准则并给予了它比其他准则更大的权重，就表明，在人们的观念里，在诸准则中，这一准则的价值是最高的。世界上的任何事物都是处于和其他事物的相互联系与相互制约之中的。权集作为关系集正是事物相互联系与相互制约关系的具体反映。[①]

评析历史试题时，上述概念不可或缺。

（二）考查与考试的一般准则

第一，理解重于记忆。任何一种测评方法，都应能够测试出学生掌握知识的程度，但这不意味着学生可以死记硬背。运用知识解释历史现象，并形成正确的历史认识，才是学习历史的目的。因此，理解是考查和考试的重点。

第二，活用历史材料。试题命制需要涉及广泛的历史材料，并通过学生解读历史材料检验其真实的历史学习技能，如历史材料的归纳技能、解释技能、叙事技能、分析技能、统计技能、制作技能等。

第三，发展历史思维能力。诸如学生正确把握时代特征、分析历史人物的作用、合理的历史移情、确定假说、论证事实、考证变迁等能力，抑或是学生发现问题、解决问题的具体技能和能力。

第四，整体的认识水平。历史教育要关心和理解人类文明及人类的社会生活。在为学生打下认识基础时，教师不宜把知识处理得过于单一或零碎，教师应该引导

---

① 参见陈玉琨：《教育评价学》，42 页，北京，人民教育出版社，1999。

学生通过具体史实产生学习兴趣；运用各种资料，多角度考察历史现象；基于对常识的理解，形成整体性的历史认识。

(三)作为专业的考试研究

理论上讲，历史教师都是考试专家。起码他们应该熟悉考试原理和标准，自己能够编制规范的考试试卷，懂得如何分析试卷，并将考试与学业评价乃至教学质量联系起来。即便是在中考、高考不断变化的环境中，历史教师也可以泰然处之，以不变应万变。但事实并不如此，几乎人人抓考试，又几乎人人是外行，这是现实的写照。它最大的危害是，既放弃了历史教育，又伤害了学生对历史的好奇心。对于考试本身而言，也是"以形害义"，即考试成了庸俗的形式，绑架了太多学科的本真。

其实，就大多数教师而言，他们作为考试专家，与那些从事高利害考试命题的专家不同。其中一个关键原因，就是这类考试越来越专门化、专业化，一线教师没有时间、精力投入进去，也没有这样做的必要。至于专业人员的专业水平如何则是另一回事，是另一个层面要研究的问题。总之，人人关心考试、人人研究考试，势必曲解历史教育评价的本义，在这样的环境中，不可能有健全的历史教育生态。教师应该把主要精力放在教学上，研究"以理解为中心"的有效教学。一个正常的教和考的关系是，有了教学质量，才有考试成绩。

以学生为中心的课堂，力图合情合理地把学生的经验与所学知识关联起来，帮助他们选择适宜的方法，去认识"不是我该知道多少"而是"知道怎样知道"的道理，促使课堂也具有社会交流的功能。为此，在课堂学习环境中，理应：①承认每位学生都会有自己的需要和想法；②如果要学生投入探究活动，就要提供给他们自由表现的机会；③教师既是学习的指导者，也是参与者和学习者；④教师应站在学生的角度，倾听他们的问题，否则就很难营造充满快乐的学习环境。[1]

材料探究题规定了明确的考查主题，要求学生能够对指定主题有良好的知识储备，并熟知各种可选用的材料来源。问题设计所依据的材料多被历史学家用于建立各自(关于该主题)的史学观点。直接材料和间接材料均可选入材料探究题目。学生应当了解不同材料的评价方式。[2]

二、考试研究应该遵循学科教育规律

(一)考试不能主宰教学

长期以来，教学中的"考试"与"教学"似乎总是矛盾的，"重视教学，则考试不行"或"侧重考试，教学便成了备考的渠道"。其实，"教学才是常态""教得好，也应该考得好"。毕竟如同全国统一高考这样的高利害考试是时代的产物，而不是学科发展的必然结果。把日常教学备考化，尤其是把课堂教学等同于"讲题""磨题"和"模

---

①　参见赵亚夫：《浅议以学生为中心的历史教学评价》，载《历史教学》，2015(6)。

②　赵亚夫、张汉林主编：《国外历史课程标准评介》(下卷)，653 页。

考"，更是违背学科教育的常理和规律的。

考试研究是总结性评价，如果没有大量的、充分的过程性评价做支撑，这个总结性评价也靠不住。所以，考试研究需要与教学适当剥离。当不会教、教不好，便也学不好、考不好时，考试研究才能作为一门独立的学问进入教学，并为学生的健全发展服务。

（二）考试研究遵循教学原理

"出题"或许不是什么难事，难的是编出好题。又如，人们熟悉和掌握测量知识和技术相对容易，可要让不同的题型发挥其应有的功能和作用，也难！因为一道好题，既要符合测量学的原理和技术要求，又要达成学科教育的目标和目的。能否测试出学生的最佳水平，我们绝不能看庸题、偏题、怪题和难题，还是要回到教学原理上来。

"考什么"和"如何考"，永远是考试研究者思考的基本问题。如运用目标分类学的认知目标，由简单到复杂地排列知识(knowledge)、理解(comprehension)、应用(application)、分析(analysis)、综合(synthesis)和评价(evaluation)的方法，方便我们结合学科要素，更好地考出学科素养。再如，利用汉布尔顿(Hambleton，R. K.)的计算方法，分析试题与目标的匹配关系。如果不遵循一定的教育原理，无论试题多么强调学科性，测试的功能都会具有极大的局限性和偶然性。

表 6-4　认知过程维度简表[①]

类目与认知过程	替代名词
1. 记忆——从长时记忆系统中提取有关信息	
1.1 再认 1.2 回忆	识别 提取
2. 理解——从口头、书面和图形传播的材料中建构信息	
2.1 解释 2.2 举例 2.3 分类 2.4 概要 2.5 推论 2.6 比较 2.7 说明	澄清、释义、描述、转换 例示、具体化 类目化、归属 抽象、概括 结论、外推、内推、预测 对照、匹配、映射 构建、建模
3. 运用——在给定的情境中执行或使用某程序	
3.1 执行 3.2 实施	贯彻 使用

---

① 参见[美]安德森等编：《学习、教学和评估的分类学》，皮连生主译，59～60 页，上海，华东师范大学出版社，2008。

续表

类目与认知过程	替代名词
4. 分析——把材料分解为它的组成部分并确定部分之间如何相互联系以形成总体结构或达成目的	
4.1 区分 4.2 组织 4.3 归属	辨别、区别、集中、选择 发现一致性、整合、列提纲、结构化 解构
5. 评价——依据标准做出判断	
5.1 核查 5.2 评判	协调、探测、监测 判断
6. 创造——将要素加以组合以形成一致的或功能性的整体；将要素重新组成新的模式或结构	
6.1 生成 6.2 计划 6.3 产生	假设 设计 建构

（三）考试研究要符合学科特征

历史学科考试不仅要反映历史内容，还必须体现学科本质和思想。如试题的信度（reliability）和效度或妥当度（validity），一方面受试题命制技术的影响，另一方面也与命题者的专业认识和专业水平直接相关①。譬如，分析试题是否妥当，除了分析内容的妥当性之外，还要分析建构概念的妥当性和关联标准的妥当性。以史料为例，让学生基于给出的史料进行判断，属于内容的妥当性试卷分析；让学生依据史料来源解释史料，属于建构概念的妥当性试卷分析；让学生从多种史料中辨别事实和观点并做出恰当的解释，属于关联标准的妥当性试卷分析。总之，一份好的试卷，既要符合测量学要求，还要满足学科发展的需要，这才是考试的导向功能。

19 世纪有位英国人说："考试是非常令人厌烦的。它是为最大的傻瓜准备的，最聪明的人不一定能回答。"如今，我们期望把这样的考试文化转变为评价文化，让学生不必在考试面前摇摆不定或产生恐惧感。

以学生为中心的教学评价强调，真实的评价不是通过纸笔考试完成的，而是在接受多种挑战的互动环境中实现的。互动（无论是平和的对话还是激烈的争辩）才有助于生长智慧，才有可能使教学过程成为有意义的学习过程。②

---

① 如今，编制试题的水平主要依靠编制者的经验。这种经验：①在操作性方面，因过于强调回避"成题"，常常"无题可出"，于是逼迫编制者剑走偏锋；②在应用性方面，试题命制需要耗费大量精力，而"好题"一旦出现瞬时就被复制，因此，对试题编制而言，程式比创新重要，平稳比好题保险，故考试与其说是一项研究，不如说是一个常在的工作任务。因此，形成专业的考试研究，我国还有较长的路要走。

② 赵亚夫：《浅议以学生为中心的历史教学评估》，载《历史教学》，2015(6)。

学生的作答应当反映出其对历史理解和证据阅读的深入。另外，答题内容应展示学生高水平的概念性理解技能和对题目隐含观点的评析。学生需要在作答时通过连贯而清晰的结构与文笔，呈现其对于某一论证的思考过程。①

学后复习

回顾

1. 定义：教育测量；教育评价。

2. 辨识：评价目的与目标；评价的功能与作用；形成性评价与总结性评价；评价方法与评价技术。

3. 定位：历史学科教育评价的研究范畴。

4. 解释：历史教育评价为什么是多元的，应从哪些方面发展历史教育评价？

重点思考

1. 实施："什么样的课是好课"或"一节好课的标准是什么"，这是一个真问题，还是一个伪问题？

2. 评价：你会从哪些方面确定历史教育评价的价值性目标？

批判性思考

1. 分析：通过网络搜集资料，分析 CIPP(背景/context；输入/input；过程/process；成果/product)评价模式是否适用于历史教育？

2. 综合：传统的历史教学评价模式有什么弊端？历史教育评价的出路在哪里？

应用概念

1. 合作：以小组为单位，拟定历史学科发展性评价的程序或步骤。

2. 辩论：历史学科教育是否应导入"学生评教"机制？

技能练习

1. 尝试制作课堂教学观察量表(包括不同角度、功能单一的观察量表)。

2. 运用 SOLO 法分析学生的学业成绩。

3. 编写一份标准的模拟考试试卷(要求格式和内容必须完整)。

---

① 赵亚夫、张汉林主编：《国外历史课程标准评介》(下卷)，653～654 页。

拓展阅读及书目简释

教育评价理论

1. 陈玉琨：《教育评价学》，北京，人民教育出版社，1999。该书从教育价值与教育评价、教育评价的步骤及其技术和方法、学生评价的原理与原则、学生评价的方法、教师评价的原理等方面，阐述了教育评价理论的发展及其在各领域的研究成果。另，涂艳国主编：《教育评价》，北京，高等教育出版社，2007；胡中锋主编：《教育评价学（第3版）》，北京，中国人民大学出版社，2016；罗黎辉、高翔编著《教育测量与评价》，云南教育出版社，1996。上述三本也是不错的参考书。

2. 吴刚：《现代教育评价基础》，上海，学林出版社，1996。全书由陈玉琨作序，由教育评价的概念、历史和发展、心理与调控、一般程序、标准的编制、信息的搜集和处理、再评价、评价制度等内容构成。另附有教育评价的参考标准等。其特点是实用性强，便于初学者和自学者掌握。

3. 陈玉琨、赵永年选编：《教育评价》，北京，人民教育出版社，1989。该书是瞿葆主编的《教育学文集》中的一种，学术性、资料性较强。该书选编的材料包括三类：第一类为教育评价的发展历史；第二类为教育评价的理论和现代流派；第三类为教育评价的技术和方法。

4. ［日］田中耕治：《教育评价》，高峡、田辉、项纯译，北京，北京师范大学出版社，2011。该书篇幅不大，条理清楚，对中学历史教育者认清教育评价概念、认知教育评价发展史、掌握教育评价的基本方法很有帮助。

历史教育评价

1. 聂幼犁、金相成、朱志明：《中学历史学科学业评价》，郑州，河南教育出版社，1989。全书分概论、中学历史学科的教学目标及其分类体系、中学历史学科学业评价的常用数据处理方法、中学历史学科学业测量的基本原理、中学历史学科的客观性命题、中学历史学科的主观性命题、中学历史学科的目标性测验、中学历史学科的诊断性测验、中学历史学科的选拔性测验及若干评价技术等。书后有附录和附表。

2. 刘芃编著：《历史学科考试测量的理论与实践》，北京，人民教育出版社，1996。该书作者着眼于"能力导向"，强调考试的能力要求，并在题型及题型功能，以及历史学科的知识体系方面，做了较为深入的讨论。

3. 姚锦祥：《历史教育考试研究》，长春，东北师范大学出版社，2008。该书有三个方面的主要特点。第一，对主题内容的阐释覆盖全书的六章内容，即考试改革的理论视野、考试目标和要求、考试内容和知识范围、试卷设计和试题编制、试卷分析和试题评价、考试与教学和复习。第二，从过程到结论全面顾及主题内容的表述，每章和每节的内容均在首段提出问题，并据此进行分析和论证。第三，对主题的认识具有宏观的视野和新颖的视角。

4. 黄牧航:《高中历史科学业评价体系研究》,长春,长春出版社,2011。该书分为学业评价的核心概念、学业评价的基本功能与内容、高中历史学业评价标准的制定、高中历史学业评价体系的构建、高中历史表现性评价研究、历史科高考命题目标研究、历史科高考命题内容研究、历史科高考命题观念研究、历史科高考命题技术研究、历史科高考评分技术研究、高中"政治史"学业评价体系、高中"经济史"学业评价体系、高中"文化史"学业评价体系,凡十三章。

第七章　历史教师教育论

○ 教育的质量由教师专业素养来保障

○ 学科知识与技能是教师教育的重点

○ 依据专业标准促进教师的终身发展

学前预习 ▶ ------------------------------------

定义术语：师范教育、教师教育；专业标准、合格教师；育人为本、实践取向、终生学习；教师知识、职业生涯。

识别概念：专业价值与实践能力、学科知识与素养、教学技能与策略、学生发展与评价、学校发展与专业研究。

积累经验：教育部师范司编：《教师专业化的理论与实践》（修订版），北京，人民教育出版社，2003；教师专业标准研究课题组编著：《中学教师专业标准：要点、行动、示例》，北京，北京师范大学出版社，2013。

拓展实践：依据自身经验思考教师的专业化问题，梳理我国在学科教师教育方面发生的新变化。

学习目标：

1. 理解历史教师专业发展的时代背景、专业特征和要求。

2. 掌握历史学科教师专业标准，能够用思维和行动解决教与学的实际问题。

3. 认识历史教师发展的内涵，多角度、多方面地理解自己的专业角色。

理解内容：

学科知识（subject knowledge）——历史教师的专业知识或专业性，离不开学科知识和教学知识（teaching knowledge）。前者关乎探究真历史（true history）的学养，后者关乎达成良好教学质量的技艺（skill/technique）。对历史教师的专业素养要求越高，意味着教师在其专业生涯（career path）中所需涉及和发展的专业视域[①]越宽。所谓专家型教师，只是熟稔书本知识和教书技能的话，就落伍了。他们理应具备感悟力、领导力、创造力，并有能力通过教学将知识世界、生活世界、精神世界乃至数字化世界沟通起来，使自己成为指导学生健全发展的专业人士。（第一节）

教学技艺——教师是掌握实用的专业知识和技术的一个群体。合格的教师，即能够独立确认教学目标、进行教学设计、优选教学方法、善

---

① "视域"与"视阈"是常用的学术术语，使用范围包括哲学、自然科学、语言学、语用学、美术学等多个领域，但学界对其内涵的界定较为复杂。这里采用哲学的定义，即胡塞尔哲学著作中的"Horizont"（观场），既是肉眼可观的范围，更是精神可观的场所。"视阈"除了表示视野意义外，还有阈值的意思。所以，"视域"与"视阈"不能混用。参见［德］胡塞尔：《生活世界现象学》，倪梁康、张廷国译，上海，上海译文出版社，2002。

于组织教学策略，以及恰当运用媒体技术、语言技巧、评估能力，顺利地完成教学任务的教师。优秀教师则能够更为有效且有创意地实现教学目标。培养合格的教师，首先要解决大学的专业定向和教师养成的途径问题。如何使教师在专业生涯内持续发展，必须考虑更为复杂和系统的生存环境与发展问题。研修虽然是一种促进教师发展的体制，但它不是产生高水平教师的决定性因素，也不解决教师发展的根本性问题。（第二节）

终生学习（lifelong learning）——历史教师的专业发展是一个不断完善的过程，其中的诸多课题都指向教师的终生学习。与现代教师教育相比[1]，传统的历史教师培养存在着五大弊端：一是用完成教育的观念，按照学段来理解和规划知识、技能的起止点；二是过于重视考什么的问题，把应学、应会的知识和技能等同于考试范围内的知识和技能；三是过于细化知识和技能，强调教材教法的作用；四是过于忽视教育教学理论而拘泥于史学内容；五是排斥跨学科学习。这样的专业发展与学生的终生学习的需求差距很大，必须通过新的教师教育观念加以纠正。（第二、三节）

第一节　教师论的时代背景与发展方向

"面对未来的种种挑战，教育看来是使人类朝着和平、自由和社会正义迈进的一张必不可少的王牌。"[2]其前提是，教师的角色和作用需要发生变更，如果他们仍用权威式的传递知识的方法进行教学，不仅无法获得这张王牌，而且很可能拿到一张下岗证。事实上，在越来越强劲的现代科技面前，已出现是否还有必要"在某些教育领域内设置永久性的专业教师"的声音。因为跟从教师学知识的那些不可替代的条件正在发生根本性转变；如果"教育即解放""教育即发展""教育即改变"[3]的观念不能赋予教师新的职责，或不能站在时代立场不断地得到"灵感"，教师便只能接受因自身的保守而被社会漠视的现实。[4]

---

① 参见《教师教育课程标准》专家组：《教师教育课程标准的国际比较研究》，载《全球教育展望》，2008(9)。

② 联合国教科文组织编：《教育——财富蕴藏其中：国际 21 世纪教育委员会报告》，联合国教科文组织总部中文科译，1 页，北京，教育科学出版社，1996(1997 重印)。

③ "教育即解放"这一概念，参考巴西教育家保罗·弗莱雷（Paulo Freire）的《被压迫者教育学》（*Pedagogy of the Oppressed*）。"教育即发展""教育即改变"的概念，见联合国教科文组织和世界经合组织的相关报告，本教材多处都有引用。

④ 参见联合国教科文组织国际教育发展委员会编著：《学会生存：教育世界的今天和明天》，172、175 页，北京，教育科学出版社，1996。

一、职业教师是近代社会的产物

教师自古有之。然而，古代多实行政教一体、官师合一的制度，尽管各个历史时期都不乏以教书为业的先生，但是这个群体甚是零散、不被重视，令人尊崇的教师往往是哲学家、官员或宗教人员。教师作为一种社会职业，而且人们必须经过专业机构的专门训练取得专业资格和身份方能成为教师，则由近代滥觞。

(一)古代教师的职业形象

教师作为一个将人类积累的知识和经验传承给下一代的特定人群，在中外都有两千年以上的历史。孔子和苏格拉底就是人类历史上伟大教师的代表。他们之后，从不乏以教学为业的先贤。不过，依照古代学校或教学环境的性质，教师并非一个稳定的职业化群体，更不具备相应规格的专业化训练。

以我国古代的"师者"为例，既有帝王的"师""傅"①，也有学官、书院山长，以及一般化民成俗的乡塾先生②。理想的教师，要么是饱学之士且有较高官位的官员，要么是耆宿，即那些由道德标准和社会地位衡量，可被誉为做人的表率的人。故曰："师者，人之模范也。模不模，范不范，为不少矣。"③所谓尊师重道，则是"学在官府""官守学业"的传统，其目的是维护道统，否则也不必树立"至圣先师"。"独尊儒术"以后，与维护道统相辅相成的统治秩序，其直接作用就是令百姓遵守公序良俗。因此，师者的形象，绝对不是教书的先生，而是"主善"者、"教人治人"者，抑或就是道德先生以及称得上他人"衣食父母"的人。穷酸文人教书是不得已而为之，有做官的机会谁也不会做"孩子王"的。于是，①古代的师者，即知识的拥有者，而且还必须具备较高的社会地位和身份。这样的教师，与其说是知识的传播者或教导者，不如说是权威的代表或享有者。所以，学问和权力成正比关系。②正因为古代的师者以官场为中心，"师严""敬学"也被赋予了严格的等级秩序和政治意图，加之古代的学问是典章文辞之类，所谓"凡学之道严师为难"④的出发点，绝不是"为学问而学问"。另外，尽管不乏《学记》《师说》以及书院、家塾的教学纲目，但是那毕竟还是经验而不是科学。③最为鲜明的教师形象被列入"三本"，如《荀子》所言："礼有三本。天地者，生之本也。先祖者，类之本也。君师者，治之本者。"⑤即"师"的道德模范价值远高于知识模范的价值。④提倡尊师敬学、师道尊严，可能达到的社会效果是"师道立则善人多"。当然，无论做哪类教师，于社会于个人都有不同常人的道德约

---

① 即太师、太傅。秦代以前"师傅"是教师的泛称，秦汉以后逐渐演变为"帝""王"之师的专属名词，故有"身为师傅，贵为人臣"的说法。

② 我国古代对教师的称谓较多，除"师傅""师保"外，还有夫子、先生、山长、老师、教授、学博等，身份、等级及社会待遇差异甚大。

③ 汪荣宝撰：《法言义疏·义疏一·学行卷第一》，陈仲夫点校，18页，北京，中华书局，1987。

④ 《礼记正义》卷三十六《学记第十八》，见(清)阮元校刻：《十三经注疏》(下册)，1524页。

⑤ 参见王先谦：《荀子集解》卷十三《礼论篇第十九》，见《诸子集成》第2册，233页，上海，上海书店，1986。

束。好处是，即便只是为稻粱谋的乡先生，也能有些"士大夫"精神，或不屑仕进、耻事权贵，或专心传道授业、解惑。坏处是对权力者噤若寒蝉、谄媚权威，思想禁锢、生活空虚，即多是"腐儒"①。

西方最早的成功教师是那些"爱智慧"的人，也就是哲学家，如苏格拉底、柏拉图、亚里士多德。英文的"教育者"（pedagogue）一词，曾是古代教师的通称，它也是由希腊文转译而来。原文系指伴随世家子弟上学的人，不过是贵族人家的一个仆人。后来，僧侣可做教师②，有见识的商人可做教师，甚至英美各国还有过一种"厨媪学校"（Dame School）。厨娘们将左邻右舍的孩子们集中在厨房，她们一面烹调，一面教他们读书识字。这种学校直到18世纪、19世纪还存在。③

(二)近代教师的职业形象

17世纪以后，随着工业化进程的加快，以及民族主义潮流的勃发，国民教育的观念得以普及，而且它与国家民族的生存与发展休戚与共。如"教育之父"夸美纽斯所说："只有通过恰当的教育，人才能成为人。"那么，新兴的学校能够培养出怎样的社会人呢？理想地说，即"一切年轻人都受教育；用能使人变得明智、有德行、虔信的一切学科进行教育；教育过程是生活的准备，要在成年以前完成；这种教育的实施没有体罚，没有严酷，没有强迫……这种教育不是虚假的……这种教育不是劳累的，而是轻松的。"④

从17世纪开始，近代教育与古代教育分道扬镳。一是学校的性质发生了转变，首先是教育原理的进步，包括教育目标、教育课程、教育方法突出了原理的、系统的和实用的要求，抑或是诞生了理性的、科学的教育学。其奠基者是洛克（Locke，J.）、夸美纽斯、赫尔巴特（Herbart，J.F.）、卢梭（Rousseau，J.J.）、第斯多惠（Diester-weg，F.A.W.）、裴斯泰洛齐（Pestalozzi，J.H.）、斯宾塞（spencer，H.S.）等。二是教师开始步入职业化、专业化阶段，其中贡献最著者，如英国的教育思想、德国的教学法、法国的师范学校。

师范教育（normal education）虽然不是某种理论的产物，但无疑是时代的产物。法国人是近代教师职业化道路的开辟者。1681年，在法国东北部的兰斯（Rheims），由"基督教兄弟会"的拉萨尔（La Salle）创办了世界上第一所师范学校（normal school）⑤。数年后，巴黎有类似的机关二所，学生于此学习宗教、教授法，并从事班级教授的实习。德国的师资训练，则始于1696年，这年富兰克（Franeke，

---

① 我国古代的教师群体变化复杂，大致可以西周、春秋战国、秦、汉唐、宋、明清划定六个时期，专制越强横，教师地位越低，整体形象越迁腐。

② 典型者如经院教师（或经师）。

③ 参见罗廷光编著：《师范教育》，4页，南京，正中书局，1948。

④ ［捷］夸美纽斯：《大教学论》，79～80页。

⑤ 源于法文 ecole normele。法文 eormale 又源于拉丁文 eorme，原意为"轨范""仪型"或"模范"。应用于教育则是 normal education（师范教育）。

A. H.）于哈里（Halle）地方设立一教师院以为其自办的学校之一部。继之者为门人赫克尔（Hecker，J.J）于 1747 年创设一师范学院于柏林，以训练神学学科有志兼教师者。腓特烈大帝见其成绩而赞之。曾于 1753 年给予经费，且改为皇家学院；自是而类似机关相继产生者甚多。① 尤其值得注意的是，国立师范学校在 18 世纪应运而生。

创办师范教育，即教师教育的开始，也是近代系统的教师理论得以发展的前提条件。但是，从教师理论发轫到全面、深刻地认识到教师教育的关键作用，人类经历了几个世纪。原因很多，如自古以来的传统因素的影响、资本主义社会的急功近利、受科学技术发展水平制约的观念、视野等，总而言之，17 世纪到 18 世纪的人类需求还不足以认识到教育的真实价值，尽管哲学家和教育理论家从来有不少真知灼见。直至 20 世纪 90 年代，教师的职业化和专业化才真正纳入全球系统，此后的教师堪比律师、建筑师、医师、工程师这些职业，人们不经过专门的学习和训练，不具备专业资质，不取得职业证书，不能做教师。因此，无论是实施教师公务员制，还是采用雇员或聘用制，各国的教师的整体形象，既有知性的、有教养的一面，也有道德的、具有奉献精神的一面。②

职业就是指任何形式的继续不断的活动，这种活动既能为别人服务，又能利用个人能力达到种种结果。③

教师的工作并非只是传授信息，甚至也不是传授知识，而是以陈述问题方式介绍这些知识，把它们置于某种条件中，并把各种问题置于其未来情景中，从而使学生能在其答案和更广泛的问题之间建立一种联系。……教师的巨大力量在于做出榜样。④

改造必须从自己做起。对一切思潮进行批判选择就是自己的哲学。……师范教师的狭隘的人生观，孤陋闭塞，迂腐陈旧的教育理论，四平八稳马虎敷衍的态度，教人虚伪，追从逢迎，耍两面派，这些病患没能得到根本性治疗。……教师质量降低！对于国家来说，没有比这更可怕的了。……学校至高无上之宝，实乃优秀教师。⑤

二、教师论的内容重点及时代特征

教师论与近代学校的发展密切相关，脱离了学校教育以及引领学校教育进步的教育原理，便无从了解教师论的脉络。据此，笔者将从三个阶段陈述教师论的内容重点及时代特征。

---

① 参见罗廷光编著：《师范教育》，5～6 页，南京，正中书局，1948。
② 法、德、日等国的教师是公务员；美、英的教师是雇员或公务雇员；中国的教师是聘用或任命。
③ 参见[美]约翰·杜威：《民主主义与教育》，王承绪译，338 页。
④ 参见《教育——财富蕴藏其中：国际 21 世纪教育委员会报告》，联合国教科文组织总部中文译，138 页，北京，教育科学出版社，1996（1997 重印）。
⑤ 参见[日]小原国芳：《小原国芳教育论著选》（下卷），刘剑乔、吴光威译，399 页，北京，人民教育出版社，1993。[日]小原国芳：《小原国芳教育论著选》（上卷），266、232、215 页。

(一)视人文教养为教师本色

近代教育是由教会教育脱胎而来的,但同时也是文艺复兴运动的直接结果。最初,人文与教养,乃至知识、道德、文法都充盈着人文主义气息。学习历史、掌握历史知识,既是古典教育的延续,也是近代学校教育的核心内容,在典型的人文教育中,历史课程和历史教师都居于精神学科的显要位置。在 17 世纪以后的三百年里,历史知识的拥有者,只能是知识人,而且还都是有"教养"(breeding)的人。

在学校,学历史的目的是培养有"教养"的人(私立学校更是要培养优雅的有教养的人)。这里的"教养"指的是建立在见多识广基础上的教养,若脱离了历史知识,就等于没有了见识。所以,在教育学经典作家的作品中,如何培养有教养的人是教育学的母题,这些作家总是强调历史教学怎样做才是对的。如洛克认为,"教师的重要工作是在他的学生身上培养风度,培养心智;养成良好习惯,坚守德行与智慧的原则;一点一滴地传授关于人类的观念;使学生喜爱并模仿良好的值得夸奖的行为……"他认为,最能给人教训的是历史,最能使人得到愉快的也是历史。由于它能给人教益,故应由人去研究;因为它能给人愉悦,所以洛克觉得它最适合于一个少年去学习;一旦他学过了年代学,知道了本地所经历的几个时代,而又能将其变成阅历以后,他就应该去学一点拉丁语的历史了。[①] 赫尔巴特则在《教育学讲授纲要》中,针对历史教学列出了十三条规训,诸如他警告青年历史教师不能海阔天空地讲授历史,因为"这恰恰不是兴趣的激发,而是将事件编织得东拉西扯";"最初的历史教学应排斥大多数一般性的反思";"历史应当是人类的教师,而假如历史没有做到这一点,那么青年历史教师应当负起大部分责任。"[②]

从这些经典著作中,我们不难看出以下几点。其一,无论"绅士"还是"优雅",其教养与历史和传统是相通的,"博雅"或"博学"是教养塑成的标志,而历史知识则是最好的训育工具。其二,无论是目标还是内容,也无论方法还是手段,绅士的标志作为国民教育目标是难以全面贯彻的,它只能是精英教育的理想标准,于是"高质量的教育"皆在私立学校。也可以说,历史教育在不同学校有着不同的地位,也有着不同的水平和质量。其三,近代兴起的国民教育以形成国家和民族的观念为目的,国民教育体系中的历史教育当然要针对国家、民族的利益发挥自身的教化功能。其功利的目的,虽然不像自然学科和职业教育那样直接兑现国家任务,诸如要求学习者"有能力从事任何职业活动,并因此而直接或间接地促使国家目标的实现",要求学校教育要"使每一个个人养成将其职业视为一种职责的习惯。"[③]但是,历史教育之所以对国民是重要的,是在于它能够满足国家、民族的政治目标,它传递给学生的

---

① 参见[英]洛克:《教育漫话》,杨汉麟译,87、174 页,北京,人民教育出版社,2005。

② [德]赫尔巴特:《教育学讲授纲要》,李其龙译,125~132 页,北京,人民教育出版社,2015。

③ [德]凯兴斯泰纳:《凯兴斯泰纳教育论著选》,郑惠卿选译,15~16 页,北京,人民教育出版社,1993。

"真有价值的知识"，就是"我们需要的是一切能帮助我们了解一个国家成长和组织的知识"。① 第斯多惠对此说得更为具体，他指出："教师应当积极生动地讲授历史，但决不允许随意篡改历史。积极的和富有经验的历史知识必须按它本来的面目去讲解，决不可任意改变。这儿值得注意的是，教历史课必须让学生正确理解，牢牢记住，并能正确回答和灵活运用；历史课教师可以采用授课形式。历史课特别需要学生有接受能力，这样可以提高学生的主动性，实际上教师可以启发学生自己来讲解历史。""教历史课要用历史的方法。""主观任意（选择＝任意）万万要不得，我们要的是客观方法。人本身就是方法，事务就是方法。""知识有两种主要来源：经验和理性。一切历史事实都属于经验知识，这些历史事实是人们用感官察觉到的主体世界的现象和特点，人的身体当然也是属于主体世界；而数学、伦理学和哲学是属于理性知识。"所以，处理历史知识所用的方法越具体越好。这样容易让学生亲身参与历史，以便"一旦我们发现了历史发展过程中出现了种种矛盾，我们责无旁贷，积极来改善我们的时代。"② 显然，新教养就是树立国家观念、民族观念，并通过这些文化观念养成能够为国家、民族做出贡献的精神品质和正确行为。

概括地说，面向国民的学校历史教育的特点有以下几方面。①它是近代学校教育体系中的一个重要科目，而且已经和哲学、文学分离③。历史知识是以政治制度史为中心，或是由"年代学"为架构的知识，学校历史教育的目的不是培养学生做学问的态度，而是使学生认同民族国家。②科学主义对学校历史教育的约束，主要反映在两方面：一是强调教学的客观性；二是主张培养学生"求真"的态度。当然，这也是历史主义的要求。④ 它满足近代国家和民族发展所需要的正当的功利性，同时为学校历史教育包装了特定的意识形态及阶级性。③从侧重个人的文化教养转变为侧重集体的政治教养；从相对抽象的个人经验转变为直观的实用技艺，并结合心理学将教学法变成了有章可循的教学研究。学校不仅需要学科教师，而且一定需要"有能力"满足上述任务的学科教师。

盛行于 19 世纪的"五段教学法"包含了上述教师理论应具备的所有特征：一是教学理论具有实际操作功能，包括课程知识和心理学知识；二是教学素养学科化，最为典型的现象是学科教学法空前发展，涉及教学目的、目标、课程、教材、教法、策略、测量、环境、管理和教师培养等；三是师范教育逐渐形成了一整套的教师训育机制，其围绕学科教学法展开训练程序，并扩大了传统教育范围，颠覆了旧观念、替代了旧概念。不过，单一的教师培养模式、封闭的教育环境，以及过于功利和陈旧的观念，被有识之士所诟病，而且从来没有停止过。

---

① ［英］斯宾塞：《斯宾塞教育论著选》，胡毅、王承绪译，77 页，北京，人民教育出版社，1997。
② 参见［德］第斯多惠：《德国教师培养指南》，袁一安译，158、161、171 页。
③ 相应的文学、地理、伦理等也是独立的学习科目，古代学问系统中相互融通的学习内容不再出现。
④ 参见［德］梅尼克：《历史主义的兴起》，陆月宏译，南京，译林出版社，2010。其中有关科学与历史主义的关系表述得非常透彻。

做教师的人，首先自己便必须有良好的教养，娴于礼仪；一个年轻绅士从教师那里获得了这种美德，不啻占得了先机；人们将会发现，他凭着这一点成绩，门路就会更广，朋友就会更多，他在这世上的作为就会更大，这是从文科教育（Libra Arts）或教师的渊博的百科全书中所学到的困难字句或真正知识所无法企及的。①

教育正是在这里开始，要使人们懂得把活的东西当作活的东西对待，教师的任务也正是在这里开始，要在首先必须行为正确而非只是认识正确的事情上，抑制住正在蔓延的"历史兴趣"。②

(二)人文教育被削弱后文科教师的状况

西方单轨制的人文教育有着浓厚的阶级和传统色彩，面向国民的文科教育也无法满足大工业化时代的根本需要。在"科学的世纪"里，科学教育蒸蒸日上，人文教育则日益衰落。到了 20 世纪，"历史无用论"在大、中、小学较为普遍。像希特勒那样，把历史教育作为政治的、特别是战争工具的例子，本质上是反历史教育的现象。

人文教育衰微的诸多原因中，教师教学观念与方法的落后也是重要原因之一。其中，师范院校的定位低下、不被政府重视、教学水平偏低，也是教师教学观念与方法落后的根本原因之一。③ 比如尽管在 19 世纪教师课程就已相对丰满，如有普通教育学、普通心理学、学科教学法、社会概论、科学概论、课程编制、学习心理、教育见习、教育实习等，但是各国、各地方的差异甚大。即便是高等师范学校④，也与综合大学不同。仅以课程地位及人才养成目标看二者有以下几方面的区别。①综合大学注重文化的提高；师范学校注重文化的传递和普及。②综合大学要求学生探索文化价值，技能是认识知识的手段；师范学校要求学生熟练文化价值的输导，技能是经营教学的手段。③综合大学强调追求学术的价值；师范学校强调把握教学的规律。④综合大学重视理论、专业探究；师范学校取精守约，以中学课程为标准；⑤综合大学有各自领域文化科学的共同基础；师范学校则以教育科学为共同基础；⑥综合大学的学科内容代表"文化的资料"；师范学校的学科内容代表"教化的资料"。⑦综合大学培养学生探索学问、研究问题的态度；师范学校培养学生接受既成知识并如实地传播这些知识的态度。

总之，师范学校强调技术和操作，培养所谓的应用型人才。虽然不乏少数高等师范学校有较好的办学资质和育人水平，但普遍而言，师范学校的人才吸引力差，办学水平低，学识狭窄，观念陈旧，教学环境欠佳。事实上，先进的教育哲学以及

① 参见［英］洛克：《教育漫话》，杨汉麟译，82 页，北京，人民教育出版社，2005。
② 参见［德］尼采：《论我们教育机构的未来》，周国平译，34 页，南京，译林出版社，2014。
③ 罗廷光在《师范教育》一书中，考察了英、法、德、意、苏（联）、美等国的师范教育史（截至 20 世纪 40 年代）。总体看，师资偏向小学；师范学校以私立或州立为多，国立甚少；课程相对狭窄，以实用见长。另见，李其龙、陈永明主编：《教师教育课程的国际比较》，北京，教育科学出版社，2002。
④ 巴黎高等师范学校自 1903 年改组以来，即属巴黎大学的一部分。内分文理两科。1920 年再次改革，为全国最高学府，已不是独立的师范院校。故不在议论范围。

先进的教学法，最初并不以师范学校为原创地。恰恰相反，绝大多数师范学校根本不具备"造血"和自我更新的能力，像克伯屈（Kilpatrick，W. H.）设计教学法那样的原创并不多见。一般情况是，教育改革依赖社会变革，只有当新思想在基础教育领域普遍开花时，才会反哺师范学生。在这种环境中，历史学科教育改革的艰难程度，以及历史教师论的基本状况可想而知。

还有一个观察角度，即在基础教育实践领域，20 世纪的教育理论和教学法实践成果颇多，可是在历史教师的培养和培训方面并无多少建树，这是很值得讨论的问题。

普及学校教育还在广义上关注文化知识的传播。当学生会读、写、算之后，还要努力使学生了解其中的思想含义及见解。知识内容逐渐被编排到学校科目之中，……这里所谈的学习科目被人们认为是普通的或文雅教育的构成因素，与学徒制提供的特殊的职业教育形成了对比。①

设计教学法（project method of teaching）由美国哥伦比亚大学师范学院教育哲学教授克伯屈提出（1918），是一种基于单元确认教学目的，并通过问题情境，让学生自己去计划和执行教学任务的教学方法。②

程序教学（programmed instruction）又称程序学习（programmed learning），由哈佛大学教授斯金纳根据操作性条件反射和强化理论，辅以教学机（teaching machine）推出的教学方法。③

（三）人本主义教育带来的发展机遇

20 世纪 60 年代以后，人本主义、存在主义、解构主义和后现代思潮等新理论、新观念动摇了经验主义、行为主义和科学主义的理论基础。结果是，一方面"现代的前提"和"传统概念"得到修正，或是通过建设性的后现代主义力图建构后现代社会或后现代的全球秩序。其积极的影响是，强调科学、精神和社会秩序三者的相互依存关系，以便更为深刻地解释"世界的祛魅"的世界观，打破现代的二元论、超自然且虚假的精神和对科学主义的迷信或受科学主义限制的思想、精神和行为，尤其是要"改变现代性的个人主义和国家主义，不再让人类隶属于机器，不再让社会的、道德的、审美的、生态的考虑服从于经济利益，它将超越于现代的两种经济制度之上。"④

---

① ［美］巴格莱：《教育与新人》，袁桂林译，55 页，北京，人民教育出版社，1996。

② 设计（project）的意义，即"摒弃事物固定的情形，从新观察、考虑，而布量一种较佳的情形。"其特质包括，利用环境以引起学生学习的动机；设计的材料由学生自动选择；用具和设备比从前较多而复杂等。我国在 1921 年引入该方法，后编入朱经农等主编的《教育大辞典》，由孟宪承和俞庆棠翻译词条。详见徐珍编著：《中外教学法演进》，81～90 页，北京，群言出版社，1996。

③ 这里提示的教学法内容，仅表示 20 世纪 40 年代以后教学法创生的活跃程度，各教学法的具体内容见第五章"历史教学论"的相关部分。

④ ［美］格里芬编：《后现代精神》，王成兵译，3 页，北京，中央编译出版社，1998。

另一方面，现象学、解释学、分析哲学和西方马克思主义①，作为理论、观念和方法，对各学术领域(学科尤甚)产生了普遍影响。其在教育领域的反映，尤其强调可见的、具体的人的发展。只有健全发展的人，才具有值得重视的人的责任。只有确保完整地、从每个人出发的人的尊严，教育才算得上是为所有人服务、让所有人期待的社会福祉。

到 20 世纪 90 年代，"理念先行"不再是个口号，而是实在的行动。教师教育(teacher education)的概念，也是在这以后才名副其实的。以美国为例②，"二战后到 70 年代之前，行为科学在美国全面渗透，……致使社会上普遍滋生出对科技的崇拜。至此，'技术理性'在美国登峰造极，……在这种观念下，教师教育注重对教师的训练，使其掌握一套熟练的能够应用于学校教育情境的技术从而对学校教育带来新的改观。""进入 20 世纪 70、80 年代，认知科学逐渐取代行为科学，人们也认识到学校教育是一个系统工程，单纯的技术理想难以完成改造美国教育之重任"。20 世纪 90 年代，古德莱德(Goodlad，J. I.)指出，"教师首要的是对于民主社会对公民的要求以及学校在帮助市民满足民主社会的期望中的角色有一个清新的认识和理解；其次，教师必须掌握一种有效参与人类对话并介绍学生参与这种对话的智力工具；再次，教师应该拥有为教育青年人而创造最佳的条件所必需的教学知识和技能；最后，教师必须理解有关学校教育的普遍要素：目标、组织、课程、教学、评价等"。以往的教师教育"错误地认为教学只是单纯的、价值中立的、技术性的努力，而第一、第二个目标则恰恰是深层的价值观念的体现。"③

古德莱德的观点恰恰切中了历史教师教育的要害。从通常的培养和培训课程看，①专业知识课程等同于历史学内容，基本上没有跨学科课程，即专业知识还是狭义的历史学科知识。②教育科学课程，如普通教育学、普通心理学，或教育心理学，也有教育统计学、教育技术学等，重点在职前学习，职后几乎没有。所以教师普遍缺乏教育哲学、社会解释学、教育科学研究等前沿的教育科学知识，也很少接触教育哲学、教育社会学、学生成长与发展、教育政策与法规等基础的教育科学知识。③学科教育课程，如学科教学法、学科教学论、教学设计、教学见习、教学实习、微格教学等，基本上是围绕着教材教法进行的，缺少历史教育学或历史教育哲学、历史价值论等这类学科教育理论知识。因此，我们说历史教育课程或历史教师教育课程还停留在 19 世纪的水平并不为过。

美国：20 世纪 80 年代提出"教学专业化"(teaching as a profession)概念，20 世纪 90 年代形成"反思性实践"(reflective practice)理论；1987 年成立国家专业教学标

---

① 西方马克思主义对教育的影响，主要是通过存在主义、分析教育哲学、教育解释学、建构主义、新人本主义教育哲学实现的。

② "一个世纪以来，美国的教师教育一直走在世界各国的前列，对其他国家的师资培训产生了广泛的影响。"李其龙、陈永明主编：《教师教育课程的国际比较》，4 页，北京，教育科学出版社，2002。

③ 李其龙、陈永明主编：《教师教育课程的国际比较》，5~7 页，北京，教育科学出版社，2002。

准委员会(NBPTS)，围绕"教师们应该知道什么、能够做些什么"提出"核心建议"。英国：《1988年教育改革法》颁布后，普通中小学教育实行"国家课程"和"国家考试"制度。法国：自1990年始，法国国民教育部建立新的教师教育体制，试图重构教师的身份，培养教师的从业能力。

三、我国教师教育的发展历程及特色

我国的教师教育伴随着国家的近代化和教育科学的进步，从无到有、从模仿到创新①、从曲折前行到全面发展。它既反映了教师职业日益专业化的内在需求，也折射出民族复兴和社会发展的迫切愿望。

(一)教师教育的奠基与初步发展

1. 师范学校的创立与成长

我国最早的师范学校成立于1897年，它作为上海南洋公学的特设机构(即"师范院")，以培养上、中两院教师为己任。翌年，京师大学堂设"师范斋"。1904年，清政府颁布了《奏定初级师范学堂章程》，制定师范学制，设置"师范馆"与"师范学堂"。同年，张謇创办通州民立师范学校。

民国建立之初，国民政府即颁布《师范教育令》《师范学校规程》，对原有师范体制进行改革，如改"师范学堂"为"师范学校"，高等师范学校由省立改为国立，初等师范学校则从府立提升到省立；确定小学教师培养目的等②。以后的20年里，师范教育既有发展③也经历了波折，如国民政府将高等师范学校并入大学，使刚刚有了起色的师范教育几乎命悬一线。直到1932年国民政府颁布《师范学校法》及1933年公布《师范学校规程》，师范学校的地位才被明确，师范教育稳定发展初见曙光。

中学教师的培养，这时更无统筹的计划，几于省自为政、校自为政，紊乱程度不可究诘。(1928年前后)

1938年4月临时全国代表大会通过《战时各级教育实施方案纲要》，明确指出："对师资之训练应特别重视，而亟谋实施。各级学校教师之资格审查，与学术进修之办法，应从速规定，以养成中等学校德、智、体三育所需之师资，并应参酌从前高等师范之旧制，而亟谋设备。"嗣后教育部训令国立中央大学、国立西南联合大学、国立西北联合大学、国立中山大学及国立浙江大学，自1938年度起各设置师范学院以训练中等师资。④

---

①　最初照搬日本的学制和师范教育体制；20世纪20年代转向模仿美国的学制和教师养成制度；20世纪50年代全面学习苏联；20世纪90年代力图建立中国特色的教师教育体制。

②　参见宁恩荣、章咸主编：《中国民国教育法规选编(1912—1949)》，436页，南京，江苏教育出版社，1990。

③　1923年，中华民国教育部颁行《新学制师范科课程标准纲要》，定学制为6年；1933年，将师范学校从中学分出而独立，要求师范课程和教学当有别于普通大学。20世纪30年代的《师范学校法》《修正师范学校规程》《师范学院规程》，促成师范体系基本定型。

④　参见罗廷光：《师范教育》，47、52～53页，南京，正中书局，1947。

2. 中学的设置与课程变化

1903 年至 1912 年为我国中学教育的建立时期，最初没有分科，另设中等实业学校，由各省官立高等学堂管辖；继而模仿德国学制，分为文科和实科；其课程，最初以外国语占第一，读经次之；后则以读经讲经占第一，外国语次之，另增法制及财政等科目。教师的教法，极为传统，纯属注入式的讲授。1912 年民国建立后，中学教育进入改造时期。1912 年，国民政府定中学为四年制，由省行政长官管辖。1916 年，国民政府动议中学分科教学，但未见实行。一直到 1923 年新学制公布后，中学修业年限增为六年，分为初、高两级。依设科性质，有初级三年高级三年、初级四年高级二年、初级二年高级四年三种选择。课程方面，1912 年，国民政府即废止读经，并将手工、音乐列为正课。从 1920 年开始，中华民国教育部通令全国，中学教育可以酌量地方情形进行教学科目及时间的增减，于是课程名目较前尤为繁多。从 20 世纪 20 年代到 20 世纪 40 年代，中华民国教育部逐步规范中学教育，颁行统一的中学课程标准[①]，逐渐使中学教育教学内容和方法走上正轨。

近代师范学校是教师教育赖以生存的基础，而学校课程、教材和教法又是教师教育发展的前提条件。这一时期师范教育的特点如下：①小学教师教育比中学教师教育更早、更为成熟，这与教育普及程度有关；②中小学教师教育以美国为师，内容涉及较广；③对教育与教职的认识关系到教师教育的品质，如认为教育是艺术的，"促进人性变化，使其更能获得所期望的适应"，认为教育是科学的，"籍变化人性的势力，驯至变化环境，以适合人性，个人对于世界人事的适应，能更满意。"[②]

高等师范本科"历史地理部"学科课程的主要内容，包括历史（本国历史、外国历史、历史教学法）、地理、法制、经济、国文、考古学、人类学等。公共课程则有：教育学、教育心理、教育测量与统计、教育行政、教育原理、普通教学法、伦理学、心理学、人生哲学、社会问题、外国语（主要是英文）、体育等[③]；实习大致可分教学实习、学校行政实习、民众教育实习和社会服务实习四种。

（二）当代教师教育的发展

目前我国的教师教育形成多渠道、多层次发展态势，诸如"一次性师范教育"模式被打破；教师的学历培养，从单一的本科教育，发展到各类研究生教育；教师资格认定制度进一步完善，确保教师能够胜任本职工作；传统的以教材教法为中心的教研活动内容和方式难以维持，区域教研、跨域教研等形式蔚然成风；培训或研修在国家指导标准的引领下，呈现出课程化、集约化、系统化的特点。这些前所未有的发展成就，得益于改革开放造就的大环境，得益于终身教育、终生学习的理论指

---

① 参见课程教材研究所编：《20 世纪中国中小学课程标准·教学大纲汇编》（历史卷），北京，人民教育出版社，1999。

② 参见朱伯愚、高鸿奎、杨寅初、张云缙、王慧心合编：《最新教育常识问答》，8 页。

③ 具体到不同学校，课程名称和课程门类都会有所变化，但是课程的基本面大致如此。

导，也得益于基础教育改革营造的实践平台。

历史经验也告诫我们，教师教育所涵盖的人类智慧和人类技巧十分丰富，以至于人类在选择和拥有它们时，常常不得要领。古代的人类如此，近代的人类也如此。更何况 20 世纪的后半叶，教师的任务中又增加了关注人类认知和人类和谐两项更艰巨的义务性内容。仅就历史教师的资格而言，如何通过历史教学帮助学生理解人类智慧、人类技巧、人类认知和人类和谐的内涵，远不是有了上述既定的环境和条件便能够轻而易举做到的事情，也不是仅仅具备了深厚的学养就可以解决的问题。什么才是历史教师职业的基本特性、如何从一个合格教师成长为研究型和专家型教师，还有许多关键性课题等待攻关。

历史教学实施能力：掌握初中历史教学实施的组织形式及基本步骤，恰当地运用教学策略和教学方法；能够准确地表述教学内容，有效地引导和组织学生的学习活动，并有针对性地对学生进行学法指导；能够运用现代教育技术进行历史教学。（《初级中学历史学科知识与教学能力考试大纲》）

历史教学设计能力：能够准确地确定和表述教学目标，正确选定教学的重点和难点，合理选择和运用多种教学资源；对教学内容和教学过程进行合理的设计，选择恰当的教学策略、教学方法和手段，调动学生积极参与学习过程。（《高级中学历史学科知识与教学能力考试大纲》）①

第二节　历史教师的学养与教养

历史教师的"学养"，广义地说，包括通常所说的专业知识、专业能力以及文化素养等，即一切与学科教学相关的学识和学业修养；狭义地说，就是教师的专业知识、教学知识和技能。历史教师的"教养"，则指其职业情操、职业道德和为人的修养与品行。概括地说，就是做人方面的文化品行。当然，包括专业理念和师德。

一、历史教师的视界

(一)教育有几个世界

理论上，教育有几个世界，教师就有几个世界。然而，教育世界扩大的速度，似乎总是让时时处在经验世界中的教师始料未及，如同唐·泰普斯科特（Tapscott, D.）在《数字化成长 3.0 版》一书所描述的"N 世代"的生活与特点。

所谓"N 世代"是作者对在数字化后成年的第一代人的称呼。他说："N 世代就是用数字媒体才发扬光大了自己的文化，还会让社会上的其他人也接受这种文化。

---

①　参见姬秉新、赵亚夫主编：《历史学科知识与教学能力（初中）》，173 页，北京，高等教育出版社，2011；赵亚夫、姬秉新主编：《历史学科知识与教学能力（高中）》，115 页，北京，高等教育出版社，2011。

在学习、娱乐、交流、工作、创建社区等方面，这些孩子已经和他们的父母大不相同了，他们成了社会变革的动力。"[1]概言之，21世纪的人类多出了数字化世界（或虚拟世界）。经济全球化时代，人们难以想象没有了数字化的生活是什么样子。人们离不开互联网，数字化不再是个概念，而是真实生活，而且数字化正迅速地改变着人们的生活方式，教育则必须要应对其带来的挑战。比如，过去的教育习惯把抽象思维作为高标准的教学成果来追求，知识的世界几乎就是指"物理世界"，连历史这类典型的人文学科都拒绝想象（或假设）。所谓科学，等同于运用自然科学的认识论和方法论理解世界。现在，人们身边多了一个实在的"感触世界"或"能回应的世界"，它或许根本就不需要既定的认识论和方法论。也可以说，数字化的虚拟世界闯入了人们的生活世界，这个世界处处要求人们找回自己的想象力。事实上，当代人的知识世界、生活世界、精神世界和数字化世界难以截然分开。在现实中，分析也好，思辨也罢，数字化既是创造工具，也是财富和生活本身，还可连接其他三个世界形成个人的或集体的新的思维方式和生活方式。

然而，人们不能成为机器，更不能被自己制造的工具异化了作为人的本质[2]。像卡西尔（Cassirer，E.）曾经告诫过的，"通过工具的使用，人类成为了事物之主宰。然而这一主宰性对于人类而言，不但不是一种福祉，反而是一种诅咒。人类为了要征服自然世界发明的科学技术结果倒戈指向于人类。科技不单构成人类存在的日益严重的自我疏离（selbstentfremdung），而且终于造成人类存在之自我丧失（selbstverlust）。那些看来是要满足人类的需要的工具，结果反而造出了无数刻意人为的需要。"[3]当人们扩大数字化的娱乐功能，享受其带来的快乐时，是否正在丢掉独立的思考力？当所有人被铺天盖地的信息淹没时，却乐此不疲地"共享生活"，人们是否已被信息奴役、被商业操控、被娱乐至死？当我们把校园、教室用大量设备装备起来，却仅仅将其用于宣传和展示时，学生是否能够真的拥有一个全新的知识世界？人文教育若不死，它就必须对转变此种局面有所作为；历史教育如果是有用的，它就必须对未来显示出自身的价值。

总之，历史教师的新视界源于他们如何认识这四个世界，如何理解这四个世界的关系。我们最熟知的知识世界，不能等同于教科书的知识世界[4]。精神世界也不等同于"道德世界"或"思想品德世界"。要知道，全部的精神世界即整体性的主观世界。依据唯物史观来看，精神世界是基于现实存在的、以生存资料为基础的人类意识。在人们的认知中，生活世界似是经过新课程扫盲后，才有的新概念。其实不然，

---

①　[美]泰普斯科特：《数字化成长3.0版》，云帆译，4页，北京，中国人民大学出版社，2009。

②　数字化世界有可能使人类进一步异化。甚至加剧人类的等级差异，或是使一般民众沦为数字化工具的附庸。不过，第一，这些问题不是本教材讨论的范围。第二，数字化世界趋势不可逆转。

③　[德]卡西尔：《人文科学的逻辑》，关子尹译，38～39页，上海，上海译文出版社，2013。

④　它既不是"客观世界"，如波普尔界定的"客观知识世界"，也不是"真实世界"，而只是人类的一种知识而已。

一是民国时期的课程，特别是在其教育理念中，生活世界（主要源于杜威哲学）已被学校教育设定为自身存在的一个基础；二是教育本身其实难以脱离这个经验世界[①]；三是当教育与生活世界脱离后，无论是教师的生活世界，还是学生的生活世界，就都没有了信仰基础。当然，我们今天所说的生活世界，以建构主义为理论，和民国时期的实用主义的生活世界还是有差别的。

（1）学校教育不仅是人的社会化所必须，而且理当以完善人性为目的。（2）为了更美好的生活，政府（社会）应当提供"人人享有"的公平的、较高质量的教育机会（现代社会视此为人权，而非接受知识那么简单）。（3）其教育内容除从不同文化领域获得知识外，还必须达成普遍的知识视阈，以增强"人之所以为人"的思考……（4）有效的课程，其门类一定是减少的（指国家课程，校本课程可以设置很多），以便受教育者有更充分的独立思考和探究的时间和空间。（5）课程不应该为了"学科"而存在，更不能为了"被教育（的人）"而存在，而应该为了健全的人的发展而存在。[②]

(二)教师需要主宰自己的世界

1. 好教育的前提是充分地解放教师

好的教育，必须首先解放教师，让他们有思想的自由，然后才能要求他们富有智识地教学。政府欲求的高质量教学，关键是确保有充足的优质师资。据报道，我国本科师范毕业生严重的供大于求[③]。但这只是一个供需比问题，如果考虑质量因素，或许情况是相反的。如前所述，如今教师的知识结构和教育视野，还不能满足21世纪教育发展的需求。教师教育急需进一步解放思想，特别是创建适宜教师自由思想和个性发展的教育环境。要知道，善待教师就是善待教育。

2. 必须重视个体和群体的协调发展

没有自由发展的个体，便没有健全发展的群体。历史上，以泯灭个体自由、个体意识为代价的群体教育，都是危险的。健全的公民教育必须超越过度化的群体意识和小农意识。自由的个人发展是健全的群体发展的前提。为使二者协调统一，我们应按照马克思主义的基本原理，去思考教育只能面对人、思考人的全面发展问题，包括个人的智力和体力在生产过程中得到多方面的、充分自由的和统一的发展；人的全面发展也是人在精神方面和道德方面的正常发展；个人的发展包含着社会全体成员发展，意味着人类的彻底解放。

3. 有效的教育让人学会行动

基础教育必须面对公民做好公民教育，目的是普及人类的优秀文化，确认人类的共同价值，在确保民族和国家教育的基础上，培植人类大爱。学会行动，一是让

---

① 在胡塞尔的哲学里，生活世界是心灵世界的显性存在，心灵世界的意义则是对生活世界的实在经验的抽象。还需要注意的是，杜威哲学中的生活世界与胡塞尔哲学中的生活世界是不同的。

② 赵亚夫：《历史教师也应拥有四个世界》，载《中学历史教学参考》，2016(2)。

③ 《文汇教育》2015年10月2日载《我国师范类教育将进入控制规模的调整阶段：本科招生今年起缩减》一文称，我国师范类本科毕业生一年有60多万人，而基础教育的需求大致是25万人。

公民学会运用自己的头脑想问题，二是让所有公民能够运用所学到的基础知识和基本技能，谋求个人的和人类的人生福祉，进而拥护和践行民主、法治等人类共同的价值观，创建和谐美好的人类社会。简单地说，就是学有所用，明明白白地做人和生活。历史教育可在以下方面有新的建树。

第一，把历史知识作为"公众知识"来传授。因此，我们有必要重新认识和解释历史常识，无须把历史知识搞得过于深奥。历史知识的作用无非是使公民形成应有的历史判断力、历史思考力和有价值的历史见解。我们强调，历史学科教育的载体是知识，有怎样的历史知识便成就怎样的历史教育，任何削弱知识的历史教育都是政治的、道德的空头支票。理念空则实践虚，这样的知识也就百无一用。

第二，历史意识是一个复杂的思维系统，并非一种价值，更不是一个观念或一种主义的灌输结果；历史意识涵盖学科素养，但学科素养不等于历史意识。我们强调，历史意识基于合理的历史认知，并经由历史思维转化为解决问题的能力。而且，无论历史认知还是问题意识理应被赋予行动的意义。

第三，历史学科必须求真，当历史知识作为历史教育存在时，其"事实"或"真实"就必然地生成价值或意义；所谓有价值或有意义的历史教育，自当追求"事实"或"真实"；与历史学不同的是，历史教育中的"事实"或"真实"，只有被学生发现和掌握时，才能产生"学的价值"和"用的意义"。我们强调，务实的教学过程即分析和论证的过程，这个过程不仅依赖材料，而且必须在追寻事实中进行充分阐释（分析），就像侦探断案一样。[①]

第四，从人类共生（mutualism）的视角设计更具有整合性的课程，不仅是必要的，也是必需的。所谓知识的性质，不过是一种假设而已，需要大量的事实证明，而证明的视角和方法多种多样，课程形态、课程内容、课程实施等，也就有多种可能。因此，仅从教学环节看，我们强调，唯一的、绝对化的课程设计，在整合知识、教学性质和方法方面，对教师的视野具有剥夺性的损害。

第五，相关学科教师共同教授一个课题或主题的教学模式应该得到鼓励。历史教师尝试跨领域、跨学科的教学实践，可以成为专业发展方向。我们强调，要使历史成为追寻"事实"或"真实"的教学，唯有转变教学视野、知识和方法，使其适应不同群体和个体的需要，创造更为广阔的教学空间。

第六，培养学生的批判性思维，必须基于学科的基本原理、概念（包括术语）和方法。无论教师如何讲述，都难以达成学生的自我认识；提供认识不等于自我认识，特别是在教师着眼于"为了每位学生发展"的理念时，自我认识的强度，既关乎学习

---

① 应强调养成学生历史分析、历史评判的素养，而非做史料实证的功课。一是中学教师做不到，如史料甄别、还原史实等；二是实证本身就是科学主义观点，而且中学教师极易据此套用史学家的观点、堆砌史料。但是教师基于史料教学是应该的，像史学家一样思考也是可以做到的。这都需要教师在分析上下功夫，而非仅仅呈现史料做表面的"史料实证"。

兴趣、学习动机，更关乎学习成就、学习信念。我们强调，应该让学习方式尽可能简单且多样化，学习意义尽可能实在且多维化。

格尔纳说，这里没有拥有特权的认知者，不允许任何组织对认知进行垄断，这里也没有拥有特权的事件或事物，逻辑力量和证据才是至高无上的。①

西蒙说，一百多年来，人们试图在基础知识之上寻求培养独立的思想者来参与民主进程，并决定社会面向未来的努力是否处在危险之中。也许公民需要对发展和进步抱有信心。我们现在必须寻求一种方法或途径，来确保在经济紧缩的条件下，避免使批判性教育成为只为特权者服务的奢侈品。②

二、历史教师的内涵发展

俗话说，历史是包罗万象的学科。甚至有人认为，人类的学问无外是自然和历史两类。抑或是泛泛而言，凡涉及过去的知识，大多可算作历史。当然，历史学仅限于研究人类过去的社会活动，而且狭义的历史学仅以历史文献为研究对象。

中学历史教育与史料学相去甚远，其内容不仅宽泛且必须附加特定的学习价值。如在中学历史教学设置之初，即讲"凡教历史者，注意在发明实事之关系，辨文化之由来"（1904 年）③。待学制稳定后，历史教育便确立了广泛的教学目标，一则"研究人类生活之变迁，以培养学生适应环境，制御天然的能力"；二则"启发人类的同情心，以养成学生博爱，互助的精神"；三则"追溯事物的原委，使学生了解现代各项问题的真相"；四则"随时以研究历史的方法指导学生，以养成学生读史的兴趣和习惯"（1923 年）。④ 依照这样的目标，我们不难推定其相应的内容（或宽泛的历史学）。引申之，即教师非有跨领域、跨学科的功夫不可。即便视历史教育为史料学，需搜索材料的范围也着实太广，历史教师的学养如何，由是可见一斑。

（一）历史教师应具备的理论学养

1. 历史学与历史哲学

历史教育易于达成公民教育的广泛目标，尤其在培养公民对国家的忠诚感以及提高公民智识方面，具有不可替代的作用。近代以来所有国家的中学历史教育，并非一个价值中立的学科。之所以存在强调价值中立的主张，也是主观上为了防止历史偏见的泛滥。在教育与被教育形成的关系中，就没有彻底排除主观性的可能。中学历史教育必须有明确的目的和目标，而且必须使历史判断、历史理解、历史解释

---

① 参见［英］约翰·贝克、玛丽·厄尔编著：《中学教师应关注的热点问题》，王璐、王向旭译，191 页，北京，北京师范大学出版社，2007。
② 参见［英］艾弗·古德森编：《专业知识与教师职业生涯》，刘丽丽译，130 页，北京，北京师范大学出版社，2007。
③ 《奏定中学堂章程》，见课程教材研究所编：《20 世纪中国中小学课程标准·教学大纲汇编：历史卷》，7 页，北京，人民教育出版社，1999。
④ 《初级中学历史课程纲要》，见课程教材研究所编：《20 世纪中国中小学课程标准·教学大纲汇编：历史卷》，14 页，北京，人民教育出版社，1999。

建立在充实的历史事实基础上。即正确的历史价值观，包括以爱国主义为核心的民族精神，须基于对客观事实的正确理解和解释。

中学历史教育内容源于历史学。历史事实是"求真"（含真相和真理二义）的基础。历史教育的认识视角和方法，则主要源于历史哲学①，它使教育、教学不偏离"求真"的轨道。没有历史学便没有历史教育；没有历史哲学便无法阐明历史教育的价值，像历史知识、历史记忆、历史叙事、历史思维、历史表现、历史意识等，都将是一笔糊涂账。因此，何谓历史教育，特别是中学为什么要进行历史教育，没有理论的支持我们就无法看得明白、说得清楚。

概括地说，历史学和历史哲学都是历史教育本原的东西。我们研究历史教育学，就是要让人类历史文化沁透学生的心田，为他们提供考察历史、解决问题的视角，提高他们对人类文化的理解和欣赏能力，包括反思和批判能力。所谓学科核心素养，如果连"理解人类自身的发展及行为"都做不到，掌握再多的事实也不能成为学科素养。毕竟历史教育期望当下的人类能够成功地续写人类文明史，无论采用何种方式和哪种行动。讲历史不是说相声，不能以"笑（娱乐）"为追求。学历史，也不能只因为它是考试科目。

就历史教师的学养而言，以下内容可以说是基本要求。①中学历史教师必须有扎实的通史知识。把握通史是个永无止境的过程，但却是中学历史教师的基本功。自古术业要专攻，历史教师的专攻无疑是通史。②为了对历史教学有更深的感悟，尤其是有能力更好地指导学生学习，中学历史教师要进行广泛的历史阅读。但是，鉴于教师的时间、精力有限，其所传授的知识又都在常识的范围内，因此阅读不宜过滥，应以经典、精品著作为主。③中学历史教师应适当地涉猎历史研究，最好能够就某个方面和专题做较深入的史学研究，点点滴滴、集腋成裘，由此获得的研究经验及经历会使课堂发生变化。④对绝大多数中学教师来说，不必自诩为史学家，也没有必要以史学家的圭臬为教学标准。中学历史教师应该成为历史教育家。无疑，中学历史教学也需要讲究一定的学术规范，中学教师应具有基本的敬畏学术的态度，如不能随意编造历史，不能信口开河，不能以论带史，不能乱择材料。要知道，中学历史教师的专攻毕竟是历史教育，其职责是使学生真正具备历史素养。⑤中学历史教师不仅要否定照本宣科的观点，而且也要知道史料不等于历史事实，知道历史教育的有用性是培养学生追寻历史真相的态度。所以学理论很有必要，特别是马克思理论，它会增强历史教师的思考能力和批判能力。

反省给了我们区分我们观念的能力，还给了我们比较我们观念的能力，使我们能认识种种观念之间的联系。这种能力体现在把我们的注意交替地由一些观念到另一些观念上去，或者使之同时固定在若干观念之上。②

---

① 这里不对历史哲学和历史理论做进一步的区分。
② ［法］孔狄亚克：《人类知识起源论》，洪洁求、洪丕柱译，58页，北京，商务印书馆，2011。

课堂教学中，老师总对学生讲，课题范围要小、论证用料要集中，因此史学专业的学生就学会了限定史料和数据的范围，有时也束缚住了自己的思想。……史学有能力开启重大的理论探讨，证明先前被视为不言自明的真理的东西其实只不过是未加检验的偏见。[1]

2. 教育学与心理学

有效地传播历史知识，并进行高质量的历史教育，没有教育学和心理学知识，就犹如建房子时，只有材料没有设计。简单地说，如何教、如何学的问题，主要依赖教育学和心理学来实现。如今教育学、心理学的内容十分丰富，由不得教师掉以轻心。比如，课程学、教学论、教材学、学习论、评价论，每一个都是独立的学问体系。如何积累相关知识，并使其成为专家型教师的学养呢？①掌握基本原理，并确认自己的教育立场。教师对于原理的学习不能囫囵吞枣，要熟稔其脉络和概念。②习惯从理论和实践两个方面去思考和解决现实问题，避免只见树木不见森林，以及只讲现象不问学理。③学习和运用任何理论，都必须基于学生需求和学科实践。历史教育学，既不支持空洞的理论，也反对没有思考地白描现实。④脱离了历史学科教育的教育学、心理学，不是历史教师所必需的东西，只有与历史教育结合起来的教育学、心理学理论和方法，才能成为历史教育学的组成部分。

教育是一项基本人权，并且有助于实现其他各项人权，这一原则植根于国际规范框架。……教育是获取知识和培养在相关情况中运用这些知识的能力的有意识的过程。发展和利用知识是教育的终极目标，理想社会的各项原则是教育的指导方针。[2]

3. 社会学与人类学

社会学是一种宽泛的社会科学，主要研究社会结构、群体、机构和文化。它关注影响个体和群体行为的社会现象和文化现象的多样性，还特别重视社会组织及人们组成群体、集体(集团)、社会等级和机构的方式。马克思理论也是一种伟大的社会学理论，历史教育所欲达到的正确地认识社会的目标，不能没有社会学。

人类学的关注点是社会机构、人类文化(宗教、艺术等)特征和人种(形体、语言等)差异，特别是人类不同文化之间的相似性和差异性。人类学中的文化、交流、语言、风俗等概念，在历史教育学中已成为帮助学生研究和理解人类文化的必备知识。

社会学和人类学的研究成果和方法，在20世纪70年代后，广泛地影响着历史教育。突出的例子是教学内容中的社会史、文化史比重逐渐加大，社会学和人类学视角渗透其中。历史教育研究则改变传统的研究和教学范式，采用社会学和人类学方法，如跨文化研究、田野调查和口述史的实践等。从历史教育的发展趋向看，社

---

[1] [美]乔·吉尔迪、[英]大卫·阿米蒂奇：《历史学宣言》，孙岳译，47、94页。

[2] 参见联合国教科文组织编：《反思教育：向"全球共同利益"的理念转变？》，联合国教科文组织总部中文科译，75、79页，北京，教育科学出版社，2017。

会学、人类学与历史学的结合，既拓展了历史学习课题，也深化了历史学习的内容。我是谁、我向哪里去的问题，仅靠历史学是难以认识清楚的。

其实，世界越多元，历史教育的构成越复杂。毕竟只有人类可以控制、形成自己的环境并建构人类文化。人类靠自身的能力来思考、想象，依靠改革来解决生活上遇到的难题。传统的历史学知识，显然在理解世界文化的多样性、为学生提供学会尊重文化多样性的不同视角等方面，不具备典型性、更没有独特性。

现代历史教育，要求学生必须思考和认识与社会学、人类学相关的内容：每个社会都有各自可以称之为文化的信仰、传统、价值观以及知识和技能体系；文化是从总体社会习得的，而且在任何一个既定社会中，它都是人们行为的潜在指导；虽然各地的人们都面临相同的心理和生理需求，但因人们满足需求的方式不同而使各自的文化大相径庭；人们的艺术、音乐、建筑、食品、服装、运动和习俗等，都有助于形成这个国家的特色；几乎所有的人都能参与并对文化做出贡献；社会结构和组织、人类文化及其形态，随时间的推移和时代的变迁多有变化，这些变化既有规律可循，也各有特点。

前喻文化，是指晚辈主要向长辈学习；并喻文化，是指晚辈和长辈的学习都发生在同辈人之间；而后喻文化，则是指长辈反过来向晚辈学习。……我们今天则进入了历史上的一个全新时代，年轻一代在对神奇的未来的后喻型理解中获得了新的权威。[①]

4. 其他社会科学

地理学的意义，一是通过国土教育增强学生爱国的情感，二是该学科的知识和技能能够帮助人们确定自己的空间位置，并了解其生活环境与状态。历史教育不仅要使用空间概念，而且要采用全球视野考察人口、资源、环境等重大的人类生存与发展问题。从其他国家的历史课程标准看，人类适应自然环境的方式与理解人类的生活方式、观念相联系，人类的物质文明所形成的区域之间的联系，以及不同区域文化的一致性特征（如政府体制、通行语言）等，也都是历史教育的考察视角。历史学和地理学有着必然联系，只是历史学是基于时间研究过去的社会现象。[②]

传统的历史教育内容，可谓一部政治制度史。它帮助学生理解人类的社会组织和政治理念。但是，非公民教育的历史教学，却严重忽视了其中的政治学意义，诸如学生理应知道那些人类社会维持其秩序的不同方式；了解那些维持社会秩序的手段，以及它们对个体生活的影响等。抑或是，过去的政治史对于今天的人们究竟意味着什么，包括我们为什么要关心政治、怎样了解政治性问题或议题等。

---

① 参见［美］玛格丽特·米德：《文化与承诺：一项有关代沟问题的研究》，周晓虹、周怡译，27 页，石家庄，河北人民出版社，1987。

② 值得讨论的是，国外中学历史课程标准处理相关概念时不采用"时空观点""时空维度"等说法，更不会从历史学和地理学两方面对其加以解说。另外，完全排斥地理学知识的历史教育会是什么样子的，也值得我们思考。

　　此外，还有法学、伦理学、考古学①等。需要明确的是，历史教育学之所以要关注和恰当地融入各学科知识和技能，最为重要的理由，一是面向学生的历史教育理应体现人类文化的整体面貌；二是对学生有用的历史知识不应该是琐碎的、由某一方面独占或反映片面的历史现象，而且学生的认知也具有整体性特征；三是为学生所接受的历史教育，首先应该是生动活泼的，但这样的教学内容不能东拉西扯，而是要依赖历史本身蕴藏的丰富性和具体性自然地表露出来的历史。因此，上述种种学科及其理论，也都是为了更好地体现历史的丰富性、具体性和整体性，使历史教育名副其实。

　　当然，历史教育学在应用或整合上述人文社会学科的知识与技能时，有着严格的原则。其一，一切相关学科的知识和技能，必须有助于学生的历史理解和历史解释，反之则是无用的；其二，一切相关学科的知识和技能，必须围绕学生能够理解和应用的公民知识和公民行动，反之则是无用的；其三，一切相关学科的知识和技能，必须对完善历史教育学的认识论和方法论有所贡献，反之则是无用的。

(二)历史教师需要学养与教养兼备

　　人文学科教师最好能够把经验材料和理论观念统一起来，起码应该具有将其进行一定的排列、组合以及相互交织、内化的意识和能力，并将这种能力体现在自身的教育、教学行为之中。即人们所说的使学养成为自身教养的底蕴。

1. 外在表现

　　历史教师学养与教养的外在表现，主要包括气质、形象、谈吐等。其中，语言最能浓缩文科教师的精气神，包括教学中运用的口头语言、写作时使用的书面语言以及社会交际中应用的生活语言。语言不仅是交流工具，而且反映一个人的精神面貌、为人态度、生活品位、思想深度、学问阅历，同时也能够体现出一个人的学养和教养。世上并不存在教师专属的语言系统或标准，但是与教师职业和学科特点相关的一些约定俗成的语言标准还是有的。因为教师从事着培养正在成长中的人的工作，对其在语言方面的要求比一般人要高。譬如，教师说话应语义清楚、符合逻辑、语句通畅、用词准确、吐字清楚；上课时，为了让每位学生都能听懂，教师语速不能过快、语调不能过平、声调不能过高或过低；为了符合特定的政治和教育要求，教师必须使用规范的普通话和文明的语言，不能使用偏僻词汇、脏话以及任何伤害人格的歧视性语言，不宜使用华而不实、刻意造作、故弄玄虚的语言等。

　　对于历史教育而言，教师用语是否规范、严谨、郑重，还与教师的学科认知、学术态度相关。过于随意地调侃历史，是不尊重史实的行为；孤芳自赏式的自说自话，只是把历史当作了文学的伉俪而过分修饰；过于刻板地说教，不仅无趣而且会

---

　　① 考古学一直以来都受历史教育界的重视。一是它较文献材料更为真实可靠；二是它能够反映最近的研究成果，及时更新历史教学的陈旧观点；三是它有助于历史教学的实践活动。鉴于以往的《历史教学法》《历史教学论》《历史教材论》对其有较充分的论述，本教材只做简略处理。

让学生远离真相；自我陶醉式的史料解读，要么是视史料为历史，要么只是满足于自我表演。其实，如果相信"史料会说话"，教师就不会陶醉于自我演义；如果知道什么是"学生根本无法理解"的东西，教师就不会要求学生什么都掌握；如果"历史就是讲好听的故事"，教师就无须拥有历史思维能力。诸如此类的问题集中反映在语言上，便是精而不当、繁而不实、流于花哨、貌似深刻。

过去，有关历史科学的信息的传播途径单一，历史资料的获取相对困难，教育理论强调经验积累、直观接受而非科学分析、自我建构。因此，教师需要基于讲述法和讲解法让学生听懂并掌握历史知识，教师的描述性语言能力或可成为优质教学的法宝。现在，教师教学语言的功能，已从描述性、阐释性转化为分析性、建构性，教师需要锤炼的是有质量的对话语言，如提问、提示、示范、质疑、反诘等，其形式是简洁、清晰、逻辑缜密的。教学语言的内涵是要确保一定的信息量、能够引发学生的思考或批判性反思。传统的讲故事语言，则必须考虑情节、结构、修辞、激趣。当教师学养不足时，这类语言就具有了卖弄讨巧、繁复说明、宏阔空洞、轻佻夸耀等特点，使历史教学失去了"朴"（实）的特征，本来真实的事，听上去也不真了。一言以蔽之，历史教育的语言需要拥有现代的分析型语言特征，应该淘汰传统的表演型或演讲型语言特征。

当然，运用何种教学语言需要联系具体的教学情况，不能一概而论。给小学生讲历史故事是必要的；初中生学习历史，除了听教师讲故事，就应该做些历史探究了；到了高中，如果历史课还停留在由教师演义历史故事的水平，那也许还是一种历史教学，但不会是历史教育。所以，未来的专家型教师不一定非要"善讲"。教师的语言风格，直接反映了教师整体的历史学养。譬如，教师相信历史本是人们对自身过往经历和经验的解释，就不会用语言去把历史事件处理得严丝合缝；教师既然不能确保自己的认识就是唯一的答案，就应该通过历史材料钩沉事实，以便给学生尽可能大的思考空间，而不会用演说的方式去"强迫"学生接受自己的结论；教师理解教科书也是一种历史叙事方式，教科书既不像史学著作那么学术化，也不像有些人批判得那么不堪，它不过是体现国家意志的、给定的集体记忆而已，那么教师采用教科书内容陈述历史就有其正当性。

同理，一切与教师的外在表现相关的内容，都可以用这样的视角去审视和处理，譬如干净、利索的着装、仪表等。另外，还要再次强调，我们不能把语言的通俗与庸俗、诙谐与滑稽、机敏与卖弄、个性与自傲混为一谈。前者是历史教育提倡和追求的，后者是历史教育杜绝和摒弃的。

2. 内在涵养

教师的内在涵养，指的是其文化修为，也表现为教养。其中，"师德"在教师内在涵养中居于首位。师德的内涵很广，其外在表现多样，诸如爱护学生，诲人不倦；仪表端正，举止得当；谦虚谨慎，善于合作；致力教育，力求上进；作风正派，朴实无华；观察敏锐，行为果断；精神自由，独立思考。虽然人们把教师当成蜡烛或"圣职"不太妥当，但在教师素养中拒绝懒散、邋遢、偏执、虚荣、妒忌、浮华、古板、孤僻、吝啬、凡事漠不关心等，则绝对是必要的①。一般而言，阅读决定了历史教师内涵的深度，再有就是人生阅历。所以，体悟对历史教师尤为重要。

不能表现于外的内在教养是心理的一部分，涉及灵魂、心灵、意识等，通常指的是心理品质和心理健康。譬如，历史教师面对"不受重视"的现实，应该保持一颗平常心，将历史知识视为人类智慧，进而从教学中收获快乐。牢骚既没有用处，也容易导致心理疾病，并最终转移给学生，结果是自己反成了历史无用论的典型，实在得不偿失。其实，学生对历史教学没有强烈的排斥心，他们不愿意上历史课，最直接的原因还是没有遇到好教师。有好教师的历史课堂，从来都是充满快乐和想象力的，这样的历史课堂备受学生的喜欢。引申说，拥有优质课堂的历史教师，其心理都具有健全而健康的特点，他们不会因现实的糟糕而懈怠自己对历史教学的追求，更不会因现实的束缚而失去自由意志和做人的尊严②。

如今的教师教育为历史教师的内涵发展开辟了多种途径，与其挂一漏万地具体陈述，不如点到为止地说些重点，其他内容请读者结合自身发展进行有针对性的学习。③

教师的日常工作是在政治和社会的层面上建立起来的。生活史研究的一个主要目的是扩大教师研究工作的视野。通过在更广阔的社会背景下研究教师的生活和工作生活历史，其目的是用一种合作的方式来发展对教师职业的社会洞察力。通过这种方式，教师的行动故事可以与历史背景相联系。④

(三)历史教师学养与教养的养成标准

1. 中学教师专业标准

20 世纪 90 年代以来，大部分国家形成了对教师教育的共识。提高教师地位、待遇，发展教师队伍，严格教师准入制度等愿望，通过各国研制和颁行各种相关的标准得以实现。教师究竟需要具备怎样的学养和教养，用这些标准来衡量是一个直截了当的做法。

我们必须反思教师教育和培训的内容及目标。教师需要接受培训，学会促进学习、理解多样性、做到包容、培养与他人共处的能力以及保护和改善环境的能力。教师必须促进尊重他人和安全的课堂环境，鼓励自尊和自主，并且运用多种多样的教学和辅导策略。

---

① 孙启元主编：《教师道德概论》，229～243 页，北京，科学技术文献出版社，1992。

② 当然，教师不能自灌心灵鸡汤，作为公民教育的践行者应时时关注自身的权利和义务。不过，这里只就普遍的学理理解而言，不涉及特殊的、个别的现象分析。

③ 相关的专题学习，可以借助工具书入门，如叶澜主编的《中国教师新百科》"当代中国教师角色""中学教师的道德素养"部分。更具体的内容，参考本章最后所列相关专业书。

④ ［英］艾弗·古德森编著：《专业知识与教师职业生涯》，刘丽丽译，58、60 页，北京，北京师范大学出版社，2007。

教师应能够选择适当的教学内容，并有效地利用这些内容来培养学生的能力。教师应运用技术和其他材料，以此作为促进学习的工具。应鼓励教师继续学习和提高专业能力。①

我国的《中学教师专业标准（试行）》颁布于 2012 年，它是对中学合格教师专业素质的基本要求，适用对象包括即将走向教师岗位的"准教师"和已经从事教育教学工作的在职教师。其内容构成，可以概括为：①三个维度，即"专业理念与师德""专业知识""专业能力"；②若干领域。（见表 7-1）

表 7-1　《中学教师专业标准（试行）》内容架构

维度	领域	基本内容
专业理念与师德	（一）职业理解与认识	（内容略）
	（二）对学生的态度与行为	（内容略）
	（三）教育教学的态度与行为	（内容略）
	（四）个人修养与行为	（内容略）
专业知识	（五）教育知识	（内容略）
	（六）学科知识	（内容略）
	（七）学科教学知识	（内容略）
	（八）通识性知识	（内容略）
专业能力	（九）教学设计	（内容略）
	（十）教学实施	（内容略）
	（十一）班级管理与教育活动	（内容略）
	（十二）教育教学评价	（内容略）
	（十三）沟通与合作	（内容略）
	（十四）反思与发展	（内容略）

美国于 20 世纪 80 年代中期就由"全国教师教育认证委员会"建立了四种教师专业标准。卡内基教学委员会于 1986 年发布的《准备就绪的国家：21 世纪的教师》以后，又建立"国家教学专业标准委员会"②（NBTPS），专门从事优秀教师专业标准的制定。其后，又有"州际新教师评估与支持联席会"于 1987 年成立支持各州与 NBTPS 合作，制定入职教师证书专业标准。

NBTPS 的"五条核心建议"：教师应该致力于学生的发展和学生的学习；教师应该知道所授学科领域的知识以及该学科的教学方法；教师应该负责学生学习的管

---

① 参见联合国教科文组织编：《反思教育：向"全球共同利益"的理念转变？》，联合国教科文组织总部中文科译，55 页，北京，教育科学出版社，2017。

② National Board for Professional Teaching Standards，简称 NBPTS。

理和监督；教师应该系统性地反思自己的行为，向经验学习；教师应该是学习共同体的成员。①

2. 中学历史教师培训指导标准

（1）研制教师培训指南涉及的有关理论

第一，PCK 理论。PCK 即 Pedagogical Content Knowledge 的缩写，是对教师知识（teacher knowledge）的一种理解，舒尔曼（Shulman，L. S.）给出的定义是"教师个人教学经验、教师学科内容知识和教育学的特殊整合"。PCK 理论旨在强调学科知识在教学中的重要性，并区别于学科专家。它综合了教师有关学生学习、课程、教学情境和教学法等多种知识，目的是"用专业学科知识与教育学知识的综合去理解特定单元的教学如何组织、呈现以适应学生的不同兴趣和能力"②。

根据 PCK 理论，历史教师不仅必须拥有历史学科的事实、概念、规律、原理等具体知识，而且还应该具有将自己拥有的历史知识转化为易于学生理解的表征形式的知识。③ 简言之，历史教师的知识主要有七种类型：学科知识（content knowledge，CK）；关于学生的知识；学科教学知识（pedagogical content knowledge，PCK）；教学法知识；其他内容知识；有关课程的知识；教育目标知识。这些知识就是教师能够胜任教学的知识。从 CK 转换到 PCK 需要经历解释（interpretation）、表征（representation）、适应（adaptation）三个阶段。显然，历史教育学或许可以对这些知识进行整合或再分类，但不能忽略其对历史教育的作用和价值。

第二，扎根理论（Grounded Theory，GT）。由美国哥伦比亚大学巴尼·格拉泽（Glaser，B.）和安瑟伦·施特劳斯（Strauss，A.）于 20 世纪 60 年代创立，它是一种基于客观主义和建构主义的研究方法。"建构主义的扎根理论尊重经验世界的第一手资料，在后现代主义和实证主义之间取中间路线。""扎根理论的威力就在于它提供了一个理解经验世界的工具。""扎根理论方法包括：①同时收集与分析资料；②分两步的资料编码过程；③比较法；④为建构概念分析的记录写作；⑤为完善研究者的理论观点的抽样；⑥理论架构的整合。"④

第三，复杂性（complexity）理论。学界对复杂性理论没有定说，有人称"复杂性理论"，有人称"复杂性科学"。作为一种科学观念和方法论，复杂性理论兴起于 20 世纪 90 年代。有关复杂性问题的思考和讨论，如著名的《科学》（Science）杂志在

---

① 参见熊建辉：《教师专业标准的国际经验》，11、49～50 页，北京，北京师范大学出版社，2014。另见《终身学习关键能力——参考框架》中提出的 8 种能力：使用母语交流；使用外语交流；数学能力与基本科学技术能力；数字化能力；学会学习；社会与公民能力；自主意识与创业精神；文化意识与表达。详见赵亚夫、张汉林主编：《国外历史课程标准评介》（下卷），603 页。

② 参见苏争艳：《中学历史教师培训课程标准与评估体系研究》，博士学位论文，陕西师范大学，2018。

③ 参见杨彩霞：《教师学科教学知识：本质、特征与结构》，载《教育科学》，2006(1)；杨薇、郭玉英：《PCK 对美国科学教师教育的影响及启示》，载《当代教师教育》，2008(3)。

④ 参见[美]邓津、[美]林肯：《定性研究（第 2 卷），策略与艺术》，风笑天等译，545 页，重庆，重庆大学出版社，2007。

1999 年 4 月 2 日用专刊形式集中发表了 8 篇有关"复杂性研究"的文章。美国匹茨堡大学的雷歇尔（Rescher，N.）从哲学观上对复杂性概念做了分类。

表 7-2　复杂性概念的分类①

认识论模型	计算复杂性	描述复杂性
		生成复杂性
		计算复杂性
本体论模型	组合复杂性	构成复杂性
		分类复杂性
	结构复杂性	组织复杂性
		层级复杂性
	功能复杂性	操作复杂性
		通用复杂性

　　引入复杂性概念或理论，至少对历史教育和历史教师教育有两大益处：①认识历史现象，既不能无组织化，也不能简单地加以组织化，我们应该看到经过史学家处理后的史事和材料的复杂性，不能简单地给历史下结论或做单一的历史解释；②历史教育同样具有描述的复杂性、生成的复杂性、构成的复杂性、操作的复杂性等，因此无论是历史教育观念还是历史教育方法，都应该更加开放和系统。

　　（2）历史教师培训课程指导标准

　　2016 年，教育部教师工作司根据《教育部关于深化中小学教师培训模式改革，全面提升培训质量的指导意见》，组织实施《中小学教师培训课程指南》（以下简称《培训标准》），并按照学科开展研制工作。通过竞标，首都师范大学成为研制初中历史学科《培训标准》牵头单位②。首先，各单位依据下列目标和任务开展工作。

　　其一，《培训标准》的目标：规范和指导各地分类、分科、分层实施五年一周期的教师全员培训；引导各地开展教育教学能力诊断，设置针对性培训课程，按需施训；促进各地按照教师专业成长规律，系统设计培训课程内容，持续提升教师能力和素质；推动各地创新培训模式，提升培训实效；探索建立教师培训学分结构体系，为推行教师培训学分管理奠定基础。

　　其二，研制团队任务。①确定核心指标：贯彻国家总体要求；符合教师专业成

---

　　①　参见黄欣荣：《复杂性科学的方法论研究》，24 页，重庆，重庆大学出版社，2012。
　　②　采用协同主持制。协同主持单位有：四川师范大学、南京师范大学、东北师范大学、华东师范大学、陕西师范大学、华南师范大学、齐鲁师范学院、安徽教科院、天津中小学教研室、扬州中学、北京西城教师研修学院。核心组成员有：首都师范大学赵亚夫、张汉林；四川师范大学陈辉；南京师范大学姚锦祥；东北师范大学费驰；华东师范大学李月琴；陕西师范大学徐赐成；华南师范大学王继平；福建师范大学郑士璟；齐鲁师范学院齐健；安徽教科院徐贵亮；天津教研室戴羽明；扬州中学王雄；北京西城教师研修学员马景林；石家庄教科所邢新宝；《中学历史教学参考》任鹏杰；《历史教学》杨莲霞；北京四中李明赞。

长规律。②确定能力诊断指标：深入中小学、幼儿园做大样本调研；分析教师教育教学行为。③开展有针对性的培训课程：对能力进行科学分层；找准教师培训需求。

其三，研制内容。①培训目标：达到高素质专业化的教师发展要求。②能力诊断：在对教师教育教学行为表现进行系统分析的基础上，提出教育教学能力水平诊断指标，旨在为各地有效把握教师培训需求提供依据。③课程内容：针对教师不同层次的能力水平进行设置，着眼于帮助教师加深专业理解，解决实际问题，提升自身经验。④实施要求：重在推动各地创新培训模式，推行集中面授、网络研修与现场实践相结合的混合式培训。

其次，组建研究共同体，以培训中存在的实际问题为出发点，以相关理论为指导，以调查和已有经验为参照，充分结合国内外研究成果，构建历史教师培训课程体系。内容包括"学科整体理解""中国古代史教学""中国近现代史教学""世界史教学"四个一级指标，在一级指标下划定若干二级指标，如"学科整体理解"的二级指标是"性质与功能""思想与方法"。每个二级指标再对应若干三级指标，即"能力诊断"。"能力诊断"分四个水平，教师可以自己对号入座，并根据自己真实的教学水平，选择相应的培训课程，即四级指标列出的培训课程清单。从课程内容的内涵方面看，历史事实、历史理解、历史方法、历史价值观作为培训课程主题贯穿始终，并由此形成学科教学的知识特色。

所有教学方法的展示都要基于学生的学习特点来设计，如何分析学生学习的方法也有必要包括在专业发展规划中；专业发展主要目标的设计需要教师的投入，这样，这些老师可以把参与的热情传给他们的学生；给予教师机会，学习历史学家如何进行研究，尤其要学习他们是如何鉴定史料的可靠性的；教学方法要侧重于：把原始材料置于历史情景中，并对这些材料作出解释；任何时候都要从课程内容出发来探讨教学方法；必须从最新的史学内容和学术成果出发考虑方法；必须向教师展示各种各样的教学方法；介绍主动学习的方法，将其作为多样化的方法之一。[①]

第三节　历史教师的实习与研修

教育实习和研修是教师教育的重要组成部分，前者关乎能否为国家、社会、学校提供合格的教育工作者，其课程体系、培养方案和水平，直接关系到在职教师的可持续发展；后者关乎所有在职教师的终身发展，其研修方式和方法，研修标准和水平，都直接对学科的教育、教学的质量产生影响。

---

① 　郑流爱：《〈美国〉历史学科教学的专业发展基准》，载《历史教学》，2004(12)。

一、历史教师的实习

(一)实习的意义与作用

实习,主要指本科在校学生到中学的实习活动。我国师范院校的学生实习是在苏联专家指导下形成的一套规范,具有目的明确、时间集中、注重教学技能、内容安排具体、教育与教学并重的特点①。然而,由于各地师范院校在实习的环境、条件、经费、意识等方面差异很大,我们难以对整体的实习效果进行测量和评估。

实习是对本科学生的专业知识和教学技能所做的一次总体考查。实习生是否符合做教师的一般要求,需要对其在角色意识、课堂教学、班主任工作等方面进行评价。目前,实习理论、实习研究仍较薄弱,它还只是师范生教学计划中的规定动作,而且还存在中学实际情况和大学教学内容相互脱节的倾向。

理想的实习具有全面且真实的检测、矫正、反思作用,不是通过四至六周的进校上课就能够充分完成的,实习的目的是培养"准合格教师"。严格地讲,实习生毕业前通过考试拿到教师资格证书,就意味着他们是法定的、合格的教师了。他们就职以后,则通过积累经验,由新手教师成长为专家型教师。也就是说,实习与其专业知识一样,对毕业生来说,也是一道门槛。它提示实习生,你"作为一名历史教师"是否达到了合格的要求,还需要做哪些努力。有一种情况可以例外,就是师范生不与教师资格证直接挂钩,实习不过是预先体验,是为了求得教师职业而做的尝试或准备。

(二)职前教学活动的定位

传统的实习有如下弊端:一是实习生仅观摩指导教师的教学,把教学技能当成教师的法宝;二是实习生只了解一些教学理论,对实际教学情况几乎一无所知;三是指导教师反馈给实习生的信息,几乎都是由不明确的一般教学法合成的东西,实习生仍不能在自己的教学活动中加以利用。

如今,人们热衷于用"比赛"的形式掩盖教学和实习的不足。因此实施"比赛"的观念和技术仍然落后。或者说,那是利用现代技术服务于旧理念、旧形式和旧内容走捷径的做法。理由是,其一,比赛的目的是获奖,而不是交流和提高。其二,比赛看的是学生个人素质和现场表现,对于普遍的教学质量没有实际的借鉴作用。其三,比赛的形式就是"上课"和"说课"。总体而言,就是复制传统教学方式。经过年复一年的比赛,不仅教学越来越程式化,更糟糕的是它带来的负面影响,比如学校为了获奖按照比赛套路训练选手;师范生的教学观念和技术离卓越教师的标准越来越远;复制传统教学的评判标准,让师范学校的教学只能停留在现有水平;比赛本

---

① 比如[苏联]波良斯基:《教育实习》,王明辉译,北京,人民教育出版社,1953。作为师范大学教材,其对教育实习目的、内容、形式都具有很大影响。该书分实习的一般问题、教学实习、实习生的青年团与少先队工作、课外活动实习四章,内容非常具体,如今很多地方师范院校的实习,除教学内容变更外,其他并没有超越该书所述范围。

身混杂进了各种利益。总之，没有研究性、公益性的比赛，其实都是利益的工具和虚荣的噱头，与培养师范生的教学技能没有什么关系。

针对师范生组织的教学活动，包括教学技能比赛，我们应该视其为：①各师范院校或教师培养学校共同体的专业性活动；②一种具有导向性、激励性、参与性的推广先进经验的交流活动；③突出学术性、探索性、公益性、针对性、实效性和主动性，彻底排除各种利益纠葛和关系的活动。

动态教师是这样的，他们的角色不局限于课堂，而是延伸到社区当中；他们不允许自己麻木不仁，而是主动迎接各种挑战，并把挑战当作资源和机遇；他们是促学者、意义的探究者、校内外沟通的桥梁和主动的变革者。之所以会这样，是因为他们赋予教学以丰富的意蕴；他们是价值的守护者、意义的建构者和富有教育哲学思想的教师。[①]

二、历史教师的研修

（一）教师研修的必要性

大学的本科教育只是一种从事教师职业的专业准备，新教师走上工作岗位后，会遇到很多现实问题。一些问题属于学习中预想和打好基础的内容，但因新教师做学生时实践的经验太少，不甚了解其中的价值，故需要新教师在入职初期加深认识；另一些是操作性或技术性的问题，这些问题必须通过实践才能得到真知灼见。还有就是学术发展的速度甚快，新教师做学生时在学校所学的东西往往不能适应实际需求。对于这个问题，无论师范毕业生还是非师范毕业生都存在。

教师进修大致有三方面的作用：一是充实教师的教育知识，提高教师的专业能力；二是汲取新知识、新概念、新成果，及时更新教育、教学观念和方法；三是交流推广教学经验，总结教育思想，优化教学方法，形成良性互动的教学共同体。

（二）历史教师研修的途径和方法

如今历史教师的研修途径多种多样，层次较多，大致分为以下几类。①培训。有国家级、省级和校本三级培训方式。如"国培计划"中的"示范性短期集中培训""短期集中培训""置换脱产研修""骨干教师培训""培训者专项培训""主题式培训"等。培训内容包括师德修养、专业理念、学科知识、教学设计、教学实施、教学研究、课程资源、课堂管理等，培训形式有专家讲座、分组交流，自主探究，案例研讨、交互观摩、同课异构、在线研讨、参与性学习，反思教学等。[②]②学历教育。如在职攻读教育硕士、教育博士。③国内、国外研修。

---

① ［美］拉里斯等：《动态教师——教育变革的领导者》，侯晶晶译，5 页，北京，北京师范大学出版社，2006。

② 参见中华人民共和国教育部制定的《"国培计划"课程标准（试行）》中的《"国培计划"初中历史教师培训课程标准》《"国培计划"高中历史教师培训课程标准》《"国培计划"历史教师培训团队研修课程标准》（高等教育出版社，2012 年），主研制者是首都师范大学的赵亚夫教授和四川师范大学的陈辉教授。

无论哪种研修途径，目的都是满足教师终生学习的要求，增强他们的教育教学能力，进而提高教育教学质量。

(三)教师研修方法

1. 示范教学

在教师教育中，示范教学是最常用的研修方法之一，其启示性和操作性功能显著。示范教学通常有两种示范形式，一是创设教学情境进行有针对性的教学示范，如做示范课。二是基于一定的问题、教学事件、技能或方法所做的教学示范，与前者不同，此类教学示范侧重于分析教学结果，不一定是一节完整的示范课，或许只是对某个教学片段的分析。示范教学的重点是教学方法，解决的是具体的操作或技术问题，需要教师与教师、教师与专家之间的平等对话，要求示范者有过硬的教学分析能力，其教育技术和教学方法必须是规范的、直观的和经得起检验的，以便参与者只要将其投入课堂便可以收到显著的效果。

2. 介入教学

这是一种教学分析方法。其目的是要"成为第三者"，并从"公正的、批判的立场去观察教学"。它要求参与者经常变换介入角色，采用积极的接受介入或保持介入的状态。而且，介入教学的主体是教师，不是介入者。

简单地说，介入者的角色是帮助教师达到更好的教学效果。所以，介入者不能凌驾于教师之上，或完全地为教师代劳。从理论上说，介入教学侧重研究教学效果。介入不过是用作训练方法而已。该方法的焦点是，介入者应恰到好处地帮助教师纠正不正确的教学行为，内容包括：①如何化解教学僵局；②如何避免教学过程中出现混乱；③如何纠正教学偏误；④如何处理突发的教学事件等。介入者采用的方法是课堂观察记录，研究也是基于对观察记录的整理和分析，即介入者在介入之前不做任何前设或预案，研究什么问题是由观察记录决定的。研究形式也非常灵活。

3. 感受性教学

感受性教学是一种集体培训方式（training group），它源于实验室培训（laboratory training），其目标是确立良好的人际关系。因为培训任务各异，培训的名称也不尽相同，如感受性培训、敏感性培训、人际关系培训等。一般集中培训的时间较短，通常是3～6天。其形式多以10人左右为一组，要求人人必须获得直接体验。课程内容包括：理解他人（学会宽容）；学习融入集体的过程；提高学习指导才能；体验与别人如何交流；学会从事创造性工作等。

就历史教师而言，这种研修方式有以下功能。①着眼当下。其研修目标不放在"过去，在那里"能够学到什么东西，而是强调"现在，在这里"必须掌握什么。"有效果"才是研修的目的。②及时反馈。通过参与性活动，体察自己融入集体后获得的东西。虽然这是针对教师的训练，但是可以由教师迁移给学生，并增进教师的学习指导能力。③破冰（break the ice）。改变既成的概念、程式化的观念和已习惯的行为方式重新认识自己和他人。④安全感。指融入集体后获得的稳定的、踏实的心理感受。这种感受对于理解社会性发展，乃至人类的社会现象很有帮助，也可以用于认同教育。⑤观察。为达成学习目标，每个成员必须深度参与活动过程，与此同时，发现参与活动过程中产生的矛盾纠葛，通过解决问题发展自身的感悟能力和领导能力。

4. 微格教学

即微型教学（Microteaching），指一种缩小规模的学习指导方式。20世纪60年代初，美国斯坦福大学的艾伦（Allen，D. W.）及派克（Peck，R. F.）等人最先使用"缩小的、可控制的教学方法"，训练准备成为或已经是教师的人，让他们集中掌握某一特定的教学技能。不久，人们利用摄像技术改进这种教学实验，并确定了"微格教学"的概念。现在，微格教学方法在师范院校被广泛使用。一般的做法是，一名教师指导若干名学生，通过录制10分钟左右的教学片段，诊断和分析教学内容和技能，使学生（实习生）直观地理解存在的问题，及时反馈，适时指导，促进学习者获得比较理想的教学效果。

表 7-3　斯坦福大学设计的基本教学技能

1. 刺激	2. 导入
3. 综合	4. 沉默和非语言暗示
5. 强化学生的学习参与意识	6. 提问的频率
7. 深入提问（或追问）	8. 高层次的提问
9. 发散式的问题	10. 确认全体活动的方法
11. 说明范例的方法与效果	12. 学习内容的展开方式
13. 预设的实施结果（目标达成）	14. 交流学习任务

微格教学能够把"设计—教学—观察—改进—再实践"的过程，处理成系统的、具体的、操作性的研习教学的段落，不再把教学艺术和教学方法各自孤立，实现了"教即是学"的培养观念。概言之，利用微格教学能够真实地习得教学技能。

学后复习

回顾

1. 定义：历史教师教育；历史教师专业发展。

2. 辨识：素质与素养、学科知识与教学知识、多学科合作与跨学科学习。

3. 查找：国外历史学科教师专业标准（任选一个国家）。

4. 解释：为什么说历史教师的学养是专业生涯的基石？

重点思考

1. 评价：历史教师专业资格考试（可以是任何角度）。

2. 意义：何谓专业素养，确定历史教师专业素养的主要依据是什么？

批判性思考

1. 分析：①美国学者威金斯（Wiggins, G.）提出的教学设计要有一个贯穿"核心观念"的"核心问题"，与上海特级教师包启昌的"一课一中心"观点有哪些共同点，二者的差异在哪里？（参考评价论部分）②有人认为，历史教师的功夫应在史学上而非教育理论上，甚至认为任何教育理论都是多余的，这一观点显然很片面，请分析其错误根源。

2. 综合：为什么提倡历史教师要拥有四个世界？

应用概念

1. 合作：以小组为单位，讨论教师理应拥有的知识世界，并剖析历史教育中知识世界内涵变化的主要因素。（参考教学论部分）

2. 论证：列出"史料实证"的一般原则，结合历史哲学或历史教育理念，阐释教师应具备的相应素养。

技能练习

1. 从《史记》卷一二一《儒林列传》中任选一个人物或事迹编成口述故事，要求：忠实原作；可参考其他材料；适于课堂教学；通俗易懂；使用标准的口语；提示学生思考的问题。

2. 用思维导图的形式，拟订一份"逆向设计"（backward design）方案，并向他人陈述自己的设计思路、预期成绩和基本特色。（参考评价论部分）

拓展阅读及书目简释

史学理论

1. 刘北成、陈新编：《史学理论读本》，北京，北京大学出版社，2006。该书分历史是什么、史学理论、历史理论、史学分支概论四部分，其阅读分量不大，重点突出，是中学历史教师加强自身理论修养的可选读物，读者也可以据此延伸阅读。

2. ［德］梅尼克：《历史主义的兴起》，陆月宏译，南京，译林出版社，2010。该书共十章，即先驱者，伏尔泰，孟德斯鸠，伏尔泰和孟德斯鸠时期及其后的法国历史思想，英国的启蒙历史学，英国前浪漫派、弗格森和柏克，对德国运动的初步考察：莱辛和温克尔曼，默泽尔，赫尔德，歌德。另，[美]伊格尔斯：《二十世纪的历史学：从科学的客观性到后现代的挑战》，何兆武译，济南，山东大学出版社，2006。读者可一并阅读。

外国教育名著

1.[德]第斯多惠：《德国教师培养指南》，袁一安译，人民教育出版社，1999（2003年重印）。该书有很多金句可谓耳熟能详，诸如"真理只能发展变化，不能持久不变"；"人的固有本质就是人的主动性"；"思想懒惰的人往往靠别人为他自己去思考和研究问题，而一个思想活跃的人却终身都在孜孜不倦地独立思考"；"教育就是激发"；"不称职的教师强迫学生接受真知，一个优秀的教师则教学生主动寻求真知"；"教历史课要用历史的方法"①。

2.[日]小原国芳：《小原国芳教育论著选》，由其民、刘剑乔、吴光威译，北京，人民教育出版社，1993。其中，第一编"教育的根本问题——哲学"、第四编"教育改造论"中的第十章"各科教学论"、第五编"自由教育论"，读者应该认真阅读。另，读者可一并阅读小原国芳的《全人教育论》（长春，吉林大学出版社，2010）。

3.[苏联]苏霍姆林斯基：《帕夫雷什中学》，赵玮等译，北京，教育科学出版社，1983（1999年重印）。读者需重点阅读第四章"德育"、第五章"智育"、第七章"美育"。另，[苏联]苏霍姆林斯基：《给教师的建议》，杜殿坤编译，北京，教育科学出版社，1984。这本书在我国教育界有很高的知名度，其中的不少观点对新入职教师会有一定的帮助。

4.[美]杜威的《民主主义与教育》[王承绪译，北京，人民教育出版社，1990（1997年重印）]和《我们怎样思维》（姜文闵译，北京，人民教育出版社，2005）都是名著。其中，"教育是生活的需要""教育是社会的职能""教育即指导""教育即生长""教育中的民主概念""教育的目的""兴趣和训练""经验和思维""教育中的思维""方法的性质""课程中的科学""教育的价值""教育哲学"各章值得反复阅读。另，[英]怀特海：《教育的目的》，徐汝舟译，北京，生活·新知·读书三联书店，2002，读者也可一并阅读。

教师教育研究

1. 单中惠主编：《教师专业发展的国际比较》，北京，教育科学出版社，2010。该书从国际视野对美国、英国、法国、德国、俄罗斯、日本、印度、埃及、巴西及我国的教师专业发展进行个案研究，从理念、内容、实施、评估、特点和趋势等方面梳理了大致线索。另，熊建辉的《教师专业标准的国际经验》（北京，北京师范大学出版社，2014）也值得参考。

---

① 参见[德]第斯多惠：《德国教师培养指南》，袁一安译，20、22、37、129、161页。

2. 申继亮主编：《新世纪教师角色重塑：教师发展之本》，北京师范大学出版社，2006。全书内容涉及教师角色的转变、教师的知识、教师的观念、教师的能力、教师的教学策略、教师的职业动力，适用于初级教师使用。另，这本书是"中小学教师专业发展丛书"中的一本，该丛书中的《师德心语》《教学反思与行动研究》也有参考价值。

3. ［英］黑恩（Herne, S.）、［英］杰塞尔（Jessel, J.）、［英］格里菲恩（Griffiths, J.）：《学会教学：教师专业发展导引》，丰继平、徐爱英译，华东师范大学出版社，2009 年。该书的一大特点，正如作者承诺的那样，在"积极参与教育的过程并直接体验改革的进程"中生成全新的问题视角，使全书内容能够为"所有准备从教或参加专业持续发展的人"提供易于理解、可读性强的必备指南。另，该书只是华东师范大学出版社"教师教育新观察译丛"的一种，其他如《有力的教师教育：来自杰出项目的经验》《为了民主和社会公正的教师教育》等也值得放入历史教师的书架。

4. ［英］艾弗·F. 古德森编著：《专业知识与教师职业生涯》，北京，北京师范大学出版社，2007 年。该书分上下两篇，上篇专业知识的类型、作为一项社会实践活动的教育、展现教师、教师的生活史与职业生涯等内容，对历史教师提升职业的幸福感、责任感乃至深度认知专业发展需求帮助甚大。另，它是"当代西方教师教育译丛"的一种。这套丛书，其中的《动态教师——教育变革的领导者》《初为人师——教师职业生涯第一年》《教师研究：从设计到实施》为读者展示了丰富多彩且内容深刻的教师教育研究状况。

5. ［日］佐藤学：《课程与教师》，钟启泉译，北京，教育科学出版社，2003 年第 1 版，2008 年第 4 次印刷；［日］佐藤学：《学校的挑战：创建学习共同体》，钟启泉译，华东师范大学出版社，2010 年第 1 版，2011 年第 4 次印刷。佐藤学的这两本书虽然不是专门讲教师教育的专著，但是关乎教师教育的理论和实践基础。前者的立足点是重新界定"课程"的概念与功能，"教师"的角色与责任，理论性很强；后者既是作者基于自身教育理论的实践，也同时展示了作者对未来学校教育的定位。其中的观念和主张对历史教育有一定的启发作用。

学科教师发展

1. 杨向阳：《超越的悖论——杨向阳历史教育文论选》，上海，学林出版社，2012。这是一本文集，其学术分量堪比一些专著。一是它认真记述了一位历史教育研究者的成长过程；二是它的论题广泛也比较深刻；三是它讨论的问题多是理论联系实际的，既少应景之作，也无献媚之嫌，有的是对问题的分析以及对现象的批判。同类作品，一线教师也有发表，读者可根据自己的需要加以选择，如李惠军主编：《笃学行思录：一个历史教师团队的教学随笔》，天津，天津古籍出版社，2008。

2. 成学江：《高中历史教研活动课程化的探索与实践》，北京，北京少年儿童出版社，2008。这是一本针对教研课程设计和实践活动的指南，具有创新性和可操作性。全书紧扣教研活动课程化的概念，强调教研活动的系统性、实操性和灵活性，对历史教师教育是一种实在的推进。

3. 严育洪编著：《课堂焦点：新课程教学九辩》，北京，首都师范大学出版社，2012。这九辩是：教学预设与教学生成、教学简约与教学展开、生活原味与知识品味、表现活动与思想活动、关注个性与关注共性、自主学习与指导学习、接受学习与探究学习、独立学习与合作学习、学科知识与学科文化，主要涉及教师的教学观、知识观和学生观。

第八章　历史教育研究方法

○ 历史教育研究需要确立科学的方法论

○ 历史教育研究需运用多种社会科学方法

○ 历史教育研究者理应掌握科学的方法论

学前预习 ▶

定义术语：范畴、范式；质的研究、量的研究；文献法、调查法、
　　　　　比较法；系统研究方法、复杂思维研究方法、行动研究。

识别概念：历史研究方法、教育研究方法、社会研究方法。

积累经验：袁振国主编：《教育科学研究方法》，北京，高等教育出版
　　　　　社，2000；张清民：《学术研究方法与规范》，北京，中华
　　　　　书局，2013。

拓展实践：尝试撰写历史教育文章并与选定的范文进行比较分析。

学习目标：

1. 知道历史教育研究必须遵循的科学范式和规则。

2. 充分理解历史教育的各种研究方法及其关系。

3. 能够运用历史教育研究方法解决现实中的真问题。

理解内容：

根本性和普遍性——历史教育科学研究的母题，都产生于历史教育
实践。有价值的选题：一是针对学生真实获得的历史知识和技能提出的
问题；二是从学科教育性质、特征、过程等角度，发现和提出原理性的
问题，或是由理论指导实践或是从实践中生成的原理性的论题。也就是
说，历史教育研究要着眼于解决学科教育活动中的根本性、普遍性的问
题。它们在研究设计、途径及方法方面，都是具体的、实践性的甚至也
是个别的、特殊的问题。因此，就研究目的而言，就不能仅针对即时性
或暂时性的问题，更不应该是应景式或消费式的问题。（第一节）

方法论——方法论（methodology）亦是认识论的一支，是一种"可以
称为寻找解答的科学"[1]。每种研究方法都有自身的局限性，历史教育研
究主张综合运用各种方法，以便达成解决学科的根本性的、关键性问题
的目的。范式（paradigm）是建立在一系列的主导概念和背景假设基础上
的一个"占统治地位的学术观点"[2]。历史教育同样要依靠科学范式选定研
究方法，并根据选题灵活地运用研究方法。学科的方法论越得当，学科
的认识论也就越深刻。（第二节）

----

[1] ［美］艾尔·巴比：《社会研究方法》（第 11 版），邱泽奇译，6 页，北京，华夏出版社，2009。

[2] ［德］施万尼茨：《欧洲：一堂丰富的人文课》，刘锐、刘雨生译，348 页，太原，山西人民出版社，2008。

呈现成果——历史教育和教学研究成果，主要有两种表现方式：一是教师将自己的学习和研究成果直接转化为课堂教学行为；二是以文字的方式发表文章（如教学设计）或论文。无论哪种表现方式，作为研究成果都应该具有科学性、学术性和实用性。（第三节）

第一节 历史教育需要科学研究

科学研究对于历史教育的发展至关重要。只有运用科学方法研究历史教育，历史教育才称得上一门专业。缺少了科学方法的历史教育研究，不会有生命力；缺少科学态度的历史教育研究，也不能获得真正的科学方法。

斯宾诺莎（Spinoza，B.）认为："正确的方法就在于认识什么是真观念，将真观念从其余的表象中区别出来，又在于研究真观念的性质使人知道自己的知性的力量，从而指导心灵，使依一定的规范来认识一切必须认识的东西，并且在于建立一些规则以作求知的补助，以免冤枉费心思于无益的东西。"因此，"方法不是别的"，它是"反思的知识或观念的观念。"①

历史教育研究如何用"正确的方法"认识到自身的"真观念"，再使"真观念"驱动或激发出历史教育的"知性的力量"？或依照哪些确定的研究范式和规则来确认历史教育"必须认识的东西"？这的确是历史教育研究者应长期追求的学术目标！

一、为什么要做科学研究

按照孔德的"实证科学（science②）"的观点，科学与哲学（思辨）不同，更与迷信相反，它是"以经验方法对自然、精神或社会现象所做的研究"。这种研究，必须依据"确定的知识或完善的知识"，即科学的知识，也称经验材料。而且，科学研究不仅是如何运用科学知识、科学方法的问题，它还必须包含科学精神和科学态度。否则，"实证科学"也会因其悖论而与哲学和宗教难解难分。③

（一）要把历史教育学当成学问来做

1. 民国时期的历史教育研究

民国时期的历史教育研究涉及广泛的研究课题，其学术特点已经具备。据此，

---

① ［荷］斯宾诺莎：《知性改进论》，贺麟译，34 页，北京，商务印书馆，2011。

② 其他用语，包括 empirical science（经验科学），proved science（证明的科学）或 facts proved science（证明事实的科学）。不过，没有对事实的检验和论证，不用证据说话，便不叫"科学"。所以，理性时代的"科学"就是 science。参考［美］赖尔、［美］威尔逊：《启蒙运动百科全书》，刘北成、王皖强编译，85 页，上海，上海人民出版社，2004。

③ 有关"实证科学"的内涵和发展问题，参见《西方大观念》第二卷，陈嘉映等译，1379、1386～1387 页，北京，华夏出版社，2008。诸如科学的原则：事实、定义、公理、假说、统一理论；科学的目标：本质性和必然性、可感和可测量、抽象和普遍；科学方法：观察与实验、解释的技术和发现的技术等问题的剖析。

我们可以列举一些学者和作品。例如，徐则陵的《历史教学法》（《教育会刊》，1921年）；梁绳筹的《历史的研究法和教学法》（《教育丛刊》，1923年）；陈衡哲的《历史教学与人类前途》（《晨报周刊》（纪念增刊），1925年）；周予同的《历史学习的途径与工具》（《中学生》，1931年）；吴绳海的《历史教育之本质》（《教与学》，1935年）；陈训慈的《民族名人传记与历史教学》（《教与学》，1935年）；瞿兑之的《历史教学法之商榷》（《新民》，1936年）；李絜非的《学习历史的目的》（《浙江青年（杭州）》，1937年）；苏沉简的《论历史教育》（《经世》，1939年）；陈安仁的《历史教学法的理论》（《现代史学》，1941年）；李季谷的《历史学习指导》（《读书通讯》，1942年）；雷国鼎的《历史教学之心理基础》（《贵州教育》，1942年）；何士能的《历史教育的使命》（《贵州教育》，1942年）；李絜非的《历史专题研究的方法与重要》（《读书通讯》，1943年）；张维华的《新时代中的历史教育》（《教育学术》，1948年）等。其中仅李絜非一人就留下90余篇文章，像《论历史方法》（《思想与时代》，1943年）；《论史观》（《思想与时代》，1944年）；《论作史的方法》（《文化先锋》，1946年）；《论历史的本真》（《新中华》，1946年）；《汤比氏之历史论》（《文化先锋》，1947年）；《论外国史的教学》（《教育通讯》，1948年）等。这些作品，今天读来依然令人心动。

历史学的研究有两个目标：（一）真相——求得史实的真相，重在考证研究和叙述；（二）真理——这就近于所谓历史哲学，历史教育的最大目的应该是后者而不是前者。[1]

我们从历史的事业的综合与分析，确认社会是前进的，不是逆退的，既认社会是前进的，我们的人生观，当然亦是肯定的，乐观的，大家欢天喜地的在这只容一趟过的大路上向前迈进，前途有我们的光明，将来有我们的黄金世界。[2]

历史的目的，同其他科目一样，在于使学生受一种社会化，抵制青年自然的自利的天性，表明没有人可以单独的生存，各人必要为他人的生活，才可以望自己生活的改良。[3]

教育的真义即意味着人类的一切能力之解放，从双手的解放到头脑——思维——的解放，乃至政治上经济上和人格上的解放。它绝不能桎梏人性的自由和智慧的生长和发展。[4]

历史是过去人类活动总成绩之记录，亦就是过去人类经验之记载。……我以为历史教学问题，可以分两方面来讲：第一是抽象的理论，第二是具体的办法。

理论：第一要使学生对于本课发生兴趣；第二要使学生了解历史是实用的；第

---

[1]　参见苏沉简：《论历史教育》，载《经世》（战时特刊），1939（35）。
[2]　参见丁夫：《历史教育的建设》，载《教育建设（南京）》，第1卷，第6期，1941。
[3]　参见张维华：《新时代中的历史教育》，载《教育学术》，第1卷，第2期，1948。
[4]　参见林仲达：《战后中国教育底历史任务是什么》，载《教育杂志》，第32卷，第5期，1947。

三要使学生对于本课有易读易学之感。

办法：一、要提纲挈领；二、要有通史观念；三、要常常发问；四、要推求因果；五、要用比较法；六、要利用图表；七、要指导参观。

概括地说：鸟瞰法；解剖法；问答法；联络法；比较法。[1]

现阶段的历史教育以往历史教育，未尝无成绩，可是功不掩过，兹未能达到理想成绩，……其失败的原因可得言者，兹教科书、教师、社会和历史研究四端。[2]

何谓历史真功用：(1)历史能使人明白现代社会之由来；(2)能供给解决问题之历史背景；(3)能供给经济问题之普通工具；(4)能促进世界和平。[3]

此时学者们讨论学校历史教育的地位、功能、性质及问题，都是基于学术建设和现实需要，体现了对学科的"真观念""真知识"的诉求。他们讨论历史教材、历史教学法、历史学习等问题，目的是为了让学生能够接受"完善的知识"。作为历史教育遗产，以下几点尤为重要。①中学历史教育研究的实践取向，即历史教育的学问是针对历史教育活动的学问，它要解决的问题，不仅与历史知识有关，而且必须与历史、现实乃至未来密切相关。如在抗日战争时期，历史教育成为凝聚民族精神的最有用的学科。②历史学研究方法及其传统是历史教育研究的根基。不尊重或忽略了历史学本原的东西，历史教育原理很难成立。③开阔的研究视野。无论是理论还是实践，历史教育皆不悖于当时的世界潮流[4]，同时也不失自身特色。④上述内容决定了历史教育的有用性；⑤由于学校中历史教育学科建立时间短、学校教育制度仍较涣散以及战乱等原因，前辈学者们提出的问题虽然鲜明，但并未形成研究范式[5]。

2. 最近 30 年时期的历史教育研究

中华人民共和国成立以后的前 30 年，历史教育研究的重点是教材、教法。此时的研究范围与民国时期相比较为狭窄，历史教育的实施效果却远大于民国时期。从研究成果方面看，在"文化大革命"前的 17 年，以唯物史观为指导的教材已经形成、教学体系已经确立；基于义务教育的普及和高中教育的稳步发展，历史教学水平整体上大幅度提高。历史教育研究既有制度上的优势，也吸收了民国时期的部分成果，特别是继承了根据地历史教育的经验。相关内容在各类《历史教育学》《课程与教学论》《历史教学法》著作中都有介绍，这里不再赘述。

改革开放以后的历史教育研究，呈现出全面发展的态势。整体而言，其研究范

---

① 参见张暮骞：《中学本国历史的教学及其设备问题》，载《教与学》，第1卷，第4期，1935。
② 参见李絜非：《现阶段的历史教育》，载《教育通讯》，第5卷，第2期，1948。
③ 参见梁绳祎：《历史教育研究法和教学法》，载《教育丛刊》，第4卷，第8期，1923。
④ 当然会有盲从，但主流始终是向上的，各种观点和观念的交锋让学校历史教育得益于理性选择。
⑤ 具体内容参见张逸红的《清末民国历史教学法研究》(北京师范大学，2007年博士论文)、何成刚的《民国时期中小学历史教育发展研究》(岳麓书社，2008年)、朱煜的《五四新潮下的历史教育：中华教育改进社与新学制历史教育改革：1921—1926》(社会科学文献出版社，2016年)等。

围之广和研究水平之高前所未有。根据首都师范大学硕士研究生和姚锦祥等教授所做过的成果统计①，大致概括为以下情况。

表 8-1 最近 30 年历史教育研究主要内容及其现象概览②

时间	研究内容（热词）	主要特点
1978—1989	教学大纲；教材；课堂教学；教法；比较教育；考试；"双基"；历史教育学	全面拨乱反正；厘清爱国主义教育内容；重返教科书中心；注重课堂教学质量；强调基本知识和技能；探索新时期的历史教育社会功能；历史思维研究逐成热点；历史教育学诞生等
1990—1999	教学大纲；教材；课堂教学；教法；考试；教育改革；素质教育；比较教育	开放历史视野；教学改革活跃；明确历史教学的"三项任务"；教材开始多样化；综合课程进入中学；素质教育形成思潮；历史教学研究活跃；学业评价和考试研究进一步深化；名师济济等
2000—2014	课程标准；课程改革；教材；有效教学；教学设计；教师教育；比较教育；学科教育史	课程改革带动历史教育研究全面展开；三维目标成为焦点；课程、教材多样化；教学研究关注学生理解；出现多种"史观"的现象；价值教育研究有了一席之地；以教学设计为中心的教学研究兴趣；提倡基于史料教学；由教育测量到教育评价；教师培训常规化；历史比较教育和教育史的研究水平空前提高；历史教育学研究有所深入；新生代历史教师登场等

作为历史教育研究的母题，从 20 世纪初到现在，教材研究、教学研究、考试研究一向都被作为研究的重点，只是在不同的历史阶段其研究方向和内容差异较大。例如，教材研究在相当长的时间内无异于"教科书研究"，到 20 世纪 90 年代"历史教材学"基本成型后，才把学理和经验部分地分开，而教材研究真正得到深化，则是 2000 年以后"课程改革"中的事情③。教学研究也是如此。20 世纪 80 年代教学研究有一段活跃期，课堂教学在形式方面创新颇多，但仍属于点上开花。具有一定理论

---

① 前者从 2002 年始，统计高校历史教学法教师研究成果（从 20 世纪 50 年代算起），包括论文和专著，并每年更新，至今已有 16 年；后者是南京师范大学项目，姚锦祥教授主持，赵亚夫教授协助，通过选文和作者自荐代表作的方式，遴选出上千篇论文，再在此基础上形成《历史课程与教学研究（1979—2009）》（南京师范大学出版社，2014 年）一书。表 8-1 基于这些成果做成。另，本表不列具体的研究方向或课题。

② 上述内容，还可参考李稚勇的《历史教育学新论》（北京，人民教育出版社，2010）第八章。

③ 可进一步查阅臧嵘、朱煜、陈辉、黄牧航等学者的相关作品，把握具体的研究和发展脉络。

基础而且真正在全国推广的教学研究成果，也是在"课程改革"中形成的，如教学设计研究、有效教学研究、基于史料教学的研究①。其实，我们把表 8-1 所列的内容划分为若干主题后，再对其做纵向考察，就很容易把握这一时期历史教育研究的趋向和特点。

历史教学法的研究方法和教育科学的研究方法是一致的，只是在研究的范围上缩小了、深入了，限于学校教育中历史教学的一种现象。（研究方法：观察法、书面材料研究法、询问法和实验法）②

中学历史教学法的研究方法和教育科学的研究方法是一致的，只是研究的范围小了、深入了，仅限于学校教育中的历史教育的一种现象。教育的研究方法，总的来说有：观察法、文献研究法、测验法、调查法、统计法、图表法、历史法、比较法、分析和综合法、归纳和演绎法、实验法、个案法。③

历史教育的研究方法，总的来说有以下几种：观察法；文献研究法；测验法；调查法；统计法；图表法；历史研究法；比较法；分析和综合法；归纳和演绎法；实验法；个案研究法。④

教师成为研究者，要求教师把科研工作看成是教学工作的一部分，在教学中进行研究，在研究中教学。（研究方法：文献研究、阅读、综述；调查研究/访谈法、观察法、问卷法；实验研究）⑤

历史教师的教育研究，是从教学经验出发，通过对教学经验的剖析、研磨、淬砺，或者获得内心深处的体悟，或者上升为普遍的认识，最终达到超越其经验的效果。（所列内容：历史教师的经验总结、历史教师的行动研究、历史教师的叙事研究、历史教师的课例研究）⑥

我们把上述材料作为问题的焦点来考察，首先是能够清楚地了解历史教育研究方法（即历史教学法的研究方法）的继承性；其次是纵向地看上述材料对研究方法的划分，能够知道学者在认识上是逐渐进步的。如对研究方法的选择和表述，从概念较为模糊到相对清晰；对研究方法的范围和范畴的理解，从认识较为混乱到定位逐步清楚。存在的问题则有旧、有新。旧问题依然是在对研究方法的分类和界定上。如杜威所说，系统的方法表现为对事实和证据的控制，以及对推理和概念的控制⑦。显然，历史教育研究方法不具备这样的特点。新问题是历史教育研究方法是否等同于教师的教育

---

① 这里的重点是指由特定教育理论带动的教学模式探索，而非以经验为基础形成有个人风格的教学方式。所以 20 世纪 80 年代的"情感教学法""图例/图示教学法""分段式教学法"等，尽管很有影响，但不属于新型的教学模式。

② 参见《中学历史教学法》编写组：《中学历史教学法》，6～9 页，郑州，河南人民出版社，1980。

③ 参见于友西主编：《中学历史教学法》（第 1 版），12～18 页，北京，高等教育出版社，1988。

④ 参见于友西主编：《中学历史教学法》（第 2 版），9～15 页，北京，高等教育出版社，2003。

⑤ 参见于友西主编：《中学历史教学法》（第 3 版），361～371 页，北京，高等教育出版社，2009。

⑥ 参见于友西、赵亚夫主编：《中学历史教学法》（第 4 版），272～281 页，北京，高等教育出版社，2017。

⑦ ［美］杜威：《我们怎样思维：经验与教育》，姜文闵译，140、151 页，北京，人民教育出版社，2006。

研究方法，值得商榷；同理，历史教育研究方法是否就是教育科学研究方法。

爱因斯坦（Einstein, A.）曾说："科学就是……通过系统的思想把这个世界中可以感知的现象尽可能完全地联系起来。大胆地说，它是通过概念化这一过程对存在进行后验重建的企图。"[①]应该说，历史教育研究还不习惯通过概念进行后验重建的工作。然而，历史教育若成为一门学问，则必须遵循科学研究规律和规范，并擅长运用科学方法，仅凭复制教育理论或实际教学经验的研究模式没有出路。

(二)从经验推理到科学分析

从事教学法的专家们普遍感到不受重视，大学教学法专家的感受尤为强烈。但这只是事实的很小一部分，并非全部。其一，教学法在教育学中至为关键，所有教育原理都涉及教学法，这是一个常识[②]。学科教学法更是教育原理得以落实的保障，即使在今天，学校教育还是以分科教学为主流。所以，教育理论专家认为，学科教学法一定要和教育学原理与时俱进。传统的历史教学法无异于教材教法，当研究范围缩小到只针对特定的教材讲"教法"时，理论就成了完全无用的东西。这是教学法专家也看得非常清楚的事实，否则学者们也不会开辟"历史教育学"这个领域。其二，历史教学法走了一条背离历史学的观念和方法的道路，除了学科内容外，几乎与历史学无关。以前面列举的研究方法看，其中的"历史研究法"，要么语焉不详，要么混同于文献法。其三，任何时候都有教学法专家为自己的"学术"进行辩护，他们清醒地意识到来自教育理论界、史学界和一线教师各方面的压力，并通过自己的研究予以回应和交流。正是有了这样的专家，才推动着历史教育研究不断进步，如赵恒烈、周发增、于友西、白月桥、金相成等前辈学者为此所做出的贡献。

总而言之，历史教育研究者的学术地位和研究水平不高是基本事实，但根本原因还是历史教育研究者的内驱力不足、研究视野不宽、研究环境不佳、研究方法落后，以及缺乏科学的研究意识和学术态度。历史教育研究者在研究方法上不能做表面文章，不能总是提些笼统的问题，首先要超越传统历史教学法的研究视界。

1. 应用性研究不等于经验推理

历史教育学在应用科学的范畴（category）内，历史教育研究无疑也是应用研究。但是，"应用"不等于利用"经验"。当然，"经验"与"经验方法"更不是一回事。亚里士多德（Aristotle）说过："当若干事物虽然有一个共通的名称，但与这个名称相应的定义却各不相同时，则这些事物乃是同名而异义的东西。"[③]抑或是"经验"可以成为"应用"的一种来源，但终究不是"应用"的证明。因此，"经验"也不能是"应用"的"同名同义的东西。"

① ［美］爱因斯坦：《爱因斯坦晚年文集》，方在庆、韩文博、何维国译，21 页，海口，海南出版社，2014。

② 仅以人民教育出版社出版的"外国教育名著丛书"为例，几乎每一种著作里都有教学法内容。

③ ［古希腊］亚里士多德：《范畴篇 解释篇》，方书春译，9 页，北京，商务印书馆，2011。

以往历史教学法中的"应用性研究"，至多属于"经验推理"，其中，很多还是"经验交流"。既少有"经验材料"（概念化的科学知识），更没有"经验方法"（理性的科学方法）。它主要服务于"教教材"这个目的，实证研究派不上用场。其主要表现为以下几个方面。①历史教学法研究不像教育学研究那样注重理论阐释，更不像历史学那样强调史料实证；它重视说明历史教学做了什么以及做得怎样，并不善于分析为什么做以及做的学理标准。所以历史教学文章，总在说"应该做什么"的道理，方法则是以某个范例作为好或不好的标准，包括"以问题为导向，以案例为指引"的教研模式。然而，问题如果不真，案例或是臆造的，怎样分辨"好""坏"呢？按照历史学科的常理，拒绝理论和实证是可怕的！可是，我们已把"看不懂"（理论）"就不做"（用理论指导实践）变成了习以为常的事。②"应用性研究"指"教教材"的功夫，以及变换课堂教学方式和方法进行备考，"应用"即"实用"。这样的研究虽然偶尔有些真知灼见，但是"应用"的部分常常就是经验的重复。③"应用"与否由经验来判断和检验，而"经验"只是可操作的"教书经验"，由此导致历史教育十分忽视基础性研究。

另外，这种基于平面且线性经验的历史教育研究[①]，很容易固化为一种崇尚权威的现象。如教科书是对历史知识的权威解释，即便是采用"用教材教"的观点，教育者也要服从编者的权威性；在教学法方面，只要"教材教法"的观念还在，专家们给出"好课"的标准，教育者就依然要服从教材的权威性。事实上，当教育现场围绕权威展开活动时，培训、教研、教学等各层面的历史教育研究，便会出现僵化现象。专家经验的同质化是其大病，人们追求齐一性（uniformity）的结果，会让历史教育研究缺乏个性和创造性以及理应由此焕发的人文性。

如今，历史教育学研究面临的巨大挑战，绕不开建立怎样的科学体系和科学方法的问题。挑战之所以巨大，一是当代的科学研究都具有科学分析的特质，历史教育研究对此几乎没有经验；二是历史教育研究本身就是跨学科研究，对建立怎样的科学体系和科学方法积累的经验太少；三是面对全球化、数字（或信息）化的研究环境，历史教育研究应做的准备还远远不够。

一些历史教师认为，历史教育理论研究是最没有用的东西，好的教学要靠教师自身的历史专业素养，多读专业书，多掌握历史材料，才是上好课的根本出路。他们对历史教育研究者的态度，几乎都包含在"让他来上课"这句口头禅上了。

历史教育研究者认为，不是历史教育理论不能指导历史教育实践，而是现在的历史教育理论还不够成熟，难以有效地指导历史教育实践。

在实践中，著名历史教师的经验是普遍性经验还是个性化经验？从中能否分析

---

① 平面是指这种研究很少与思维、能力等实证研究相联系，也极少真正接触理念、价值、意义等哲学研究，致使其只在教学经验的某个面上有所扩展；线性是指研究思路是陈述性的（indicative），研究方法是说明性的（expository）。如以问题为引导、以案例为载体的教学研究方式，如果问题只是示例一个教学的表面现象，而所选案例也只能说明其不过是教学上的一个通例而已。这类研究越多，教学原理反倒越贫乏。

出历史教育的"真观念",并有助于理解历史教育"必须认识的东西"？或者通过他们的普遍性"经验"形成历史教育的"经验方法"？显然，对于这样的问题，在我们的历史教育研究成果中，找不到理想的答案。①

这样的问题还有很多。历史教育学应有的研究态度、视角和方法，在于尽可能地去发现元问题、理解元问题、分析元问题，而不是强化问题的对立性，或是浮皮潦草地引入某些概念来证明什么样的教育、教学才是值得的。如前面各章所述，历史教育学就是为了解决历史教育的根本问题而产生的学问，它珍视一切有价值的经验，但是它也旗帜鲜明地反对权威们炮制的经验，或仅仅依赖思辨所推理出来的经验。历史教育学研究提倡尊重、互动和合作，并把科学态度、科学方法和科学视野看得同等重要，不如此便不会形成历史教育的科学原理和科学分析。

历史教育学坚持的所有研究原则中，以下两个最为重要。

第一，历史教育学的所有研究问题来自真实的实践活动，而且必须面向全体学生，即历史教育学研究关乎学校历史教育如何生存和发展的方向及质量。

第二，历史教育学研究方法为一切有意义的研究提供可能的途径和工具，包括形而上学(metaphysics)和实证主义的命题。但是，它排斥那些模棱两可、左右逢源或无法证明的问题。

2. 历史教育学隶属于科学研究范畴

历史教育学追求真、善、美。真，包括真知、真相、真理(真问题)②；善，包括人格(人性)、精神、德行；美，包括鉴赏(审美)、心灵、行为(行动)。历史知识是历史教育学的基础，历史思维是历史教育学的内核，形成历史意识(或认识)是历史教育学的目的。通常情况下，以理性贯穿历史教育学研究的整个过程，科学自然就成为了历史教育学的研究观念。

历史教育研究遵从历史教育的本质，它为自己确立了两大目标：人们何以更好地获得人文知识，即通过历史教育认知"我(或我们)是谁"的问题；人们何以拥有更自由、更理性的文化行为和社会行动，即能够学会自我定位、自我选择、自我决定，进而为更自主地生活(或应该怎样生活)做好准备③。显然，历史教育与历史学相比，其凸显的方面是：它是典型的人文教育，研究方法的本质针对人的文化自觉④；它必须针对特定人群(学生们)做有明确目的和目标的学科教育，其学术规范涉及的范围更广⑤。

---

① 仅一个问题就特别值得深思：我们的名师都出在名校，好课的前置条件是绝大多数学校教师所不具备的。
② 这里的真理，指的是"是事实而不是判断"(荣格语)。参见[美]弗洛姆：《精神分析与宗教》，孙向晨译，16页，上海，上海人民出版社，2006。
③ 这里用了多个"更"字，以表示"不学历史的情况会怎样"。也就是强调，学历史理应考虑这样的目标。
④ 参见朱红文：《人文精神与人文科学——人文科学方法论导论》第五章第三节，191～203页，北京，中共中央党校出版社，1994。
⑤ 张清民在《学术研究的方法与规范》(北京，中华书局，2013)一书中涉及研究者应有的素质、精神和基本能力，历史教育研究者都需考虑到位。参见该书第一章"学术研究者必须懂得做人"、第二章"学术研究应有的精神和态度"、第三章"学术研究必备的基本能力"。

历史教育学必须关涉历史哲学和教育哲学的基本命题。前者如"历史教育是什么","人们为什么要接受历史教育",以及"人们应该接受怎样的历史教育";后者如"怎样做是对的",或者是"什么样的历史教育才是有用（着眼于人接受历史教育后可能发生的变化）的"。研究这样的问题，需要基于人文社会科学方法——不仅是如何做研究的问题，还有为什么做研究的问题——达成应有的研究视野和研究结果，而且它不能回避价值判断和价值解释①。

历史教育学也是一个科学的理论体系，这个理论体系同时衬托出历史教育的独特思想。说它是科学的，不但其思想和精神的内涵必须符合理性的特质，而且其对知识、意识、思维、价值乃至记忆、感觉、感情、行为和目的的理解和解释，也必须富有"探知""创造"和"产生"的性质和价值。马克斯·范梅南（Max van Manen）把人文科学研究，定义为"生存和生长的课程学"②。历史教育学如果也是如此的"课程学"的一个门类，那么它的研究范式及方法就必须具有方法描述、解释、自我反思或批判分析的特质。

表 8-2　历史教育学科学研究范畴③

领域	相关学科	主要研究方向
人文科学 （历史学）	历史哲学（或历史理论）	历史教育哲学（社会、学校等不同范畴；历史教育与人的发展等诸多命题）＊
		历史教育价值论或认识论（何谓历史教育；为什么历史教育是重要的等种种价值命题）
		历史教育解释学（叙事、建构、解读、语义分析与转换等）＊
		历史教育方法论（主要围绕学生理解展开的各类教学方法）＊
	中国历史 世界历史	历史教育内容论（历史知识论；历史内容构成论，如通史等）
		历史教育史（如社会、学校的教育通史和专题史等）＊
		历史教育比较（不同范畴，如社会、学校；不同时期，如古代、近代；不同地域，如中外）＊

---

① 1917年韦伯发表《社会科学和经济科学"价值无涉"的意义》一文。我国学者韩水法认为，"价值无涉本身实际上就是一种规范要求，因而从广义来说，也是一种价值判断，……是一种原则，而非方法。"参见［德］马克斯·韦伯：《社会科学方法论》，韩水法、莫西译，22、136页，北京，中央编译出版社，1999。

② ［加］范梅南：《生活体验研究：人文科学视野中的教育学》，宋广文等译，4、5、18页，北京，教育科学出版社，2003。

③ 本表所呈现的内容并非历史教育学研究方向的全部，随着对历史教育学的认识不断加深，特别是跨学科研究的日臻完善，其内容会发生变化。如历史教育评价论，可以更细致地划分为对历史人物、现象、过程的评价等。

续表

领 域	相关学科	主要研究方向
社会科学	学科教育学	历史教育哲学（研究原理、规律、关系、现象等种种根本问题；包括教育现象学和解释学等研究领域）＊
		历史教育社会学（研究关系、现象、结构、文化观、道德观、人的社会化、人的健全发展等问题）
		历史课程论（围绕课程的观念、设计、模式、形态、实施、质量等问题）
		历史教学论（以课堂教学为中心，包括大中小学教学法）
		历史教材论（包括大中小学教材编纂学）
		历史教师论（包括大中小学教师教育等）＊
		历史教育评价论（包括测量与评价等）＊
		历史教育技术学（包括多媒体技术、网络环境、虚拟教师等）
		历史学科考试学（如中、高考）＊
	学科心理学	历史教育心理学（内容略）
		历史学习心理学（内容略）
		历史学习指导论（内容略）
	其他（如社会学、人类学、文化学、考古学等）①	知识传播理论（内容略）＊
		历史教育与符号学（内容略）
		历史教育与社会研究等

说明：＊表示不限于某个特定学科，如历史教育哲学跨越历史哲学和教育哲学两个学科，但是研究范围和视角各有不同。

二、科学研究的范式及相关问题

历史教育学研究在理论和实践两方面，都需要遵循科学研究的基本原理和学术规范。理论部分，包括原理与原则、概念与术语、范式与结构、问题与方法等；实践部分，包括调查与观察、程序与建构、技术与工具、操作与策略等。

---

① 关于其他社会科学学科是否有必要拓展到历史教育研究领域，学界有不同看法。从社会科课程的历史教育看，它至少涉及政治学、社会学、地理学、人类学和考古学。其中，既有"合科"的形式，即我们说的"多学科"教学，也有"跨学科"的形式，即整合学科知识的教学。笔者把历史教育学作为一个学科来看（尽管它现在不是），力主跨学科学习，即历史教育学以历史学为基础，应用历史知识、方法和视角整合相关的学科知识和技能。

（一）历史教育学须重视研究范式

美国哲学家库恩（Kuhn，T. S.）在《科学革命的结构》[①]一书中提出范式的概念和理论，即常规科学所赖以运作的理论基础和实践规范，并成为从事某一科学的研究者群体所共同遵从的世界观和行为方式。

根据美国学者巴比（Babbie，E.）的概括，范式即一种公认的模型或模式，一种对本体论、认识论和方法论的基本承诺，是科学家们所共同接受的一组假说、理论、准则和方法的总和，这些东西在心理上形成科学家的共同信念。巴比将其分为几类：作为一种信念、一种形而上学思辨，它是哲学范式或元范式；作为一种科学习惯、一种学术传统、一个具体的科学成就，它是社会学范式；作为一种依靠本身成功示范的工具、一个解疑难的方法、一个用来类比的图像，它是人工范式或构造范式[②]。

我国学者周晓虹教授从以下方面理解范式。①类型：社会事实范式、社会行为范式、社会批判范式、社会释义范式。②目的：理解、预测和控制社会事实；理解社会行为及决定或影响人类社会行为的内外部因素；强烈批判现实社会，强调知识的反思性及指导行动的意义；理解作为社会行动者的个人行动的主观意义，以及这种意义对行动者和社会现实的影响。③假设：人的行为是社会结构的派生现象；社会行为或受制于外部刺激因素或受制于人类的本能；事物的本质存在于对现实的否定之中；社会现实是由人的有意义的社会行为建构的。④方法：社会调查方法；实验室实验；历史—社会的分析方法；实地研究。⑤理论：结构—功能理论和冲突论；功利主义，精神分析理论；历史唯物主义、辩证唯物主义，法兰克福学派；韦伯的社会行动理论，符号互动理论，现象学社会学，日常生活方法论等。[③]

结合目前历史教育研究的现状，我们需从这样几个视角确定历史教育研究的研究范式，以及通过确立研究范式的过程，加强研究者群体共同遵从的研究观念、巩固研究的行为方式。

1. 观念

我们必须确认历史教育研究系统是自由和开放的，否则便不能把历史（不只是历史知识）安放在人的内心世界。然而，历史教育所面对的知识世界、生活世界、心灵世界和数字化世界错综复杂，特别是在公民教育环境下，还必须考虑学习者的不同需求和取向。也就是说，尽管历史教育有解放学习者的自由精神的功能，但是能否如实且充分地反映学习者"生存和生长"的需求和取向，才是实施有效的历史教育的关键。因此，历史教育研究高度重视不同层次学习者潜在的历史学习意图，它所研究的普遍现象，不是阳春白雪式整齐划一的教化规制，亦非下里巴人式无章散漫的

① 参见［美］托马斯·库恩：《科学革命的结构》，金吾伦、胡新和译，北京，北京大学出版社，2003。参见第二章"通向常规科学之路"、第三章"常规科学的本质"。

② 参见［美］艾尔·巴比：《社会研究方法》（第10版），邱泽奇译，33~34页，北京，华夏出版社，2005。

③ 参见周晓虹：《社会学理论的基本范式及整合的可能性》，载《社会学研究》，2002（5）。

指导规程，而是用科学内容和方法着眼普适的、整体的历史教育应达到的效果。它要求不能忽略每个个体的认知水平与行动能力，即使是历史学习所获得的群体认知，也不排斥个体认知的价值，甚至需要据此促成集体反思的目的。即个体认可的历史学习价值越高，其作用于群体的力量就越强。

有一些科学，它们的目的不是提出自然规律，甚至一般说来也不仅仅是要形成普遍概念，这就是在最广泛的意义上而言的历史科学。……就历史这个词的专门科学意义来说，任何一种判断都是"非历史的"。[①]

人类始终只是提出自己能够解决的任务，因为只要仔细考察就可以发现，任务本身，只有在解决它的物质条件已经存在或者至少是在生成过程中的时候，才会产生。[②]

2. 理论

历史教育研究不存在唯一范式，建构主义理论、存在主义理论、社会行动理论、扎根理论等，都能衍生出符合自身界说的研究范式。抑或说，只要不违背历史唯物主义的基本理论和观点，以唯物史观作为研究的指导原则，任何理论或视角都可以运用于历史教育研究，如历史学界的"文明史观""全球史观""现代化史观"；哲学界的"诠释学理论""现象学理论"；心理学界的"认知理论""动机理论"；社会学界的"社会批评理论""交换理论"；人类学界的"文化人类学理论"等。理论的意义，不仅关乎如何做科学研究的问题，对于历史教育而言，还有矫正和规范教育、教学行为的功能和作用。如再打开研究视野并沿着一定的理论思考问题，研究者对于研究内容就不会毫无顾忌地予以绝对的肯定或否定。

在研究中，理论有三个功能。首先，理论可以预防我们的侥幸心理。……其次，理论可以合理解释观察到的模式，并且指出更多的可能性。……理论的最后一个功能是建立研究的形式和方向，指出实证观察可能有所发现的方向。……理论是直接指向"为什么"的。……理论寻求解释，范式则提供了寻找解释的方法。[③]

3. 分类

"所谓分类，是指人们把事物、事件以及有关世界的事实划分成类和种，使之各有归属，并确定它们的包含关系或排斥关系的过程。"[④]或者说，分类是根据事先确定的一套标准把各种物体进行系统的分门别类的行为。每种分类方法，既为人们提供特定的观察和分析问题的手段，也帮助人们认识纷繁复杂的世界所形成的某种秩序。如历史学归属于人文科学，它又分为中国历史和世界历史。中国历史再分为史

---

① 参见［德］李凯尔特：《文化科学和自然科学》，涂纪亮译，50、86 页，北京，商务印书馆，1986。

② 马克思：《〈政治经济学批判〉序言》，见吴英主编：《马克思恩格斯列宁斯大林论历史科学》，47 页，北京，中国社会科学出版社，2014。

③ 参见［美］艾尔·巴比：《社会研究方法》（第 10 版），邱泽奇译，32～33 页，北京，华夏出版社，2005。

④ ［法］爱弥尔·涂尔干、［法］马塞尔·莫斯：《原始分类》，汲喆译，4 页，上海，上海人民出版社，2000。

学史、史学理论、历史文献学、中国通史、中国古代史、中国近代史和现代史。其中，中国现代史还可细化为新民主主义革命史、抗日战争史、中国共产党党史等[1]。

分类的功能和作用。①明确本学科的学术归属和研究性质。如历史教育学是属于教育学还是历史学，抑或是跨学科研究，决定了其自身的学术定位和研究取向。②明确本学科的研究方向。如果历史教育学称得上是一个学科，其本体论、认识论、方法论应该具有鲜明的学术特色，而课程论、教材论、教学论、评价论等也需要自成体系。③明确本学科的理解对象。尤其是做跨学科研究时，理解学科对象有助于整合学科内容，并方便综合运用方法论[2]。④明确课题的研究层次和次序。如分清哪些是关键课题或问题、哪些是重要课题或问题、哪些是基本课题或问题，力戒不分主次、没有目标、"东一榔头西一棒子"的研究方式。⑤分类也是思维活动的重要表现。分类体现着一个学科的内部结构。

每一门科学都是分析某一个别的运动形式或一系列相互关联和互相转化的运动形式的，因此，科学分类就是这些运动形式本身依其内在序列所进行的分类、排序，科学分类的重要性也正在于此。[3]

(1)共相为个别物体和个别事件的属性，但共相的潜存先于且不依靠于事件的实存。(2)共相的这种独立潜存并不意味着：共相必得在时间上和空间内跟个体一起存在。(3)这也不意味着：共相仅仅是作为思想而存在心灵内的。(4)共相的集合体自身不足以构成一件个别的存在物体。[4]

4. 术语

科学的历史教育学研究需要规范自身的术语[5]用法，这是提高学术品质的内在要求。否则，历史教育学势必会失去叙事和解释的能力。

历史教育学涉及许多研究领域，一个研究者若没有专攻，只是凭兴趣做面面俱到的历史教育研究，或者把研究只定位在"中学需要什么就研究什么"这个低水平目标，那他就是广受诟病的"万金油"专家。历史教育专家必须掌握历史学科专业术语，在使用相关学科的术语时，也最好不出纰漏。但是，掌握和运用术语并非易事。一是若无专门训练，人们对术语作为"文字指称"的功能弄不清楚，因一知半解错用术语是经常发生的事情；二是人们已习惯了使用口语表述自己知道的事情，缺少术语

---

① 在我国现行的国家学科分类体系中，历史学科一级学科下有 14 个二级学科、85 个三级学科。参见李福长编著：《20 世纪历史学科通论》，132～135 页，济南，齐鲁书社，2012。

② 可参考[德]赖欣巴哈：《科学哲学的兴起》(伯尼译，北京，商务印书馆，2011 年)的第一部第 1、2、3 节，第二部第 16、18 节；[德]李凯尔特：《文化科学和自然科学》，涂纪亮译，50、86 页，北京，商务印书馆，1986。

③ 恩格斯：《自然辩证法》，见《马克思恩格斯选集》第 3 卷，943 页，北京，人民出版社，2012。

④ [美]蒙塔古：《认识的途径》，吴士栋译，90 页，北京，商务印书馆，2012。

⑤ 还有一种"术语学"，这里不涉及。不过，在经验主义讨论中，应尽力避免如下"危险术语"："精神世界""真的""意义""证实""进步""变态""动机""价值""自在之物""观察""知觉""实在""事物""经验"和"知识论"。这也是给历史教育学提个醒。参见[奥]纽拉特：《社会科学基础》，杨富斌译，81 页，北京，华夏出版社，1999。

或使用非常模糊的术语，致使正确的解释和科学的概念消解或流失殆尽。

在强大的网络文化面前，历史教育在如何正确使用术语的问题上面临挑战：①历史教育欲被大众接受，必须通俗化，而如今的通俗化不可避免地掺杂了很多娱乐的、甚至被庸俗化的东西，有意地曲解了专业术语；②受娱乐化社会氛围的影响，历史叙事成了脱口秀，历史术语成了其中随意使用的工具。

历史教育研究的目的，是让所有学习者拥有历史知识。这要求，历史知识既要通俗，又不能游离于事实。术语是思想和认识的交流工具，若为了流行而丢失科学，历史知识即无确信可言。

在柏拉图那里，一条陈述能称得上是知识必须满足三个条件，它是被验证过的，正确的，而且被人们相信的。[①]

在汉语中，"知"，表示说得准确；识，繁体写作"識"，右边的"戠"字，就是"知"，本义是"规则图形及其变换"。所以，"识"要讲变通，指的是见识。因此，知其然，还不能叫真知识，知其所以然，才叫有真知识。

在教育心理学中，陈述性知识，指描述客观事物的特点及关系的知识（或描述性知识），包括符号表征、概念、命题三个水平；程序性知识指关于办事的操作步骤和过程的知识（或操作性知识），主要用来解决"做什么"和"如何做"的问题，可用来进行操作和实践。

皮亚杰则认为，（1）知识总是和经验联系在一起的，经验来源于个体与环境的交互作用。（2）经验可以分为物理经验[②]和逻辑[③]。

1996 年，联合国经济合作与发展组织（OECD）发表了《以知识为基础的经济》（The Knowledge-based Economy），其中给出了知识经济的定义——以知识和信息的生产、分配、传播和应用为基础的经济，并以 4 个 W 对知识进行了分类。（1）知道是什么的知识，即 Know-What？这是指关于事实方面的知识。（2）知道为什么的知识，即 Know-Why？它是指对客观原理和规律的认识与评述方面的知识。（3）知道怎样做的知识，即 Know-How？这是做一些事物的？技能和能力，如关于操作复杂机器的技能。（4）知道是谁的知识，即 Know-Who？它涉及谁知道和谁知道如何做某些事的信息。[④]

这仅仅是网络资源中部分有关知识的概念，但足以说明在运用术语时，若不对语境、理解、阐述或书写等相关环节加以慎重思考，表达便会混乱。

5. 方法

尽管库恩认为，"科学变化即从一种'范式'变为另一种范式是一种神秘的转变，

---

① 参见［古希腊］柏拉图：《泰阿泰德篇》，见《柏拉图全集》（第 2 卷），王晓朝译，649 页，北京，人民出版社，2003。

② 即来自外部世界，是个体作用于客体而获得的关于客观事物及其联系认识。

③ 即来自主体的动作，是个体理解动作与动作之间相互协调的结果。

④ 参见季苹：《教什么知识：对教学的知识论基础的认识》，83 页，北京，教育科学出版社，2009。

这种转变不受、也不可能受理性规则的支配,是完全属于发现的(社会)心理学范围之内的。"①但是,具体科学及具体环境中一种范式变为另一种范式的过程,就方法论而言,人文社会科学较之自然科学更为复杂,而且到底哪种方法论具有绝对位置,研究者也很难做到一目了然。

如果研究者在确立研究范式的同时,就匹配适宜的方法论,并运用其建构解决问题的逻辑体系,那么,无论是观念系统,还是运作系统,都将更为清晰和简单。如通过"历史—社会的分析方法"进行知识建构,作为研究范式,既以学生为中心的知识价值观为导向,也把研究方法锁定在思考、调查、叙事等"做历史"的方面。于是,历史教育学能够较好地驾驭解释知识和拥有知识这两套马车。

科学方法(scientific method),人们借以获取关于自然界的正确知识的方法。启蒙运动的科学方法(包括科学实践和科学假说体系)以某种经过修正的方式,至今仍然支配着我们对待科学的基本态度。②

(1)自然科学家相信,一个范式取代另一个范式代表了从错误观念到正确观念的转变。(2)社会学范式提供了不同的观点,每个范式都提到了其他范式忽略的观点,同时,也都忽略了其他范式揭露的一些社会生活维度。(3)范式没有对错之分……每一种范式,都为关注人类社会生活提供了一种不同的方式。我们将会看到,每一种都有独特的关于社会事实的假定。每一种范式都能够敞开新的理解,带来不同类型的理论,并且激发不同类型的研究。③

6. 意义

历史教育学研究服务于历史教育的目的。历史教育的目的不全是历史学的目的,就像历史教育的研究对象与任务和历史学的研究对象与任务不能重合一样。概括地说,历史教育研究的对象与任务,以受教育者获得和拥有历史知识为出发点和落脚点。中学历史教育学研究,不能偏离中学生这个主体。中学生拥有历史知识,不是为了研究,而是为了他们能够更好地认识自我和生活。作为公民教育的核心部分,历史教育必须关注到不同人的不同需要,包括文化的、道德的和精神的需要。尽管这里所指的不同人,常常就是某一区域、某一级能力水平、某一特定需求的人们,但是从历史教育的义务性角度来说,每一个学生即一个整体,没有哪个部分是特殊的,或者存在着谁该学什么、谁不该学什么的问题。所以,历史教育学研究越着眼于提高所有学习者的知识、能力和行为水平,它所面对的研究范式就越多元,特别是在将"知识模式"转化为"思考模式"的环境中,历史教育学除了历史的意义,还有现实的和未来的意义;除了记忆的功能,还有选择遗忘的功能。

---

① [英]伊·拉卡托斯:《科学研究纲领方法论》,兰征译,13页,上海,上海译文出版社,1986。

② [美]赖尔、[美]威尔逊:《启蒙运动百科全书》,刘北成、王皖强编译,89页,上海,上海人民出版社,2004。

③ [美]艾尔·巴比:《社会研究方法》(第10版),邱泽奇译,34页,北京,华夏出版社,2005。

总之，人们认知历史的差异是实际存在的；历史的学习价值是内隐的；知识既可以是平铺直叙的，也可以是思考的、个性化的和具有批判性的。然而，历史教育的终极目标，仍然是认识自己和社会。因此，历史教育学研究在多大程度上有助于发展学习者的智识，本身就是一个有意义的问题。

不管学子们从教育获得的知识的总和有多大或有多小，学子们肯定从中获得了一种精神，这种精神在他们的整个一生都能把握他们必然要认识的任何真理，既能不停地接受别人提供的教益，也能不停地自己进行反思。

感性世界通常都是被看作完全本原的、真实的和现实存在的世界，最先向受教育的学子展示的就是这个世界；学子是从这个世界才被引向思维，而且大多数是被引向对这个世界的思维，是为这个世界服务的。新的教育正是要把这种秩序颠倒过来。对它来说，只有被思维把握的世界才是真实的和现实存在的世界；它想从一开始就把自己的学子引入这一世界。①

第二节　历史教育学的主要研究方法

"方法的本体论意义是指主体和客体相互作用的程序、途径等客观的行为方式，而其认识论意义则是指约束和调节人们一切行为的准则、要求、指令等规范。就方法的功能而言，它是人类任何活动不可须臾离开的关系要素和主要工具。"②依据不同的标准，方法可划分为各种类型，如经验方法、思维方法、科研方法等。在从事具体的科学研究中，各种方法能够相互渗透、相互移植、相互依存和相互转化。

一、运用历史研究方法

历史研究的时间点是过去。无论何种领域或学科，其研究只要关涉过往的经验和事件，就都会涉及纵向的历史研究方法。

历史学的研究方法（historical method），特指历史学家运用历史文献解释过去的事件的研究行为。通常说到的"地道的史学家（true historians），则是训练出来的"，因为作为专业的史学方法，"不仅指引史学家种种史学技术，尤其为史学家指引一些极有价值的史学原理。"③

如果再把历史学视为"有关各种可能性的一个清单"，抑或是"能够充分地关注我

---

① ［德］费希特：《对德意志民族的演讲》，梁志学、沈真、李理译，34～35、128页，沈阳，辽宁教育出版社，2003。
② 曲庆彪主编：《社会科学基础》，55页，北京，高等教育出版社，2004。
③ 杜维运：《史学方法论》，1页，北京，北京大学出版社，2008。

们现实所处的直接情势",并"洞察更丰富的历史可能性"①，那么历史研究方法以及历史学家的专业性思考，就能够在更广泛的研究空间得到应用，更不要说是历史教育学了。

历史，既是历史教育学研究的主要知识载体，也是历史教育学体现其独特价值的根本性基础。历史教育学与历史研究方法的天然关系很清楚。①历史教育学彰显历史学的育人功能。②无论是历史学，还是历史教育学，对于旧制度、旧文化并不具有天生的免疫力。历史学能够曲解历史（如影射史学），历史教育则可以把自己完全变成旧制度的宣传工具（如纳粹德国）。科学的历史学研究方法，可以帮助历史教育免于沦为宣传工具；科学的历史教育研究方法能够通过人文社会科学视野防止历史学（如历史解释）可能产生的偏见。③历史研究方法帮助人们学会如何追求真相，历史教育学则借此让今天的人们和过去的人们产生共鸣。中学历史课堂做不到还原历史真实，甚至有头有尾地论证一个历史事实（如史料实证）都很困难，但是它可以通过一系列具体的历史事实（即便只是教科书内容），让学生认识现实与历史的关系，并由此生成历史教育的意义（如历史反思）。在此过程中，若缺了历史研究方法，中学历史教育将会寸步难行。学科特有的教育性，也会随之丧失。

历史的研究法，包括：问题的选择；划定研究的范围、制成大纲、俾作研究进行的引导；按问题而收集相当的材料；多用科学方法，以鉴别材料的真伪；设立假说以解释材料，并力求证明；整理史料，寻求真正的因果关系；下结论；作研究报告。②

(一)以往的经验与现实的要求

历史教育的实施者和研究者应该是专业人士，他们需要接受本科乃至更高水平的历史学或历史教育专业训练。专业训练的内容，理应包括历史学或历史教育研究方法。对于前者，人们达成共识的基础扎实；而对于后者，起码就历史教育学研究而言，其认识和实践仍需充实。

1. 历史教育学对历史研究方法的认识

从最近60年来的研究看，历史教育所言的历史研究方法主要着眼于以下方面。一是研究过去的文献。它虽然不同于文献法，但也只限于对过去文献的整理。其特点是：①重视文献的时间顺序；②突出文献所反映的阶段性和时代性特征；③主要研究成果集中在教科书和教学这类文献较多的研究方向上。二是连带中学历史教师的史学素养，把历史研究方法作为处理历史教学内容的根据，强调历史教学即历史学的教学。其特点是视历史教育的研究方法为历史学的研究方法。也包括历史教师

---

① ［英］约翰·托什：《史学导论：现代历史学的目标、方法和新方向》，吴英译，28页，北京，北京大学出版社，2007。

② 参见朱伯愚、高鸿奎、杨寅初、张云缙、王慧心合编：《最新教育常识问答》，53页，上海，乐华图书公司，1937。

采用历史研究方法所做的课题研究，这里的历史研究方法与历史学使用的概念大致相同。

方法，是指学习一件东西，研究一件东西，创作一件东西所应用手段与行为而得有较大的效验之谓。

科学的方法。（1）以假设求得一比较真确的证验。（2）以证验求得一个真理。（3）举出一真正的原因，以推究其结果。（4）以归纳法分析出其个体个性，以综合法提出其全体性，以表现事理之原理法则。通常所谓观察法、比较法、实验法、分析法是也。

历史研究方法：（1）研究这件事为确定何者是过去的特殊事实，而这些事的资料就是痕迹。（2）证明这些事实之后，便学它们汇集类列于一种合法构造之下，以为发现这些在它们彼此间的关系。此外注意到的就是：确定事实及其可能性，以研究过去的真实理性；对作者所使用的证据进行比较；动机及性格的佐证；严格的年代及事件的顺序；原因的分析；避免以现代眼光观察过去的错误；了解历史人物动作之活动思想；要考察许多国家民族的制度兴废，以定人事盛衰的规律。

历史教学的方法则由以下的历史书写中表现出来：以政治说明历史；以人类的活动说明历史；以先民文明成就说明历史；以科学说明历史；以时间变迁说明历史；以精神表现说明历史；以人类的罪恶说明历史；以社会变革说明历史；以进化说明历史。①

2. 历史研究方法当随时代进步

自由是观念得以进步的前提。进步的方法论，则是自由的进步观念的结果。换句话说，时代既可以由观念推出进步的方法论，进步的方法论也能够活跃时代的观念。

梁启超是开启中国"新史学"大门的第一人。他在1902年发表的《新史学》一文，认为"史学者，学问之最博大而最切要者也，国民之明镜也，爱国心之源泉也"。他猛烈地抨击传统史学有"四弊二病三恶果"，并指出新史学应有的"三界说"：一是"历史者，叙述进化之现象也"；二是"历史者，叙述人群进化之现象也"；三是"历史者，叙述人群进化之现象而求得公理公例者也"。② 到了1921年，他即用"以活动之体相""人类社会之赓续活动""活动之成绩及其因果关系""现代一般人活动之资鉴"的观念构建《中国历史研究法》。不久，他又在《补编》中重新界定归纳法、因果律、"一治一乱"的内涵③。这种进步主义的史学观，极大地拓展了新史学的研究范围，同时也丰富了历史学的方法论。

---

① 参见陈安仁：《历史教学法的理论》，载《现代史学》，第4卷，第3期，1941。本书对其文字略有编辑。

② 梁启超：《饮冰室合集》文集之九《新史学》，见《饮冰室合集》第1册，1、7～10页，北京，中华书局，1989。

③ 参见梁启超：《饮冰室合集》专集之九十九《中国历史研究法（补编）》，见《饮冰室合集》第12册。另，梁启超：《中国历史研究法》，上海，华东师范大学出版社，1995。

胡适把实用主义理论从美国带了回来。1919 年出版的《中国哲学史大纲》证实了他是赫胥黎（Huxley, T. H.）和杜威的信徒。他说，"赫胥黎教我怎样怀疑，教我不信任一切没有充分证据的东西。杜威先生教我怎样思想，教我处处顾到当前的问题，教我把一切学说理想都看作待证的假说，教我处处顾到思想的结果。这两个人使我明了科学方法的性质与功用。"①因为胡适在中国学界的影响力巨大，这种科学方法也流传甚广。

何炳松也是留美学者，他传播和实践的理论是鲁滨孙的"新史学"。其代表作《历史研究法》，则是新研究法的宣言。他说："我们现在所谓历史研究法，同我们中国从前所谓'史法'，完全不同。从前中国所谓史法，专讲'褒贬笔削'这一类话；至于现在的历史研究法和我国向来所谓《春秋》的笔法完全不同。"我们大致认可，现在的历史学家研究人类过去的活动，无外经济、政治、教育、艺术、宗教五个方面。但需要注意是，"第一点，就横的方面来讲，我们对于这五个方面并不是研究他们的支体，应该研究他们的浑论。所谓浑论，就是这五个方面所并成的一个整个东西。第二点，就纵的方面讲，我们要研究的是这个浑论的变化，并不是研究它在各时代中的静止（static）状态。换句话说：就是我们要研究活的和动的人类史，不是死的和静的人类史。"②研究"活历史"，成了一个时代的标志性口号。

1924 年，商务印书馆出版的李守常（李大钊）的《史学要论》，被认为是中国马克思主义史学在理论上的奠基石③。这是因为，他主张"欲得一正确的人生观，必先得一正确的历史观。"而且"历史不怕重作，且必要重作。"他强调"人类的历史，乃是人在社会上的历史，亦就是人类的社会生活史。"这样历史须把人的生存条件、也就是"经济的生活"，视为"一切生活的根本条件。"进而说，"旧历史的方法与新历史的方法绝对相反：一则寻社会情状的原因于社会本身以外，把人当作一只无帆、无楫、无罗盘针的弃舟，漂流于茫茫无涯的荒海中，一则于人类本身的性质内求达到较善的社会情状的推进力与指导力；一则给人以怯懦无能的人生观，一则给人以奋发有为的人生观。"④

20 世纪 80 年代以来的中国史学成就显著⑤。其中，历史研究方法可谓蔚为大观。仅从杜维运的《史学方法论》看，已涉及中外。

历史教育受历史学的影响，主要体现在如下方面。①通过课程标准反映历史学研究成果，如课程目标和课程内容。以 20 世纪二三十年代的课程标准和 20 世纪 90 年代的教学大纲最为典型。②将新的历史观点和研究成果纳入教科书的编写理念和

---

① 胡适：《介绍我自己的思想》，见陈平原选编：《胡适论治学》，2 页，合肥，安徽教育出版社，2006。
② 何炳松：《历史研究法·历史教授法》，59～60 页，上海，上海古籍出版社，2012。
③ 瞿林东：《中国史学的理论遗产》，北京，北京师范大学出版社，2005。
④ 参见李守常：《史学要论》，1、5、25～26、30 页。
⑤ 参见张海鹏主编的《中国历史学 30 年（1978—2008）》（中国社会科学出版社，2008 年）；王学典、陈峰的《二十世纪中国历史学》（北京大学出版社，2009 年）。

内容结构，教科书体制越开放，这个特点就越突出。如夏曾佑、何炳松、吕思勉、顾颉刚等撰写的教科书，在当时都是别开生面的好作品。③成为教学研究的理论依据，如梁启超、胡适、何炳松（新史学），以及王国维（二重证据法）、顾颉刚（古史辨）等人的观点，被历史教育文章广泛引用。

大致说来，以往历史教育的成果因历史学的进步而显著。但是，历史教育也合法地（以政府名义）维持着自身的保守性。比如，作为教育载体的历史知识应具有一定的稳定性，即人们通常认为的那样，历史知识不能变来变去。若一味地"往前走"，教育者和受教育者反倒无所适从。因此，对历史教育而言，历史观念的保守或落后，比起教学方法（含历史方法），才是致命的。

旧史学的"四弊"：一曰，知有朝廷而不知有国家；二曰，知有个人而不知有群体；三曰，知有陈迹而不知有今务；四曰，知有事实而不知有理想。"以上四者，实数千年史家学识之程度也。缘此四弊，复生二病。其一，能铺叙而不能别裁。……其二，能因袭而不能创作……"

"合此六弊，其所贻读者之恶果，厥有三端。"一曰，难读；二曰，难别择；三曰，无感触。①

历史范围过广，苟非先立一研寻之目标，以为探讨之准绳，则史料尽如一堆流水账，将见其搜之不胜搜，考之不胜考，而历史仍不过为一件件事情之积叠，将终无系统可言。

窃谓今日治史要端，厥当先从通史入门。……窃谓治史者当先务大本，先注意于全时期之各方面，而不必为某一时期某些特项问题而耗尽全部之精力，以偏概全史。②

3. 理论是更新研究观念和方法的基础

历史教育本是一个普及的事业。其学问与其说在历史，不如说是在教育。然而，事实总比理念复杂。比如，越加强"学科性"，就越强化"历史学教育"。这种现象，导致了历史学教育无异于"史料教学"的结果。其教学表现，一是把历史知识处理得很细；二是尽可能多地使用材料。至于学生能够理解到何种程度，究竟要达成怎样的教育目标，如何区分初中和高中教学的难度，初中和高中教师是否需要不同的专业标准等，则都成了老大难问题。

如前所述，"新史学"的一个重要标准，便是赋予历史研究新的价值和目的。历史教育的意义，不过是把历史研究的新的价值和目的传达给青少年学生，再由他们促进新社会的健全发展。思想（或理论）只有转化为行动时，才是积极且有意义的。所以，克罗齐不仅说"一切真历史都是当代史"，而且强调"历史学的逻辑必然性是人

---

① 梁启超：《饮冰室合集》文集之九《新史学》，见《饮冰室合集》第 1 册，3～6 页，北京，中华书局，1989。

② 钱穆：《中国历史研究法》，153 页，北京，生活·读书·新知三联书店，2001。

类自由的前提。"他主张，历史判断或"已不仅是一种认识"，还是"充满并穷尽认识领域的形式"。① 引申说，历史教育的空间，由历史视域来决定，这恰恰需要以理论作为基础。

适宜历史教育定向教育目的和目标的理论，在历史理论中比比皆是。如别尔嘉耶夫（Berdyaev, N.）所阐释的"历史意义"，在一定条件下即可转化为对"有意义的历史教学"的多重理解。他说："谁感知的历史不再是从外部束缚人的东西，而把它视为内心精神现实的一个事件，视为独特的自由，他在精神上就是自由的。事实上也只有以此自由和自由人的态度才能了解历史，视历史为人的内心自由、人在天国尘世之命运的一个方面。""历史有三种本原——必然本原、自由本原和实现着神赐的本原——它们极其复杂地相互发生作用。……整个世界过程处在'人'的标志下，这个'人'不是小写的人，而是大写的人，他的中心是人的命运——由最初的神的悲剧所决定的人的命运。唯有'人'的神话——作为世界命运的中心和神的命运本身的一个阶级的人的神话，才能揭开历史形而上学的基本问题的谜底，预先规定那些起主要作用的精神力量。"②

而德罗伊森的历史知识理论，则对熟稔历史教育的功用及研究方法产生直接的作用。诸如"历史研究的工作是学着做历史性的思考。历史方法的意义就在于说明历史思考活动的形式。历史方法用得上的地方及范围，就是历史学的范围。""该以历史方式进行思考的人，不只是历史研究者及写历史的人，不管在理论上或实际上，凡是与道德团体有关联的人，都必须具有理解及掌握此道德团体变化中脉络的能力。""学会了历史思考的人，不会对个别、特殊的事件有哲学式的冷漠；不会毫无温情地，只见处处是数字、物理力量及物质。学会了历史思考的人，会确信在不断转移变迁的现象背后，有道德团体的力量存在；并且会相信，一旦自己将精神注入道德团体中，自己会得以开展及实现。"③

显然，历史理论——教育理论也如此——并不能直接用于解决历史教育问题，我们需要慎重地选择和鉴别。这是因为，历史教育问题过于具体和复杂，以至于处理任何一个教育现象都必须进行多维思考或多角度地理解问题，比如个人意志与群体意志的关系问题、认同与批判的关系问题。就历史教育研究而言，实践性和理论性不可分割。没有理论的历史教育时代已经过去，要使历史教育不再落后于人的观念、学术的进步和社会的发展，不仅运用理论建立其应有的学术体系、独特价值是必要的，而且还要理论先行才是。

历史是人类不断受教育的过程。

如果历史缺少意义，则人类的存在就不能被认为有意义。最好从一开始就把"历

① ［意］克罗齐：《作为思想和行动的历史》，田时纲译，25、17、18页，北京，商务印书馆，2012。
② ［俄］别尔嘉耶夫：《历史的意义》，张雅平译，30、48～49页，上海，学林出版社，2002。
③ ［德］德罗伊森：《历史知识理论》，胡昌智译，序言，2页，北京，北京大学出版社，2006。

史的意义"(meaning of history)同"历史中的意义"(meaning in history)区分开来。后者同历史学家有关，前者同历史哲学家有关。历史学家只关心过去的历史，即使在他编写世界历史时，他的历史也排除在他那个时代看来属于未来的实物。相反，哲学家则把未来包括在内，并把立足点选在历史之外。……一切历史，包括未来的历史，都接受共时态的审查。①

历史方法是归纳整理个别性事物的方法。历史方法是要从个别事物中归纳出一般性的事物；但这里所谓的一般性并不是指定理、定则。史学方法是要以分析的方法找寻历史现象中的本质；这里所谓的本质也不是指物质界中不变的元素。历史研究所要处理的是前人的著作、教育问题，以及各种再教育、个性、行为等等。总之，研究的是各种行为造成的外在现象——由个人的理性、自由意志，以及由客观的民族、宗教、政治因素塑造出的各种现象。

史学中教学的成分，是与它对世界理解的方式结合在一起的；因为只有在综合性的观察之下，以及对人类教育的关怀之下，历史中经历过的各个阶段的意义才得以显现。

正因为我们的学科在不断地做这个工作，所以它有教学的性质。这个历史学中教学的脉络是所有正确知识中透露出的真理。②

(二)历史教育学研究中的历史研究方法

我们把历史研究方法看成是一个方法论体系，如同杜维运先生在《史学方法论》中描述的那样，其包括历史与史学家、历史科学与艺术、归纳方法、比较方法、综合方法、分析方法、史料析论、史料的考证、历史辅助科学、历史想象与历史真理、历史叙事与历史解释、历史文章的特性与撰写、引书的理论与方法、史学上的纯真精神、史学上的美与善、史德与史学家、历史的功用与弊害、比较历史与世界史、比较史学与世界史学等。

历史教育研究方法的本体不是历史学，而是历史教育。中学历史教育的研究本体更为具体，即中学历史教育现象。虽然作为研究者需要涉猎历史研究方法的各个方面，但实际应用的部分则以文献和著述为主。本节仅围绕文献择要说一些应用方面的内容。

1. 历史教育文献

掌握历史教育文献无外两个方面：一是知道文献的搜寻途径和范围；二是掌握应用文献的规范和技能。

历史教育文献的范围有以下几个方面。其一，历史教育文献与历史学文献重合的部分，都与教学内容有关。即通史教学内容涉及的基础知识部分，需要利用历史

---

① ［英］格鲁内尔：《历史哲学：批判的论文》，隗仁莲译，17、4～5页，桂林，广西师范大学出版社，2003。

② ［德］德罗伊森：《历史知识理论》，胡昌智译，4、103、105页，北京，北京大学出版社，2006。

学文献。尽管如此，作为历史教育学的历史文献，较之历史学的历史文献还是要窄得多、浅得多。如历史教育使用历史文献基于一般常识，过于专业的历史文献不能、也没有必要在中学使用①。其二，历史教育文献也要区分直接史料和间接史料②，抑或原始史料和转手史料。历史教育研究和教学越成熟，就越强调多采用直接史料或原始史料。其三，历史教育所采用的历史文献，同样不限于正史或档案。如《史通》在编年、纪传之外，所列"十流"中的偏纪、逸事、家史、别传③；过去人的日记、回忆录、书信、谱牒、证言等，都是教学应选择的史料。其四，历史教育方面的专著（如教学法）、教科书、论文、研究报告乃至教师的教案、教学设计等，也是历史教育文献的主要来源。

历史教育文献的特点。其一，不以历史研究为目的。历史文献在历史教育中的作用：①满足研究型教师的发展需要；②为教师提高教学质量而服务；③指导学生像史学家一样思考。其二，历史文献在教学中使用时，已经过主观剪裁或加工，为了传递客观的历史知识，教师需要掌握相关的史料知识，如目录学、文献学和版本学的基本知识等。其三，正因为历史教育研究者和实施者通常不是历史文献的开发者，而主要是利用经历史学家反复筛选和爬梳后形成的历史著作，所以他们需要具备核对原文献、判断文献教育价值的态度和能力。

历史教育文献的搜集。其一，根据文献的分类，利用网络搜集相关文献。如通过知网、知乎、百度等搜索历史文献，将自己需要的网址收藏起来以便随时查阅。其二，凡在条件允许的情况下，都应该去图书馆、档案馆查找文献：①历史教育尚属边缘研究领域，数字化文献还未全部覆盖，如李絜非的《历史教学法》；②作为学历史出身的学者或教师，理应磨炼在图书馆细心选择、爬梳剔抉材料的功夫。其三，勤于收集相关出版信息，并善用资料汇编及工具书等。如通过国家图书馆出版社了解"民国文献丛编"的出版情况；利用《中国近代中小学教科书总目》（王有朋主编，上海辞书出版社，2010年）进行教科书研究等。其四，在大学的研究者，可以充分利用"民国文献数字库"这样的大型文献库。

随着数字化技术的迅速发展，尤其是图书馆、档案馆、博物馆功能的转型，各种数字化的历史文献产品会越来越多，而且没有时空限制。对研究者来说，得到什么文献或许不是最重要的，发展自身的文献判断力和思考力才是关键。

历史教育研究的史料及史料应用。我们习惯上一提及史料就联想到历史研究。其实，对历史教育研究而言，理解史料和运用史料有教学和研究两个方面的含义。教学中的史料，与历史内容相关，主要指"文字记录者"的材料，所用方法与历史学

---

① 对大多数教师而言，没有必要把精力花在搜集文献上，研究教学和学生更为重要。

② "凡是未经中间人手修改或省略或转写的，是直接史料；凡是已经中间人修改或省略或转写的，是间接史料。"傅斯年：《史学方法论》，3页，北京，中国人民大学出版社，2004。

③ 参见（唐）刘知几著，（清）浦起龙通释：《史通通释》，王煦华整理，上海，上海古籍出版社，2009。

的鉴别法、钩沉法、正误法、新注意、搜集排比法、联络法并无二致①。但是，历史教育研究着眼的史料毕竟在历史教育方面，它所讨论的历史学科问题也以历史教育为前提。事实上，编制课程标准、编写教科书和课堂教学，每一个环节都是从史料研究起步的，它们不仅要基于当下的研究成果，而且还强调是主流的研究成果。所以，历史教育强调把握史料。从根本上说，还是理解和反映与实际教学相关的、能够体现学科教育价值和意义的、更为广义的历史材料。这些材料还起着矫正偏见的作用。

与史学家的工作不同，历史教育研究者和实施者运用史学家发掘和解释过的史料进行研究或教学时，史料已经在课程、教材、教学内部被多次转化了。所谓研究历史教育规律，其中必有对史料自身价值的开发，或将史料意义化的过程。概括地说，历史教育中的史料，有其规定的课程、教材、教学等载体，史料通常等于以叙事的形式被意义化的史事。如果看不到这个特性，而一味地谈史料"求真求实"的功能，则是罔顾中学历史教育的事实，除了做自作多情的"史学研究"外，恐怕对历史教育——特别是发展学生的历史思维——没什么助益。

历史教育研究既要重视运用史料的技艺，也应促使历史教育朝着更高水平的专业化迈进。但前提是，通过史料将历史知识、方法转化为学科能力和认识。因此，历史教育研究中的史料，首要关心的是：①以往的历史教育在处理史料方面有何种经验；②史料何以作用于学生学科能力的提升；③学生认知史料的过程，以及史料对学生的思想观念和学习行为产生的影响；④史料在多大程度上能够确保历史教育内容的真实性；⑤作为历史教育的史料何以能够改变现在或未来的历史教育状况。

审定史料之法：史事；文字；文体；思想；旁证。

整理史料之法：校勘；训诂；贯通。②

搜集材料：遗物；传说；原始的；孳生的。明辨史料的真伪。知人论世。明了史料的意义：字义的注释；直意的领会。断定历史的真实。比次历史的真实。勒成专门著作。③

史料考证：史料外部考证（辨伪书、史料产生的时代、史料产生的地点、史料著作人、史料原形）；史料内部考证（记载人信用、记载人能力、记载真实程度）；不确实之病。④

2. 基于实践性活动的历史研究方法

如果把文献研究或史料研究比做静态的研究方法，那么还有一种动态的研究方

① 梁启超在《中国历史研究法》"说史料"中，将史料分为"在文字记录以外者"和"在文字记录者"。
② 参见胡适：《中国哲学史大纲》，15～19页，长沙，岳麓书社，2010。
③ 参见何炳松：《历史研究法 历史教授法》，64～76页，上海，上海古籍出版社，2012。
④ 参见杜维运：《史学方法导论》，118～136页，北京，北京大学出版社，2008。

法值得我们关注。在历史教育学中，这种研究方法以阅读、写作、调查和口述史实践最为典型。鉴于前三项活动在其他章节已有阐述，这里仅就口述史的相关方法梳理一二。

为什么要开展口述史实践？"口述史学也称口碑史学，是一种搜集和利用口头史料研究历史和撰写历史著作的方法和流派。口述史学方法作为一种独立的历史学方法诞生于 20 世纪三四十年代的美国。"①

历史教育学研究口述史并付诸行动的目的：一是"教活着的历史"，这也是几代历史教育者的理想；二是让学生感受身边的历史，并由此扩展和深化他们的历史学习经验；三是在实践中习得历史研究的方法，真实体验像历史学家一样思考；四是将公众史学的理念渗透到中学的课堂中，培养学生运用历史学知识和方法的观念；五是为历史教育的多学科合作和跨学科研究提供平台和机会。

口述史实践的根据，主要有：学生对历史的认知有由近及远、由表及里的特征，探究周遭历史有助于激发学生学习历史的好奇心；它具有很强的操作性，通过调查、采访、记录、分析、解释等多种技能，能够强化学生的历史形象和历史记忆；促使历史教学具有更高的专业性。从中学生写史活动看，学生不仅普遍接受这种学习活动，而且表现出了较高的历史理解水平②。

开展口述史实践的基本步骤和方法。参考美国俄克拉荷马州跨学科（历史和英语，8—10 年级）学习中的历史教学案例。③

活动一：

教师必须事先让学生熟悉如何使用录音机进行访谈的技巧。当然，教师需要先研究一下口述史，并就一些很有意思的话题进行访谈，而这种演习所得的录音资料则是学生能够成功展开活动的最好参考。还可以安排一个人到班上接受访谈，然后让全班同学观察其中的访谈技巧。

该环节包含了三个步骤：熟悉或熟练采访工具；事先研究口述史；必要的演练。

活动二：

向学生们介绍口述史，建议或直接给一些他们可能感兴趣的话题。采用头脑风暴方式，激发他们的学习兴趣。这个环节依然是"预备性"的，关键是让学生了解什么是口述史，以及口述史在操作过程中可能产生的效果。要让他们有足够的兴趣去接触口述史，如果个人的想象力还不足以启动探究欲望的话，那么头脑风暴活动会使他们在情绪、倾向和意志方面相互感染，进而帮助所有学生进入探究状态。

---

① 李福长编著：《20 世纪历史学科通论》，291 页，济南，齐鲁书社，2012。
② 该活动以"写史"为主题，有与口述史类似的活动步骤，其成果已出版三集。参见李远江主编：《我们的家史：中学生笔下的那些年》，厦门，鹭江出版社，2015；《看历史》杂志：《课本上不说的历史：中学生笔下的百年家国记忆》，北京，中信出版社，2012；李远江主编：《课本上不说的历史2：最熟悉陌生人》，北京，中国青年出版社，2013。
③ 参见赵亚夫：《怎样理解"活着"的历史——口述史》，载《历史教学问题》，2008(4)。

活动三：

教给学生一些访谈技巧和策略。可以分小组，由小组协商确定访谈的问题。在整个过程中，英语和历史教师要进行合作，交流学科特有的技能。当学生意识到他们的工作具有科学性时，就会自然地为此制订计划、采用科学的方法。此时教师可以给学生若干可供选择的范例，这些范例应尽可能符合学生已萌发的探究欲望，这是使学生科学地开展工作的基础。所以，应选择社会科学家常用的方法。

活动四：

学生记录、誊写并编辑他们的访谈成果。在编辑过程中，要求学生要互相帮助，并得到教师的首肯。所有成文的成果都要有签名，然后由教师酌情给分。很多学生在他们的故事中会加进搜集到的照片、剪报以及其他文件。最后，要求学生将手写记录录入电脑，然后编辑研究报告。在这一过程中，教师应鼓励学生拟定书名和设计封面。记住：这是他们的书。

二、广泛地使用人文社会科学研究方法

人文社会科学的研究方法，建立在逻辑、实证和分析的基础上，有其广域的认识论、方法论支持系统。同其他人文社会学科一样，历史教育学为了成为探寻事实的学科，既使自己的学说"言之成理"，也必须运用科学方法提供理论依据，也在研究行为和实践行动中"符合人们对世界的考察"的规范。

（一）归纳法与演绎法

归纳法和演绎法是两种推理和认识现实的科学方法。"归纳是从个别出发以达到一般性，从一系列特定的观察中，发现一种模式，在一定程度上代表所有给定事件的秩序。""演绎推理是从一般到个别，从逻辑或理论上预期的模式到考察检验预期的模式是否确实存在。请注意，演绎是从'为什么'推演到'是否'，而归纳模式正好相反。"[1]

不过，在旧的逻辑学里，归纳法和演绎法的关系并不和谐，往往顾此失彼。如经验主义哲学家培根认为："以真正的归纳法来形成概念和原理，这无疑乃是排除和肃清假象的对症良药。"[2]他把归纳法看成科学研究第一重要的方法。理性主义哲学家笛卡儿（Descartes，R.）则强调演绎法的重要意义。"我思故我在。""思"不仅是质疑，而且还要求"真"。因此他说，凡是他十分清楚、极其分明地理解的东西，就是真。他还给出了四条确认事物是否为真的方法：第一，凡是他没有明确地认识到的东西，他决不把它当成真的接受；第二，他把所审查的每一个难题按照可能和必要的程度分成若干部分，以便一一解决；第三，他按次序进行思考，从最简单、最容易认识的对象开始，一点一点逐步上升，直到认识最复杂的对象，就连那些本来没

---

① ［美］艾尔·巴比：《社会研究方法》（第11版），邱泽奇译，23～24页，北京，华夏出版社，2009。
② ［英］培根：《新工具》，许宝骙译，19页，北京，商务印书馆，2011。

有先后关系的东西，也给它们设定一个次序；第四，在任何情况之下，都要尽量全面地考察，尽量普遍地复查，做到确信毫无遗漏①。简言之，培根的方法论和笛卡儿方法论是对立的。

马克思和恩格斯认为，归纳法和演绎法是辩证统一的关系。如恩格斯在《自然辩证法》中说："归纳和演绎，正如综合和分析一样，必然是相互联系的。不应当牺牲一个而把另一个片面地捧到天上去，应当设法把每一个都用到该用的地方，但是只有认清它们是相互关联、相辅相成的，才能做到这一点。"②根据这一科学论断进行历史教育研究，我们需要强调以下几点。①做归纳的前提是搜集大量材料。搜集材料的过程，不能没有演绎推理，如以某种理论为指导。也可以说，演绎推理规定着归纳活动的目的和方向。②整理材料或素材，需要按照归纳推理的逻辑来进行。③论证，既是演绎的过程，也是归纳的过程。没有演绎无法归纳，即便归纳出结论也不会充分可靠，因为演绎还是矫正归纳的片面性和表面性的工具。④演绎不等于演绎法，演绎法也不是推出知识的唯一方法。⑤演绎推理是对多种个别事物进行共性和本质的判断，而只从共性出发还不能充分揭示个别事物多方面的属性特征，必须进行归纳和分析。

叙述方法必须与研究方法不同。研究必须充分地占有材料，分析它的各种发展形式，探寻这些形式内在联系。只有这项工作完成以后，现实的运动才能够适当地叙述出来。这点一旦做到，材料的生命一旦在观念上反映出来，呈现在我们面前的就好像是一个先验的结构了。

我的辩证法方法，从根本上来说，不仅和黑格尔的辩证法不同，而且和它截然相反。在黑格尔看来，思维过程，即甚至被他在观念这一名称下转化为独立主体的思维过程，是现实事物的创造主，而现实事物只是思维过程的外部现象。我的看法则相反，观念性的东西不外是移入人的头脑并在人的头脑中改造过的物质的东西而已。

辩证法在黑格尔手中神秘化了，……在他那里，辩证法是倒立着的。必须把它倒过来，以便发现神秘外壳中的合理内核。③

(二)质的研究方法与量的研究方法

"质的研究"（qualitative research）和"量的研究"（quantitative research）都是社会科学研究的基本范式，它们最显著的区别是，一个采用非数据化的方法表达研究成果，另一个采用数据化的方法呈现研究成果（关于二者的比较见表8-3）。

陈向明教授在研究中指出"质的研究"有以下主要特点。

---

① 参见［法］笛卡儿：《谈谈方法》，王太庆译，16页，北京，商务印书馆，2000。

② ［德］恩格斯：《自然辩证法》，见《马克思恩格斯选集》第3卷，930页，北京，人民出版社，2012。

③ 参见［德］马克思：《资本论》，第1卷第二版跋，21～22页，北京，人民出版社，2004。

一是自然主义的探究传统。①"必须在自然情境下进行，对个人的'生活世界'以及社会组织的日常运作进行研究"。为此，"研究者本人就是一个研究工具"，需要在实地长期观察，了解事件发生和发展的过程。②"要求研究者注重社会现象的整体性和相关性，对所发生的事情进行整体的、关联式的考察。"因此，"任何事件都不能脱离其环境而被理解，理解涉及整体中各个部分之间的互动关系。对部分的理解必然依赖于对整体的把握，而对整体的把握又必然依赖于对部分的理解——这便形成了一个'阐释的循环'。"③在自然环境下获得的研究结果更适合以文字的形式呈现，因此质的研究报告多用文字表达，辅以图表、照片和录像等。

二是对意义的"解释性理解"（interpretive understanding）。即"质的研究的主要目的是对被研究者的个人经验和意义建构作'解释性理解'或'领会'，研究者通过自己亲身的体验，对被研究者的生活故事和意义建构做出解释。"

三是研究是一个演化发展的过程。"研究是一个对多重现实（或同一现实的不同呈现）的探究和建构过程。"在动态的研究过程中，研究者和被研究者都可能会变，如收集和分析资料的方法、理论方式和建构研究结果等。因此，研究者不必受事先设定的"科学规范"的严格约束，"在建构新的研究结果的同时也在建构着新的研究方法和思路"。

四是使用归纳法。

五是重视研究关系。"在研究报告中，研究者需要对自己的角色、个人身份、思想倾向、自己与被研究者之间的关系以及所有这些因素对研究过程和结果所产生的影响进行反省。"所以，质的研究也非常关心伦理道德问题以及"平民性"问题。①

有关质的研究的分类很复杂，有从研究者的意图分类的，如批判民族志、后现代主义民族志、女性主义民族志、历史民族志；有从传统分类出发的，如生态心理学、整体民族志、交流民族志、认知人类学、象征互动主义；有按问题分类的，涉及哲学（现象学）、人类学（民族志）、社会学（扎根理论）、语用学（话语分析）等，还有无法分类的。② 由此派生出内容分析法、话语分析法、修辞分析法、语意分析法、符号学、论据分析法、事件结构分析法、定性对比分析法、形式叙事分析法等。以往历史教学法所说的调查法、观察法、访谈法、材料分析法，严格地讲，与质的研究没有什么关系，它们属于传统的教育研究方法，在观念、手段和方法方面，都是比较单一的。

量的研究（"定量研究""量化研究"）相对好理解。"量"是可测的，以数据为基础，要求客观地反映研究结果。量的研究强调实证，但是这种实证不是以论证为特征，而是必须借助正确的测量工具将问题与现象用数量方式表示出来，再通过数据分析解释这些变量之间的因果关系。量的研究重视预测和控制，强调实验。

---

① 参见陈向明：《质的研究方法与社会科学研究》，7～9 页，北京，教育科学出版社，2000。
② 参见陈向明：《质的研究方法与社会科学研究》，46～60 页，北京，教育科学出版社，2000。

因其与数学、教育心理学联系紧密，研究者需要反复训练才能掌握相关的概念和测量技术。如抽样及抽样方法，包括简单随机抽样、系统抽样、分层抽样、多级抽样、整体抽样、有意抽样、方便抽样，其中还可以细分；变量，包括自变量、因变量、控制变量；量表，包括类别量表、等级量表、等距量表、等比量表等；以及信度、效度等。

其实，任何科学研究都存在质和量两方面的命题。作为科学研究方法，无论是质的研究还是量的研究，方法论都是多种多样且相互联系的。所以，研究者从学科的实际出发，选择适宜的方向，解决重点的问题，综合运用质的研究和量的研究，非常必要。

1. 调查与访谈

历史教学法所说的调查法，通常就是传统教育学的调查法，研究者先确定调查问题，再根据问题设计问卷，对问卷的统计和分析相对简单。其特点是：调查的目的直接，如学生学习历史的兴趣受什么因素影响；调查手段和统计方式单一，如多采用问卷法；调查过程是静态的，如调查法是与观察法、访谈法分离的。

历史教育学提倡调查研究，研究者必须考虑如下观点和因素：①调查研究是科学研究的过程，切忌仅为写论文或编制数据去做调查；②无论是社会调查，还是教育调查，皆受一定的理论支配；③调查的问题必须是真实的，为此，在发现问题、选择问题、确定问题的过程中，应该有一个较为充分的观察现象的阶段；④拟定的调查问题和调查过程不能随意或草率，如问卷中的问题不能有想当然的成分；⑤为了确保调查研究的客观性、真实性，调查过程和结果分析最好采用多种方法，如观察法、问卷法、访谈法、统计法、文本分析方法，同时要考虑社会科学研究方法的优势；⑥运用量的研究方法时，应尽可能在网络环境下进行，如使用"问卷星"工具；⑦采用质的研究范式时，除需符合质的研究特点外，还要注意根据研究对象选择适宜的方法，如对学习行为的研究，观察法就优于访谈法。

显然，有许多维度和方法决定调查研究的科学性，单一的调查法不能满足历史教育学的研究需要。下面以访谈为例，帮助读者一面进行思维迁移，一面把握调查研究范式的特征。

第一，访谈法不是一种而是一系列的研究方法。其共同点是：人们进行谈话，其中某个人充当研究者的角色；第二，访谈法可以提供人们共同的认识、观点、对行为的回忆、态度和情感等方面的数据；第三，调查研究往往是高度结构化的、需要研究者严格遵守访谈计划；第四，访谈的分类，如结构性访谈、质化访谈；第五，访谈的方法，如联合访谈、焦点组访谈、电话访谈、口述史访谈等；第六，访谈研究的设计，包括主题、文献、访谈提纲或备忘录、访谈计划、问题设计、样本选择、补充工作等；第七，访谈研究的分析，如访谈指南、等级量表、态度量表等；第八，访谈研究的条件，如确立信任和谐的关系、谈话技巧、背景知识、个人外貌、"可靠的访谈"、自我评价等；第九，访谈研究的工具，如笔记记录、录音机、录像记录等。①

2. 课例研究与实录分析

"课例研究"源于日本，即聚焦课堂的"授业研究"。在我国，研究者把侧重于教师教学行为跟进的"教学研究"、侧重于改善学生学习的"课堂学习研究"（learning study）、侧重于以行动为基础的校本研修的行动研究（action study），统称为"课例研究"。②

教研中的"课例研究"理论集中在维果斯基（Vygotsky，L.）的最近发展区理论、波兰尼的默会知识理论和皮亚杰的建构主义理论。日本的"授业研究"，则更强调存在主义理论和解释学理论的影响，即以哲学研究方法为基础。另外，"课例研究"的理论和实施范围，不仅比"授業研究"要窄一些，而且二者的异同点还是明显的。共同点有：研究真实的教育现象；注重教育事件的细节；研究范式多样。不同点主要是，"授業研究"以现象学理论为基础，"课例研究"以行为主义、建构主义理论为基础。

以"授業研究"中的典型方法"课堂教学实录分析"为例。

（1）目的：矫正课堂教学中存在的问题，促进学科的有效教学；将宏观的、笼统的或模糊的教学判断，转变为微观的、系统的、可视的精细化教学分析，促进有意义的学科教学；将质的研究方法和量的研究方法结合起来，提高教师的专业发展水平。

（2）目标：问题明朗化，指导明晰化，对研究对象没有任何限定。

（3）特点：对课堂教学全过程进行可视的、可测的分析；事先不给分析对象布置任何任务；全景记录教学过程；分段、分层处理实录内容；整体观察和分析实录内容；重点不是提高教师的教学技术，而是描述观察到的教学现象，诊断问题，揭示出现偏误的原因。关键是把握和描述教学现象本身。

（4）内容：教学全过程进行录音、视频实录；根据录音、视频实录转化成文字脚本；现场研究者的记录材料；现场考察表及统计；相关理论的基本资料等。

（5）条件或工具：现代视听技术，如录音机、录像机或数字化教室；观察量表及笔记；分析数据表等。

（6）手段：现场观察；教学实录；采编数据；现象分析；分层或细节解释；重新设计；整体解释；重组方案；分析报告等。

（7）分析：文本分析；语言或语义分析；行为表现分析；活动方式分析；突发事件分析；教学技术分析等。③

---

① 参见［英］阿克塞、［英］奈特：《社会科学访谈研究》，骆四铭、王利芬等译，2～5、88、107、120 页，青岛，中国海洋大学出版社，2007。

② 参见齐渝华主编：《怎样做课例研修》，5 页，北京，高等教育出版社，2010。

③ 参见赵亚夫：《历史课堂教学实录分析的价值与操作》，载《中学历史教学参考》，2005（5）；赵亚夫、张汉林：《实录分析：促进历史课堂教学质量的一种有效工具》，载《中学历史教学参考》，2009（4）。

表 8-3　质的研究和量的研究比较①

比较项	量的研究	质的研究
研究目的	证实普遍情况，预测，寻求共识	解释性理解，寻求复杂性，提出新问题
对知识的定义	情境无涉	由社会文化所建构
价值与事实	分离	密不可分
研究的内容	事实，原因，影响，变量，凝固的事物	故事，事件，过程，意义，整体研究
研究的层面	宏观	微观
研究的问题	事先确定	在过程中产生
研究的设计	结构性的，事先确定的，比较具体	灵活的，演变的，比较宽泛
研究工具	数字，计算，统计分析，量表，统计软件，问卷，计算机	研究者本人（身份，前设），录音机
抽样方法	随机抽样，样本较大	目的性抽样，样本较小
收集资料的方法	封闭式问卷，统计表，实验，结构性观察	开放式访谈，参与观察，实物分析
资料的特点	量化的资料，可操作的变量，统计数据	描述性资料，实地笔记，当事人引言等
分析方式	演绎法，量化分析，收集资料之后	归纳法，寻找概念和主题，贯穿全过程
结果的解释	文化客位，主客体对立	文化主位，互为主体

（三）比较教育与比较研究法

"比较教育研究是一种交叉学科研究，事实上它像教育史那样可能与其说强调对教育本身的研究，不如说强调辅助研究。""比较教育作为一门学科恰好处于人文科学和自然科学之间的交界线上，因而与作为人文科学和自然科学基础的哲学相类似。在其社会和统计方面，比较教育不得不运用社会学和数理统计的方法；在其心理方面，比较教育不得不运用自然科学的方法；在其历史背景方面，比较教育又不得不运用历史研究的方法。这样首先要回答的问题是，历史研究是否必须运用那些不同于科学研究的方法。分析和综合、归纳和演绎、公理假说和待证假说之间的差别并不标示历史和科学②之间的边界。"③

---

① 陈向明：《质的研究方法与社会科学研究》，11 页，北京，教育科学出版，2000。

② "历史的'科学性'并不比化学或生物学少。只是在英语惯用法中，'科学（science）'是个含义狭窄的词，它不包含历史学；而德语的'科学（wissenschaft）'却包含上述两者。"赵中建、顾建民选编：《比较教育的理论与方法：国外比较教育文选》，140 页，北京，人民教育出版社，1994。

③ 赵中建、顾建民选编：《比较教育的理论与方法：国外比较教育文选》，133、140 页。

据此可知，其一，历史教育学涉及比较法时，研究者要分清楚，是从比较教育方面运用比较法，还是仅考虑作为辅助研究的比较法；其二，历史的比较法、哲学的比较法、教育的比较法，尽管都叫比较法，但是因研究目的不同，方法论也会各异；其三，历史教育学运用比较法，基本上限定在比较教育的范畴。

用比较法以行研究，自古有之。20世纪早期，比较法作为一种普遍的研究方法，以"因素分析"为主要特征，其研究步骤大致如下：①决定研究的目的；②划定比较的范围；③历史的回顾，由此可知比较对象的已往情形如何；④搜集有关的材料，并加以整理；⑤就各国或各地背景，解释此等材料；⑥选择比较的标准，针对比较内容进行具体分析，于此发现意义的所在；⑦总括比较的结果，并下结论；⑧做成研究报告。① 之后，"社会科学方法"替代"因素分析"成为主流的方法论，其研究步骤由确定问题、提出假说、提出指标、选择例证、收集数据、整理数据、说明结果等组成，注重描述和解释。历史教育学的比较研究，相对集中于课程标准和教科书方面，而且进步较快。

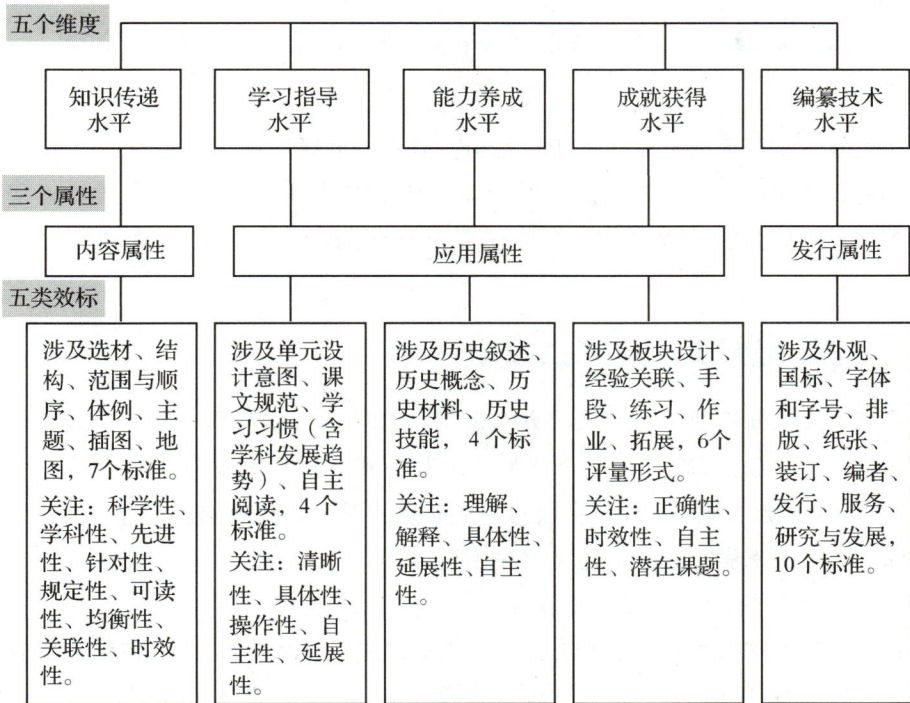

五个维度				
知识传递水平	学习指导水平	能力养成水平	成就获得水平	编纂技术水平
三个属性				
内容属性	应用属性			发行属性
五类效标				
涉及选材、结构、范围与顺序、体例、主题、插图、地图，7个标准。关注：科学性、学科性、先进性、针对性、规定性、可读性、均衡性、关联性、时效性。	涉及单元设计意图、课文规范、学习习惯（含学科发展趋势）、自主阅读，4个标准。关注：清晰性、具体性、操作性、自主性、延展性。	涉及历史叙述、历史概念、历史材料、历史技能，4个标准。关注：理解、解释、具体性、延展性、自主性。	涉及板块设计、经验关联、手段、练习、作业、拓展，6个评量形式。关注：正确性、时效性、自主性、潜在课题。	涉及外观、国标、字体和字号、排版、纸张、装订、编者、发行、服务、研究与发展，10个标准。

图 8-1　历史教科书评价效标架构②

① 参见朱伯愚、高鸿奎、杨寅初、张云绪、王慧心合编：《最新教育常识问答》，55页。
② 摘自赵亚夫主持的北京市重点项目"历史教科书比较研究"（2014）。本架构由赵亚夫设计。

初中历史教科书比较指标摘录①：

1.5　教科书的地图与图表是否有助于理解与思考

1.5.1　地图种类是否多样

1.5.2　地图绘制是否规范

1.5.3　地图信息是否准确、清晰

1.5.4　地图是否具有拓展信息的功能

1.5.5　地图位置是否有助于学习者的阅读

1.5.6　图表形式是否多样

1.5.7　图表数据是否可靠

1.5.8　图表所呈现的内容是否重要

1.5.9　图表和表格是否有助于学生读懂信息

1.5.10　图表内容是否能够延伸对课文的思考

第三节　历史教育研究成果的产生与交流

历史教育学研究的目的还在于促进历史教育的健康发展，研究的过程固然重要，将研究内容转化为研究成果同样不可忽视。研究成果的形式很多，如论文、研究报告、教学设计、实验方案等②，本节仅简要陈述与论文撰写、发表和交流相关的部分。

一、历史教育论文的撰写与交流

研究者发表研究成果最一般的方式是"写文章"。怎样写历史教育研究论文？任鹏杰和赵克礼主编的《教育研究论文的选题与写作·历史分册》（陕西师范大学出版社）一书，以历史教师和在读历史教育专业学生为对象，从理论、规范、方法、实践等方面，结合案例做了详细阐述，这里不再赘述。

（一）需要把教学文章和学术论文加以区别

我们习惯上把发表在专业杂志上的文章，统称为"论文"。按照传统的解释，凡言语循其理，得其宜，谓之论。此外，评说或阐发思想，也属于"论"。文则有文采、文辞之意。把二者的意思连起来说，"论文"的范围可涵盖所有的记叙文、说明文、议论文、应用文乃至杂文，发表在历史教学专业杂志上的绝大多数文章，除了教学

---

① 摘自赵亚夫主持的北京市重点项目"历史教科书比较研究"（2014）。内容由赵亚夫拟定，经集体讨论确认。

② 研究成果应用于实践，有很大一部分是通过教研活动和个人研究转化的（如教学设计），并不是发表出来的文章才是成果。因为教学论、学习论及本章涉及的研究方法部分，都介绍了此类成果，故不再重复。

设计、试题分析外，都属于这类文章。但是，如果用科研或学术的标准来衡量，论文则少之又少。

教学文章包括教学设计、课堂随笔、教学分析、阅读经验、教学感悟、试题分析等。其特点是：主题直接源于教学现象和问题；基于教学法知识说明问题；理论成分较少；直面或对应教学任务（如考试）；侧重对教学内容的解释；文章突出议论风格；文章承载的信息比较单一和直白等。学术论文则起码要符合这样的标准：理论和问题的来源明确；注重有理有据地分析；具有强烈的问题解决和探究意识；有鲜明的学术规范和观点；具备论据、论证、论点三要素，主次分明；不违背孤证不立、论从史出、史论结合的研究原则；文章脉络符合科学逻辑；信息量较大，使读者的思维得以延展；不是复制他人观点或老生常谈的某一话题，具有独立思考和创新之处。

尽管文章和论文都应有"板凳要坐十年冷，文章不写一字空"的追求，但是中学历史教育研究因受日常工作和专业发展模式等多重不良因素的影响，写学术论文、会写学术论文、写较高质量的学术论文，就变成了一项艰巨的科研任务。

（二）教学文章和学术论文的主体

谁写教学文章，谁写学术论文，本没有加以区分的必要。理想地说，历史教育研究者是一个整体，包括大学的历史教育研究者、一线教师、教研员和史学研究者等，他们既是教学文章的撰稿者，也是学术论文的创造者。然而，由于众所周知的原因，凡介入中学历史教学研究的人，似乎就都该写教学文章。殊不知，学术论文的选题可大、可小，文章可长、可短，论题可宽、可窄，理论可艰深、可通俗。历史教育研究者写学术论文，并非就是脱离实际，让一线教师看不懂所写的内容。关键要看论文提出了什么样的问题，用什么理论和方法解决问题。当然，也有为了解决要害问题，充分运用相关理论、让读者感到艰涩、难懂的学术论文，那毕竟是论文中很少的一部分。

我们急需壮大学术研究队伍，多发表高质量的学术论文，打破"微信朋友圈"式的阅读习惯。历史教育研究不是要"求真"吗？"真"可有双重意义，一是指某件存在的事，如果这件事的表面正与做此事的人的思想相合，则此事为真；二是称某一思想为真，如果它表现出来的与他思想本身相一致。还必须追加一句，事物的真理性质必须就证于思想，而思想的真理性质也须就证于事物。[1] 如果顾此失彼，于历史教育研究，于"解决现实问题"，都得不偿失。

（三）教学文章和学术论文的发表和交流渠道

历史教学专业杂志有四：《历史教学（月刊）》（1951 年创刊，天津古籍出版社主管）、《中学历史教学参考（月刊）》（1972 年创刊，教育部主管，陕西师范大学主办）、《中学历史教学（月刊）》（1956 年创刊，华南师范大学历史文化学院主办）、《历史教学问题（双月刊）》（1957 年创刊，教育部主管，华东师范大学主办）。其中，《历史教

---

[1]　参见［德］德罗伊森：《历史知识理论》，胡昌智译，2 页，北京，北京大学出版社，2006。

学》分中学版、大学版；《历史教学问题》中的"教改漫谈""教学天地""新教科书实验探索""港澳台历史教学""它山之石""教材研究""高考与会考研究"等栏目针对中学历史教学，其他为史学专栏。《中学历史教学参考》《中学历史教学》，顾名思义都服务于中学历史教学。

历史教学文章、特别是学术论文，不限于在历史教学专业杂志上发表，它更多地依托于大学的学报和教育类综合期刊，如《全球教育展望》《课程教材教法》《教育学报》《教育理论与实验》《比较教育研究》等，不下几十种。

历史教育论文的交流渠道，除杂志外，还有学术会议、专业学会年会、网络、区域教研活动等。尤其是网络交流（如有影响力的公众号），更为自由、开放、方便、快捷，笔者认为，若不受科研认证体制的限制，它将会是学术生产力的最大平台。

二、历史教育专业学位论文的学术规范

论文写作对于提高个人科学研究水平至关重要。关于如何写好论文的问题，晁福林教授为历史教师列出了"十项"注意，即：博览群书，丰厚知识素养；开动脑筋，慎重选题；恭敬、认真地总结相关的学术史；放飞思想，抓住自己思想的闪光点；腹稿粗具与谋篇布局；围绕主题，深入开掘；疏通逻辑，通言畅辞；画龙点睛，确定题目；论文当以学术创新为主线；论文必须认真修改，方可定稿。[①] 本节无须为此添枝加叶，因为再说便是多余，故仅从学位论文要求的角度，强调一些必须遵守的学术规范。

(一)学位论文的基本特征

学位论文包括本科毕业论文、硕士毕业论文、博士毕业论文三个层次。本科是专业学习的入门阶段，学士学位论文应符合基本的学术规范。硕士研究生因已迈入学术门框，其学位论文须严格遵守学术规范。鉴于硕士研究生种类较多，如学术型硕士、应用型硕士（又分为全日制教育硕士和在职教育硕士），对其要求应该有所不同。学术性论文自然要用学术论文的标准，应用性论文则要针对研究目的考虑研究成果的方式，如调查研究报告、实验研究报告等，可以不是学术论文的写法。博士研究生需要熟练掌握专业知识和理论，其学位论文理应具有理论性、专业性、学术性和创新性。

一般而言[②]，学士学位论文是尝试做学科研究，适宜做小选题，文章结构不能宏大，文字数量在一万字左右；硕士、博士的学位论文选题仍需适宜自己的研究志趣和能力，文章结构由章节构建，讲究厘清概念、科学论证。硕士论文在三万字左右，博士论文则需十万字以上。整体而言，凡做学术论文，都以立意清晰（理论的/

---

① 参见晁福林：《关于论文写作的十个重要问题》，载《历史教学》（下半月刊），2017(8)。
② 指现行制度所规定。国外的本科教育不一定写毕业论文，他们更重视修学分，每个学分包括一定数量的论文写作。也就是说，本科生的学术论文写作在各门课程中已得到较为扎实的训练，而且所修课程有着较为严格的规定，包括各种学术规范要求。相比而言，我们疏于日常训练，却过于强调毕业论文。这一问题，现在已引起越来越多的关注。

逻辑的）、结构整密（规范的/科学的）、理据充分（真实的/自洽的）为标准。笔者指导硕士、博士研究生写学位论文的理念，用三个词加以概括：谋篇布局（内容结构）；遣词造句（修辞逻辑）；咬文嚼字（义理表现）。具体的做法，下面将择要说明。

（二）学位论文的格式与要求

不同学校，不同学科，不同专业，对学位论文的格式和要求不同，这里以首都师范大学历史教育学专业的学位论文为例。

1.学位论文的格式

论文格式是为了规范论文写作所确定的文章程式。主要分绪论、本文和参考文献三大部分。其中，绪论包括以下部分：选题的理论意义和实践价值；核心概念的界定；国内外相关研究（或文献）综述；研究思路和方法。本文按照章、节、目的顺序排次。结论（或结语）的形式较多，以概述居多。

表 8-4 学位论文格式要求

分类	论文架构	正文目次序号①
本科学位论文	题目；摘要/Abstract；关键词；本文；参考书	一、1.（1）
硕士学位论文	题目；摘要；关键词；本文；参考文献；致谢	章、节、一、1.（1） 或章、一、（一）、1.（1）
博士学位论文	题目；摘要；关键词；本文（每章有一小结）；参考文献（分类）；致谢	章、节、一、（一）、1.（1）
备注	硕士论文目次须写到三级；博士论文目次须写到四级；本科论文不做要求。	

样例：

题目：试析历史课程"三维目标"的功能与作用（硕士学位论文）

摘要

Abstract

绪论

第一章 教育目标分类学视野下的"三维目标"

第一节 教育目标分类学的意义及其应用

    一、从"布卢姆"到"马扎诺"

    二、从目标分类学看新课程

第二节 教育目标分类学与历史课程目标

    一、从"三项任务"到"三维目标"

---

① 还有采用其他格式的，如 1、1.1、1.1.1……，1 即"章"，1.1 即"节"，依此类推。它与上述论文格式是两套系统，不应该混用。

2. 对学位论文的重点要求

选题。确定选题有若干方式，如自己认定，与导师协商后确定，由导师指定。一般要求是：有研究价值；题意清晰；指向明确；围绕一个问题；能够做深做透；字数适当（不超过 20 字）；尽量不出现副题；作者能够驾驭。

摘要。即对研究目的、重点内容和方法进行高度概括的短文，信息涵盖全文。一般要求是：精确提炼重点；句子简单、直接，语言规范，能够自明；表意清楚、客观，不用"笔者认为""本文"作为主语；不加解释和评论；方便检索。

关键词。以词或词组的形式反映论文的实质性内容，是检索文献的重要工具，一般不超过 6 个词或词组。切忌：随意，如只是把论文题目拆开；游离于论文主题，如指向不清；使用不规范或不反映实质性内容的词汇；过少或过多。

文献综述。即对所研究课题的学术史梳理。大致分为三个阶段：前期包括选定主题、搜集文献；中期是阅读和分析多角度、多方面的相关文献；后期是提炼重要文献、综合和归纳学术争议焦点和重点、提出自己对所读文献的见解[1]。一般要求是：分述国内、国外相关文献；国内文献又可分理论界的相关研究、学科内的相关

---

[1]　参见［美］芬克：《如何做好文献综述》，齐心译，重庆，重庆大学出版社，2014。

研究和相关的硕士、博士论文，国外文献至少要包括理论研究和学科研究两部分；文献要全，尽可能涉及与研究课题相关的所有材料；文献应具有典型性、代表性，以确保文献的可靠性、学术性和科学性；分析文献应持客观、谨慎的态度，不能曲解文献；切忌搜寻文献时，只见树木，不见森林①；切忌仅是罗列文献，没有分析；切忌把文献综述当作形式敷衍了事。

论证与分析。论证与分析既是论文的骨干，也是论文的精髓。缺乏论证，论点是立不住的；论证薄弱，论据再多也难以形成论点。一般要求是：论据必须可靠并具有权威性，如慎重选择版本、作者以及代表作②；论证必须符合逻辑，尊重学术规范，如依据论题恰当使用归纳论证、演绎论证、事实论证；论证不是材料越多越好，而是用充足的材料多角度地分析和解释事实，论证的目的是揭示原理、说明事实、阐释论点；论证不是对他人成果的说明，而且所有论证都须采用批判性思维③；历史论证要合乎经验科学的一般准则，除了不能违背历史学科的特性外，最为重要的一点是能够阐释清楚自己的学术观点，而非复制他人的观点。

注释。注释是历史作为一种科学研究的必然的表现。德国学者施万尼茨（Schwanitz）有个形象的说法，脚注起两方面的作用：餐厅与厕所。就比如一个现代化的别墅，只有当有了电和水的供应，以及管道系统和市政卫生机构清除垃圾之后，才变成了一个文明的栖息地，一篇文章只有通过脚注才会变成科学的文章。在功能上，脚注作为文本科学的核实工具，其作用类似于自然科学中的实验。脚注还是文章内容正确的证据。对于读者来说，脚注往往显得比正文有趣。他毫不遮挡地说，脚注也有阴险狡猾的招数：谁没有被引用，谁对于科学来说就是不存在的（所谓的影响因子）；轻量级的选手可以通过在脚注中攻击名流来提高自己的知名度；如果把比武扩大成为公开战役，脚注就相当于部队的标志，在脚注中引用本集团成员的作品。④

另外，注释不仅要如实、规范地标注清楚所引的全部信息，而且常常要对正文中的问题、概念、观点以及引述内容等进行解释说明。其表现形式有脚注和尾注两种。如何处理引文和说明，不同作品和杂志要求各异。一般而言，脚注采用圈码，每页单独排序；译著的作者国别采用［　］符号，如［德］海德格尔；我国古籍的朝代采用（　）符号，如（西汉）司马迁：《史记》；古籍注释须将书名、篇名分开，如（清）黄宗羲：《明儒学案》卷三十一《止修学案》；外文书籍名要用斜体，如 *Best Kept Secret*。

---

① 这种现象极为普遍，如写《思维导图在中学历史教学的应用研究》这篇论文，仅用思维、思维导图、初高中历史教学这类关键词搜索文献，结果可想而知。

② 现在的学士、硕士历史教育学位论文，普遍不够讲究。一是不注意选择版本，尤其忽略使用第一手资料；二是随意检索和引用文章、著作、作者，不考虑出处、原创以及文章的学术品质；三是引文多为转引，却不查找原著。

③ 参见［美］布鲁克·摩尔、［美］理查德·帕克：《批判的思考》第三部分"论证"，余飞、谢友情译，东方出版社，2007。

④ 参见［德］迪特里希·施万尼茨：《欧洲：一堂丰富的人文课》，刘锐、刘雨生译，345～346页，太原，山西人民出版社，2011。

其他注意事项。其一，文中凡引用他人作品，必须加引号并注释，杜绝学术不端行为。包括：引用他人谈话、论著、讲座（PPT）及网络文献等，须有注释或明确指出来源；凡采用他人观点、作品，须用引号并以脚注或尾注的方式标明处出。引用他人作品、观点等未注明来源者，视为剽窃；大量剪裁、拼接、删改别人的教学或研究成果者，视为剽窃；将外资料直接用作自己的成果，包括改编、取用观点等不注出来源者，视为剽窃。①

其二，文章中的图表格式理应规范，如图表应有标题并标注序号、图式的标题一般在图的下方、表的标题一般在表的上方、同一个图表最好不分页呈现。

其三，外国人名或关键概念首次出现时，用（　）形式标出原文，如约翰·杜威（John Dewey）②，默会知识（tacit knowledge）。

其四，正确使用参考资料的引文字母代号。举例如下：

①［M］著作。如，罗朗斯·丰丹. 欧洲商贩史［M］. 殷亚迪，译. 北京：北京大学出版社，2011：47-48.③

②［J］期刊论文。如，赵亚夫. 关于综合文科中宗教问题的处理（社会科学版）［J］. 首都师范大学学报，2001(6)：92-97.

③［D］研究报告，学位论文。如，杨琪. 历史课程三维目标的功能与作用［D］. 北京：首都师范大学. 2015：9-10.

④［N］报纸；如，赵亚夫. 公共史学与学校历史教育学的创建［N］. 文汇报. 2014-02-24④，第12版.

⑤［A］论文集中的文章。如，彭华. "同情的理解"略说：以陈寅恪、贺麟为考察中心［A］. 陈勇，谢维扬. 中国传统学术的近代转型［C］. 上海：上海人民出版社，2011：333-346.

⑥［C］论文集. 如，赵亚夫. 历史教育人格理论初探［C］. 西安：未来出版社，2005：301-302.

⑦［S］标准。如，教育部制定. 义务教育历史课程标准（2011年版）［S］. 北京：北京师范大学出版社，2012：32.

其五，参考文献。

第一种历史文献输入样式。

［1］管听石著：《中学历史教学法》，杭州：浙江人民出版社，1957年。

［2］［美］安德森等著：《学习、教学和评估的分类学》，皮连生译，上海：华东师范大学出版社，2008年。

---

① 历史教学界受内容主义影响严重，又长期缺少原创，故抄袭或剽窃的界限十分模糊，当特加改正。

② 或 J. Dewey；或 Dewey, J.。

③ 无须注明著或编著等；作者的国籍可删除。

④ 注意：日期 2018-01-24，不能写成 2018-1-24.

第二种历史文献输入样式。

[1]管听石.中学历史教学法[M].杭州：浙江人民出版社，1957.

[2]安德森.学习、教学和评估的分类学[M].皮连生译，上海：华东师范大学出版社，2008.

要求：按照时间顺序排列；先中后外。如果使用文献较多，也可以对文献进行分类，按照类别呈现文献。

学后复习

回顾

1. 定义：归纳法与演绎法、质的研究与量的研究、比较教育与比较研究。

2. 辨识：时序与时间、延续与变迁、材料与史料、过去与现代、史事与事实、大历史与小历史、实验与实证、结构与构成、说明与证明、阐述与阐释。

3. 定位：列举并阐释学位论文的写作要素。

4. 解释：为什么要强调做科学的历史教育研究？

重点思考

1. 实施：如何在历史教育研究中恰当地运用历史学方法？

2. 评价：何炳松《历史教授法》（原载《教育杂志》第十七卷第二、三号，1925年）一文的学术价值及其启示。

批判性思考

1. 分析：柏拉图说："如果理智和真实意念是两类不同的东西，那么，我认为就一定存在着不能感觉但能理解的理型。"（《蒂迈欧篇》，谢文郁译）问：何谓理型？如何使理智实际应用于探究真实（尝试解读柏拉图的观点）。

2. 综合：作为拓展学习，以我国的历史思维能力研究为例，考察其是否占有充实的研究数据，包括如何采样、如何进行数据分析、如何形成研究报告。如果不能找到此类实验或实证性研究成果，又该如何确认该研究的真实性（尽可能从量的研究方面论述）？

应用概念

合作：以小组为单位，剖析一篇历史教育方向学位论文的文献综述和概念界定部分，着眼点是内容陈述的逻辑性、概念阐释的自洽性和事实论证的说服力①。

---

① 本科生选择本科学位论文，硕士生选择硕士学位论文，博士生选择博士学位论文，一线教师可以在学术论文范围内任意选择适当的论文。

技能练习

1. 确定一个自己想要研究的课题，按照一般的学术规范写出简明扼要的研究流程（可以合作完成）。

2. 假设自己要为杂志社投稿，请先列出文章的写作清单，包括题目、立意、关键词、基本素材和陈述框架。

3. 按照"课例研究"的流程和要求，用思维导图的形式列出相关概念、问题之间的逻辑关系以及需要注意的研究伦理问题。

拓展阅读及书目简释

历史研究方法及其他

1. 杜维运：《史学方法论》，北京，北京大学出版社，2006。读者需要关注"初版自序"（1979 年于香港）"修订版自序"（1985 年于台北）和"增写版自序"（1999 年于台北），了解作者的写作意图和出版历程，亦可见其内容宏富、资料精当、视野开阔的由来，以及作者治史学方法论特别着力的方面。对历史教育者而言，该书既是了解古今中外数千年的史学方法的专著，也方便作为提高自身史学方法论素质的常备书，或可收到常读常新的效果。其中的绪论、历史科学与艺术、归纳方法、比较方法、综合方法、分析方法、史料析论、博学与历史研究、历史叙事与历史解释、史学上的纯真精神、史学上的美与善、史学方法的承旧与创新等内容，则为历史教育研究提供了非常具体的方法论知识。

2. 梁启超：《中国历史研究法》，见《饮冰室合集》第 10 册，北京，中华书局，1989；梁启超：《中国历史研究法（补编）》第 12 册，北京，中华书局，1989。单行本《中国历史研究法》，现以中华书局或东方出版社的版本（2009 年）较为流行。其《补编》则以中华书局的版本为好（2010 年）。另，傅斯年：《史学方法导论：傅斯年史学文辑》，雷颐点校，北京，中国人民大学出版社，2004。读者可将其第一章可与梁启超的"说史料"对照阅读。

3. 王重民：《中国目录学史论丛》，北京，中华书局，1964 年初版，1984 年再版。全书共三章，系统阐述了先秦到宋元初的目录史发展史，学术价值极高。另，姚名达：《中国目录学史》，上海，上海书店，1984。（北京，商务印书馆，2004 年再印）。全书分绪论、渊源、分类、体质校雠、史志、宗教目录、专科目录、特种目录、结论诸篇，适宜历史教师全面了解我国目录学的整体情况。

4. 谢国桢：《史料学概论》，北京，北京出版社，2014。其第一章"史部书籍的来源和形成"、第二章"目录学的发展及其流派"、第八章"史学研究方法和工具书的使用方法"，可以弥补历史教育研究者忽视历史目录学、文献学及中国传统史学研究方法的缺陷。更为专门的史料学专著，如黄永年：《唐史史料学》，北京，中华书局，2015。该书既能够帮助记者了解史料分类方法，又有助于其掌握相关史料的阅读方法和版本知识，有心人还可以把作者考证过的史料直接用于自己的历史教学。此类著作古今甚多，读者可根据自己的需要有选择地阅读，如陈垣：《史讳举例》，北京，中华书局，2012；何炳棣：《明初以降人口及其相关问题1368—1953》，北京，中华书局，2017。前者关乎史料学的一种知识，后者关乎史料与选题的选择。

社会研究方法

1.［美］托马斯·库恩（Thomas S. Kuhn）：《科学革命的结构》（第四版），金吾伦、胡新和译，北京，北京大学出版社，2003年第1版，2012年第2版。该书的伊安·哈金的导读部分，便于读者理解。全书共14章，其中，通向常规科学之路、常规科学即是解谜、范式的优先性、革命的世界观的改变等内容，对于历史教育者树立科学的研究观、方法论，具有启示和规范作用。另，［美］内格尔（Nagel, E.）：《科学的结构：科学说明的逻辑问题》，徐向东译，上海，上海译文出版社，2005。读者可一并参考。

2.［美］艾尔·巴比（Earl R. Babbie）：《社会研究方法》（第十一版），邱泽奇译，北京，华夏出版社，2009年第1版，2015年第12次印刷。该书有4编17章，内容涉及社会科学的主要方法，如调查研究、观察研究、定性研究、定量研究、社会统计、资料分析等，不仅提供了大量且实用的研究术语和工具，而且通过案例把研究设计、过程以及需要回避的问题说得一清二楚。它所涉及的内容在帮助历史教育者完善研究观念和方法的同时，也能够扩大历史教育者的研究视野，增进历史教育研究活动的质量。

3.［美］大卫·M.费特曼（Fetterman, D. M.）：《民族志：步步深入》（第3版），龚建华译，重庆，重庆大学出版社，2013。该书的作者是个"方法论学者"，因此他所陈述的民族志（也是人类学）方法具有专业、易懂的特点。历史教育学研究理应涉足民俗学或民族志方面内容，不仅是学习内容（主要指教学素材），还包括研究方法。虽然该书的内容与现今的历史教育内容无关，但是其田野作业的方法、记录奇迹的方法以及学术型和应用型的民族志研究等部分，皆可迁移到历史教育研究中，起码在学校历史教育的口述史实践、社会调查和涉及公众史学活动时是有用的。

4.陈向明：《质的研究方法与社会科学研究》，北京，教育科学出版社，2000年第1版，2010年第11次印刷。作者是国内权威的质的研究理论学者，该书全面地阐述了质的研究的理论背景和实施方法，并在如何应用方面给出了翔实的策略。另，［丹麦］斯丹纳·苛费尔、斯文·布林克曼：《质性研究访谈》，范丽恒译，北京，世界知识出版公司，2013年第1版，2017年第2次印刷。该书相当实用，适宜初学者使用。

教育研究方法

［以］艾米娅·利布里奇（Liebich, A.），［以］里弗卡·图沃-玛沙奇（Tuval-

Mashiach, R.), 塔玛·奇尔波 (Zilber, T.):《叙事研究: 阅读、分析和诠释》, 王红艳主译, 释觉审校, 重庆, 重庆大学出版社, 2008 年第 1 版, 2011 年第 2 次印刷。这是重庆大学出版社策划的"万卷方法·后性方法译丛"丛书中的一种, 其他还包括《调查研究方法 (第 3 版)》《量表编制: 理论与应用 (第 2 版)》《案例研究方法的应用 (第 2 版)》《复杂性科学的方法论研究》《社会科学研究: 方法评论》《质化方法在教育研究中的应用: 个案研究的扩展》《研究设计与写作指导: 定性、定量与混合研究的路径》(第 2 版)》《评估: 方法与技术》《实用数据再分析法》等 35 种。该套丛书几乎涵盖了教育科学研究方法的重要方面, 历史教育研究者可以按需有针对性地进行学习。

研究论文的写作

任鹏杰、赵克礼主编:《教育研究论文选题与写作·历史分册》, 西安, 陕西师范大学出版社, 2014。该书是针对中学历史教师的科研专门编写的, 旨在指导中学历史教师认识历史学科教育研究的意义和特点, 具体介绍了从教学实践中提炼有意义的选题, 对教育教学论文的要素、结构以及应注意的问题做了全面阐述。

通论类读物

李福长编著:《20 世纪历史学科通论》, 济南, 齐鲁书社, 2012。全书分中国史书编纂成就、近代历史科学的诞生、历史研究的文献学方法、现代历史学的发展、20 世纪中国史家学术列传等五编, 适宜本科生学习。另, 张海鹏主编:《中国历史学 30 年 (1978—2008)》, 北京, 中国社会科学出版社, 2008; 王学典、陈峰:《二十世纪中国历史学》, 北京, 北京大学出版社, 2009; 陈新、陈恒编:《二十一世纪的史学理论: 十二年回顾》, 上海, 上海三联书店, 2013。这些著作对于了解历史学和历史理论的最新发展很有帮助。

重要人名对照表

A

Abraham Harold Maslow	亚伯拉罕·哈罗德·马斯洛(1908—1970)
Adam Smith	亚当·斯密(1723—1790)
Albert Einstein	阿尔伯特·爱因斯坦(1879—1955)
Alfred Schmidt	阿尔弗莱德·施密特(1931—)
Anselm Leonard Strauss	安瑟伦·莱昂纳德·施特劳斯(1916—1996)
Aristotle	亚里士多德(公元前 384—前 322)
Auguste Comte	奥古斯特·孔德(1798—1857)

B

Barney Glaser	巴尼·格拉泽(1930—)
Baruch de Spinoza	巴鲁赫·斯宾诺莎(1632—1677)
Benedetto Croce	贝奈德托·克罗齐(1866—1952)
Benjamin Bloom	本杰明·布卢姆(1913—1999)
Binet Alfred	比奈·阿尔弗雷德(1857—1911)
Burrhus Frederic Skinner	伯尔赫斯·弗雷德里克·斯金纳(1904—1990)

C

Carl Gustav Jung	卡尔·古斯塔夫·荣格(1875—1961)
Carl Ransom Rogers	卡尔·兰塞姆·罗杰斯(1902—1987)
Czesław Miłosz	切斯瓦夫·米沃什(1911—2004)

D

David Pawl Ausubel	戴维·保罗·奥苏贝尔(1918—2008)
Denis Diderot	德尼·狄德罗(1713—1784)
Dietrich Schwanitz	迪特里希·施万尼茨(1940—2004)

E

Edmund Gustav Albrecht Husserl	埃德蒙德·古斯塔夫·阿尔布雷希特·胡塞尔(1859—1938)
Edward Lee Thorndike	爱德华·李·桑代克(1874—1949)
Edward Hallett Carr	爱德华·霍烈特·卡尔(1892—1982)
Eric Hobsbawm	埃里克·霍布斯鲍姆(1917—2012)
Erich Fromm	艾瑞克·弗洛姆(1900—1980)
Ernest André Gellner	厄尼斯特·塞利格曼·格尔纳(1925—1995)
Ernst Cassirer	恩斯特·卡西尔(1874—1945)
Émile Durkheim	埃米尔·涂尔干(1858—1917),也译为杜尔凯姆、杜尔克姆

F

Femand Braudel	费尔南·布罗代尔(1902—1985)
Francis Bacon	弗朗西斯·培根(1561—1626)
Friedrich Von Engels	弗里德里希·冯·恩格斯(1820—1895)
Friedrich Adolf Wilhelm Diesterweg	弗里德里希·阿道夫·威廉·第斯多惠(1790—1866)
Friedrich Wilhelm Nietzsche	弗里德里希·威廉·尼采(1844—1900)

G

Gerog Henrik von Wright	乔治·亨里克·冯·赖特(1916—2003)
Gustave Le Bon	古斯塔夫·勒庞(1841—1931)

H

Hayden White	海登·怀特(1928—2018)
Hendrik Willem Van Loon	亨德里克·威廉·房龙(1882—1944)
Henrich Rickert	亨里希·李凯尔特(1863—1936)
Herbert Spencer	赫伯特·斯宾塞(1820—1903)
Herodotus	希罗多德(约公元前480—约前425)
Howard Gardner	霍华德·加德纳(1943—)

I

Immanuel Wallerstein	伊曼纽·华勒斯坦(1930—)

J

James Harvey Robinson	詹姆斯·哈威·鲁宾孙(1863—1936)

Jean-Jacques Rousseau 让-雅克·卢梭(1712—1778)

Jean Piaget 让·皮亚杰(1896—1980)

Jerome Seymour Bruner 杰罗姆·西摩·布鲁纳(1915—2016)

Johan Heinrich Pestalozzi 约翰·亨里希·裴斯泰洛齐(1746—1827)

Johann Gustav Droysen 约翰·古斯塔夫·德罗伊森(1808—1884)

Johann Amos Comenius 扬·阿姆斯·夸美纽斯(1592—1670)

Johann Friedrich Herbart 约翰·弗里德里希·赫尔巴特(1776—1841)

Johann Gottlieb Fichte 约翰·戈特利布·费希特(1762—1814)

John Dewey 约翰·杜威(1859—1952)

John. I. Goodlad 约翰·古德莱德(1920—2014)

John Franklin Bobbitt 约翰·富兰克林·博比特(1876—1956)

John Locke 约翰·洛克(1632—1704)

Joseph. J. schwab 约瑟夫·施瓦布(1909—1988)

Jürgen Habermas 尤尔根·哈贝马斯(1929—   )

Jörn Rüsen 约恩·吕森(1938—   )

K

Karl Heinrich Marx 卡尔·海因里希·马克思(1818—1883)

Karl Raimund Popper 卡尔·雷蒙德·波普尔(1902—1994)

L

Lee S. Shulman 李·舒尔曼(1938—)

Leopold von Ranke 利奥波德·冯·兰克(1795—1886)

Lev Vygotsky 列弗·维果茨基(1896—1934)

Lewis Madison Terman 刘易斯·麦迪逊·推孟(1877—1956)

Lawrence Stenhouse 劳伦斯·斯腾豪斯(1926—1982)

M

Marc Bloch 马克·布洛赫(1886—1944)

Margaret Mead 玛格丽特·米德(1901—1978)

Martin Heidegger 马丁·海德格尔(1889—1976)

Max Weber 马克斯·韦伯(1864—1920)

Michael Polanyi 迈克尔·波兰尼(1891—1976)

Michel Foucault 米歇尔·福柯(1926—1984)

Milton Mayer 米尔顿·迈耶(1908—1986)

关键词及术语中英文对照表

A

Ability driven	能力主导或能力驱动
Absolute evaluation	绝对评价
Academic standards	学术标准
Action-inherent knowledge	内在于行动中的知识
Adaptation	适应
Affection，Attitude & Value Dimension	情感、态度和价值观维度
Analysis	分析
Analysis test	分析性测试
Application	应用
Assessment	评估
Axiology	价值论

B

Basic skill	基本技能
Behavioral sciences	行为科学
Behaviorist theory	行为主义理论
Bildung	教化
Blueprint	蓝本
Brain science	脑科学
Breeding	教养
Broad curriculum	广域课程

C

Career path	专业生涯
Capabilities	能力
Chalk and talk	注入式教学　死记硬背
Chronological thinking	时序思维

Citizenship	公民身份
Clash of civilization	文化冲突论
Cognition	认识
Cognitive-developmental theory	认知发展理论
Cognitive functions	认知功能
Cognitive processes	认知过程
Cognitive science	认知科学
Cognitive style	认知方式
Cognitive theory	认知理论
Collective learning	集体知识
Communication	沟通
Communication dimension	交流维度或沟通维度
Competence	素养
Complexity	复杂性
Comprehension	理解，领会
Compulsory curriculum	必修课程
Concentration	中心整合型（课程）
Constructivism	建构主义理论
Content analysis	内容分析法
Content framework	内容框架
Content knowledge	学科知识
Cooperative teaching	合作学习
Core curriculum	核心课程
Core values	核心价值观
Correlated curriculum	相关课程
Correlation	相关
Counter-narratives	反叙事
Critical thinking	批判性思维
Criticalness	批判性
Curriculum	课程
Curriculum building	课程建设
Curriculum Categories	课程类型
Curriculum construction	课程构成
Curriculum design	课程设计
Curriculum development	课程开发
Curriculum guide	课程指南
Curriculum making	课程编制

Curriculum models	课程模式
Curriculum organization	课程组织
Curriculum standards	课程标准
Curriculum theory	课程理论或课程论
Curriculum types	课程类型
Cybernetics	控制论

D

Declarative knowledge	陈述性知识
Diagnostic evaluation	诊断性评价
Diagnostic test	诊断性测试
Direct instruction	直接教学（法）
Discourse	话语
Discovery learning	发现性学习
Discovery teaching method	发现教学法
Doing history	做历史
Draw-a-Man Test	人物画测试

E

Education concept	教育概念或教育意识
Educational evaluation	教育评价
Educational goal	教育目的
Educational measurement	教育测量
Efficiency driven	效率驱动
Effective methods of teaching history	历史教学的有效方法
Effective teaching	有效教学
Effectiveness	实效性或有效性
Elective curriculum	选修课程
Empathy	同理心或移情
Empirical	实证的
Employability skill	职业技能
Epistemology	认识论
Essence	本质
Essentialism	要素主义
Evaluation	评价
Examination	考试
Excellence	卓越或优质

Exemplar teaching	范例法教学
Existentialism	存在主义
Explicit curriculum	显性课程
（或 Manifest curriculum）	
Expository	说明性
Expository method	讲授法
Expressive	表现性

F

Feed back	反馈
Feed forward	前馈
Formal curriculum	正式课程
Formative evaluation	形成性评价
Full participation	全员参与
Fused curriculum	融合课程
Functional skills	功能性技能

G

General instructional objective	一般性教学目标
Generalization	概括
Genre	体裁
Gestalt psychology	格式塔心理学
Global awareness	全球意识
Global competence	全球素养
Globalization	全球化
Grand narrative	宏大叙事
Grounded Theory	扎根理论

H

Hands-on inquiry based learning	探究式学习
Hidden curriculum	隐性课程
（或 Implicit curriculum）	
Histoire	故事（法语）
History	历史
Historian	历史学家
Historicism	历史主义
Historical	历史的、史学的
Historical analysis	历史分析

Historical consciousness	历史意识
Historical didactics	历史教学论
Historical dimension	历史维度
Historical education	历史教育
Historical habits of mind	历史思维习惯
Historical interpretive	历史解释
Historical issues-analysis and decision-making	历史问题的分析与决策
Historical literacy	历史文化
Historical map	历史地图
Historical materialism	历史唯物主义，也称唯物史观
Historical method	历史研究方法（或史学方法）
Historical pedagogy	历史教育学
Historical research capabilities	历史研究能力
Historical science	历史科学
Historical thinking	历史思维或历史思考
Historical understanding	历史理解
Historiography	历史编纂学
History and civic	历史与公民
Historical comprehension	历史理解
History learning	历史学习
History of ideas	观念史
History of mentalities	心态史学
History teaching	历史教学
History textbooks	历史教科书
Hominology	人学
Human meaning	人的意义
Humanism	人文主义或人本主义
Humanities	人文学科或人文学
Humanities education	人文教育

I

Identification	认同
Illustration	插图
Images	图像
Implicit curriculum （或 Hidden curriculum）	隐性课程

Indicative	陈述性
Indicator	指标
Indirect instruction	间接教学（法）
Information theory	信息论
Innovation thinking	创造性思维
Instruction	教学论
Instructional assessment	教学评价
Instructional design	教学设计
Institutional culture	教学文化
Instructional environment	教学环境
Instructional methods	教学方法
Instructional models	教学模式
Instructional objective	教学目标
Instructional process	教学过程
Instructional subject	教学主体
Intellection	理解
Integration	整合或融合
Intercultural competency	跨文化能力
Interdisciplinary	跨学科
Interpretation	解释
Interpretive understanding	解释性理解
Inquiry learning	探究性学习
Inquiry method	探究法

J

Justification	确证

K

Key competence（或 Key competency）	核心素养；关键能力；核心竞争力
Key skills	核心技能
Knowledge-based society	知识型社会
Knowledge dimension	知识维度
Knowledge Economy （或 Knowledge based Economy）	知识经济

L

Laboratory training	实验室训练法

Latent learning   隐性学习

Learning and Cultivation   学养

Learning capacity   学力

Learning objectives   学习目标

Learning society   学习型社会

  （或 Learning-oriented Society）

Learning standards   学习标准

Learning style   学习方式

Learning theory   学习理论

Liberal arts   人文科学

Liberal education   博雅教育

Lifelong learning   终身学习

M

Manifest curriculum   显性课程

  （或 Explicit curriculum）

Mastery learning   掌握学习

Meaning of history   历史的意义

Meaning in history   历史中的意义

Measurement movement   测量运动

Meta-cognition   元认知；元认知理论

Meta-cognitive experience   元认知体验

Meta-cognitive knowledge   元认知知识

Meta-cognitive regulation   元认知调节

Metahistory   元史学

Meta-narrative   元叙事

Metaphysics   形而上学

Micro history   微观史学

Micro teaching   微格教学或微型教学

Mini course   微型课程

Modernization   近代化；现代化

Multiculturalism   多元文化

Multidisciplinary   多学科

Multimedia approach   多媒体教学方法

N

Narratology   叙事学或称叙述学

National identity 民族认同

Natural sciences 自然科学

New cultural history 新文化史

New curriculum 新课程

New history 新史学

New social history 新社会史

Normal education 师范教育

Normal school 师范学校

O

Objective knowledge 客观知识

Ontology 本体论

Operative teaching 有效教学

Oral history 口述史学

P

Paradigm 范式

Pedagogical Content Knowledge 学科教学知识

Personal knowledge 个人知识，个人知识论

Portfolio assessment 档案评估

Positivism 实证主义

Post-structuralism 后结构主义

Pre-test 前测

Preunderstanding 前理解

Problem teaching method 问题教学法

Programmed instruction 程序教学法

Progressivism 进步主义

Project method of teaching 设计教学法

Prose literacy 文本理解

Public history 公众史学

Q

Quantitative history 计量史学

Qualitative research 质的研究

Quantitative research 量的研究

R

Readiness test 预备测验

Reasoning dimension	推理维度
Reception learning	接受式学习
Recognition	认知或再认
Reflective teaching	反思性教学
Reflective practice	反思性实践
Regular curriculum	常规课程，即显性课程
Relationship management	关系管理
Relative evaluation	相对评价
Reliability	信度
Roll play	角色扮演

S

Science-based technology	科学型的技术
Science of education	教育科学
Scientific method	科学方法
Self-consistent	自洽性
Self-management	自我管理
Sex discrimination	性别歧视
Social meaning	社会意义
Social science	社会科学
Social studies	社会科
Standard test	标准化试题
Stanford-Binet Scale	斯坦福-比奈量表
Structuralism	结构主义
Subject curriculum	分科课程
Subject-involved knowledge	本体性知识
Subject knowledge	学科知识
Summative evaluation	总结性评价
Supervised study	自学辅导教学法
Syllabus	教学大纲
Systematic correlation	系统相关型（课程）
Systems theory	系统论
Specialization of teaching	教学专业化

T

Tacit knowledge	默会知识

Task role	任务角色
Taxonomy of educational objectives	教育目标分类学
Teacher education	教师教育
Teacher knowledge	教师知识
Teaching field	教学领域
Teaching knowledge	教学知识
Teaching material	教材
Teaching method	教学法
Teaching strategies	教学策略
Team teaching	协同教学
Theory of multiple intelligences	多元智能理论
Theory of communication	通信理论
Thinking skills	思考力
Training group	训练团体
Transdisciplinary	跨学科的
True history	真历史
Tyler Rationale	泰勒原理

U

Uni-dimensional	单维的（单维性、单一性）
Uniformity	一致性
Unification	整合型（课程）

V

Validity	效度
Validity criterion	效标
Value concept	价值观
Value orientation	价值取向

W

Weight	权重
Weight sets	权集

　　最近的十余年，我在首都师范大学开设了《历史教育学》《综合文科（社会科）概论》《历史课程标准与教材研究》三门本科课程，前两门课程又和《历史教学问题研讨》一并，成为历史课程与教学论研究生和历史教育学研究生的专业方向课程；在陕西师范大学开设了本科课程《历史教学设计》和研究生课程《历史教育热点问题与发展趋向》；博士课程主要有《历史教育研究基础》和《历史教育研究方法》。我把它们统称为"中学历史教育学"。

　　本教材的主干内容正是基于这些课程的教案编成的，也包括我在各类讲座中所做的补充，而且考虑到"中学历史教育学正在形成中"的特点，以及历史教育（主要指课程方面）面临的实际问题，本教材采取了与通常教材不一样的写法。从表现形式和内容看，它在满足一般教材基础性、系统性、整体性特征的同时，也较为明显地突出了自身的学术性和工具性。对此，我在这里再做些说明。

　　第一，历史教育学理论仍需要较长时间的探索。因此，明晰研究方向、确立研究规范，显得更为重要。特别是在打基础的时候，知识与学理的来源越清楚，越容易形成良好的研究氛围。所以，本教材的注释较多，另附录英文重要概念，以便读者查考。注释与附录对于读者的作用，主要体现在三个方面：一是了解知识和观点的来源，二是掌握理应涉猎的专业书籍，三是有助于读者形成自我判断。当然，对于那些阅读资源不丰富的地区和学校来说，本教材摘要的资料也会是一种补充。

　　第二，历史教育学是跨学科研究，而且是一个研究领域，其学问构成宏大，实践要求也高，尤其还存在诸多敏感的、挑战性极强又难以回避的问题。因此，历史教育学需要更为开放的研究环境和推进系统。首先研究者要发现问题、建立解决问题的机制，并形成"研究共同体"，然后才能促使历史教育学进入成熟阶段，编好通常意义上的历史教育学教科书。基于研究现状，本教材试图通过加注、导引等做法，使读者延伸思考、扩大视野、积极探索。为此，它简化论述，以便为读者留出较多自由讨论的空间。当然，本教材在30万字数内也不能呈现所有问题。

　　第三，从历史教学法著作到历史教学论、历史教育学著作，有两个现象不容忽视，一个是所有同类作品的高相似度。我们说是"抄袭现象"或许有点言过其实，但言其"过度效仿"则是不争的事实,其事例不胜枚举。另一个是模糊知识、概念、事实、理论的来源。每本书好像都能自说自话,给别人自创的印象,但深究的话,无非又是做剪刀功而已。比如我们在梳理学科的教育史时,不易找到某一常用概念或重要观点的来源,因为大家都这样说,可谁也不注出处,研究者经过研究找到了出处,却常常觉得无趣,如概念或观点在产生时,既无学理研究,也没有实践基础。显然,大量产出这类作品,对历史教育专业的发展危害甚大。本教材使用新的体例,也在表明一种纠偏的态度,尽可能多给一些角度和材料,少做一些自以为是的议论和阐释。

第四,鉴于篇幅和要说的重要概念、问题较多,本教材只能缩减一些内容,如原计划第六章有"学习指导",本教材权衡各种因素后只能割舍这部分内容。一是它本身的陈述分量较大;二是该章的主要论点可以分散到其他章节;三是就目前的历史教学现状而言,其内容过于超前。

第五,因为本教材是基于本人各种课程和讲座内容的文稿编写的,有些关键概念和重点议题会略显重复,但是话题不同所强调的内容各异,如知识观、人文性和复杂性,在不同章节出现时是围绕一定的主题加以阐释论述的。而对一些书籍的重复引用,本教材则考虑到了它的针对性和实效性。

本教材写写停停,还因为有一些含混不清的事情需要澄清,包括像学科教育研究的兴起背景、历史教育学由热到冷等关键问题,当我找到特别重要的材料或又有新材料发表时,只要书稿未交付出版就有补充的必要。另外,还有一些代表性的作品需要为读者提供最近的版本,比如库恩的《科学革命的结构》一书,第一个中文译本是 2003 年(北京大学出版社)出版的,本教材采用的是 2017 年第 11 次印刷的本子。其他引用作品,一般都采用最近出版或读者容易找到的本子。

本教材是否如作者所愿,能够对充实我国的历史教育学教材做出一定的贡献,还需要进入实践领域检验,我期望在此过程中与读者进行真诚的交流并获得指正。

赵亚夫

2018 年 5 月